JÜRGEN HODEMACHER

Braunschweigs Straßen

ihre Namen und ihre Geschichten

Band 2: Zwischen Okergraben und Stadtring

ELM-VERLAG

ISBN 3-927060-12-7

Titelgestaltung: Wilhelm C. Plate, Bremen

Satz und Druck: Druckerei Geffers, Lahstedt-Groß Lafferde

Vorwort

Braunschweigs Straßen – zwischen Okergraben und Stadtring, ist der Titel des zweiten Bandes über die Straßen in unserer Stadt. Im Jahre 1822 stimmte der Stadtmagistrat dem Plan zu, die Außenstadt durch eine Ringstraße als Hauptverkehrsader aufzuschließen. Als schließlich 1955 der Straßendurchbruch Hagenring/ Rebenring erfolgt war, konnte der Verkehr nahezu rund um Braunschweig herum fluten.

Schon 1770 wurde mit der Abtragung der Befestigungswerke begonnen, weil sie ohnehin keinen Schutz mehr boten. Die endgültige Schleifung der Wälle erfolgte ab 1802 durch Leutnant Friedrich Wilhelm Culemann, ab 1803 auch durch den zum Herzoglichen Hofbaumeister ernannten Peter Joseph Krahe. Krahes Plan: Promenaden mit Parks im „englischen Stil", die er bis 1831 weitestgehend realisiert hat. Die „Wallpromenaden" wurden bald zur bevorzugten Wohngegend Braunschweigs, wo sich zunächst wohlhabende Bürger Gartenhäuser, später, ab etwa 1820, Villen errichteten.

Jenseits des äußeren Umflutgrabens entstand so städtische Siedlungsfläche. Die Bebauung ging in Anlehnung an das alte Wegenetz und die bestehenden Ausfallstraßen zunächst nur schleppend voran. Erst wurde im Norden und Westen gesiedelt. Der Ausbau der Bahnanlagen ließ den westlichen Bereich zum bevorzugten Standort für Industriebetriebe werden. Der Osten dagegen blieb weitestgehend von der Industrie verschont. Analog zur industriellen Prägung wurde das westliche Stadterweiterungsgebiet eher eine kleinbürgerliche Wohngegend; Arbeiter, Tagelöhner und Handwerker siedelten sich hier an.

In den 50er und 60er Jahren des vorigen Jahrhunderts erfolgte eine Beschleunigung der Neubautätigkeit im äußeren Bereich der Stadt. Im Jahre 1860 gab es hier 386 bebaute Grundstücke, 1872 schon 965. 1878 stellte Stadtbaurat Carl Tappe (1816-1885) sein Stadterweiterungsprojekt nach dem „Centralsystem" vor. Die alten Ausfallstraßen sollten damals als künftige Hauptlinien der städtischen Ausdehnung fungieren und zur Entlastung jeweils weitere „Centralstraßen" erhalten. Querstraßen waren verbindende Elemente jener Radialstraßen. Zu diesem „Centralsystem" gehörte auch eine „Ringstraße". Eine breite, außerhalb der Umflutgräben angeordnete Ringstraße sollte als Hauptverkehrsader für die neuen Stadterweiterungsgebiete dienen. Doch erst 1881 einigte man sich auf dieses zukunftsweisende Projekt von Carl Tappe.

Carl Tappe war seit 1855 als Stadtbaumeister in Braunschweig tätig. 1875 wurde er zum Stadtbaurat ernannt und übte dieses Amt bis zu seiner Pensionierung 1879 aus.

Der seit diesem Zeitpunkt als Stadtbaurat amtierende Ludwig Winter ging die neue Aufgabe unverzüglich an. Winter (1843-1930) war seit Dezember 1869 – zunächst als Mitarbeiter von Carl Tappe – in Braunschweig tätig. Das Amt des Stadtbaurates bekleidete er von 1879 bis zu seiner Pensionierung Ende 1914.

Die Bebauung der Braunschweiger Außenbereiche trieb man bis zum Ersten Weltkrieg mit großer Kraft voran. 1912 wurde eine grundlegende Überarbeitung der Pläne gefordert. Mit einer Neukonzeption eines zukunftsweisenden Stadterneuerungsplanes wurde der bekannte Stadtbauexperte Theodor Goecke beauftragt. Erst 1917 konnten die Ergebnisse wegen kriegsbedingter Verzögerungen vorgestellt werden.

Jürgen Hodemacher

Abt-Jerusalem-Straße

Im Bereich der Braunschweiger Außenstadt waren seit 1880 zahlreiche Straßen durch die Stadt oder durch Unternehmer neu angelegt und als „Kommunalwege" übernommen worden. Die Abt-Jerusalem-Straße wurde 1884 bebaut. Sie wurde benannt nach dem Theologen Johann Friedrich Wilhelm Jerusalem, der als Prinzenerzieher in die Stadt Heinrich des Löwen geholt worden war.

Als sich Herzog Karl I. von Braunschweig nach einem Erzieher für den Erbprinzen umsah, fiel seine Wahl auf den jungen Theologen Jerusalem. Die Berufung dieses Mannes, die im Jahre 1742 erfolgte, wurde für das geistige Leben Braunschweigs von ausschlaggebender Bedeutung.

Jerusalem hatte sich an deutschen Universitäten und im Ausland eine gediegene wissenschaftliche Bildung und weltmännisch gewandte Formen angeeignet. Er nahm den Standpunkt der rationalistischen Theologie ein, die um einen Ausgleich zwischen den Inhalten der Offenbarungsreligion und den Forderungen der Vernunft bemüht war. Es kam hinzu, daß Jerusalem für die praktischen Aufgaben des Lebens einen offenen Blick hatte und die rein berufliche Ausbildung mit einer universellen Geistesbildung zu verbinden suchte.

Geboren wurde Johann Friedrich Wilhelm Jerusalem am 22. November 1709 in Osnabrück. Nach eingehenden Studien sowie mehrjährigen Reisen durch die Niederlande und England folgte der Theologe dann dem Ruf des jungen Herzogs Karl von Braunschweig als Hofdiakonus und Erzieher des damals siebenjährigen Prinzen Karl Wilhelm Ferdinand.

Hatte schon diese Tätigkeit Auswirkungen, so sollte vor allem die 1745 vollzogene Gründung des Collegium Carolinum, aus dem in stetiger Entwicklung die

Johann Friedrich Wilhelm Jerusalem, Kupferstich

heutige Technische Universität Carola Wilhelmina hervorgegangen ist, seine erfolgreichste Leistung bleiben.

Es blieb also nicht bei der Aufgabe, den Erbprinzen zu erziehen. Schon bald nach seiner Übersiedlung nach Braunschweig trat er mit dem Herzog in Erörterungen über den Ausbau des höheren Schulwesens ein.

Er erwarb das Vertrauen des Herzogs, der wie auch sein Vorgänger dem orthodoxen Kirchentum gegenüber eine freiheitliche Haltung einnahm, und wurde von ihm mit der Gründung und Leitung eines neuartigen Bildungsinstituts beauftragt.

Dieses Institut wurde im Jahre 1745 ins Leben gerufen und erhielt die Bezeichnung „Collegium Carolinum".

Blick in die Abt-Jerusalem-Straße (1993).

Der leitende Gedanke war, ein Mittelglied zwischen Schule und Universität zu schaffen und den Zöglingen eine gründlichere Allgemeinbildung zu vermitteln, als dies in dem formalistischen Schulbetrieb oder bei der einseitigen akademischen Berufsbildung der Fall war.

Schon bald holte Jerusalem tüchtige und angesehene Lehrer nach Braunschweig, und der Erfolg in der Ausbildung sicherte der jungen Anstalt schnell einen weitreichenden Ruf.

Der tragische Tod seines einzigen Sohnes Karl Wilhelm, der am 30. Oktober 1772 in Wetzlar durch Selbstmord starb und zum Vorbild für Goethes „Leiden des jungen Werther" wurde, warf einen dunklen Schatten auf Jerusalems Leben. Er starb am 2. September 1789.

Es gibt zahlreiche Abbildungen dieses Mannes, beispielsweise den hier wiedergegebenen Kupferstich, der ihn in der Würde des Abtes von Riddagshausen zeigt.

Hervorzuheben ist auch eine Büste, die der Modelleur Johann Christoph Rombrich 1786 für die Fürstenberger Porzellan-Manufaktur geschaffen hat.

Erwähnt werden soll auch noch seine Schrift „Über die deutsche Sprache und Literatur", die als Gegenschrift auf eine polemische Schrift Friedrich des Großen gedacht war.

Der hoch verdiente Abt Jerusalem machte der Aufklärung große Zugeständnisse. Die Herzogin Philippe Charlotte, die Schwester Friedrichs des Großen, sagte über Jerusalem: „Zur Aufklärung legte er den ersten Grund, und durch seine Talente und Rechtschaffenheit erwarb er sich allgemeine Verehrung. Seine Verdienste werden unvergeßlich bleiben. Sein Andenken wird nie erlöschen und besonders mir, seiner Freundin, beständig wert und schätzbar bleiben." Nachzulesen auf Jerusalems Grabdenkmal in der Klosterkirche zu Riddagshausen.

Adolfstraße

Diese Straße, die heute von der Kurt-Schumacher-Straße durchschnitten wird, trägt ihren Namen nach Adolf Bammel. Schon 1878 erhielt sie diesen Namen, wechselte ihn im Dritten Reich in Loeperstraße (Wilhelm Friedrich Loeper), erhielt aber 1945 ihren alten Namen zurück. Adolf Bammel war Stadtrat in Braunschweig, Wilhelm Friedrich Loeper Reichsstatthalter von Braunschweig und Anhalt sowie Gauleiter von Magdeburg-Anhalt.

Der Grund zwischen dem Okerlauf und dem Viewegs Garten, die Adolfstraße verläuft parallel zur Oker, gehörte einst zu den Befestigungsanlagen der Stadt. Erst um 1800 begann man mit der Bebauung dieser Gegend. Die Gärten verschwanden, und Wohngebiete entstanden außerhalb des einst schützenden Okerarmes.

Dort, wo sich heute der Löwenwall befindet, stand das Wilhelmsbollwerk. Es war eines der beiden für sich stehenden Bollwerke, die keine Anlehnung an ein Tor hatten. Es lag als stumpfwinklige Anlage zwischen den beiden spitzwinkligen Bollwerken Aegidien und Magni. Dieser ganze Befestigungsabschnitt bestand aus dem Wilhelmsbollwerk, den beiderseits anschließenden Kurtinen und den vorgeschobenen Ravelins.

Seine Höhe scheint ziemlich ansehnlich gewesen zu sein, denn er wurde als der südlichste Teil der Ostseite von der weiter draußen aufragenden Schwelle überhöht, die in der Gegend von Viewegs Garten angesetzt war und von hier an nordwärts zog. Eine Brücke war hier nicht vorhanden, die Leonhard- und Ottmerbrücke (kleine eiserne Brücke vor dem Brückenneubau) sind erst in den 1880er Jahren errichtet worden, als die Gegend der Adolf- und Bertramstraße bebaut wurde. Die Abböschung zur Auguststraße ist in den Gartengrundstücken noch bemerkbar, die nicht mehr existierende Monumentstraße zeigte das deutlich. Das

Die Adolfstraße um 1925 mit Blick in Richtung Helmstedter Straße. Rechts und links die Leonhardstraße.

Okerviereck vor der Kurtine ist zugeschüttet worden und enthielt bis zur Umgestaltung im Zuge der Straßenführung zum neuen Hauptbahnhof eingetiefte Anlagen mit einer doppelten Steintreppe sowie eine Bootsstation (heute auf der anderen Seite der Brücke).

Das Ravelin ist ebenso wie sein Umflutgraben verschwunden; es lag in der Gegend des stadtseitigen Teiles der späteren Ottmerstraße und der anschließenden Adolfstraße.

Um 1850 waren der Okerarm als Wiesenwinkel, das Ravelin als Garten- und Felddreieck noch erkennbar. Einige Grundstücksgrenzen, die von der heutigen Oker winklig zur Adolfstraße hinlaufen, beispielsweise Gerstäckers Sterbehaus gleich neben der Okerbrücke, sind die letzten Überbleibsel der früheren Dreiecksform.

Hier im Schatten des Windmühlenberges, heute Adolfstraße 45, beschloß am 31. Mai 1872 der Reiseschriftsteller Friedrich Gerstäcker sein Leben. Der Mann, der uns mit seinen Romanen und Reiseschilderungen so farbenfrohe Einblicke in das Leben und Schaffen fremder Zonen gegeben hat, stammt aus Hamburg. Er wurde dort am 10. Mai 1816 geboren.

Die Adolfstraße (1989) mit Blick über die Kurt-Schumacher-Straße hinweg.

Sein Onkel, der Hofschauspieler Eduard Schütz, lud den Jungen häufig nach Braunschweig zu sich ein. Von hier aus zog Gerstäcker auch zu seinen Weltreisen aus. Als Ruheständler zog der Schriftsteller in dieses Haus an der Adolfstraße ein, wegen der weltabgelegenen Gegend am Windmühlenberg, wie er einmal gesagt haben soll.

Leider mußte er sich über manches Unerfreuliche ärgern, das er in den Anlagen beobachtete. So konnte er in Zorn geraten, wenn er Kinder, oft auch Ältere, beim Ausnehmen von Vogelnestern beobachtete.

Nach einer heftigen Auseinandersetzung mit dem Wallwärter erlitt er einen Herzanfall, dem er bald darauf erlag. Auf dem nahen Magnifriedhof liegt er begraben. An seiner Seite ruht seine Tochter Marie, die Frau William Huchs, durch die Gerstäcker mit der Dichterfamilie familiär zusammenkam.

Dort, wo sich heute die Löwenapotheke befindet, lag in den 80er Jahren des letzten Jahrhunderts ein Schuttabladeplatz, in dem zwei als Original zu bezeichnende Personen, die „Nasenrieke" und „Robinson", stets nach Brauchbarem Ausschau hielten.

Die erwähnte Apotheke übrigens ist kürzlich 100 Jahre alt geworden. Hermann Heyser aus Calvörde war der Gründer. Der heutige Besitzer, Rolf-Dieter Jaretzky, achtet sehr darauf, daß das alte Nußbaum-Mobiliar in seinem Ursprung erhalten bleibt.

Auf der Adolfstraße, der Villierstraße gegenüber, hatte der Kaufmann Max Jüdel sich ein Wohnhaus gebaut. Seinen Reichtum hatte er durch die Eisenbahn-Signal-Bauanstalt auf der Ackerstraße (heute Siemens) erworben. Da er Junggeselle war, vermachte er dieser Haus der Stadt Braunschweig mit der Auflage, daß nach seinem Tode der jeweilige Oberbürgermeister der Stadt seine Wohnung darin haben solle.

Oberbürgermeister Dr. Trautmann hat hier dann gewohnt und für kurze Zeit auch Dr. Böhme. Das Haus wurde im letzten Krieg zerstört.

Alerdsweg

Der Alerdsweg verläuft von der Görgesstraße bis zur Tuckermannstraße, ganz in der Nähe des Sackrings. Er grenzt im Osten an den alten Petrikirchhof. Dieser Weg hat seinen Namen nach Sophie Marie Alerds, geborene Lüdden erhalten. Sie war die Witwe des Vikars am Stift St. Blasius, Johann Gottfried Alerds. In ihrem Testament von 1786 gründete sie die „Alerdsche Stiftung" für alleinstehende Frauen in Braunschweig. Die 1802 verstorbene Witwe hatte die Einrichtung eines solchen Hauses testamentarisch gewünscht; es sollte möglichst in der Martinigemeinde stehen. Nach ihren Vorstellungen sollte 12 Witwen Wohnraum und Unterhalt geboten werden.

Blick von der Honrothstraße in den Alerdsweg. Foto von 1996.

Erst spät wurde das Gebiet um den Alerdsweg ausgebaut. Das Haus Nr. 25 errichtete 1926 die Braunschweiger Baugenossenschaft, an der Tuckermannstraße baute die Genossenschaft 1934, 1939 und 1941 an der Görgesstraße.

Annette Boldt-Stülzebach hat sich dem Themenbereich aus der Sozialgeschichte, zu denen eben auch Studien über Armenpflege und Hospitäler zählen, ausführlich gewidmet. Ihre Arbeit, „Das Fürsorgewesen der Stadt Braunschweig", 1988 veröffentlicht in der Reihe „Braunschweiger Werkstücke" (Nr. 69), wurde im Wintersemester 1986/87 vom Fachbereich für Philosophie und Sozialwissenschaften der Technischen Universität Braunschweig als Dissertation angenommen. Eine Vielzahl von Veröffentlichungen sind seit einigen Jahren mit immer neuen Aspekten einer „Alltagsgeschichte" bekannt geworden, die vor nicht allzu langer Zeit noch im Schatten anderer Forschungsbereiche gestanden hat. Zu denken ist dabei in erster Linie an Arbeiten zu bislang vernachlässigten Gesellschaftsgruppen wie die F. Graus' Randgruppen der städtischen Gesellschaft im Spätmittelalter. Im Rahmen ihrer sozialgeschichtlichen Untersuchungen hat Annette Boldt-Stülzebach der Fürsorge- und Hospitalproblematik eine besondere Bedeutung zukommen lassen. Das Phänomen „Hospital" findet in allen seinen Entwicklungsstufen und Erscheinungsformen von den antiken und orientalischen Vorläufern bis zu den geographisch und funktional spezialisierten Gruppierungen bei zahlreichen Forschern, so auch in dieser Arbeit, Beachtung.

Es gab in Braunschweig eine Vielzahl solcher Einrichtungen, Beginenhäuser genannt. Erste Beginenhäuser als Unterkünfte für klosterähnliche Lebensgemeinschaften, durch Gelübde und Regeln nicht gebundener Frauen, sind in unserer Stadt seit dem Ende des 13. Jahrhunderts nachweisbar.

Die Alerdsche Stiftung von 1786, die in dem Haus Nr. ass. 636 am Martini-Kirchhof untergebracht war, gibt es heute noch. Das erwähnte Gebäude stand an der heutigen Turnierstraße und wurde im Zweiten Weltkrieg völlig zerstört. Heute unterhält die Alerds-Stiftung ein Altenheim in Braunschweig-Weststadt, Donaustraße 10.

Auf dem Petrifriedhof am Alerdsweg befindet sich das Grabmal von Emilie und Wilhelm Bracke.

Kommen wir zurück zu dem Testament der Sophie Marie Alerds. Laut diesem Dokument der Gründerin sollten die schon erwähnten zwölf Frauen unentgeltlich wohnen dürfen bei freier Feuerung, Licht, und mindestens 12 Groschen sollten wöchentlich ausgezahlt werden. Die Kompetenzbemessung war den Vorstehern überlassen. Zu den Feiertagen wie Ostern, Pfingsten und Weihnachten waren einmalige, höhere Geldzuwendungen vorgesehen. Die Verwaltung der Stiftung sowie die Disziplinargewalt über die Insassen, die im Gegensatz zu anderen Einrichtungen auch vom Lande oder aus anderen Regionen stammen durften, hatte die Witwe Alerds wiederum in Anlehnung an bestehende Beginenhäuser dem jeweils jüngsten Bürgermeister, dem ersten Prediger von St. Martini und dem rechnungsführenden Provisor dieser Kirche übertragen.

Als Ausgleich dafür, daß die Anstalt auf das Nachlaßrecht verzichtete, mußten die Konventualinnen selber die Kosten für medizinische Anwendungen und das Begräbnis übernehmen. Wie bei anderen Beginenhäusern galt der christliche Lebenswandel und die Einhaltung der täglichen Betstunden und Kirchenbesuche als das entscheidende Kriterium für die Aufnahme und den Verbleib einer Insassin in der Stiftung. Erst 1805 ist die Arbeit im Alerdschen Beginenhaus tatsächlich aufgenommen worden, gleichzeitig erhielt die Einrichtung die Rechte einer milden Stiftung übertragen. Bereits 1800 wurde das Institut durch eine Zustiftung der Sophie Elisabeth Hartken um zwei Konventualenstellen erweitert.

Die Verquickung von kontemplativen Gemeinschaftsleben, Altersversicherung und Verarmungsschutz sowie eine zunehmende kreative Tendenz ließen die Beginenhäuser im Mittelalter bald zum festen Faktor städtischer Fürsorgepolitik werden. Aus den eigentlichen Beginen wurden seit dem Spätmittelalter auch in Braunschweig immer mehr sogenannte Pfründerinnen. Die zum Teil vermögenslosen Frauen lebten von Renten und Legaten und übten im Rahmen eines durch Hausordnungen reglementierten christlichen Lebenswandels Krankenpflege und Handarbeit aus. In Braunschweig sind 18, durch Stiftungen wohlhabender Bürger entstandene ausschließliche Beginenhäuser nachweisbar. Die Alerdsche Stiftung ist die jüngste, das St. Petri Beginenhaus, 1290 gegründet, die älteste.

Altewiekring

In den Gründerjahren setzte, nachdem man die Wallbefestigungen geschliffen hatte, ein blockweises Zubauen der restlichen Bauflächen zwischen den Ausfallstraßen ein. Im Gegensatz zu anderen Städten entstanden, ohne Rücksicht auf die Westwinde, die Industrie im Westen und große Wohngebiete im Osten der Stadt.

Kurz vor der Jahrhundertwende baute man das erste Ringstraßensystem in Braunschweig, das die Ausfallstraßen untereinander verbinden sollte. Im Jahre 1882 stimmte der Stadtmagistrat dem Plan zu, die Außenstadt durch eine Ringstraße als Hauptverkehrsader „aufzuschließen". Zu dieser Zeit verlief dort, wo sich heute der Altewiekring befindet, ein Weg, der sich von der Helmstedter Straße, östlich am Giersberg vorbei, durch die „Alte Wiecksweide" bis zur Weide im Hagenbruche hinzog. „Die Zustände mancher Straßen vor den Thoren der Stadt spotten jeder Beschreibung", ist in der Tageszeitung von 1888 zu lesen. „Fußhoch steht die Schlammasse auf manchen Fahrbahnen, die deshalb von Fuhrwerken kaum noch passiert werden können. Auch der Personenverkehr ist an vielen Stellen nur dadurch möglich, daß große Steine in den Schlamm gelegt sind, damit Passanten festen Fuß fassen können. Aber wehe dem, der bei diesen Sprungübungen einen Fehltritt thut!"

Die Braunschweiger Husaren beim Ausritt auf dem Altewiekring.

Zwischen der Husarenstraße und der Kastanienallee einerseits und dem Altewiekring und dem Giersberg andererseits liegt die aus einem großen Mannschaftsgebäude, fünf Pferdeställen und Wirtschaftsgebäuden bestehende ehemalige Husarenkaserne. Dazu kamen vier geräumige Reitbahnen, fünf Reitplätze und ein Exerzierplatz für den Fußdienst. Zwei Ställe, die der 1. und 2. Eskadron, und eine Reitbahn stammen bereits aus dem Jahre 1872/73 (heute verschwunden), während die übrigen Gebäude seit 1893 in Gebrauch sind.

Am 14. März 1893 fand die Übernahme des gesamten neuen Kasernements durch die Eskadronchefs statt, und am Tage darauf hielt das Regiment, an der Spitze die Standarte und das Trompeterkorps, seinen feierlichen Einzug.

Den Mittelbau des Mannschaftsgebäudes über dem Hauptportal ziert das Devisenband des Regiments, auf dem die Worte stehen: Peninsula, Sicilien, Waterloo, Mars-la-Tour, die Namen der größten und ruhmreichsten Ereignisse aus der Geschichte des Regiments. Darunter befindet sich, genau wie an der Husaren-Pelzmütze, das Wahrzeichen der alten und jungen Soldaten, der Totenkopf.

Über die Fenster des dritten Stockwerkes des Mittelbaues setzte man das alte, ehemals am Mannschaftsgebäude der Husarenkaserne am Löwenwall (der späteren Gewerbeschule, heute Stadtarchiv) befindliche „W" aus einem Wappenschild.

Am Fußexerzierplatz überragte auf hohem Sandsteinunterbau ein altes französisches Geschütz. Gleich am Geschütz auf dem Kasernenhof des Infanterie-Regiments war auch dieses ein im Krieg 1870/71 erobertes französisches Feldgeschütz, ein sogenannter Vierpfünder. Das Geschütz war in Anerkennung der Verdienste der Braunschweiger Husaren von Sr. Majestät dem „Hochseligen" Kaiser Wilhelm I. Sr. Hoheit dem Herzog Wilhelm von Braunschweig als Geschenk gemacht worden. Wilhelm ordnete dann die Aufstellung auf dem Kasernenhof an.

Am 31. Mai 1872 kam das Geschütz zusammen mit dem für das Braunschweigische Infanterie-Regiment Nr. 92 bestimmten in Braunschweig an, beide Geschütze wurden durch den Adjutanten des Husaren-Regiments, von zwei Zügen Husaren und dem Trompeterkorps eskortiert, vom Bahnhof zunächst nach dem Infanterie-Kasernenhof gebracht, das zweite Geschütz wurde in feierlichem Zuge nach der alten Husaren-Kaserne I geführt.

Das Husaren-Regiment erwartete die Paradeaufstellung zu Fuß das Ehrengeschenk, und der damalige Kommandeur, Oberst von Rauch, nahm mit einer markigen Rede das Geschütz in die Obhut des Regiments.

Nach 1945 wurden in dem Kasernengebäude Wohnungen gebaut, in einen Teil der Räume zog die Polizei ein. Dort, wo einst die Husarenpferde standen, befinden sich heute Garagen – die Zeit hat eben vieles geändert. Im Zweiten Weltkrieg hat der Altewiekring zwar arg gelitten, doch viele Häuser aus der Gründerzeit sind erhalten geblieben. Und wer mit offenen Augen hier einmal spazieren geht, wird noch so manche Eigenart entdecken. Viele Häuser wurden wieder liebevoll restauriert und erinnern an alte Zeiten.

Der Altewiekring um 1910. Links im Bild die Husarenkaserne.

Nur ein Beispiel: Altewiekring 59. Hier findet man noch die alte Reklame „Spezialgeschäft für modernen Bürobedarf". Zu der Zeit war von Datentechnik noch keine Rede!

Altstadtring

Ein Teil des um Braunschweig führenden Ringes ist der Altstadtring. Er verläuft zwischen dem Sackring und dem Cyriaksring, er beginnt an der Kreuzstraße und endet an der Broitzemer Straße/Pippelweg. Kurz nach 1900 wurde diese Teilstrecke des Ringes projektiert, auf einem Stadtplan von 1909, von F. R. Lange herausgegeben, ist er erstmals als im Bau befindlich eingezeichnet.

In früher Zeit war diese Gegend nicht besiedelt. Hier befanden sich Äkker und Weiden. Der Madamenweg, der auch Fürstlicher Weg hieß, durchzog die Landschaft, in dem die Flurstücke folgende Namen hatten: „Am Altfelde" (das Altfeld lag weiter westlich), „Am Windmühlenberge" und „Am Fürstlichen Wege". An der Broitzemer Straße hieß das Flurstück „Auf dem Pipen Stiege", an das heute die Straße Pippelweg erinnert. Hier entlang befanden sich die Pipen, hölzerne Wasserrohre, die das Quellwasser vom Jödebrunnen in die Innenstadt leiteten. Zuständig für die Wasserversorgung war die Pipenbruderschaft. Bereits im Mittelalter funktionierte die Wasserversorgung in Braunschweig sehr gut. Neben dem Jödebrunnen gab es noch andere Quellgebiete mit der Bezeichnung Jödebrunnen, was wohl soviel wie Jungbrunnen bedeuten soll. Eine weitere Quelle befand sich im Hagenbruch. Erst Mitte des 19. Jahrhunderts wurden die Pipen durch die städtische Wasserversorgung abgelöst.

Der Altstadtring vom Cyriaksring aus gesehen. Foto von 1996.

Die meisten Häuser am Altstadtring stammen aus den zwanziger Jahren. Ein besonders schönes Zeugnis der sogenannten Reformarchitektur dieser Zeit ist das Wohn- und Geschäftshaus Ecke Altstadtring/Broitzemer Straße, erbaut von der Braunschweiger Baugenossenschaft in den Jahren 1930 bis 1931. Hervorzuheben sind die handwerklich geprägten Ziegelumrandungen von Fenstern und Türen.

Das Institut für Denkmalpflege hat im Juli 1985 ein neues Arbeitsheft herausgegeben, das sich mit der Architektur der zwanziger Jahre beschäftigt. Der Band dokumentiert die schönsten Bauerzeugnisse dieser Zeit in Niedersachsen und ist ein Plädoyer dafür, mit diesem Erbe sorgsam umzugehen. Die Autoren beschreiben Häuser dieser Zeit aus vielen Städten. In dem Teil über Braunschweig gehen sie besonders ein auf das Siegfriedviertel und den Bebelhof und eben auch auf den Altstadtring. Das Arbeitsheft belegt gerade im Braunschweiger Teil das feine Zusammenspiel der verschiedenen Architekturelemente – vom Sprossenfenster bis zu den

Loggien. Alles fügt sich zu einem harmonischen Ganzen. Die Denkmalpflege, an der Spitze Landeskonservator Professor Dr. Hans-Herbert Möller, beklagt bei anstehenden Modernisierungen immer wieder Verballhornungen in wesentlichen Details.

Schon 1930 zeichnete sich die Wirtschaftskrise ab und machte jede Planung für Neubauten unsicher. Das betraf in besonderem Maße die Braunschweiger Baugenossenschaft eG. Die Geldverknappung und Arbeitslosigkeit wirkten sich ungünstig auf die Tätigkeit der Genossenschaft aus. Die Einzahlungen an Spargeldern und Mitgliedsbeiträgen gingen erheblich zurück. Außerdem führte die mangelhafte Zahlungsfähigkeit der Mitglieder zu erheblichen Mietrückständen. Das schon erwähnte Bauvorhaben Ecke Altstadtring/ Broitzemer Straße war das größte in jener Zeit.

Die Wohnungsnot war in diesen Jahren groß. In der Stadt Braunschweig gab es 49341 Haushaltungen aber nur 46276 Wohnungen. Mit der Machtübernahme 1933 durch die Nationalsozialisten wurden alle Organisationen gleichgeschaltet. Die Braunschweiger Baugenossenschaft eG. (BBG) erhielt einen Staatskommissar. Der berief zum 30. Mai eine Mitgliederversammlung im „Hofjäger" ein, auf der die Gleichstellung und das Geschäftsergebnis von den Mitgliedern bestätigt wurden.

Die bisherigen Mitglieder des Vorstandes, des Aufsichtsrates und der Vertreterversammlung wurden ihrer Posten enthoben und an ihre Stelle Anhänger der nationalsozialistischen Bewegung gesetzt. Das wirtschaftliche Potential der BBG mußte den politischen Zielen des Nationalsozialismus untergeordnet werden.

Am 8. September wurde die BBG als gemeinnütziges Wohnungsunternehmen nach dem Gemeinnützigkeitsgesetz anerkannt. Die BBG erbaute 1933 noch das Haus Karl-Schmidt-Straße 74 sowie das auf der Forststraße 67 (Querum). Auch in den Folgejahren gab es eine rege Bautätigkeit: Forststraße, Hermannstraße, Tuckermannstraße, Bienroder Weg, Goslarsche Straße, Cheruskerring, Dietrichstraße, Hildebrandstraße und viele mehr.

1934 trennte sich die BBG von eigenen Firmen. Die Bauarbeiten wurden von nun an vollständig an das ortsansässige Handwerk vergeben und die bestehenden Regiebetriebe aufgelöst. Die eigene Ziegelei wurde verkauft.

An der Tuckermann-/Goslarsche Straße wurden 88 Wohnungen fertiggestellt. 1934 „vergrößerte" sich die Stadt um rund 100 000 Einwohner. Man hatte eine Reihe von umliegenden Dörfern eingemeindet. Jetzt baute man auch über den Ring hinaus; das Stadtgebiet hatte sich mehr als verdoppelt.

Dieses schöne Beispiel der „Reformarchitektur" stammt aus den Jahren 1930/31.

Amalienstraße

Amalienstraße und Amalienplatz verlaufen parallel zum Neustadtring und zweigen von der Celler Straße ab. Die Häuser hier entstanden kurz vor der Jahrhundertwende. Diese Straße hat ihren Namen nach dem Vornamen einer Frau, die in Braunschweig viel geleistet hat und deren Name allzuschnell in Vergessenheit geraten ist: Amalie Löbbecke, geborene Henneberg (1793 – 1883), Witwe des Bankiers Friedrich Löbbecke.

Amalie Löbbecke galt als große Wohltäterin der Armen. Im Jahre 1851 gründete sie das Waisenhaus „Friedrichsstift" für evangelische Mädchen und später die „Mansfeld-Löbbecke-Kinderstiftung". Deswegen ist es eigentlich unverständlich, warum Straße und Platz nur nach ihrem Vornamen benannt sind.

Die Amalienstraße, Blick von der Celler Straße. Foto von 1996.

Das Bankhaus Löbbecke entstand aus dem im Jahre 1761 in Iserlohn gegründeten Handelshauses durch Johann Hermann (1727 – 1793) und Johann Melchior Löbbecke (1728 – 1783). Im Jahre 1763 gründeten die Löbbeckes eine Niederlassung in Braunschweig. An der Martinikirche 4, wo sich noch heute das imposante Bankgebäude befindet, begann man zunächst mit dem Handel mit Kurz-, Bijouterie- und Metallwaren, um 1800 auch mit Baumwollstoffen, gleichzeitig aber schon mit Wechsel- und Speditionsgeschäften. Das war der Beginn des eigentlichen Bankhauses.

Mitte des 19. Jahrhunderts entwickelte sich das Unternehmen zu einem reinen Bankgeschäft und pachtete bis 1911 die Braunschweiger Staatslotterie.

Das heutige Bankgebäude an der Martinikirche ist ein Neubau von 1892. Der Architekt war der bekannte Braunschweiger C. Uhde. Während der Bankkrise 1930 wurde die Bank in eine KG umgewandelt, später beteiligte sich die Norddeutsche Landesbank an dem Unternehmen, die 1983 Alleingesellschafter wurde. Im gleichen Jahr erfolgte die Reprivatisierung.

Die schon erwähnte „Mansfeld - Löbbecke - Stiftung" wurde 1833 gegründet. David Mansfeld (1799 – 1863) war Arzt in Braunschweig, seit 1829 Dozent am „Anatomisch Chirurgischen Institut", ab 1848 war er Mitglied des Obersanitätskollegiums, und 1856 schließlich Chefarzt des Alexisstiftes in Braunschweig. Mansfeld begründete 1833 mit der materiellen Unterstützung vieler Braunschweiger Bürger, besonders aber der Familie Löbbecke eine Stiftung. Man mietete sich

Räume an und richtete eine „Pflegeanstalt für bedürftige Kinder, seit 1846 „Kleinkinder-Bewahranstalt", heute noch die „Mansfeld-Löbbecke-Kinderstiftung", übrigens einen der ersten Kindergärten in Europa! Das ist schon eine bemerkenswerte Tatsache, die in einer Zeit, da für jedes Kind ein Kindergartenplatz gefordert wird, Erwähnung finden muß.

Damals sollte dieser Kindergarten vor allem Kinder aus unteren sozialen Schichten während der Arbeitszeit der Eltern betreuen. 1894 befand sich diese Einrichtung an der Leopoldstraße 30. Heute sind eine Säuglingskrippe und ein Schulkinderhort angegliedert. Nach dem Arzt David Mansfeld wurde im Kanzlerfeld ebenfalls eine Straße benannt.

Die Amalienstraße ist noch vor der Jahrhundertwende fertiggestellt worden. Im Zweiten Weltkrieg wurden einige Häuser arg beschädigt; sie wurden ab den 50er Jahren wieder aufgebaut. Einer der bedeutendsten Bewohner der Amalienstraße war Professor Hofmann, der hier ein Gartenhaus mit Atelier besaß. Der Bildhauer Prof. Jakob Hofmann (fälschlicherweise meist mit ff geschrieben) wurde 1876 in Aschaffenburg geboren und starb 1955 in Braunschweig. 1913 kam er in diese Stadt, wo er den Lehrstuhl für Modellieren und Aktzeichnung an der Technischen Hochschule erhielt. Hofmann schuf zahlreiche Statuen, Porträts und Grabmäler, die Masken in der Öffentlichen Bücherei, den Löwen am Kolonialdenkmal im Stadtpark, das Siegfried-Standbild im Siegfriedviertel, die Figur des Besenmännchens als Symbol für die Altstadtsanierung – es steht heute an der Mauernstraße – und vor allem das Ehrenmal für H. Jasper am Bohlweg. Die Büste wurde zur Erinnerung an Dr. Heinrich Jasper aufgestellt, der bis 1919 Präsident des Braunschweiger Landtages war und von 1927 bis 1930 Ministerpräsident des Landes Braunschweig. 1933 wurde der SPD-Politiker verhaftet, gefoltert, in Einzelhaft gesteckt und schließlich in die Konzentrationslager Dachau und Oranienburg gebracht. Nach der Entlassung im Jahre 1939 durfte er seine Anwaltskanzlei nicht mehr weiterführen. Am 21. August 1944 wurde Jasper abermals verhaftet und starb im Februar 1945 im Konzentrationslager Bergen Belsen. Auch nach Professor Hofmann ist ein Weg in Braunschweig benannt worden.

Der Amalienplatz. (Fotos von 1996)

Die Amalienstraße, rechts der Amalienplatz.

Am Alten Bahnhof

Von der Fabrikstraße bis zur Frankfurter Straße zieht sich die Straße „Am alten Bahnhof" hin. Die Straße gibt es schon seit der Zeit, da man mit dem Bau des ersten Bahnhofes begann, wenngleich sie ihren Namen erst später bekam. Zunächst hieß sie Bahnhofstraße.

Auf einem Stadtplan von 1841, also drei Jahre nach der Eröffnung des Bahnhofes der ersten deutschen Staatseisenbahn, erreichte man die Straße über „Wilhelmi Tor", vorbei am Bau- und Brennholzplatz, der 1846 Holzhof hieß. Hier am Holzhof, unmittelbar am Südrand des mittelalterlichen Stadtkerns gelegen, befanden sich die Eisenbahnwerkstätten.

Erinnern wir uns der Eisenbahn in Braunschweig, die die erste Staats-Eisenbahn in Deutschland war, drei Jahre nachdem die erste Eisenbahn, die Nürnberg-Fürther-Bahn, als erste deutsche Eisenbahn überhaupt durch die Landschaft schnaufte. Die Braunschweigischen Anzeigen berichten in ihrer Nummer 271 vom 14. November 1838: „Der Bau der Braunschweig-Harzburger-Eisenbahn ist nunmehr so weit vorgeschritten, daß die Bahnstrecke zwischen Braunschweig und Wolfenbüttel binnen kurzem befahren werden wird. Zum Schutze der Bahn und zur Sicherheit des Publikums werden daher mit Genehmigung des Herzoglichen Staats-Ministeriums die nachstehenden polizeilichen Bestimmungen getroffen."

Und nun folgen Verbote und Hinweise wie man sich zu verhalten hat, daß man beispielsweise keine Steine, Holz oder sonstige Sachen auf die Bahn legen darf und die Schlagbäume nicht eigenmächtig öffnen durfte. Es mußte eben alles seine Ordnung haben.

Vom Wasserturm aus fotografiert: der alte Braunschweiger Bahnhof.

Der damalige Braunschweigische Staat hat in der Entwicklung des Eisenbahnwesens eine bemerkenswerte Rolle gespielt. Braunschweig erhielt schon am 1. Dezember 1838 seinen ersten Bahnhof. Er wurde nach dem Entwurf des Hofbaurates Karl Theodor Ottmer (1800-1843) erbaut und stand bis 1845.

Der Neubau der Bahnhofsanlagen einschließlich des neuen Empfangsgebäudes war am 18. November 1845 beendet. Schon nach wenigen Jahren mußten infolge der stetigen Verkehrszunahme fortlaufend Erweiterungen und bauliche Ergänzungen vorgenommen werden. Unter anderem wurde 1853/54 gegenüber dem Eingangsgebäude ein Direktionsgebäude – das spätere Amtsgebäude – errichtet.

Bei dieser Gelegenheit wollen wir einen Blick weiter zurück werfen. Da Braunschweig und Hannover am Handelsverkehr zwischen Nord und Süd das gleiche Interesse hatten, schlug von Amsberg, der Schöpfer der

Braunschweigischen Staatsbahnen, bereits 1824 eine Eisenbahn, und zwar mit Pferdeantrieb, von Hannover und Braunschweig ausgehend, über Celle und Lüneburg nach Hamburg vor.

Kommen wir noch einmal zurück auf das bedeutende Ereignis 1838. Am 6. November ging die erste Probefahrt mit den beiden in England gebauten Maschinen „Swift" und „Advance" und dem Dampfwagen aus Philadelphia vor sich. Man fuhr bis kurz vor Leiferde. Am 16. November folgte eine Probefahrt mit geladenen Gästen nach Wolfenbüttel. Man benötigte für diese Strecke nicht einmal eine viertel Stunde.

Die weiteren Strecken wurden bald nach der ersten offiziellen Fahrt eröffnet: Wolfenbüttel – Schladen am 22. August 1840, Vienenburg – Bad Harzburg, 15. August 1840 und Schladen – Vienenburg am 31. Oktober 1841. Der Streckenabschnitt Vienenburg – Bad Harzburg wurde am 8. November 1843 zunächst mit Pferden bedient. Bergauf schaffte es die erste Lok noch nicht. Erst die Lokomotiven „Credo" und „Wildemann" waren aufgrund des stärkeren Antriebes in der Lage, den Zug bis nach Bad Harzburg zu bringen.

Entlang der Bahnhofstraße entstanden bis 1846 die Wagenschuppen, auf der gegenüberliegenden

Das Empfangsgebäude des alten Bahnhofs.

Gleisseite, zur Oker hin, das Maschinengebäude. Aber auch die Industrie hatte gemerkt, daß die Bahnhofstraße ein geeigneter Ort für den Aufbau von Fertigungsstätten ist. Bedeutende Fabriken entstanden an der Bahnhofstraße. Es soll erinnert werden an die Dampfkessel- und Gasometer-Fabrik AG, vormals Wilke & Co., die sich mit Behälteranlagen für Gas, Wasser, Petroleum und Benzin beschäftigte, Raffinerien baute, Kräne jeder Art sowie vollständige Gasanstalten, oder die Firma Roever & Neubert, eine Fabrik für Lokomotiven- und Schiffsarmaturen. Dieses Werk wurde im Jahre 1880 gegründet.

Zu Anfang ihres Bestehens begnügte man sich in der Fabrikation von Dampfkessel- und Maschinenarmaturen in gemieteten Räumen auf der Bahnhofstraße. Von den Erzeugnissen der Firma eigenen Systems verdienen besonderer Erwähnung die Wasserstandsanzeiger mit selbsttätigem Kugelschluß sowie Verbrennungsinjektoren für Lokomotiven und Dampfkessel mit Ölfeuerung, die vorwiegend bei rumänischen und russischen Lokomotiven zur Anwendung kamen. Viele Patente hat die Firma auf ihre Erfindungen bekommen. Die Firma Roever & Neubert siedelte 1881 auf die Helenenstraße um. Die Maschinen-Bau-Anstalt, wie sich die Firma früher benannte, ist heute noch an alter Stelle.

An der Bahnhofstraße befand sich ferner eine von zwei Gasanstalten der Stadt. Schon recht früh waren nahezu sämtliche Straßenzüge abends und nachts durch das sogenannte Auersche Gasglühlicht gut beleuchtet. Die beiden Gasanstalten versorgten die Stadt mit Leucht- und Kochgas.

Kurz nach dem Krieg kannten wohl alle Braunschweiger die Möglichkeit auf der Bahnhofstraße „günstig" an Feuerung zu kommen. Der Kohlenklau war damals an der Tagesordnung und, wenn auch verboten, keine Schande. Die älteren Braunschweiger werden sich sicher an diese Zeit erinnern.

Am Bürgerpark

Die kleine Straße, die sich am Rande des Bürgerparks hinter den Wohnhäusern der Wolfenbütteler Straße versteckt, hat ihren Namen von eben diesem Park erhalten. Südlich der Stadt teilt sich die Oker in zwei Hauptarme, der östliche durchfließt den vor der Jahrhundertwende angelegten Bürgerpark, dem sich der ehemalige Bahnhofspark und Hollands Garten anschlossen. An diesen wiederum grenzte der Siegesplatz, auch Tummelplatz genannt, mit einem Denkmal zur Erinnerung an den Deutsch-Französischen Krieg 1870/71.

Der große Teich im Bürgerpark mit dem ehemaligen Tennishaus. Foto etwa 1910 bis 1920.

Unendlich viel gibt es über den Bürgerpark zu berichten: An den Scherbelberg, „Monte Scherbelino", sei erinnert, an den kleinen Okerhafen an der Eisenbütteler Straße, an den schiefen Wasserturm, die Badeanstalten, das Tennishaus, das Restaurant „Parkhaus" und vieles mehr.

Das Haus des Tennisclubs ist dem Zweiten Weltkrieg zum Opfer gefallen. Es war ein herrliches Bürgerhaus, das einst in einem weiten Garten an der Goslarschen Straße 39 stand. Eine große Mauer, die jeweils an eingeschossigen Fachwerk-Pavillons endete, umgab das Grundstück. Das schmiedeeiserne Gittertor trug oben unter einem Baldachin die Initialen des Erbauers J. P. H., Johann Philipp Hogreve. Er ließ im Jahre 1759 das Haus vor den Toren der Stadt an der Goslarschen Straße errichten.

Im Jahre 1905 wurde dort eine Straße geplant, die über das Grundstück geführt werden sollte. Es gab einige Interessenten, die dieses herrliche Haus abbrechen und anderswo neu errichten wollten. Im Februar 1907 erwarb die Vereinigung Braunschweiger Tennisclubs das Haus, um es als Vereinshaus im Bürgerpark wieder aufzubauen. Es war ein zweigeschossiges Haus, mit Stichbogen an Tür und Fenster des Risalit. Die Fassadendekoration erinnert an Sturmsche Motive. Im flurartigen Saal des Erdgeschosses war zartes Roncaillegerank aus Stuck. Im Hauptsaal darüber reiche Stuckdekorationen über den Türen und Puttenszenen und Landschaften. Die Wände waren bespannt mit bemalten Leinwandtapeten.

Die beiden Pavillons und das schmiedeeiserne Tor mit den beiden Pfeilern sind erhalten geblieben und durch einen modernen Neubau miteinander verbunden.

Die Oker lockte schon sehr früh die Baderatten an, und so entstanden im Bereich des Bürgerparks mehrere Badeanstalten. Geblieben ist das Stadtbad, 1932 als das modernste Hallenbad Deutschlands gebaut. Bis dahin badete man im Okerstrom, übrigens in der Bahn-Badeanstalt auch noch nach dem Kriege. Im 18. Jahrhundert war Braunschweig noch von vielen Okerarmen durchzogen.

Wahrscheinlich mehr als sieben sogenannte „schwimmende Badehäuser" gab es hier. Außerhalb dieser Badehäuser war das Baden verboten – doch wer richtete sich schon danach? Immer wieder wurden Bekanntmachungen herausgegeben, die das Baden bei Geldstrafe, ja, sogar bei körperlicher Züchtigung verboten hatten. Wegen der Unsittlichkeit und der Gefahr des Ertrinkens, wie es hieß.

Die erste von der fürstlichen Kammer offiziell genehmigte Badeanstalt wurde 1813 von H. T. Proessel am Magnustorwall erbaut. Weitere Badeanstalten folgten. Bis etwa 1908 befand sich im Bürgerpark eine Militärbadeanstalt, die schon auf einer Karte von 1872 aufgeführt ist. Unmittelbar neben dem 1864/65 erbauten städtischen Wasserwerk mit dem im gotischen Stil erbauten 72 Meter hohen Turm befand sich eine Frauenbadeanstalt.

Nach dem letzten Weltkrieg wurde das Wasser der Oker immer schmutziger, das Baden wurde gänzlich verboten. Geblieben ist das Kennelbad, das aber längst nicht mehr mit Okerwasser gespeist wird.

Die beiden Teiche im Bürgerpark bilden nicht nur in den Sommermonaten einen Anziehungspunkt. Auch wenn der Frost das Wasser zu Eis erstarren läßt, treffen sich Hunderte vom Wintersport begeisterte Braunschweiger hier zum Schlittschuhlaufen. Vor 100 Jahren gab es einen Eisbahnverein, der regelmäßig Eisfeste organisierte. Durch bengalische Lichter wurde die Eisfläche in eine Märchenlandschaft verzaubert, und heitere Musik ertönte vom Ufer her. Aber auch später noch wurde die Eisfläche regelmäßig vom Schnee geräumt, und Musik begleitete die dahinschwebenden Paare.

Die eine der beiden Inseln in dem südlichen, größeren Teich heißt Haslicht-Insel. Ein Gedenkstein wurde zu Ehren des Mannes hier errichtet, der einen namhaften Betrag zur weiteren Ausstattung dieses Parks spendete. Der Schöpfer aller Anlagen ist der Promenadeninspektor Kreiß.

Auch Vergnügungsdampfer hat es auf der Oker gegeben. Viele Braunschweiger erinnern sich noch gern an die „Brunonia", die vom Heinrichshafen über den alten Bahnhof bis hin zu den Okerterrassen an der Parkstraße schipperte. Vor der „Brunonia" gab es noch das Dampfschiff „Vorwärts".

Auch der Bürgerpark hat sich in den letzten fünfzig Jahren gewandelt, und trotzdem: Er ist nach wie vor ein beliebter Park, in dem sich die Jugend und das Alter finden.

Die Straße Am Bürgerpark liegt versteckt hinter den Wohnhäusern der Wolfenbütteler Straße.

Am Wendenwehr

Bevor man hier Wohnhäuser errichtete, stand an der Hamburger Straße Nr. 2, heute die Straße Am Wendenwehr, die Zuckerfabrik Salomon und Co, die 1836 am Sack gegründet wurde. Sie war eine der drei frühen Zuckerfabriken Braunschweigs. 1799 entwickelte F. C. Achard in Schlesien das Verfahren zur Gewinnung von Zucker aus Rüben. Die Zuckerfabriken führten neben den Konservenfabriken und der Staatsbahn die Industrialisierung bei uns ein.

Nach dem Beitritt zum Zollverein 1841/42 verbesserten sich die Marktchancen von Rübenzucker erheblich, da der konkurrierende Rohrzucker durch Einfuhrzölle verteuert wurde. Und so konnten überall im Braunschweiger Land Zuckerfabriken entstehen.

Die Zuckerfabriken kurbelten die weitere Wirtschaft an. So stieg beispielsweise der Braunkohlenabsatz der BKB bei Helmstedt ungemein. Erst die Errichtung einer Brikettfabrik ab 1887 verringerte diese Abhängigkeit. Auch der Maschinenbau für die Zuckerfabriken gewann eine große Bedeutung.

Nahe des Wendenwehrs, auf der Südseite der Schubertstraße, gegenüber dem Gaußberg, dicht am Wendenmühlengraben lag die bereits 1250 erwähnte, mit fünf Gängen ausgestattete Wendenmühle, die 1850 den Betrieb einstellte und 1894 abgebrochen wurde.

Die Bebauung Am Wendenwehr ist ein besonderes Ensemble. Die s-förmige Führung der Straße und die südliche Bebauung sind unverwechselbar. Es ist ein Ausdruck einer Reformarchitektur, in der sich Elemente der englischen Landhausarchitektur, der Gartenstadtidee und des Jugendstils verbinden. Und daran kann man schon die Bauzeit ablesen: 1910 bis etwa 1914. Im Adreßbuch von 1912 taucht die Straßenbezeichnung zum erstenmal auf. Interessant ist die belebte Dachlandschaft sowie die liebevollen Details an Fassaden, aber auch bei den Innenausbauten. Malerische Gärten führen direkt zur Oker, und durch die folgenden Wallanlagen ist es zumindest zu der Seite hin ein ruhiges Wohnen.

Der Umflutgraben hier am Wendentor war Teil der Stadtbefestigung, der Gaußberg, einst das Rudolphs–Bollwerk, sowie einige Befestigungsgräben zeugen noch heute davon. In den Jahren 1803/1804 führte P. J. Krahe die Park- und Promenadengestaltung durch, nachdem die Befestigungsanlagen weitestgehend abgetragen worden waren.

Diese Häuser Am Wendenwehr wurden um 1910/1914 gebaut.

Der Durchbruch der Straße Am Wendenwehr zwischen Am Wendentor und der früheren Lüneburger Heerstraße (heute ein Stück der Straßen Am Wendentor, Rebenring, Hamburger Straße) erfolgte 1889, als der heutige Rebenring noch Rebenstraße hieß.

„Seit mehr als 25 Jahren Planung, Gerangel, Stillstand und gegenseitiger Blockade von Verkehrs AG und städtischer Verkehrsplanung deutet jetzt alles darauf hin, daß eine der schwersten kommunalpolitischen Kühe vom Eis gehoben wird." So konnte man am 9. November 1993 in der Braunschweiger Zeitung lesen.

Blick in die Straße Am Wendenwehr, rechts die Mühlenpfordtstraße. Fotos von 1996.

Die Stadtbahn sollte nun nicht, wie früher geplant, den Gaußberg-Durchbruch fahren, sondern von der Hamburger Straße geradeaus in die Lampestraße und die Straße Am Wendenwehr stadteinwärts und in umgekehrter Richtung aus der Wendenstraße über diese Strecke stadtauswärts fahren. Lampestraße und Am Wendenwehr sollten auf eigenem Gleiskörper die Stadtbahn aufnehmen, der Autoverkehr – bis auf Versorgungsfahrzeuge – draußen bleiben. Dies war, zum damaligen Zeitpunkt (1993), die Wunschvariante der Braunschweiger Verkehrs AG.

Die städtische Verkehrsplanung kämpfte für ihre Variante, die Stadtbahn von der Hamburger Straße stadteinwärts bis zum Rebenring, von dort im Ring bis zur Mühlenpfordtstraße und auf der Mühlenpfordtstraße zwischen Ring und Am Wendenwehr auf eigenem Gleiskörper fahren zu lassen.

Am 19. November 1993 war der BZ zu entnehmen, daß nach dem Willen der Ratsmehrheit endgültig die Straßenbahn durchs Wendentor fahren sollte. Die neue Nord-Südverbindung der Stadtbahn sollte nun aus der Hamburger Straße geradeaus über den Rebenring, durch die Lampestraße/ Am Wendenwehr hinein in die Wendenstraße. Der Ratsbeschluß, gegen die Stimmen der CDU-Fraktion und gegen das Konzept der städtischen Verkehrsplanung gefaßt, beendete zunächst diese verkehrspolitische Auseinandersetzung. Ratsherr Reinhold Manlik meinte: „Wir müssen sagen, daß verkehrspolitisch kein großer Wurf gelungen ist." Er sei gewiß, „daß sich bis zum Jahr 2000 auf der Strecke nichts tut." Damit wird er wohl recht behalten. Und nachdem die Verkehrs AG einen neuen Betriebshof am Nordbahnhof plant, ist die Kuh wieder auf dem Eis.

Der Ärger über städtebauliche Mißstände und planerische Fehlleistungen veranlaßte eine Reihe von Stadtplanern und Bürgern, sich für mehr Bürgernähe in der Planung einzusetzen und eine stärkere Berücksichtigung sozial benachteilter Gruppen einzusetzen.

Braunschweig-Forum heißt dieser Verein, der schon im Februar 1984 eine Schrift zum Durchbruch am Wendentor herausgegeben hat. Man wehrt sich, und, was endlich werden wird, kann vielleicht wirklich erst im Jahre 2000 gesagt werden. –

An der Stadthalle

Die älteren Braunschweiger können sich noch gut daran erinnern, daß auf dem Leonhardplatz Sport und Vergnügen zu Hause waren: Jahrmärkte, Jahreszeitenfeste und ähnliche „Rummelplatz"-Vergnügen. Ganz besonders beliebt war das Maifest, das letzte fand vom 28. April bis 6. Mai 1962 statt. Dann kamen die Baufahrzeuge und der Bau der neuen Stadthalle – die alte befand sich auf dem Schützenplatz an der Hamburger Straße, heute ein Möbel-Großlager – begann.

Vor der Jahrhundertwende spielte die „Eintracht Braunschweig" – BTSV Braunschweig – auf dem Leonhardsplatz, bevor das Stadion an der Helmstedter Straße gebaut wurde. Und in noch früherer Zeit tummelten sich hier die Pferde des einstigen Herzoglichen Landgestüts. Noch heute erkennt man die Stallungen aus jener Zeit.

Die Polizei hat die Gebäude bezogen. Dieses Landgestüt war bis 1899 eine Domäne. In früher Zeit lag hier das ehemalige Hospital St. Leonhard, das im Mittelalter den Aussätzigen zur Wohnung diente. Die St. Leonhard-Kapelle steht noch heute dort.

Fußballspiel auf dem Leonhardplatz um 1897. Archiv BTSV Braunschweig. Tribünen gab es noch nicht. Man stand auf Dächern und Balkonen.

Der Chronist Oskar Döring schrieb darüber: „Außerhalb der alten Stadt liegt, nach dem Ostbahnhof zu, auf dem Gelände des Herzoglichen Gestüts die kleine Kapelle St. Leonhard, ehemals als Hospitalkapelle benutzt."

Schon bald nach dem Maifest 1962 wurde der Leonhardplatz eine große Baustelle. Der Stadthallen-Entwurf der Duisburger Architektengemeinschaft Dipl. Ing. Heido Stumpf, Dipl. Ing. Peter Voigtländer und Dipl. Ing. Jörg Ohm, der als bester von 39 Entwürfen im Vorjahr den ersten Preis des Wettbewerbs errang, wurde noch einmal überarbeitet. Die äußere Gestalt des auf einem Dreieck-Raster-System aufgeführten vieleckigen Hallengebäudes wurde dabei nicht verändert.

Rund zehn Jahre waren vergangen, bis die im Rat der Stadt und von der engagierten Öffentlichkeit nicht weniger vehement geführten Debatten am 20. Januar 1960 in den Grundsatzbeschluß mündeten: „In ausdrücklicher Anerkennung der Notwendigkeit des Baues einer Stadthalle, deren Zweckbestimmung als Mehrzweckhalle, Sporthalle oder Kulturhalle den Ausschüssen und dem Rat noch vorbehalten bleibt, sollen Planung und Vorarbeiten für den Standort ... im Gelände des neuen Bahnhofs ... sofort eingeleitet werden."

Am 11. Januar 1961 war es dann so weit: Der Rat der Stadt beschloß die Errichtung einer Stadthalle. Als Standort wurde der Leonhardplatz bestimmt, nachdem der Standort Bohlweg (im Zusammenhang mit dem Wiederaufbau des Schlosses) nicht mehr in Betracht kam.

Am 16. Mai 1962 wurde der Auftrag zur Durchführung des Projektes erteilt. Zwischen der Grundsteinlegung am 15. November 1962 und dem Beginn der Betonierungsarbeiten für die Fundamente im April 1963 erzwang ein harter Winter zunächst einen Aufschub der Bauarbeiten. Nach Abschluß der Rohbauarbeiten im Mai 1964 begann der Innenausbau.

Die feierliche Einweihung am 4. September 1965 hat der Mann, dessen unkonventionellem Entwurf Braunschweigs Bürger „ihre" Stadthalle verdanken, nicht mehr erlebt. Peter Voigtländer, der mit seinem Team schon zuvor die Stadthallen in Duisburg und Oberhausen gebaut hatte, war acht Wochen vorher, auf dem Weg zu einer Pressekonferenz, tödlich verunglückt.

Mit seiner letzten Arbeit für Braunschweig hat Peter Voigtländer neue Maßstäbe gesetzt, die auf lange Zeit beim Bau ähnlicher Kulturzentren in der Bundesrepublik als Vorbild gedient haben.

Der Gesamtkomplex umfaßt einen Großen Saal für rund 2300 Personen, einen Kleinen Saal für etwa 500 Personen, zwei Vortrags- bzw. Konferenzräume für 50 bis 120 Personen und eine Reihe weiterer Sitzungs- und Clubräume für 10 bis 50 Personen. Aufteilung und Anordnung der Räume gestatten, daß jeder Saal einschließlich seiner Nebenräume getrennt zu nutzen ist, und eine entsprechende akustische Isolierung der Raumgruppen eine gegenseitige Störung gleichzeitig ablaufender Veranstaltungen ausschließt. Andererseits verbinden aber die Foyers auf der Saalebene auch alle Publikumsbereiche miteinander, wie es beispielsweise bei Großveranstaltungen erforderlich ist, so daß eine maximale Kapazität für über 3500 Gäste geboten wird. In dem Parterre-Bereich befindet sich die Gastronomie mit mehreren Nebenräumen für Familienfeiern und Tagungen.

Das unmittelbar neben dem Haus errichtete Parkdeck wurde zugleich auch als Hubschrauberlandeplatz ausgebaut.

Elektronisch gesteuert und überwacht wird heute auch das Herzstück aller Bühnenveranstaltungen im Großen Saal: die Hubpodiengruppe. Die hydraulisch bewegten Podien werden einerseits für dekorative Effekte genutzt, befördern aber auch Lasten bis zu 5 t über mehr als vier Stockwerke des Hauses.

Mehr als 1400 Raumbuchungen im Jahr zeigen, daß diese Stadthalle von allen Veranstaltern angenommen wird. Ob es sich um Konzerte oder Karnevalsveranstaltungen handelt, um Theateraufführungen oder Boxkämpfe, die Stadthalle ist für alle und alles eingerichtet.

Bau der Stadthalle. Das Foto entstand am 28. Dezember 1963.

Autorstraße

Im Jahre 1880 gehörte zur Klasse der „Kommunalwege", die von der Stadt unterhalten wurden, unter anderem auch die Autorstraße. Sie war zwar noch ein Feld– oder Gartenweg, doch schon bald wurde sie befestigt und bebaut. Zwischen der heutigen Böcklerstraße (früher Salzdahlumer Straße) und Viewegstraße verläuft die Autorstraße, die an den Stadtheiligen Au(c)tor erinnern soll.

Das nebenstehende Bild – das Original befindet sich im Stadtarchiv Braunschweig – zeigt den heiligen Autor, dessen Abbild auch auf einem früheren Siegel zu sehen ist. Das Siegel zeigt ihn ebenfalls im Bischofsgewand, in seiner Linken hält er ein Kirchenmodell, vermutlich St. Aegidien darstellend. Zu seinen Füßen lehnt ein Schild mit dem steigenden Löwen, also dem eigentlichen Stadtwappen. Den Reliquien des Heiligen hatte der Rat die glückliche Überwindung der Unruhen von 1445 zum Dank einen kostbaren silbernen Sarg gelobt, der erst 1446 vollendet war und nach Umlegung der Gebeine seit 1457 alljährlich am Sonntag Lätare von zwölf Ratsherren in festlicher Prozession um die ganze Stadt getragen wurde. Der damalige Abt Berthold Meier von St. Aegidien hat neben den Legenden des Heiligen auch diese Ereignisse aufgezeichnet.

Blicken wir kurz in die Geschichte: Die Söhne und Nachfolger Heinrich des Löwen, der Pfalzgraf Heinrich und der spätere Kaiser Otto IV. sind städtepolitisch weniger aktiv gewesen als ihr Vater. Immerhin verlieh König Otto 1199 den Braunschweiger Bürgern die Zollfreiheit im ganzen Reich und nahm sie in seinen Schutz. Sein Kampf wegen des Doppelkönigtums nach dem Tod Kaiser Heinrichs VI. brachte dann auch Braunschweig 1200 unmittelbar in Mitleidenschaft.

Der heilige Autor ist der Schutzpatron der Stadt Braunschweig. Das Originalbild befindet sich im Stadtarchiv.

Die Stadt wurde von Ottos Gegner, König Philipp von Sachsen, belagert, der Legende nach aber durch den

Stadtheiligen Autor, der auf der Stadtmauer erschien, vor den Feinden errettet. Die hier gezeigte Abbildung zeigt Autor über der zinnenbewehrten Stadtmauer schwebend, vor der Mönche, der Rat und die Bürger knien. Es ist das erste Bild der Stadt, das wir kennen. Zahlreiche Kirchen mit Türmen und Doppeltürmen sowie Hausdächer über Treppengiebeln geben einen annähernden Eindruck Braunschweigs um die Mitte des 15. Jahrhunderts.

Otto befestigte nun auch das Weichbild Altewiek mit Mauer und Graben, das gegen Altstadt und Hagen jedoch weiter abgeschlossen blieb. 1204 verlieh er den Bürgern das Recht der Pfarrerwahl für St. Martini, wobei die Kirche ausdrücklich als Marktkirche bezeichnet wird. Wohl noch vor 1200 wurden St. Bartholomäi in der Altstadt und das Aussätzigenhospital St. Leonhard an der Heerstraße nach Helmstedt gegründet, und 1224 nahm Pfalzgraf Heinrich das durch Almosen der Gläubigen gebaute Johannishospital in seinen Schutz.

An der Breiten Straße erinnert der Autorshof an diesen Heiligen. Der hinter dem Altstadtrathaus gelegene Autorshof trägt seinen Namen nach der Kapelle, die der Rat 1386 auf Anordnung der Hanse errichten mußte. Ihr Bau war der Stadt auferlegt worden als Sühne für die Enthauptung von acht Ratsherren, unter denen sich auch der Bürgermeister der Altstadt, Tile van dem Damme, und sein Mitbürgermeister Cort(d) Döring befanden, im Verlauf der „schicht des rades" im Jahre 1374. Diese Kapelle war dem Schutzpatron Braunschweigs geweiht, und in ihr hingen Wappen von den Aufständischen Hingerichteten, an deren Todestag alljährlich eine Seelenmesse abgehalten werden mußte. Das Gotteshaus, das nach der Reformation anderen Zwecken gedient hatte, wurde in den Jahren zwischen 1681 und 1690 abgebrochen, als der Autorshof zu Messezwecken herangezogen werden sollte. Das Aussehen der Zugänge zum Autorshof von der Sonnenstraße und der Breiten Straße wird in einem Kupferstich von A. A. Beck überliefert. Den Abschluß zur Breiten Straße bildete ein zweistöckiges Haus von drei Achsen. Die Legende von St. Autor erzählt, daß er als Bischof von Metz und Trier (um 450) beide Städte wunderbar vor ihren Feinden geschützt habe. Nach Braunschweig kamen seine Gebeine durch die Urgroßmutter Heinrich des Löwen, Markgräfin Gertrud, die er im Traum darum gebeten haben soll. Nachdem er eben auch die Stadt Braunschweig vor den Feinden geschützt hatte, wurde es zur Sitte, in Zeiten der inneren oder äußeren Not seinen Schrein fürbittend hervorzutragen. Höhepunkt seiner Verehrung aber wurde sein Todestag, der 20. August, an dem die ganze Stadt ihm eine große Prozession bereitete. Noch heute kann man den Schutzpatron sehen: Vom hohen Seitengiebel von St. Aegidien hält er ein goldenes Kreuz segnend über seine Stadt.

Heilige sind nach der katholischen Kirchenlehre solche Verstorbene, die sich durch ihr Leben und Sterben qualifiziert haben, die als Fürsprecher bei Gott und Christus von den Menschen verehrt und angerufen werden. Die Anerkennung der Heiligen war in den früheren Jahrhunderten nicht geregelt, sie ging vom Volk aus. Das Recht der Heiligenernennung aber sollte den Bischöfen zukommen. Mit der Zeit nahmen die Päpste selbst das Geschäft in die Hand. Schon 1170 erklärte Papst Alexander III. in einem Schreiben an die Mönche eines französischen Klosters, daß die Heiligsprechung ein ausschließliches Vorrecht des römischen Stuhles sei.

Die Autorstraße 1992. Im Hintergrund sind die Hochhäuser an der Kurt-Schumacher-Straße zu erkennen.

Badetwete

Der kleine Weg zur ehemaligen Badeanstalt im Bürgerpark heißt Badetwete. Sie zweigt von der Wolfenbütteler Straße ab und führt in den Bürgerpark. Es handelte sich hier um eine Badeanstalt in der Oker. Damals soll der Fluß noch sauber gewesen sein, zumindest konnte man die Belastungen des Wassers durch Chemikalien aus den Hüttenbetrieben im Harz noch nicht nachweisen. Der Tageszeitung vom Juli 1892 ist folgende Meldung zu entnehmen: „Berechtigten Unwillen erregt der Umstand, daß die Okerbrücke, die Bürgerpark und Wolfenbütteler Straße verbindet, tagtäglich mit einer Menge Schaulustiger besetzt ist, die die Badenden beobachten. Im Interesse der öffentlichen Sittlichkeit sollte man endlich einmal gegen diese Ungehörigkeit vorgehen und entweder den längeren Aufenthalt auf der Brücke verbieten oder die Anstalt mit Schutzblenden versehen, die ein Beobachten der Badenden möglichst verhindert."

Die Badeanstalt in der Oker. Von der Brücke aus beobachten Schaulustige die Badenden.

Amüsiert hat man sich hier zu jeder Jahreszeit. Im Winter kam man zum Schlittschuhlaufen hierher. Vorn an der Badetwete standen die sogenannten Anschnallbänke, an denen die „Anschnaller" auf ihre Kunden warteten, das waren Männer, die einem die Schlittschuhe für 5 Pfennig anschnallten, wenn man es selbst nicht konnte oder wollte. Links davon, zwischen zwei Eisbahnen gelegen, befand sich eine Wärmebude, in der es Kaffee und Prillecken gab, ebenfalls für je 5 Pfennig. In der Mitte der Bahnen, die sich bis zu der erwähnten Holzbrücke an der Hennebergstraße hinzogen, wurde jedes Jahr ein mit Tannengrün bekleideter Holzpavillon für die Musiker aufgebaut, die sonntags und auch öfter alltags dort konzertierten. Ausübende waren entweder die 17er Husaren oder die 67er. Später, als die alten 92er, die „Schwarzen", aus Metz wieder in die alte Garnison zurückgekehrt waren, lösten sich diese mit den Husaren ab und beide ließen ihre flotten Märsche oder Walzer, nach denen es sich so wundervoll laufen ließ, von dort aus über die Eisbahn klingen. Man bezahlte für die ganze Session 1 Mark und 10 Pfennig für die „Eismarke", die man sich ansteckte. Das war ein preiswertes und gesundes Vergnügen! Trotzdem wurde die Stadt aufgefordert, auch Flächen freizugeben, die kostenlos genutzt werden konnten. In der Tageszeitung vom 21. Januar 1892 war folgendes zu lesen: „Leider ist das Schlittschuhlaufen – so sehr es aus Gesundheitsrücksichten zu fördern eine Notwendigkeit ist – nur einem Teil der Bevölkerung möglich. Die Armen haben überhaupt kein Geld dazu, sich Schlittschuhe und Eisbahnkarten zu kaufen, auch viele, viele Eltern, die nicht arm sind, haben das Geld nötiger zum Haushalte. Der verehrliche Eisbahn-Verein sollte veranlaßt werden, einen Teil der Eisfläche im Bürgerparke frei zur Verfügung zu stellen, oder aber, was das einzig richtige wäre, die Väter der Stadt sollten sich entschließen, selber eine derartige Eisbahn gratis anzulegen, groß genug, damit Reiche und Arme, Kleine und Große sich darauf herumtummeln können."

Ein Vergnügen ganz anderer Art bekam man in dem berühmten Lokal und Varieté „Holst's Garten". An der Ekke Badetwete und Wolfenbütteler Straße, schräg gegenüber der Leisewitzstraße, befand sich der gern besuchte Kaffeegarten. Nicht von Anfang an hatte sich Holst's Garten dort befunden, wo ihn die noch lebenden alten Braunschweiger gekannt haben, bevor er 1944 dem Luftkrieg zum Opfer fiel. Hervorgegangen ist das Unternehmen aus dem Hähns'schen Garten, der viel weiter südlich an der Westseite der Wolfenbütteler Straße in unmittelbarer Nachbarschaft des Parks Alt-Richmond gelegen war. Wohl im ersten Drittel des 19. Jahrhunderts ist der Betrieb auf Johann Holst übergegangen.

Holst war im Wettbewerb mit dem „Weißen Roß" an der Celler Straße darum bemüht, durch Veranstaltungen besonderer Art außer Gartenmusiken schaulustige Gäste in seinen Garten zu locken. So kündigte er zum 4. Oktober 1846 eine „große Harmonie-Musik des Herzoglichen Hautboistencorps an, „wobei um 5 Uhr der Mechanikus Koch einen großen Luftballon von 25 Fuß Höhe und 50 Fuß Breite steigen lassen will." Kanonenfeuer und andere Dinge lockten Scharen von Gästen herbei.

Wann Holst nun das Grundstück an der Badetwete erwarb, ist nicht genau bekannt. Alle Daten sind Vermutungen. Einem undatierten Zeitungsartikel ist aber zu entnehmen: „Am 21. Mai 1870 wurde die erste von Herrn Holst erbaute feste Bühne in seinem Garten unter Leitung des Direktors Ulrich eröffnet. Ulrichs Nachfolger waren sodann Wagner, Wehn, Senst und Marwitz. Vor 1870 war bereits das erste Sommertheater periodisch in Holst's Garten gewesen, und zwar 1849 bis 1852, wo dort unter anderem der Vater des jetzt hier engagierten Komikers Dill mitgewirkt und die jetzige Hofschauspielerin Frau Kraatz als talentvolle Soubrette ihre ersten Lorbeeren errungen hat."

Holst's Garten, wie alte Braunschweiger ihn noch kennen, war ein Sommertheater, ein Konzertgarten, ein Varieté. Von Mitte Mai bis in den September hinein spielte man Operetten und Possen, in den 20er Jahren unseres Jahrhunderts auch Schau- und Lustspiele. Vertreten waren beispielsweise Hauptmann, Max Dreier, Sudermann, Halle, Otto Ernst, Hartleben und andere. Unter dem Varieté befanden sich Kegelbahnen und Schießstände des Braunschweiger Schützenvereins.

Später hatte die Familie Schütte den Holst's Garten. Der älteste Sohn übernahm später das Schützenhaus an der Hamburger Straße. Holst's Garten erhielt am 8. April 1944 die ersten Treffer, am 22. Oktober wurde es vollständig zerstört.

Die Badetwete, hier ein Foto von 1988, führte einst zur Badeanstalt in der Oker.

Bergstraße/Steige

Bereits im Jahre 1878 hatte die Stadtverordnetenversammlung eine umfassende Überarbeitung des Tappeschen Stadterweiterungsplanes in Aussicht genommen. Die dort abgesteckten Bebauungsgrenzen für das starke Bauaufkommen im Außenstadtbereich reichten nicht mehr aus. Das braunschweigische Stadtgebiet erfuhr im Jahre 1882 durch die Eingliederung des Hagenbruchs eine nicht unwesentliche Erweiterung. Bis 1887 war dieses Gelände allerdings durch den vorgelagerten Küchengarten von der Innenstadt getrennt und wurde daher nur zögernd bebaut.

Heinrich der Löwe wird vom Teufel durch die Luft getragen. Heinrich Anton Mücke (1806-1891) schuf 1829 im Gartensaal des Schlosses Heltorf bei Düsseldorf ein Fresko zu Heinrich dem Löwen. Die Zeichnung „Teufelsritt" befindet sich im Braunschweigischen Landesmuseum.

Am 8. Juni 1882 wurde die Anlage des sogenannten „Wilhelminischen Ringes" im Zusammenhang mit einem neuen Stadtplan endgültig beschlossen und deren Verlauf festgelegt. Der Altewiekring begann an der Campestraße und setzte sich in nördlicher Richtung fort.

Die Bergstraße, die bald danach bebaut wurde, verläuft parallel zwischen der Fasanen- und Husarenstraße und verbindet heute die Steige mit dem Altewiekring. Elf Häuser stehen hier, zehn an der Steige. Mit der Namensgebung hat man es sich leicht gemacht: Man muß leicht bergauf gehen, biegt man vom Altewiekring in die Bergstraße ein. Der „Berg" ist der Giersberg, der aus dem früheren Hagenbruch mit 83,39 m herausragt. Er ist die höchste natürliche Erhebung im Stadtgebiet. Der Sage nach wurde Heinrich der Löwe am Schluß seiner Abenteuerfahrt vom Teufel auf dem Giersberg vor Braunschweig abgesetzt. So jedenfalls schrieb es H. Göding 1585 auf. Mit der Sage haben sich viele Historiker beschäftigt. Hier die Fassung aus dem Buch „Spaziergang durch eine alte Stadt".

„Auf dem Burgplatz zu Braunschweig steht, aus Erz gegossen, das Denkmal eines Löwen. Von ihm erzählt die Sage folgendes: Heinrich, der edle Welf, zog vorzeiten nach Abenteuern aus. Nachdem sein Schiff in Seenot geraten war und man alle Vorräte verloren hatte, opferte sich täglich ein anderer der Besatzung, damit die übrigen nicht zu verhungern brauchten. Als letzte losten der Herzog und sein treuer Diener. Heinrich verlor, doch der Diener brachte es nicht übers Herz, seinen Herrn zu verspeisen. Stattdessen nähte er den Herzog in einen Rinderbalg und warf ihn in das tosende Wasser. Für mich, so dachte der Diener, reicht der Vorrat nun. Und er hoffte, daß sein Herr so am ehesten ebenfalls überleben würde.

Ein Greifvogel war des Herzogs Retter. Er hob ihn aus dem aufgewühlten Meer und brachte das Bündel in seinen Horst. Nachdem sich Heinrich befreit hatte und den Baum hinabgestiegen war, sah er, wie ein Lindwurm mit einem Löwen kämpfte. Der Löwe war in arger Bedrängnis, und Heinrich sprang dem Löwen zur Hilfe bei.

Nach langer Zeit der Einöde baute sich Heinrich eines Tages ein Floß, um wieder zu den Menschen zurückfahren zu können. Der Löwe, der sich so an seinen Herrn und Retter gewöhnt hatte, schwamm ihm nach und kauerte sich auf dem Floß zu seinen Füßen.

Und wieder geriet Heinrich in Hunger und Elend. – Da erschien ihm plötzlich der Teufel und bot seine Hilfe an. Er erzählte, daß sich ein Fürst aus fremden Landen mit des Herzogs Weibe Mathilde vermählen wolle, weil sein Weib nun nicht länger auf seine Heimkehr warten wolle.

Der Teufel versprach, den Herzog und seinen Löwen noch in dieser Nacht nach Braunschweig zu bringen. Er wolle ihn auf dem Giersberg absetzen. Seine Bedingung lautete: Wenn er, Heinrich, so lange wach bleiben könne, bis er den Löwen nachgeholt habe, dann wäre er frei. Schliefe er jedoch ein, so habe er seine Seele dem Teufel vermacht.

Natürlich schlief der Herzog nach dieser anstrengenden Zeit bald ein. Doch der Löwe, der das aus der Höhe sah, weckte seinen Herrn mit lautem Gebrüll. Und so mußte der Teufel sein Spiel aufgeben, ließ den Löwen aus der Höhe hinunterfallen, und verschwand mit lautem Fluchen."

Teile der Bergstraße wurden nach einem Ratsbeschluß vom 5. Juli 1886 in Steige umbenannt.

Dieser Straßenname taucht dann ab 1909 im Adreßbuch auf.

Blick in die Bergstraße 1989.

Die Steige gehörte bis 1909 zur Bergstraße. Foto 1996.

Bergfeldstraße

Das Bergfeld ist ein Flurstück des ehemaligen Cyriakusstiftes, das man kurz Berg nannte. Dieses Feld lag zwischen der Oker und der Frankfurter Straße und wurde kurz vor der Jahrhundertwende bebaut. Hier befindet sich die Straße, die an das Feld erinnert: die Bergfeldstraße. Im Zweiten Weltkrieg gab es hier große Zerstörungen, weil das benachbarte Industriegebiet Ziel zahlreicher Bonbenangriffe war. Letzte Lücken wurden erst in unseren Tagen geschlossen. 1991 feierte man Richtfest des neuen Wohnblocks Ecke Frankfurter Straße/Bergfeldstraße. Die Nibelungen Wohnbau GmbH ließ den Komplex bauen, der 1993 bezugsfertig war. Das war quasi der „Schlußstein" nach mehr als 20 Jahren Sanierung.

Zwischen dem Cyriakusstift und dem dazugehörenden Bergfeld lag die Wüstung (untergegangenes Dorf) Mulleken – oder Molenberg, dem „Jugendborn" (Jödebrunnen) gegenüber. Von den hier wohnenden Bauern wurde das Land bewirtschaftet. Nach diesem Dorf ist die Molenberger Straße benannt worden. Einen großen Teil der Feldflur besaß also das Cyriakusstift, nämlich 10 Hufen oder rund 300 Morgen am Berge, die wir in den 218 Morgen des Bergfeldes – noch 1753 dort im Besitz – und den 94 Morgen der drei Lafferdskämpe wiedererkennen. Wenigstens die Hälfte der Flur war aber Gartenland geworden oder von dem südlichen Teil der Altstadt und der Festungswerke in Anspruch genommen. Als Ersatz für diese verlorengegangenen Flächen wurden die Fluren „In den Sandhöfen" und „In den Tiefen Höfen", die bei der ehemaligen Sandkuhle zwischen der Frankfurter Straße und der Juliusstraße lagen, bestimmt. Die Bergfeldstraße wurde schon vor 1890 ausgebaut. „Die langersehnte

August Louis Martin Emil Tischer, genannt der „Rechenaugust", gehört zu den Braunschweiger Originalen.

Kanalisation der westlichen Außenstadt", stand am 6. September 1888 in der Braunschweigischen Landeszeitung, der Vorgängerin der BZ zu lesen, „schreitet, wie anerkannt zu werden verdient, thunlichst rasch voran. Bei dieser Beschleunigung der Arbeiten wird darauf Rücksicht genommen, daß die kanalisierten Straßen so weit als irgend möglich noch mit festem Belag versehen werden, damit der traurige Zustand jener Wege, der mit Recht seit Jahren zu bitteren Klagen Veranlassung gab, sich nicht mehr im bevorstehenden Winter geltend macht. Bis jetzt sind bereits gegen 1000 Meter Kanal gelegt. Versehen ist damit zunächst die Frankfurter- und Bergfeldstraße; vollendet wird noch im Laufe der Woche der Kanal Kramerstraße und des Broitzemer Mühlenweges, während die Entwässerung der Cammann- und Döringstraße erst in den letzten Tagen in Angriff genommen ist. Zur Beurteilung der in dieser Beziehung entwickelten Thätigkeit sei angeführt, daß die Arbeiten erst am 1. August aufgenommen worden sind."

In dem Haus Bergfeldstraße 10 wurde ein „berühmter" Braunschweiger geboren: der Rechenaugust. Er hieß eigentlich August Louis Martin Emil Tischer und wurde am 8. August 1882 als Sohn eines Lokomotivheizers und dessen Ehefrau Caroline, geborene Steinhof, geboren.

Schon in der Schule an der Sidonienstraße zeigte sich bald die einseitige Begabung des Jungen. Eine Lehre konnte er zwar nicht zu Ende führen, aber die schwierigsten Rechenaufgaben löste er in kürzester Zeit. Zehnstellige Zahlen im Kopf zu multiplizieren – für August kein Problem! Doch sonst waren seine Geistesgaben wenig entwickelt. Deshalb verdiente er sich seinen Lebensunterhalt als Gelegenheitsarbeiter, bis er schließlich in kleinen Varietés Proben seiner Rechenkunststücke ablegen konnte. Auf diesen „Kunstreisen", wie er sie selbst nicht ohne Stolz nannte, überraschte er sein Publikum mit seiner phänomentalen Begabung. Später zog er, ähnlich wie die Harfenagnes, von Lokal zu Lokal, um die Gäste durch das Lösen der unglaublichsten Rechenaufgaben zu unterhalten. Seine „Markenzeichen" waren ein schwarzer Gehrock, ein weißer Binder, eine weiße Chrysantheme im Knopfloch sowie ein zerbeulter Zylinder.

Wie ein Gentleman sah er dennoch nicht aus, obwohl er immer betonte, daß er sich vor jedem Auftritt „fein" machte. Der Kragen war eher grau, und der Binder schien ein Konfirmationsgeschenk gewesen zu sein. Die Hosenbeine glichen Schläuchen, und seine Schuhe waren bald die stadtbekannten Trittchen. Seine Hände waren eher Pranken, und seine Fingernägel trugen stets Trauer. Nur seine Augen blitzten klar und verunsicherten so manchen Zeitgenossen. Seinen Kopf „zierte" eine mächtige Narbe, die durch das kurzgeschorene Haar leuchtete und vom Hinterkopf bis zur Stirn verlief. Danach befragt, sagte er, daß er sich die Linie von einem Friseur habe beibringen lassen, um einen schnurgeraden Scheitel zu haben. Am 13. Juni 1928 ist August Tischer, der in Braunschweig nur unter dem Namen Rechenaugust bekannt war, im Alter von nur 45 Jahren im Städtischen Krankenhaus gestorben. Zuletzt lebte er als Junggeselle Stecherstraße 7. Der Braunschweiger Journalist und Schriftsteller Günter K. P. Starke hat in seinem Buch „Mensch sei helle..." die Braunschweiger Originale ausführlich beschrieben.

Die Bergfeldstraße im Jahre 1989, der Wohnblock Ecke Frankfurterstraße/Bergfeldstraße war noch nicht gebaut.

Berliner Platz

Mit der Eröffnung des neuen Hauptbahnhofs am 1. Oktober 1960 fand eine Neuordnung des Verkehrssystems statt. Die Gegend um das Augusttor wurde durch Abriß mehrerer Häuser zum Kennedyplatz vergrößert und durch den Ring der Bebauung aus dem letzten Jahrhundert eine breite Bresche zum neuen Bahnhof hin durchbrochen, die heutige Kurt-Schumacher-Straße, die an der Okerbrücke die „alte Stadt" verläßt. Sie mündet in den Berliner Platz, dem Platz vor dem Hauptbahnhof.

Das Bahnhofsgebäude Braunschweig HBF am Berliner Platz, 1965. Die Fußgängerbrücke wurde erst 1970 erbaut.

Der neue Braunschweiger Hauptbahnhof wurde anfangs „Bahnhof im Abseits" genannt, und auch der damalige Bundesbahn-Werbespruch: „Intercity. Damit landen Sie immer in der Stadtmitte." hatte für Braunschweig keine Gültigkeit. Dieser Bahnhof liegt mehr als zwei Kilometer von der Innenstadt entfernt und war zunächst in das Stadtgefüge nicht eingebunden.

Beim Wiederaufbau der Stadt nach dem letzten Krieg wurde in den 50er Jahren endlich mit dem Neubau eines Durchgangsbahnhofs begonnen. Es mußte alles schnell gehen. 1956 wurde der Vertrag zwischen der Stadt und der damaligen Deutschen Bundesbahn über den Neubau geschlossen. Man holte die alten Pläne für den Bahnhofsbau aus dem Jahre 1938 aus der Schublade. Für Alternativen näher zur Stadtmitte fehlte das Geld zu den erforderlichen Straßen– und Brückenbauten. Auch die benötigten Grundstücke hätten nicht so schnell freigemacht werden können. So wurde der neue Bahnhof ein Kompromiß. Von den Hauptfehlern konnten nur wenige behoben werden. Die Lage im Süden ist weiterhin problematisch. Hinzu kommt eben die Entfernung zur Innenstadt. Eine wesentliche Veränderung hat das Stadtbild durch die Verlegung des Hauptbahnhofs erfahren. Bis der neue Bahnhof in die Innenstadt „eingewachsen" war, hat viele Jahre gedauert. Ein guter Anfang war 1966 gemacht mit dem Großprojekt „Iduna", das ein Hotel , damals Atrium-Hotel, Ladenstraße und Wohnhäuser umfaßt, sowie mit anderen Versicherungsunternehmen. Stadterneuerungsmaßnahmen in dem angrenzenden Wohngebiet folgten.

Ein Blick zurück: Schon im November 1937 begann für die Bahnbauten ein neuer Zeitabschnitt. Gelegentlich einer Ortsbesichtigung durch die Reichsregierung, an der auch der damalige Reichsverkehrsminister Dr. Dorpmüller teilgenommen hatte, war der Beschluß gefaßt worden, zwischen Braunschweig und Salzgitter auf der Basis der im Vorharzgebiet als abbauwürdig festgestellten sehr großen Vorkommen saurer Eisenerze ein neues Industriegebiet zu schaffen. Das bedeutete naturgemäß auch eine völlige Umarbeitung der Eisenbahnplanung in Braunschweig. Dr. Dörpmüller sagte: „Es erscheint mir notwendig, hier in Braunschweig auf schnellste Weise eine Sanierung der untragbaren Verkehrsverhältnisse herbeizuführen; untragbar einmal wegen des alten Kopfbahnhofes, untragbar aber auch wegen der so außerordentlich zahlreichen schienengleichen Eisenbahn- und Straßenkreuzungen, die ja praktisch den ganzen Stadtkern von Braunschweig wie ein Festungsgürtel umgeben."

In Tag- und Nachtarbeit wurden Entwürfe für den neuen Personen- und Güterbahnhof in Braunschweig und Wolfenbüttel aufgestellt, in den städtischen Dienststellen und der Landesbehörde abgestimmt und in Vertragsentwürfen verankert. Es ist ein wohl einmaliges Ereignis gewesen, daß die technischen Pläne und Verträge von allen beteiligten Stellen – bis hinauf zu den Ministerien – in wenigen Tagen geprüft und genehmigt wurden, obwohl sie für die Deutsche Reichsbahn und die Städte Braunschweig und Wolfenbüttel recht erhebliche finanzielle Verpflichtungen enthielten. Doch der Krieg machte alle Pläne zunichte. Man hatte nach dem Abschluß des Vertrages zwischen der Deutschen Reichsbahn und der Stadt 1939 noch gemeinsam von den Vertragspartnern einen Wettbewerb zur Erlangung von Entwürfen für das Empfangsgebäude und die Bahnhofstraße ausgeschrieben. Diese Pläne konnten nach dem Krieg nicht übernommen werden.

Kommen wir zurück zum Berliner Platz. Einen weiteren städtebaulichen Höhepunkt bildet der Post-Neubau, der am 5. September 1990 durch den Präsidenten der Oberpostdirektion Hannover/Braunschweig, Dipl. Ing. Werner Oetry, eingeweiht wurde. Das Postamt Braunschweig, so hörte man aus den Festreden, versorge neben der Stadt Braunschweig auch den überwiegenden Teil des Landkreises Wolfenbüttel sowie Teile der Landkreise Helmstedt, Gifhorn und Peine. Heute wird ein Teil über Magdeburg abgewickelt. In dieser Region leben knapp 400 000 Einwohner, die von fast 130 Postämtern und -stellen versorgt werden. Allerdings mit abnehmender Tendenz. Obwohl die nachfolgenden Zahlen heute (1996) schon überholt sind, damals klang alles großartig. Mehr als 2300 Postler erbrachten die klassischen Dienstleistungen der „gelben Post". Knapp 570 000 Briefe und etwa 20 000 Päckchen und Pakete wurden im Werktagsdurchschnitt bearbeitet. Fast 600 Brief- und Paketzusteller versorgten dabei täglich 190 000 Haushalte. Der Bereich des Fernmeldeamtes Braunschweig erstreckte sich auf 3260 Quadratkilometer Fläche zwischen Meine im Norden und Clausthal-Zellerfeld im Süden sowie Helmstedt im Osten und Salzgitter im Westen. Etwas mehr als 2000 Mitarbeiter sorgten dafür, daß 380000 Telefonanschlüsse in 360 000 Haushalten betriebsbereit sind. 2000 Münz- und Kartentelefone auf öffentlichen Wegen und Plätzen schaften Verbindungen zu Gesprächspartnern. Die Reform änderte daran so einiges.

All das ging von diesem neuen Gebäude am Berliner Platz aus, das Professor Meinhard van Gerkan schuf. Er ist Ordinarius am Institut A für Baugestaltung der Technischen Universität Braunschweig und international renomierter Architekt. Der 85-Millionen-Bau ist wie ein selbstbewußt inszenierter Eckstein des großen Berliner Platzes.

Das frühere Atrium-Hotel, Berliner Platz 3, wurde 1966 von den Architekten F. W. Kraemer, G. Pfennig und E. Sieverts erbaut, die sich anschließenden Wohnhochhäuser gehören schon zur Kurt-Schumacher-Straße. Die Fußgängerbrücke über den Berliner Platz stammt von dem gleichen Architekten, sie wurde 1970 gebaut. Das Bahnhofsgebäude wurde vom Technischen Büro der Bundesbahn-Direktion Hannover geplant; der Architekt war Erwin Dürkopp.

Bertramstraße

Als am 4. Dezember 1899 die Glocken der Katharinenkirche läuteten, traf sich eine große Trauergemeinde zu einer Totenfeier im Gotteshaus. Die Abschiedsgrüße galten dem Generalsuperintendenten Bertram, der wenige Tage zuvor gestorben war. Diesem Manne, dem die Stadt Braunschweig viel zu verdanken hat, hat man die Straße gewidmet, die sich im östlichen Stadtgebiet von der Helmstedter Straße bis zur Kurt-Schumacher-Straße hinzieht.

Die ehemalige Konservenfabrik Max Koch auf der Bertramstraße.

Ferdinand Wilhelm Bertram wurde am 26. April 1835 in Ottenstein geboren. Sein Vater, Andreas Christian Friedrich Bertram, wirkte dort seit 1833 als Pastor und kam später nach Dettum. Seine Mutter war die Tochter des Superintendenten Lutterloh, der später das Amt eines Hofpredigers in Vechelde bekleidet hat. Herzog Ferdinand holte ihn hierher. Bis zu seiner Konfirmation besuchte der junge Bertram die Ortsschule von Ottenstein und erhielt nebenbei von seinem Vater Unterricht in fremden Sprachen. In der abgeschiedenen Stille der Landeinsamkeit blieb ihm genügend Zeit, persönliche Neigungen und Anlagen auszubilden. Ihn interessierte besonders die Natur, „deren Herrlichkeit für den von Jugend auf in der Stadt Lebenden oft ein verschlossenes Paradies bleibt", wie Johannes Beste in einem Aufsatz über Bertram schreibt. Schon der große Pfarrgarten mit den von der Mutter sorgsam gepflegten Blumenbeeten gaben den ersten Anstoß zur Pflanzenkenntnis. Durch die Wälder sowie im Wesertal sah man den Jungen häufig botanisierend dahinwandern.

Ostern 1849 kam er auf das Gymnasium nach Holzminden. Bertram wurde sofort in die Secunda aufgenommen und kam ein Jahr später in die Prima. Ostern 1854 begann er mit dem Studium der Theologie in Göttingen. Die wohl bedeutendsten Theologen jener Zeit, Gieseler und Lücke, waren seine Lehrer.

Das ursprüngliche Lebensideal Bertrams war eine kleine, ruhige Landpfarre, da er stets während seiner Mußestunden die Natur suchte und brauchte. Doch die Liste der Kandidaten war lang. – So übernahm Bertram nach dem theologischen Tentamen eine Hauslehrerstelle bei Gandersheim. 1860 wurde er Lehrer an der Königlich Preußischen Ackerbauschule in Bardensleben.

Bevor Bertram 1866 zum Waisenhaus- und Seminarinspektor in Wolfenbüttel berufen wurde, zog er durch die Lande und ging seinen botanischen Forschungen nach und malte herrliche Aquarelle, die jedem Berufsmaler Ehre gemacht hätten. Hier in Wolfenbüttel heiratete er am 2. Oktober 1866 Auguste Sophie Krämer, die Tochter des fürstlichen Wittgensteinschen Domäneninspektors. Aus dieser Ehe stammen zwei Kinder, Otto Friedrich Emil Daniel, später Pastor zu Duttenstedt, und Ida Helene Auguste Karoline, die später den Regierungsrat Ludwig Baumgarten heiratete.

An eine Landpfarre war noch immer nicht zu denken. Durch den Tod des Stadtsuperintendenten Sachtleben (24. November 1866) an St. Katharinen zu Braunschweig wurde eine Pfarrstelle frei, um die er sich bewarb. Bei den zahlreichen Bewerbern war es für Bertram bereits ein Erfolg, daß er zur Gastpredigt am Sonntag Rogate 1867 aufgefordert wurde. Die im Druck erschienene Predigt und die frische, liebenswürdige Persönlichkeit Bertrams gefielen so gut, daß er am 30. Juni 1867 mit Stimmenmehrheit gewählt wurde. Seine Einführung erfolgte am 29. September desselben Jahres durch den General- und Stadtsuperintendenten Pfeifer. Das Wolfenbütteler Lehrerseminar „sah ihn, der seine Aufgabe klar erfaßt hatte und mit großem Eifer zu lösen suchte, mit Bedauern scheiden".

Somit war ein arbeitsreiches, nervenaufregendes Stadtpredigtamt in einer der größten Gemeinden der damaligen Residenz auf seine Schultern gelegt. Die ruhige Dorfpfarre mußte er wohl vergessen. Aber der Naturwissenschaft blieb er treu. Bald wurde Bertram ein reges Mitglied des Vereins für Naturwissenschaft, in dem er im Jahre 1874 das Präsidium und im Jahre 1880 das Amt des Sektionsvorstandes bekleidete.

Auch literarisch war Bertram tätig. 1876 erschien seine „Excursionsflora des Herzogthums Braunschweig mit Einschluß des ganzen Harzes". Ferner veröffentlichte er eine Schulbotanik, „Tabellen zum leichten Bestimmen der in Norddeutschland häufig wildwachsenden und angebauten Pflanzen mit besonderer Berücksichtigung der Ziergewächse nebst Aufführungen über die wichtigsten ländlichen Culturpflanzen".

Als altem Schulmann war es Bertram stets eine Freude, neben seinem geistlichen Amt auch als Lehrer arbeiten zu können. Noch 1867 übernahm er einen Religionsunterricht in der II. und III. Klasse der Lüttge-Harderschen höheren Mädchenschule, den er seit 1871 nach Pastor Damköhlers Tod auch in der I. Klasse erteilte. Erst 1889 gab er seine Schularbeit auf. Im Jahre 1882, nach dem Tod des General- und Stadtsuperintendenten Steinmeyer, wurde Bertram in das Kuratorium der Gymnasien zu Braunschweig berufen, dem er bis an sein Lebensende angehörte. Nach dem Tod des General- und Stadtsuperintendenten Beste (1889) wurde Bertram zu dessen Nachfolger ernannt und am 24. Januar 1890 auf dem Chor der Brüdernkirche durch den Abt Sallentin eingeführt. Viele Auszeichnungen wurden Bertram zuteil, so zum Beispiel im Mai 1890 das Ritterkreuz II. Klasse, 1892 sogar I. Klasse. 1899 kränkelte Bertram und suchte Erholung und Heilung in Davos. Doch er fand dort keine Linderung. Todkrank kam er nach Braunschweig zurück. Schon in der Nacht nach seiner Heimkehr, in der Morgenfrühe des 1. Dezember, starb er.

Kommen wir noch einmal kurz auf die Bertramstraße zurück. Hier wohnte im Haus Nr. 16 die Familie Gerstäcker. Wilhelm Huch, Rechtsanwalt am damaligen Obergericht, hielt hier um die Hand der Marie Gerstäcker an, die von ihrem Vater liebevoll „Mädy" gerufen wurde. Gerstäcker ernannte in seinem Testament auch den Obergerichts-Davokanten Huch zum Vormund seiner bei seinem Tode noch unmündigen Kinder.

Ferner befand sich auf der Bertramstraße „die größte aller deutschen Konservenfabriken", die von Max Koch. Hier wurden neben Bohnen und Erbsen vor allem der gute und weithin berühmte Braunschweiger Spargel verarbeitet.

Dort, wo früher die „Konserve" stand, stehen heute Wohnhäuser. Foto v. 1988.

Besselstraße

Die Besselstraße zweigt von der Celler Straße ab und führt auf die Haeckelstraße. Benannt wurde sie nach dem als Astronom bekannt gewordenen Friedrich Wilhelm Bessel, der ja eigentlich ein Kaufmann war.

Bessel wurde am 22. Juli 1784 in Minden geboren und widmete sich in Bremen dem Kaufmannsstand. Da er die Absicht hatte, als Kagadeur (Agent) eine Handelsexpedition zu begleiten, beschäftigte er sich mit Nautik und wurde dadurch zur Astronomie geführt, die sein Leben völlig verändern sollte. Eine Berechnung des Kometen von 1607 führte ihn mit Olbers zusammen, auf dessen Vorschlag er im Jahre 1806 die Inspektorstelle der Privatsternwarte von Schröter in Lilienthal erhielt, wo er während vier Jahre zahlreiche Beobachtungen namentlich von Kometen und von Saturn lieferte. Wilhelm Olbers war Arzt und Astronom und galt als einer der erfolgreichsten Amateur-Astronomen. Er entdeckte beispielsweise sechs Kometen und die beiden Planetoiden Pallas und Vesta.

Hier in Lilienthal begann Bessel auf Anregung Olbers die Reduktion von Bradleys Fixsternbeobachtungen, die ihn zur Bestimmung der Konstanten der Refraktion, Präzession, Nutation und Aberration führte, die er später unter dem Titel „Fundamenta astronomie dedusta ex observationibus J. Bradley" (James Bradley war englischer Astronom, er entdeckte 1728 die Aberration des Lichtes. Bradley lebte von 1692 bis 1762.) veröffentlichte.

Im Jahre 1810 wurde Bessel nach Königsberg berufen, um die Leitung der dort zu errichtenden Sternwarte zu übernehmen, die 1819 mit einem Reichenbachschen Meridianskreis und 1829 mit einem ganz vorzüglichen Frauenhoferschen Heliometer, das bald weltberühmt war, ausgerüstet wurde. Mit diesen Instrumenten stellt Bessel Beobachtungen von noch heute kaum übertroffener Schärfe an und bahnte überhaupt der astronomischen Beobachtungskunst ganz neue Wege. Er wurde der eigentliche Schöpfer der Theorie der astronomischen Instrumente.

Am Meridiankreis beobachtete Bessel von 1821 bis 1833 eine Reihe von 75,011 Fixsternen zwischen 15° südlicher und 45° nördlicher Deklination und veröffentlichte die Resultate in den Astronomischen Beobachtungen auf der Sternwarte in Königsberg. Über seine wichtigen Untersuchungen am Heliometer, die besonders die Parallaxenbestimmung des Sterns 61 im Schwan sowie verschiedene Doppelsterne betrafen, hat er in verschiedenen Abhandlungen berichtet.

Blick von der Haeckelstraße in die Besselstraße, im Hintergrund die Celler Straße. Fotos von 1996.

Friedrich Wilhelm Bessel hat aber auch mathematische Theorien der Astronomie wesentlich gefördert, und viele seiner Arbeiten auf diesem Gebiet sind geradezu epochemachend gewesen.

In der theoretischen Astronomie haben Laplace, Gauß und Hansen ihn wohl übertroffen, in der praktischen Astronomie Herschel, Struve und andere erreicht, aber kein Astronom der Vergangenheit bis etwa zur Jahrhundertwende war im gleichen Maße wie Bessel Beobachter und Theoretiker zugleich.

Er schrieb an frühen Werken: Untersuchungen über die scheinbare und wahre Bahn des 1807 erschienenen Kometen- (1810), Untersuchungen der Größe und des Einflusses des Vorrückens der Nachtgleichen (1815).

Friedrich Wilhelm Bessel, nach dem die Straße ihren Namen hat, ist kein Braunschweiger. Er hat aber der Nachwelt grundlegende Arbeiten über astronomische und geodätische Fundamentalgrößen hinterlassen.

Ein für uns heute noch wichtiges Werk ist „Darstellung der Untersuchungen und Maßregeln, welche 1835 bis 1838 durch die Einheit des preußischen Längenmaßes veranlaßt worden sind" (1839).

Nach seinem Tod sind noch eine Reihe von wichtigen Veröffentlichungen auf den Markt gekommen: Theorie des Saturnsystems (1848), Bessels gesammelte „Abhandlungen" (1876), „Rezensionen" (1876) oder, um noch ein Beispiel zu bringen, „Briefwechsel mit Olbers", von A. Ermann 1852 in zwei Bänden herausgegeben.

Zu den letzten und wichtigsten Arbeiten Bessels gehören seine „Untersuchungen über die Veränderlichkeit der eigenen Bewegung der Fixsterne" (1844), in der er theoretisch nachweist, daß in Ungleichheiten der Bewegung von Sirius und Procyon durch die Annahme beträchtlicher Massen in unmittelbarer Nähe derselben erklärt wurden, eine Annahme, die bekanntlich durch die späteren Berechnungen von Peters und Auwers sowie durch die Entdeckung des Siriusbegleiters glänzend bestätigt wurde.

Bessels Leben wurde vor allem in folgenden Büchern dargelegt: Durége, „Bessels Leben und Wirken" (Zürich, 1861) und „Bessel als Bremer Handlungslehrling" (Bremen 1890).

Friedrich Wilhelm Bessel, der der Nachwelt grundlegende Arbeiten über astronomische und geodätische Fundamentalgrößen hinterließ, starb am 17. März 1846 im Alter von 62 Jahren in Königsberg.

Bismarckstraße

Viele deutsche Städte haben eine Straße nach einem großen Staatsmann benannt: Bismarck. In Braunschweig ist die Bismarckstraße die Verbindungsstraße zwischen der Parkstraße und der früheren Kaiser-Wilhelm-Straße, der heutigen Jasperallee. Sie verläuft parallel zur Oker, was auch den Wohnwert dieser Straße ausmacht.

An der Ecke Parkstraße steht das Krankenhaus St. Vinzenz – Bismarckstraße 10. In den 90er Jahren des letzten Jahrhunderts wurde das Haus von dem Hofmarschall des Herzogs, Cramer von Clausberg, erbaut. Nach der Revolution des Jahres 1918 kam das Haus an die Braunschweiger Familie Schmalbach.

Die Bismarckstraße um die Jahrhundertwende. Im Hintergrund ist das Krankenhaus St. Vinzenz zu erkennen, das zu der Zeit dem Hofmarschall des Herzogs, Cramer von Clausberg, gehörte.

1932 übernahm die Kirchengemeinde St. Nicolai das Haus und baute es unter Probst Stolte zu einem Krankenhaus um. Am 1. Januar 1933 übernahmen Schwestern vom hl. Vinzenz von Paul aus Hildesheim das Krankenhaus mit 90 Betten. Der folgenschwere Krieg verschonte auch dieses Haus nicht. Am 12. Februar 1944 wurde das Hauptgebäude durch eine Bombe getroffen und arg beschädigt.

Das Haupthaus wurde schnellstens wieder in Ordnung gebracht, so daß es im September zum größten Teil wieder belegt werden konnte. Doch war das leider nur von kurzer Dauer. In der Nacht zum 15. Oktober 1944 wurde das Krankenhaus durch Schwefel und Phosphor abermals schwer beschädigt.

An einen Aufbau konnte so schnell nicht gedacht werden – es fehlte an allem. Da aber die Hauptküche, die Wäscherei und die Röntgenabteilung nicht betroffen waren, wurde die Etage im Schwesternwohnheim als Krankenstation eingerichtet. Dadurch konnte im Krankenhaus weitergearbeitet werden, und man brauchte es nicht zu schließen. Die Röntgenabteilung blieb für ambulante Patienten in Betrieb. 1946 wurde ein Notoperationsraum eingerichtet; in Braunschweig waren ja die anderen Krankenhauseinrichtungen ebenfalls zu einem großen Teil zerstört. Auch das Haupthaus wurde nun wieder aufgebaut, und so konnte bereits Ende 1947 der volle Betrieb wieder aufgenommen werden.

Durch einige Umbauten und den 1966 entstandenen Neubau können heute im Krankenhaus St. Vinzenz

130 Patienten behandelt werden. Das Haus hat zwei interne Abteilungen, eine Hals-, Nasen- und Ohrenabteilung, eine Augenabteilung, eine geburtshilfliche und gynäkologische Abteilung.

Inzwischen ist die Bettenzahl auf 123 festgelegt worden. Im April 1985 wurde mit dem Um- und Neubau des Hauses begonnen. Im Vinzenzkrankenhaus sind heute noch zehn Vinzentinerinnen tätig.

Kommen wir zum Namensgeber der Bismarckstraße. Der große Staatsmann Otto Eduard Leopold von Bismarck, so sein voller Name, stammt väterlicherseits aus uraltem märkischen Herrengeschlecht, die mütterlichen Ahnen aus dem Kreis bürgerlicher Beamter und Gelehrter. Otto von Bismarck erblickte am 1. April 1815 auf Schloß Schönhausen in der Altmark als Sohn eines ehemaligen preußischen Rittmeisters das Licht der Welt. Zunächst besuchte er das Gymnasium zum Grauen Kloster in Berlin und studierte später Rechtswissenschaft in Göttingen und Berlin.

Seine Referendarzeit verbrachte er von 1836 bis 1839 in Aachen und widmete sich gleichzeitig der Bewirtschaftung seiner Güter in Pommern.

Sein Dienstjahr verbrachte Bismarck zunächst bei den Gardejägern in Potsdam und beendete es bei den Greifswalder Jägern. 1845 übernahm er die beiden ziemlich verschuldeten Familiengüter Kniephof und Schönhausen. Zum Deichhauptmann gewählt, trat Bismarck 1847 als Abgeordneter der Ritterschaft des Kreises Jerichow in den vereinigten Landtag, wo er sich wegen seiner streng konservativen Gesinnung und seines treuen Haltens zum Königtum bei den Demokraten verhaßt machte.

Anfangs war er strenger Anhänger des Bundes mit Österreich, allerdings unter der Voraussetzung, daß beide Großmächte gleichberechtigt im engen Einvernehmen den Deutschen Bund leiteten wie nach 1815. Doch als er 1851 in Frankfurt am Main als Bundestagsgesandter die nicht einwandfreien Wege der österreichischen Politik durchschauen konnte, forderte er energisch eine Gleichstellung mit Österreich und gelangte zur Überzeugung, daß nur durch die Hohenzollern eine Besserung der deutschen Verhältnisse herbeigeführt werden könne. So begann für Bismarck eine große politische Laufbahn, die ihn bis zum ersten Reichskanzler führte.

Wenn Bismarck auch in der Innenpolitik nicht immer eine glückliche Hand hatte, so verbuchte er außenpolitisch doch große Erfolge. 1890 trat er von seinen Ämtern zurück. Aber er hatte der Nachwelt noch vieles zu sagen. Die Welt sollte seine Pläne und Absichten kennenlernen. Und so schrieb er denn sein Werk „Gedanken und Erinnerungen".

Mit dieser letzten Aufgabe endet auch sein Leben. Der große Politiker Otto von Bismarck starb am 30. Juli 1898 zu Friedrichsruh. Unter den Eichen des Sachsenwaldes ist er nach eigenem Wunsch begraben worden.

Zu den schönsten Straßen des östlichen Ringgebietes gehört die Bismarckstraße. Foto von 1985

Blasiusstraße

Die Blasiusstraße hat mit dem Dom St. Blasius nichts zu tun. Die kleine Straße am Amalienplatz ist der Braunschweiger Gelehrtenfamilie Blasius gewidmet. Der Vater Johann Heinrich Blasius lebte von 1809 bis 1870, Sohn Rudolf von 1842 bis 1907 und Sohn Wilhelm von 1845 bis 1912. Der Sohn Paul Rudolf Heinrich war wohl der bedeutendste, darum soll er heute etwas näher vorgestellt werden.

Stadtrat Prof. Dr. med. Rudolf Blasius (1842 - 1907). Kupferstich, Original Braunschweigisches Landesmuseum.

Als Rudolf Blasius am 21. September 1907 starb, hat man „dem braven Kämpfer für das Volkswohl und Förderer der verschiedensten Gebiete der Kunst und Wissenschaft" in einem Nachruf bescheinigt, daß er kaum zu ersetzen sei.

Geboren wurde Paul Rudolf Heinrich Blasius am 25. November 1842 in Braunschweig als Sohn des Professors der Naturwissenschaften am Collegium Carolinum, Johann Heinrich Blasius. Der Vater stammte aus einem kleinen Dorf der damaligen Rheinprovinz, aus Eckenbach.

Zu Ostern des Jahres 1849 wurde der junge Blasius in die Waisenhausschule eingeschult, von 1853 an besuchte er das Gymnasium Martino-Katharineum, das er 1860 verließ, um zunächst bis Ostern 1862 auf dem Collegium Carolinum seine Studien fortzusetzen.

Der Vater förderte bei ihm und seinem jüngeren Bruder Wilhelm das Verständnis für die Natur und führte beide systematisch in die Naturwissenschaften ein. Schon als 20jähriger legte Rudolf 1862 seine ersten Schriften vor: „Beobachtungen über die Brut- und Zugverhältnisse der Vögel bei Braunschweig" und „Die Adler".

Ostern 1862 ging Rudolf Blasius an die Universität nach Göttingen, um Medizin zu studieren. 1864 wechselte er zur Universität Zürich, 1865 kehrte er wieder nach Göttingen zurück, wo er am 30. Januar 1866 mit „summa cum laude" zum Doktor med. promovierte.

Nachdem er am 20. Juni desselben Jahres sein Staatsexamen bestanden hatte, unternahm er zunächst eine Reise nach Italien, um dort nach dem Verbleib eines seit der Schlacht von Custoza verschollenen Bekannten, eines Offiziers der österreichischen Armee, zu suchen. Hier erreichte ihn die Mobilmachungsorder. Sofort kehrte er in die Heimat zurück und wurde als Assistenzarzt den braunschweigischen Truppen in Bayern unterstellt.

Nachdem Blasius nach Beendigung seiner Militärpflichten in Kliniken in Wien und Berlin gearbeitet hatte, trat er am 2. Mai 1868 als Assistenzarzt in das braunschweigische Truppencorps ein, wurde im August desselben Jahres als fungierender Bataillonsarzt in das Leibbataillon nach Blankenburg versetzt und am 17. Januar 1870 zum Stabs- und Bataillonsarzt ernannt.

Die Blasiusstraße mit Blick zum Amalienplatz (1988).

Im August 1869 hatte er sich mit Mally Hausmann, einer Enkelin des Oberbaurats Hausmann in Hannover und infolge von Adoption gleichfalls Enkelin von Amalie Löbbecke, vermählt. Das junge Glück wurde durch den Ausbruch des deutsch-französischen Krieges gestört, in den auch Blasius ziehen mußte. 1874 kehrte er nach Braunschweig zurück, ließ sich 1879 als praktischer Arzt nieder und wurde als Nachfolger von Professor Reck zum Lehrer der Hygiene an der Technischen Hochschule und Vorstand des bakteriologischen Laboratoriums ernannt.

Auch eine Reihe öffentlicher Ämter bekleidete Blasius. So war er u.a. Mitglied der Stadtverordnetenversammlung und außerordentliches Mitglied des Landes-Medizinal-Kollegiums.

Aber Blasius trat für seine Heimatstadt noch mehr ein: Die Wasserleitung, die Kanalisation der Stadt, die Einrichtung der Schulgesundheitspflege und vieles mehr sind unter seiner tatkräftigen Mitwirkung entstanden. 1877 gründete er den Verein für öffentliche Gesundheitspflege, in dem er lange Zeit Vorsitzender und Bibliothekar war. Von 1855 an arbeitete er auch als Redakteur des vom Verein herausgegebenen „Monatsblattes für Öffentliche Gesundheitspflege." Der ornithologischen Wissenschaft war Blasius bis an sein Lebensende verbunden. Nachdem er sich zunächst mit seinem Bruder Wilhelm bemüht hatte, die beiden bis dahin getrennt bestehenden großen deutschen ornithologischen Vereinigungen in eine einzige zu verschmelzen und ein einheitliches Netz von Beobachtungsstationen innerhalb Deutschlands ins Leben zu rufen, fand er in dem Kronprinzen Rudolf von Österreich, mit dem er durch seinen Freund Alfred Brehm bekannt gemacht worden war, einen eifrigen Förderer seiner weiteren Pläne. Und so wurde im April 1884 der 1. internationale ornithologische Kongreß nach Wien einberufen.

Aber damit sind die hervorragenden Tätigkeiten von Rudolf Blasius noch nicht aufgezählt. Er war auch Mitbegründer und viele Jahre Leiter des Braunschweigischen Tierschutzvereines und erwarb sich große Verdienste um die mißhandelten und notleidenden Tiere. Eine tückische Krankheit machte weitere Pläne unmöglich.

Böcklerstraße

Zwischen der Campestraße und dem Gelände der Deutschen Bahn in Höhe der Braunschweiger Brauereien Wolters und Feldschlößchen verläuft die Böcklerstraße. Sie war früher Teil der Salzdahlumer Straße, die vom Krähenfeld bis nach Salzdahlum führte. Die Straße erinnert an den deutschen Gewerkschafter und Sozialpolitiker Hans Böckler.

Böckler wurde 1875 in Trautskirchen bei Neustadt an der Aisch geboren und starb am 16. Februar 1951. Er war erster Vorsitzender des Deutschen Gewerkschaftsbundes in der Bundesrepublik Deutschland ab 1949.

Allen älteren Braunschweigern ist das Konzerthaus bekannt, Salzdahlumer Straße 107, heute, als Altenpflegeheim ausgebaut, Böcklerstraße 232. Das frühere Restaurant und Versammlungslokal gehörte dem Gastwirt Ferdinand Bode. Er ließ es 1890 erbauen. Vorher stand hier das Gasthaus Wadsack, ein Lokal, das von Leuten, die etwas auf sich hielten, nicht besucht wurde. Schlägereien und blutige Köpfe waren an der Tagesordnung. Doch das änderte sich mit dem Neubau, einem noch heute erhaltenen Haus mit Historismusfassade. Der Architekt Rasche baute 1891 noch einen Saalbau sowie einen Wintergarten an. Seit 1913 war Franz Bocksch Eigentümer des Konzerthauses. Nach 1923 erfolgte die Instandsetzung des von der Stadt angekauften Konzerthauses, dessen großer Saal als Tanzsaal und Schauplatz von Massenveranstaltungen diente. Im Jahre 1939 wurde abermals renoviert, wobei der Stuck entfernt und die Akustik verbessert wurde.

Karnevalveranstaltung der Braunschweiger Karneval-Gesellschaft von 1872 e.V. im früheren Konzerthaus, Foto um 1930.

Der Ballsaal war mit über 1500 Plätzen einst der größte der Stadt. Und so lauteten die Anzeigen: Größtes Saal-Etablissement der Residenz. Sehenswerter Wintergarten. Großer Konzertgarten. Treffpunkt des Militärs. Vorzügliche Speisen und Getränke. „Im Konzerthaus, und das war mit Militär gemeint, feierten vor 1900 die Husaren der 3. Schwadron ihre Husarenbälle. Die pompöse Innenarchitektur – Clou war ein Riesenkronleuchter – ist bis zur Zerstörung des Saals selten fotografiert worden. So ist das hier gezeigte Foto von einer Karnevalveranstaltung der Braunschweiger Karneval-Gesellschaft um 1930 eine Rarität.

Der Wintergarten wurde 1940 abgebrochen. Die Zerstörung im Zweiten Weltkrieg überstand nur das Vordergebäude an der Böcklerstraße, das nach einer dreijährigen Hausbesetzung seit November 1990 in einen von der katholischen Kirchengemeinde St. Aegidien in Auftrag gegebenen Neubau eines Altenpflegeheimes integriert wurde. Aus dem Jahr 1937 kündigt eine Anzeige die „20 Alberti-Mädels" als „größte deutsche Tanz- und Musikschau" an. Eintrittspreis: 30 und 50 Pfennig. Auch die Sängerin Rosita Serrano ist hier aufgetreten, den älteren Braunschweigern von ihrem Lied „Roter Mohn" noch bekannt. „Die drei Codonas", berühmte Luftakrobaten ihrer Zeit – sie wagten schon den doppelten Salto – waren hier zu sehen, auch Boxkämpfe, Ausstellungen, Haushaltsmessen, Modenschauen und politische Versammlungen. Adolf Hitler war mehrmals da und wurde jeweils an der wartenden Menschenmenge vorbei durch einen Hintereingang geschleust.

Die Böcklerstraße im Jahre 1986, im Hintergrund das „Konzerthaus" vor dem Umbau.

Dieses Haus mit bewegter Geschichte ist heute das Altenpflegeheim St. Hedwig. Die Planungen begannen schon 1985. Die Braunschweiger Architekten Saalmann/Pook hatten den von der Stadt ausgeschriebenen und mit 24 000 Mark dotierten Wettbewerb gewonnen. Beteiligt hatten sich 35 Architekten. Die Bewohner des neuen Altenpflegeheims sollen nicht in der Isolation leben, hieß es in einer Verlautbarung. Der Sozialstadtrat Dr. Bernd Göttrup meinte, daß die Zeiten vorbei seien, in denen Senioren möglichst am Stadtrand ihr neues Domizil zugewiesen bekämen. Er sagte: „Den Menschen sollen die Kontakte zu Freunden und Nachbarn erhalten bleiben."

Die Architekten hatten die Vorgabe, das etwa 10000 Quadratmeter parkähnliche Gelände einzubeziehen. Ein öffentlicher Verbindungsweg zwischen Böcklerstraße und Wolfenbütteler Straße unterstreicht das Konzept, Kontakte zu ermöglichen. Nach zweijähriger Bauzeit zogen Anfang Juli 1992 die ersten Heimbewohner ein. Für sie sind im Alt- und Neubau 84 Pflegeplätze in 24 Einbett- und 30 Zweibettzimmern vorhanden. Darüber hinaus stehen den Bewohnern – deren Aufnahme unabhängig von der Konfession ist – zur Verfügung: Gemeinschaftsräume, Gruppenräume, Therapie- und Pflegeräume sowie eine kleine Kapelle. Im Erdgeschoß des Altbaus ist eine Begegnungstätte eingerichtet worden, die an den Caritas Verband Braunschweig e.V. verpachtet ist.

Die offizielle Eröffnung des Altenpflegeheims St. Hedwig war im Oktober 1992. Das alte Haus am Magnitorwall mußte aufgegeben werden, und seitdem bemüht sich die Probstei St. Aegidien um dieses neue Pflegeheim. Probst Wolfram Trojok erinnerte in seiner Rede an die schwierige Zeit davor und während der Bauzeit: „Während dieser Zeit standen wir unter dem besonderen Schutz der Ordnungsmacht", erinnert er an die Besetzung des Altbaus durch linke Gewalttäter.

Der Bau kostete etwa 14 Millionen Mark. An diesen Kosten beteiligten sich Bund und Land. Umgebaut wurden auch die Fabrikhallen von Büssing. Heinrich-Büssing-Hof, Böcklerstraße 219 lautet die Adresse mehrerer Firmen, die sich hier in den Hallen angesiedelt haben: Werbeagenturen, Computertüftler, Kunstschaffende, die Magnetbahn GmbH, mehrere Tanzkreise, die Jugendkunstschule Buntisch und viele mehr. Der Heinrich-Büssing-Hof, voller schöner gestalteter Details, ist der geglückte Versuch, kreativ und intelligent aufgezogene Betriebe nahe der Innenstadt anzusiedeln. Das ist das Fazit, das die Tageszeitung am 9. März 1990 zog.

Bolchentwete

Die Bolchentwete hat ihren Namen erst seit 1961. Bis dahin gehörte sie zur Franz-Trinks-Straße, die im vorigen Jahrhundert Landstraße hieß. Die Bezeichnung Bolchentwete wurde im Volksmund geprägt. Das Wort Bolchen kommt von Bonbon, Twete bedeutet Gäßchen, also Bonbongäßchen.

Benannt wurde diese kleine Straße nach der 1846 im Haus Nr. 3 gegründeten Zuckerwarenfabrik des Zukkerbäckers Louis Hirsch. Die Kleine Straße verbindet heute die Kastanienallee mit derFranz-Trinks-Straße.

Blick in die Bolchentwete in Richtung Kastanienallee, rechts befindet sich das Gebäude der 1846 gegründeten Zuckerwarenfabrik, die eben Bolchen herstellte. Foto 1996.

Im Jahre 1891 schrieben F. Knoll und R. Bode: „Die Zuckerwaren-Fabrikation, welche schon seit längerer Zeit im Herzogtume gepflegt worden ist, hat durch Errichtung kleinerer und größerer Fabriketablissements in den letzten Jahren einen nicht unerheblichen Aufschwung genommen. Braunschweiger Honigkuchen und Pfeffernüsse behaupten noch immer ihren alten Ruf. In den beiden Schokoladenfabriken betrug die Produktion von Schokoladen und Kakaofabrikaten etwa 315000 kg."

Knoll und Bode sprechen von zwei Schokoladenfabriken, es waren sicher mehr. In den 20er Jahren dieses Jahrhunderts gab es in Braunschweig beispielsweise folgende Schokoladen- und Zuckerwarenfabriken:

- Henning & Jänicke, Inh. Bertold Henning,
  Am Hohen Tore 1,
  Schokoladen- und Zuckerwarenfabrik

- Hauser & Meyer,
  Schokoladen- und Zuckerwarenfabrik,
  Wendenstraße 45, Inh. Gebrüder Hauser

- Schokoladen- und Zuckerwarenfabrik Otto Kaese,
  Mönchstraße 11 a,
  Spezialität: „Feine Tafel- und Cremschokolade"

- Emil Wasmus, Schokoladen- und Zuckerwaren, Honigkuchen- und Keks-Fabrik,
  Cammannstraße 6.
  Wasmus hatte ein Riesen-Angebot an Süßwaren. In Anzeigen bot er stets an: „Speise-Schokolade, ff. gefüllte Bonbons, Pralinen und Desserts, Krem-Schokoladen, Braunschweiger Honigkuchen, Pflastersteine und Pfeffernüsse, Schokoladen-Lebkuchen, Brezeln und Tigerzungen, Schokoladen-Spitzkuchen und gefüllte Würfel, Kekse, Bisquits und Zwieback, Weihnachts- und Oster-Konfekt in großer Auswahl."

Und dann waren da natürlich die drei Lebkuchen-Fabriken, die weit über die Grenzen der Stadt hinaus bekannt waren und auch rund um Braunschweig ihre Lebkuchen verkauften: Bäckerei Schmidt, Am Magnitorwall 15, Hans Mahn auf der Weberstraße und August Mahn auf der Eulenstraße.

Eckhard Schimpf hat in seinem liebenswerten Buch „Klinterklater" auch das Thema Bolchen aufgegriffen. Er erinnert daran, daß man Ende der 40er Jahre bei Frau Dörnte am Prinzenweg oder bei Frau Hohberg an der Ferdinandbrücke für 20 Pfennig eine kleine Tute (Tüte) voll Bonbons bekam. Himbeeren kosteten damals einen Pfennig, Sahnebonbons zwei Pfennig das Stück. Und er erwähnt den Bolchenstand auf dem Weihnachtsmarkt, der in den 40er und 50er Jahren noch auf dem Hagenmarkt stattfand.

Viele ältere Braunschweiger erinnern sich sicher gern daran, wenn uns auch oft das Geld gefehlt hat, um diese süßen Naschereien zu kaufen.

Im Haus Bolchentwete 3 befand sich die Zuckerwarenfabrik.

Das Fabrikationsgebäude der Firma Louis Hirsch.

Broitzemer Straße

Die Broitzemer Straße führte einst von Braunschweig direkt nach Broitzem, einem Dorf im Südwesten Braunschweigs. Heute ist es nur noch ein kleiner Teil der früheren Straße, und zwar von der Juliusstraße, den Ring überquerend, bis an die Münchenstraße heran. Über die Münchenstraße und Traunstraße erreicht man heute das Dorf, das bereits 1934 zum Teil eingemeindet wurde. Es war der als Flughafen dienende Gemarkungsteil. Im Jahre 1974 ist das Dorf dann voll eingemeindet worden.

Braunschweig besaß einen der ersten Flughäfen, die von der Lufthansa angeflogen wurden.

Das alte Kirchdorf Broitzem (Broizem) lag, alten Beschreibungen zufolge, 1,5 Stunden von Braunschweig entfernt an der Lichtenbergischen Heerstraße und am Fuße des sich weit ausbreitenden, bewaldeten Hügels, des „Broizenberges". Der einst bedeutende Fuhsekanal zog sich nordwärts durch die Feldmark. Er diente als Transportweg für Holz, Steine und Torf. Um 1800 zählte der Ort außer der Kirche mit der Opferei, die das Konsistorium besetzte, neun Ackerhöfe, zwei Halbspännerhöfe, 15 Kothöfe und 15 Brinksitzerstellen. Rund 400 Einwohner zählte das Dorf. 1991 waren es etwa 4 300. Erste urkundliche Erwähnungen aus dem Jahre 1160 nennen den Ort „Brochem", 1179 „Brotseim" und 1552 „Broizem". Die Bedeutung des Namens ist ungeklärt. Richard Andree schreibt in seinem Buch „Braunschweiger Landeskunde", daß es sich um einen noch nicht nachgewiesenen Personennamen Broth handeln könne.

In der Feldmark wurden in früher Zeit vor allem Flachs und Cichorien angebaut. An dem schon erwähnten Kanal wurde ein guter Lehm gegraben, den man auf dem Wasserwege nach Braunschweig brachte. 100 Waldmorgen sowie 60 Ruthen Kröppelholz lieferten Baumaterial und Feuerholz.

Im Mittelalter gab es hier verschiedene Grundherren, unter anderem die Braunschweiger Herzöge, die ihr Land Braunschweiger Bürgerfamilien verlehnten. Die Braunschweiger Patrizierfamilie von Broitzem stammte vermutlich aus dem Ort. Ab 1384 wurde ein Teil der Feldmark in die Landwehr einbezogen. Die spätgotische Kirche Broitzems stammt von 1460/80. Umbauten wurden 1729 und 1797 durch H. L. Rothermundt und M. C. J. Fricke durchgeführt. Nach Kriegsschäden war sie in den 1950er Jahren wieder hergestellt. Im Jahre 1844 wurde die Bahnlinie Magdeburg-Braunschweig-Hannover eröffnet und der Ort erhielt einen eigenen Bahnhof. Zwischen 1865 und 1959 bestand in Broitzem eine Zuckerfabrik, zwischen 1921 und 1966 die Marienberger Mosaikplatten AG.

Der Standort zur Gründung der Zuckerfabrik war besonders verkehrsgünstig gewählt: Unmittelbar an der Eisenbahn gelegen, die 1889 durch eine Abzweigung nach Hildesheim ergänzt wurde und an der Südwest-Ausfallstraße, der alten „Lichtenberger Allee", auf die Verbindungswege der Ortschaften im Südwesten Braunschweigs führten. Für die Wassernutzung bot sich zunächst der Fuhsekanal längs des Bahnkörpers an, obwohl der Wasserbedarf schließlich durch Brunnen gedeckt werden mußte. Die Zuckerfabrik wurde von der Firma Fr. Seele & Co, Braunschweig, erbaut.

Zwischen dem Madamenweg und der Broitzemer Straße befanden sich früher sechs Ziegeleien. Durch lehmigen Sand unter Zugabe feinsandigen, kalkhaltigen Tonmergels war hier seit Urzeiten ein ausgezeichneter Boden für den Getreideanbau. Dieser Boden war auch für die Betreiber der Ziegeleien von großer Bedeutung.

Braunschweig hat der deutschen Luftfahrt sehr früh ein großes Interesse entgegengebracht. Schon im Jahre 1909 gründete man den „Braunschweigischen Verein für Luftschiffahrt", der durch viele Freiballonfahrten, durch Förderung des Motorflugwesens und durch mehrere Veranstaltungen mit Luftschiffen auch die breite Masse für die Luftfahrt zu gewinnen wußte.

Mit größerem Einsatz setzte sich der Verein für die Schaffung eines Lufthafens in Braunschweig ein. Schon 1912 wurden erfolgreich Verhandlungen mit dem Kriegsministerium in Berlin wegen der Errichtung einer Luftschiffhalle in Braunschweig geführt. Am 17. April 1913 genehmigte der braunschweigische Landtag die Anlage des Luftschiffhafens und am 12. Juni desselben Jahres sicherte auch die Stadtverordnetenversammlung die Unterstützung des Unternehmens zu. Eine „Braunschweiger Lufthafengesellschaft mbH" wurde gegründet, das Aerkeroder Feld, im Norden von Braunschweig (etwa Siegfriedviertel) gelegen, erworben und Pläne für eine Luftschiffhalle ausgearbeitet. Der Erste Weltkrieg machte alle Pläne zunichte.

Im Jahre 1916 plante die Militärverwaltung, bei Broitzem einen Fliegerhorst anzulegen. Schon bald verschwanden Ackerflächen, Flugzeughallen, Baracken und Werkstätten wurden errichtet. Am 1. April 1917 übersiedelte die Flieger-Ersatzabteilung 7 von Köln nach Braunschweig. So übernahm Braunschweig eine der ältesten Fliegerformationen. Günter K. P. Starke hat in seinem Buch „Flieg mit über Braunschweig" die Geschichte der Luftfahrt in Braunschweig sehr ausführlich beschrieben. Die 1935 auf dem Gelände des Flughafens Broitzem fertiggestellten Gebäude der Aufklärungsfliegerschule wurden nach 1945 als Notunterkünfte und von Teilen der Standortverwaltung genutzt.

Die Broitzemer Straße beginnt am Madamenweg und überquert hier die Juliusstraße. Foto von 1996.

Bruderstieg

Schon im Jahre 1540 wurde dieser Weg erwähnt: „by dem broder styge". Vermutlich ist die Straße nach den hier ehemals gelegenen Besitzungen der Franziskaner benannt worden. Heute findet man die Straße in der Nähe des Rudolfplatzes, von der Görgesstraße nach Norden abzweigend. 28 Häuser stehen hier; sie gehören alle der Braunschweiger Baugenossenschaft eG oder GSV-Ratsbleiche Wohnungsbau GmbH.

Der Bruderstieg wurde schon im Jahre 1540 erwähnt.

Die Franziskaner wurden auch mindere Brüder, seraphische Brüder, auch Barfüßer und graue Brüder genannt. Es war ein Bettelmönchsorden, daher die Bezeichnungen. Als mit dem Verfall des Benediktinerordens das Mönchtum selbst seiner Auflösung entgegenzusehen schien, hemmte eine höchst einfache Maßregel, die Umwandlung des Gelübdes der Armut in ein Gelübde des Bettelns, nicht nur diesen Degenerationsprozeß, sondern setzte auch die Kirche selbst in den Besitz jenes Ideals von apostolischer Eigentumslosigkeit, wodurch bisher die ketzerischen Parteien so großen Eindruck auf die Phantasie des Volkes erzielt hatten. Urheber dieser Veränderung war Giovanni Bernardone, Sohn eines Kaufmanns zu Assisi, der 1182 geboren wurde. Seine Gewandtheit, sich in französischer Sprache auszudrücken, soll ihm den Namen Francesco verschafft haben. Neben dem entschiedenen Hang zum Lebensgenuß zeigte Franz von Kindheit auf auch Neigung für Mildtätigkeit. Erst infolge einer äußeren und inneren Krise seines Lebens beschränkte er seit 1207 seinen Umgang auf Bettler, Kranke und Aussätzige, zog bettelnd und singend umher, um das nötige Geld zu sammeln, mit dem er dann das ihm von den Benediktinern geschenkte verlassene Kirchlein der Maria der Engel bei Assisi restaurierte. Eine Predigt, die er 1208 über die Worte des Matthäus 10, 7-10 hörte, brachte ihn zum Bewußtsein seiner eigentlichen Mission. Er vertauschte seine bisherige Kleidung mit einem groben grauen Rock mit einer Kapuze (daher graue Brüder) und einem Strick als Gürtel und trat als Bußprediger auf. Von der Beredsamkeit seines Geistes hingerissen, sammelten sich bald einige Jünger um ihn, alle bereit, in die Welt hinauszuziehen um Kranke zu heilen und Sünder zu bekehren. Franz von Assisi, der in einer elenden Hütte bei der Portinncularkirche wohnte, gab nun der Gemeinschaft eine in Schriftform abgefaßte Regel. Die eigentlichen Ordensregeln entstanden erst 1221.

In Braunschweig ist die Brüdernkirche nach ihnen benannt worden. Sie war damals die Klosterkirche der Franziskaner oder Barfüßer, die, wie Lotho meldet, Kaiser Otto IV. nach Braunschweig geholt hat. Er soll den Männern bereits 1215 eine Kapelle habe bauen lassen. Diese Nachrichten scheinen aber nicht glaubwürdig, da die Franziskaner erst 1221 ihre Ordensregeln bekamen und auch erst zu diesem Zeitpunkt vom heiligen Franziskus nach Deutschland geschickt wurden, wo sie zuerst in Süddeutschland und im Rheinland Niederlassungen gründeten. Erst 1223 wurde in Speyer die Verbreitung des Ordens im nördlichen Deutschland beschlossen. Pater Johann kam noch im selben Jahr mit zehn Begleitern nach Hildesheim, die von dort auf die wichtigen Städte Niedersachsens verteilt wurden. Die Gründung einer Niederlassung in Braunschweig soll nach Aussagen anderer Chronisten bereits 1223 erfolgt sein.

Die Franziskaner hatten hier am Bruderstieg einst Ländereien. *Fotos von 1996.*

Wie an anderen Orten auch, werden sich die Brüder anfänglich hier gastweise in einem Haus aufgehalten oder eine Wohnung gemietet haben. Über den Beginn des Baus der ältesten Kirche fehlen alle Nachrichten, aber noch 1375 lag ihre Kirche an der Nordwestseite des Klosters, direkt an der Straße Hinter den Brüdern. Der Bau der jetzigen Kirche begann im 14. Jahrhundert. Zum ersten Mal wird sie in einer Urkunde von 1344 erwähnt. In diesem Schriftstück heißt es, daß „den barveden Broderen" (barfüßige Brüder) jährlich 1 Verding Geldes „to dem Buwe" (für den Bau) gegeben werden sollte. Ein großer Teil der Mittel zu dem Neubau sollen der Überlieferung nach die Herren von Bortfeld gegeben haben. Hierauf dürfte sich die Abbildung einer Bortfelder Rübe beziehen, mit der ein Schlußstein im nördlichen Seitenschiff geschmückt ist.

Die den Franziskanern wie allen Bettelmönchen auferlegte Entbehrung der Pracht haben sie bei dem Bau der Kirche durch großartige Räumlichkeiten ersetzt, die sie um so mehr benötigten, weil ihnen das Volk, angezogen durch das bisher ungewohnte Vorherrschen der Predigt in ihrem Kultus, in großem Maße zuströmte.

Neben der Kirche befanden sich noch mehrere Kapellen, besonders erwähnt werden soll die Liebfrauenkapelle (1399), die Bernhardinuskapelle (1450) sowie die Armen- und Bortfeldsche Kapelle. Die südlich der Kirche gelegenen Kreuzgänge, die einen Kirchhof umschlossen, gehörten dem Stil nach dem Anfang des 15. Jahrhunderts an. Das Obergeschoß war aus Fachwerk und ist erst 1522 gebaut worden. An die Kreuzgänge reihte sich, durch einen Hof getrennt, doch mit der Kirche in Verbindung, ein langes massives Gebäude, der Remter.

Die Franziskaner verließen nach Einführung der Reformation im Jahre 1528 die Stadt. Die Brüdernkirche wurde eine ev.-luth. Kirche, seit 1544 Pfarrkirche der St. Ulrici-Gemeinde.

Bugenhagenstraße

Die Bugenhagenstraße wurde nach dem von 1485 bis 1558 lebenden lutherischen Theologen Johannes Bugenhagen benannt. Sie ist die Verbindungsstraße zwischen der Broitzemer Straße und Kalandstraße. Kurz vor 1900 wurden die ersten Häuser hier im westlichen Stadterweiterungsgebiet gebaut. Die Bugenhagenstraße verläuft zwischen der Broitzemer Straße und der Kalandstraße und überquert dabei die Sophienstraße. Ekke Broitzemer Straße/Bugenhagenstraße/Sophienstraße befindet sich eine Wohnanlage, die zwischen 1984 und 1986 erbaut worden ist. Architekt war J. Lepper, der Bauherr die Firma Munte, Bauherrengemeinschaft/ Gothaer Lebensversicherung.

Johannes Bugenhagen wurde 1485 in Wollin geboren und später von seinen Zeitgenossen gewöhnlich Doctor Pomeranus, auch Dr. Pommer genannt. Er war neben Luther und Melanchthon der einflußreichste Vertreter der deutschen Kirchenreformation. Er studierte in Greifswald und wurde 1504 Rektor der Schule zu Treptow. Durch Luthers Schrift „Von der babylonischen Gefangenschaft" der Reformation gewonnen, ging er 1521 nach Wittenberg. Hier wirkte Bugenhagen, eng mit Luther verbunden, als Lehrer an der Universität und als Pfarrer. Er verheiratete sich 1522. Nachdem er an der Kirchenvisitation 1528 teilgenommen hatte, folgte er einer Berufung nach Braunschweig zur Ordnung des hiesigen Kirchenwesens, ebenso 1529 nach Hamburg, 1530 nach Lübeck, 1535 nach Pommern; 1537 begab sich Bugenhagen auf mehrere Jahre nach Kopenhagen, um die Reformation dort durchzuführen und die Universität umzugestalten.

Das Jahr 1528 brachte die große geistige Umwälzung des kirchlichen Lebens in der Stadt Braunschweig zur Vollendung. In den ersten Wochen kam in allen fünf Weichbilden die Bürgerschaft zusammen, unbekümmert um die Stadtgesetze, die solche Versammlungen hinter dem Rücken der weltlichen Obrigkeit verboten.

Der Reformator Johannes Bugenhagen

Man wählte Männer, die in Braunschweig auf religiöse Fragen mit dem Rat verhandeln sollten, darunter den Rechtsgelehrten Autor Sander, der die Forderungen der Bürgerschaft schriftlich abfaßte: Gestattung der laufenden evangelischen Predigt, Abschaffung aller papistischen Zeremonien und Berufung eines ausgezeichneten Theologen von auswärts zur Leitung und Vollendung der Kirchenreformation, wozu keiner der lutherisch gesinnten Prediger, auch Lampe nicht, eine hinlängliche Autorität besaß. Man bezeichnete Heinrich Winkel aus Halberstadt als die geeignete Person.

Der Rat der Stadt Braunschweig trug wochenlang Bedenken, auf diese Forderung einzugehen. Die kaiserlichen Mandate, das strenge Verbot des Herzogs, das erst nach Neujahr 1528 vom Erzbischof von Magdeburg, dem Kurfürsten Albrecht von Mainz erlassene Abmahnungsschreiben, und nicht die Besorgnis, daß man hier unter dem Deckmantel der Religion die politische und soziale Freiheit suche, das alles machte ihm die Entscheidung schwer.

Man holte Winkel nach Braunschweig. Er kam zu Anfang des Fastens und predigte mit großem Beifall in verschiedenen Pfarrkirchen. Aber ihm fehlte die unbeugsame Energie und Festigkeit des Charakters. Der Aufgabe, durch eine neue Kirchenordnung die auseinandergehenden Geister zu vereinen, war seine liebenswürdige, bescheidene Natur nicht gewachsen. Darum berief der Rat den tatkräftigen Freund Luthers, Johannes Bugenhagen aus Wittenberg, daß er das neue evangelische Leben in feste Formen gießen möge.

Bugenhagen kam am Mittwoch nach Rogate am 20. Mai 1528 in der Welfenstadt an. Tiefgebeugt durch den Verlust seiner beiden hoffnungsvollen Söhne, Michael und Johannes, hoffte er auf dem neuen Arbeitsfeld das gestörte Gleichgewicht der Seele wiederzufinden. Noch am Tage seiner Ankunft ließ er sich in der Andreaskirche von den evangelischen Predigern der Stadt als „allgemein Geistlichen und Prediger in allen Kirchen der Stadt Braunschweig" durch Handauflegen bestätigen, so daß die Amtsbrüder von vornherein auf seiner Seite waren.

Am folgenden Himmelfahrtsmorgen hielt er unter großem Zulauf in der Brüdernkirche, der bisherigen Klosterkirche der Franziskaner, seine erste Predigt über den lebenden Christus. Das große Gotteshaus konnte kaum die Hälfte der Zuhörer fassen. Auf dem Kirchhof mußte ein anderer Geistlicher vor einer großen Menschenmenge eine Straßenpredigt halten.

Die Reformation in Braunschweig mit der Annahme der Kirchenordnung Bugenhagens durch den Rat und die Gemeinde erfolgte schließlich am 5. September 1528. Bugenhagens Kirchenordnung bot die Grundlage für ein dauerhaftes evangelisches Kirchenwesen.

Die letzten Jahre seines Lebens nach Luthers Tod, dem Bugenhagen die Leichenpredigt gehalten hatte, waren trübe. Zu den Sorgen und Kummer, welche der Schmalkaldische Krieg und das Interium mit sich führten, und den Streitigkeiten mit den lutherischen Zeloten (so nannte man die Anhänger einer fanatisch revolutionären Partei), die auch eine Rechtgläubigkeit verdrängten, kam der Verlust des Gesichts. Außer dem großen Verdienst, das sich Bugenhagen durch die Kirchenordnung um die deutsche Kirche erworben hat, ist sein Anteil an der Lutherschen Bibelübersetzung besonders hervorzuheben. Bugenhagen übertrug die Bibel 1533 ins Plattdeutsche, um weite Bevölkerungsschichten zu erreichen. Der Theologe starb am 20. April 1558 in Wittenberg.

Die Bugenhagenstraße im Jahre 1994.

Bültenweg

Der Bültenweg ist jahrhundertelang ein Feldweg gewesen, der vom Rande der Stadt nordwärts durch sandige Felder führte.

Das Wort „Bülten" oder „Bühel", wie es in der altniederdeutschen Sprache heißt, bedeutet eine hochliegende Fläche, zu der man hinaufsteigen kann. In manchen niedersächsischen Städten sagt man „Bult".

Der Bültenweg stieg tatsächlich allmählich aus der Okerniederung auf eine höher gelegene Sandplatte nördlich von Braunschweig auf, die den Flurnamen „Bülten" trägt.

Diese Sandplatte ist ein Stück erdgeschichtlicher Entwicklung. Während der dritten Eiszeit, als der Nordrand Deutschlands mit gewaltigen Eismassen bedeckt war, strömten mit den Schmelzwassern vom Harz her gewaltige Wassermassen, die auch Sand und Geröll mit sich führten.

Aber wegen der Eissperre im Norden konnte das Wasser nicht abfließen und bildete so einen großen Stausee, auf dessen Boden sich die mitgeführten Sandmassen absetzten. So weit sich diese Sandplatte ausdehnte, so breit war damals das Urstromtal der Oker.

Es ist das Gebiet zwischen der Oker und Schunter, zwischen den Dörfern Ölper und Rühme, Querum, Wenden und Walle.

Dieses Gebiet mit fruchtbaren Sandböden gehört zu den besten Spargelböden Deutschlands. Auch am Bültenweg dehnten sich einst riesige Spargelfelder aus.

Die Postkarte aus der Zeit um 1920 zeigt den Bültenweg.

Der Bültenweg (Bülten = hochgelegener Anger, gemeinsames Weideland) verläuft zwischen dem Fallersleber Tor, über den Rebenring hinweg, bis zu Beginn des Bienroder Weges. In früher Zeit befand sich hier die Flur von Marquarderode, zu der auch das Arkeroder Feld gehörte.

Diese Flur reichte einer Urkunde aus dem Jahre 1320 zufolge bis zur Schunter. Der Bültenanger (Weidegebiet) war ein Teil davon. Vermutlich hat hier das Dorf am Schweinepfuhl gelegen, wo vielleicht der frühere Name Todtentwete an eine Begräbnisstätte erinnern mag.

Der Kamp Nr. 17 „an der kleinen Todtentwete" gehörte dazu. Die Feldflur umfaßte 432 Morgen Ackerland. Es kann sein, daß früher die 200 Morgen des Langen Kamp mit zur Flur von Marquarderode gehört haben.

Dieses heute vergessene Dorf wurde 1031 erstmals urkundlich erwähnt. Es war ein typisches Rodedorf mit einer Entstehungszeit von etwa 800 bis 900 nach Christus. Die Flur ist noch aus der Karte des 18. Jahrhunderts bekannt durch den Flurnamen „Arkeroder Feld".

Aus einer Urkunde von 1317 (sie befindet sich im Stadtarchiv) wissen wir, daß Sophie, des Konen Witwe von Helmstedt und Ludemann, Ludemanns Sohn des Münzers, an dem Gute zu Marquarderode Besitz hatte. Graf Ulrich von Regenstein, so eine Urkunde von 1320, übereignete dem Kloster Riddagshausen sieben Hufen.

Der frühere Stadtheimatpfleger Dr. Wilhelm Bornstedt hat dieses Dorf in seinem 1981 erschienenen Büchlein „17 versunkene Dörfer unter den Straßen der Stadt Braunschweig ab 1031" ausführlich beschrieben und lokalisiert die Stelle, wo das Dorf genau gelegen hat.

Der Bullenteich (heute nur noch ein kleines Wasserloch) und die große Bullenwiese (südlich des Dowesees, der eigentlich Tobesee heißt) liegen heute am nördlichen Rande des Siegfriedviertels.

Die alte Dorfstelle von Marquarderode befand sich östlich vom heutigen Eintrachtstadion nahe dem Bültenweg.

Blick vom Botanischen Garten auf den Bültenweg (1993)

Bürgerstraße

Die Bürgerstraße erinnert an einen namhaften deutschen Dichter: Gottfried August Bürger. Die Straße wurde von kurz vor der Jahrhundertwende bis 1916 bebaut und verläuft parallel zum Sackring. Sie verbindet die Tuckermannstraße mit der Kreuzstraße. Die Bürgerschule (erbaut 1897-1899) war zur Weimarer Zeit eine „Untere Bürgerschule" (7 Klassen, geringes Schulgeld, Duschräume im Keller). Seit 1926 ist sie eine „Weltliche Schule", an der kein Religionsunterricht erteilt wurde. An weltlichen Schulen meldeten sich vor allem pädagogisch engagierte, politisch eher links eingestellte Lehrer.

Die Bürgerschule, 1898 erbaut, war zur Weimarer Zeit eine untere „Bürgerschule" mit sieben Klassen.

Gottfried August Bürger wurde in der Silvesternacht 1747/48 in Molmerswende bei Ballenstedt am Unterharz geboren. Sein Vater war Pfarrer in dem Dorf. Bürger genoß den ersten Unterricht im väterlichen Haus, dann übernahm sein Großvater die Sorge für seine weitere Erziehung. Er besuchte die Stadtschule in Aschersleben von 1753 bis 1760, dann das Pädagogium in Halle von 1760 bis 1763, wo er mit Göckingk zugleich an politischen Versammlungen teilnahm. Gegen seine Neigung, nur auf Verlangen seines Großvaters, begann er 1764 das Studium der Theologie in Halle, doch wandte er sich bald unter dem Einfluß des Professors Chr. Ad. Klotz schönwissenschaftlichen Studien zu. Im Jahre 1767 wurde Bürger wegen seiner oft zügellosen Lebensweise von seinem Großvater abberufen und durfte erst Ostern 1768 von neuem die Universität beziehen, und zwar diesmal in Göttingen, um sich nun dem Studium der Rechte zu widmen. Bald aber erneuerten sich hier die alten Ausschweifungen, so daß der erzürnte Großvater ihm endlich alle weitere Unterstützung entzog.

Aus diesem Zustand tiefer Gesunkenheit fand er Hilfe bei Freunden. „Boie, Sprengel, Biester u. a. wußten die Liebe zu den Studien von neuem in ihm anzufachen und ihn schonend auf die Bahn der Ordnung und Regelmäßigkeit zurückzuführen, auch Gleim nahm sich aus der Ferne seiner an", heißt es in einer Biographie. Nachdem es Boie 1772 gelungen war, Bürger die Stelle eines Amtmannes von Altengleichen bei Göttingen zu verschaffen, trat Bürger auch mit dem jungen Dichterkreis in Göttingen in Kontakt. Hier lernte er Hölty, Voß, Miller,

Cramer, die Grafen Stolberg und andere kennen. Sein Großvater söhnte sich jetzt wieder mit ihm aus und schenkte ihm 1000 Taler, die Bürger zum Antritt des ihm übertragenen Amtes bedurfte. Doch bald war dieser Bürger um den größten Teil des Geldes betrogen. –

Im Herbst 1774 heiratete Gottfried August Bürger eine Tochter des Justizamtmannes Leonhart zu Niedeck und zog bald darauf nach Wöhnershausen, einem Dorf seines Gerichtssprengels. Aber auch seine Ehe war nicht glücklich. Er verliebte sich in die Schwester seiner Frau, die in seinen Liedern unter dem Namen Molly überschwenglich gefeierte Auguste, die nach dem Tod ihres Vaters 1777 eine Zeit lang unter seinem Dach lebte.

Das Doppelverhältnis zu den beiden Schwestern bereitete ihm jahrelang große Gewissensqualen. Dazu kamen weitere Probleme: niedrige Einkünfte, häufige Krankheiten. Auch eine im Jahre 1780 übernommene Pachtung in Appenrode verursachte häusliche Sorgen. Von seinen Vorgesetzten obendrein wegen nachlässiger Geschäftsführung angeklagt, wurde Bürger in der angeordneten Untersuchung zwar freigesprochen, doch entschloß er sich, sein Amt freiwillig niederzulegen.

Nach dem Tod seiner Frau 1784 siedelte er nach Göttingen über, um sich durch Privatvorlesungen über Ästhetik, deutschen Stil und ähnliche Themen eine neue Existenz aufzubauen. Er verband sich im Juni 1785 endlich mit seiner geliebten Molly auch am Altar.

Molly starb am 9. Januar 1786. Der Tod stürzte Bürger erneut in tiefstes Seelenleid, da ihm der Tod jegliche Kraft zu dichterischem Schaffen nahm.

August Wilhelm Schlegel, der seit 1786 in Göttingen studierte, wurde sein Schüler und Freund und widmete ihm später eine ausführliche Charakteristik. Die Universität erteilte Bürger bei seinem 50jährigen Jubiläum die philosophische Doktorwürde und ernannte ihn im November 1789 zum außerordentlichen Professor, jedoch ohne Gehalt. Der Wunsch nach einem geordneten Hausstand veranlaßte Bürger zu einer dritten Heirat, der unglücklichsten von allen. Im Oktober 1790 verband er sich mit seinem „Schwabenmädchen", aber schon nach wenigen Wochen begann die Zerrüttung des Familienlebens, der zwar durch die Scheidung im März 1792 ein Ende gemacht wurde, jedoch nicht, ohne daß Lebensmut und Lebenshoffnungen in Bürger vernichtet wurden. Das einzige, was ihn noch aufrichtete, war seine Dichtung. Um die nötigen Unterhaltsmittel zu bekommen, lieferte er Übersetzungen für auswärtige Buchhändler. Erst als er schwer krank wurde und seine Arbeitsfähigkeit verloren hatte, bewilligte ihm das Universitätskuratorium statt des erbetenen Gehalts eine einmalige Unterstützung von 50 Talern. Am 8. Juni 1794 starb Bürger in Göttingen.

Bürgers Dichtertalent gedieh nur langsam zur Entwicklung, und auch später war seine Produktion nie leicht und mühelos. Erst das Studium der alten und neueren Musikschriftsteller hatte die Schwingen seines Dichtergeistes gekräftigt, und hauptsächlich war es die unerbittliche kritische Strenge Boies, die für Bürger der Ansporn zu einer feineren und korrekteren Abrundung seiner Werke wurde.

Die Bürgerstraße im Jahre 1996.

Campestraße

An der Campestraße lag einst das sogenannte „Krähenfeld". Bog man von der Wolfenbütteler Straße, die früher einmal Leipziger Heerstraße hieß, in die Campestraße ein, sah man rundum nur Gärten. Die Campestraße mündete in die Gartenstraße des schon erwähnten Krähenfeldes. Ungefähr in der Mitte dieser Straße rechts begann der Salzdahlumer Weg (heute Böcklerstraße), der nach Mascherode und dann weiter nach Salzdahlum führte. Die Adolfstraße bestand zu der Zeit noch nicht – wir sprechen vom Jahr 1880.

Die Campestraße. Dort wo heute das Blumengeschäft ist (Mitte), befand sich um die Jahrhundertwende eine große Gärtnerei. Foto 1988.

Neben einigen wenigen neuerbauten, zweigeschossigen Gebäuden gab es in diesem Gartenviertel nur Grundstücke mit kleinen, einfachen Häusern, einer Menge von Obstbäumen und vielen Blumen. Die Grundstücke waren meist mit Hainbuchenhecken eingezäunt. Eine Kanalisation gab es zu jener Zeit hier noch nicht, die Abwässer nahmen grasbewachsene, tiefe Gräben auf, in deren Morast und üblem Geruch die Ratten ihr Zuhause hatten.

Auf der linken Seite stand schon damals das kleine, eingeschossige Gebäude der Fabrik von Voigtländer & Sohn. Es verschwand erst kürzlich, so ganz stickum, wie der Braunschweiger sagt. Das Wohnhaus des Besitzers befand sich auf der Wolfenbütteler Straße 1 (heute als Rimpau'sche Villa bekannt).

Später erwarb es A. Rimpau und ließ es von Constantin Uhde neu aufbauen. Der damalige Besitzer dieser optischen Fabrik war Ritter Friedrich von Voigtländer. Er war ein stattlicher Mann, breitschultrig und mit rötlichem, gescheiteltem Haar sowie einem Spitzbart. Jeden Morgen machte er, den Diener Biethan zehn Schritte hinter sich, seinen Morgenritt.

Der Fabrik gegenüber, an der Ecke des Salzdahlumer Weges, lag auf einer kleinen Erhöhung das einstöckige Kotte'sche Haus, dessen rundes Mittelstück ein etwas höheres turmartiges Dach zierte. Im Garten befand sich eine Kegelbahn, die unter anderem von den „Barmherzigen Brüdern", dem ältesten Kegelclub Deutschlands, benutzt wurde.

Der Gründer des Klubs war der Holzhändler Johann Anton Weitz, der Urgroßvater des Rechtsanwaltes und späteren Oberregierungsrates und Schriftstellers Hugo Weitz. In den wenigen Räumen des Hauses unterhielt das Ehepaar Kotté einen kleinen Wirtschaftsbetrieb.

Diese ganze Gegend mit den in der Gründerzeit entstandenen Straßen, Leisewitz-, Autor- und Gertrudenstraße, hieß das Krähenfeld. Und die Bewohner dieses herrlichen Gartenviertels nannten sich selbst „Krähenfelder Bauern".

Diesen weiten Komplex von der Oker bis zum ehemaligen Lämmchenteich, also auch das Krähenfeld, hatte einst Joachim Heinrich Campe, nach dem die Campestraße benannt worden ist, für billiges Geld gekauft. Herzog Karl Wilhelm Ferdinand (1735-1806) holte Campe, der ein großer Schulmann war, von Hamburg nach Braunschweig, damit er hier das Schulwesen in Ordnung bringen sollte.

Der am 29. Juni 1746 in Deensen am Solling geborene Campe, ein Pädagoge, der im wesentlichen die Idee des Franzosen Jean Jaques Rosseau vertrat, diese aber stark ins Praktisch-Nützliche umgebogen hatte, wurde 1786 zur Reformation des Schulwesens ins Herzogtum Braunschweig gerufen. Er gab diese Aufgabe jedoch infolge der aufgetretenen Schwierigkeiten schon nach einem Jahr wieder ab und übernahm die mit dem Braunschweiger Waisenhaus verbundene Buchhandlung, die er vornehmlich durch den Erfolg seiner eigenen Schriften zu einem glänzenden Verlagsunternehmen entwickelte, aus dem der spätere Viewegsche Verlag hervorgegangen ist. Campe gilt als der Begründer der deutschen Jugendunterhaltungsliteratur.

Berühmt wurde Joachim Heinrich Campe, der auch Hauslehrer Alexander und Wilhelm von Humboldts war, als Jugendschriftsteller; von ihm stammt beispielsweise das Buch „Robinson der Jüngere". Aber er war auch ein liberaler Journalist, der 1783 bis 1791 das „Braunschweiger Journal" herausgab, in dem er seine freiheitlichen Ansichten verbreitete.

Dank Campe sei Braunschweig „ein Herd der Revolution" geworden, warf damals ein preußischer Minister den Landesherrn vor. In seinen letzten Lebensjahren verfiel der sonst rüstige Mann in eine geistige und körperliche Schwäche, der er am 22. Oktober 1818 in Braunschweig erlag.

Die Campestraße hat sich im Laufe der letzten 100 Jahre arg gewandelt. Die große Gärtnerei von Hillegeist ist verschwunden, geblieben ist noch das Blumengeschäft an der Ecke der (heutigen) Böcklerstraße. An diese Gärtnerei schloß sich einst die Cichorienfabrik von Groß & Markworth an – wer kennt heute noch Cichorien? Auch dieses Fabrikgrundstück hatte einen schönen Obst- und Blumengarten, der bis zum Viewegsgarten reichte, der auch Campe gehörte. Auch von den Pappeln ist nichts mehr zu sehen, die am Graben entlang standen und kurz vor 1900 umgelegt werden mußten, weil sie zu einer Gefahr für die Grundstücke wurden.

Heute findet man an beiden Seiten der Straße Mehrfamilienhäuser, in Richtung Viewegsgarten steht seit 1986 eine moderne Wohnanlage. Die „Öffentliche" hat für rund 13 Millionen Mark diese Anlage errichtet, geplant wurde sie von der Architektengruppe Westermann sowie der Gruppe Laskowski und Schneidewind. So wurde das Sanierungsgebiet „Bahnhof II" verändert – bleiben wird aber die Erinnerung.

Joachim Heinrich Campe, nach einem Gemälde von Friedrich Georg Weitsch; im Besitz des Braunschweigischen Landesmuseums.

Cammannstraße

In den Jahren um 1885 herum wurde die Cammannstraße bebaut, die die Frankfurter Straße mit der Sophienstraße verbindet. Diese Straße erinnert an Johannes Cammann (1584–1649), den bekannten Stadtsyndikus von Braunschweig.

Mit dem Namen Cammann verbinden wir zunächst die von ihm hinterlassene Bibliothek. Diese heute noch in der Stadtbibliothek geschlossen erhaltene, über 11000 verschiedene Werke in nahezu 4000 Bänden umfassende Büchersammlung des Stadtsyndikus und Gelehrten Dr. Johann Cammann stellt ein einzigartiges Spiegelbild nicht nur der Persönlichkeit des Universalgelehrten, sondern auch des geistigen und kulturellen Lebens der Stadt in jener Zeit dar.

Johann Cammann der Jüngere (1584-1649)

Johann Cammann war der Sohn einer alten und angesehenen Familie dieser Stadt. Sein Vater, Johann Cammann d. Ä., war ein bekannter Advokat in Braunschweig, früher auch in auswärtigen Diensten tätig gewesen, und offenbar wie sein Sohn ein Büchernarr. Der Familientradition folgend sollte auch der Sohn das Studium der Rechte aufnehmen, nachdem er in Braunschweig und Hannover die Schule besucht hatte. Luitgard Camerer hat in einem Aufsatz in der Festschrift zur Ausstellung „Brunswiek 1031 – Braunschweig 1981" ausführlich über Cammann berichtet. „Sein Universitätsstudium", so schreibt sie, „hat er offenbar sehr umfassend angelegt und dabei nicht weniger als acht verschiedene Universitäten besucht, nämlich Helmstedt (ab 1605), Wittenberg, Jena, Rostock, Gießen, Köln, Heidelberg und Tübingen, z. T. allerdings bereits als Lehrender, nicht mehr als Student."

Am längsten hielt er sich wohl in Gießen auf, wo er 1612 ein Werk mit dem Titel „Collegium Politico-Juridicum" veröffentlichte, eine Sammlung von zwölf juristischen Disputationen. Im Jahre 1619 erwarb er seinen Doktorgrad.

Während des Studiums bemühte sich Cammann auch um Fremdsprachen, insbesondere die französische, italienische und spanische Sprache interessierten ihn. Außerdem beschäftigte er sich eingehend mit der Heiligen Schrift. In seiner Lutherbibel hat er darüber in allen Einzelheiten berichtet. Schon 1604, noch Schüler in Hannover, las er die Bibel recht intensiv.

Nach Beendigung seines Studiums wurde er Verwaltungsbeamter in Braunschweig und unvermeidlich in die revolutionären Wirren der Jahre 1613 bis 1615 verwickelt. Cammann ging nach Lüneburg und kam erst 1615 wieder zurück, als geordnete Verhältnisse eingetreten waren.

Über Cammanns Tätigkeiten in den Jahren 1615 bis 1621 geben uns eine Reihe von Briefen Auskunft, die im Stadtarchiv aufbewahrt werden. Im Jahre 1621 wurde Cammann mit einem weiteren Amt betraut. Er wurde zum „Advocatus fisci" ernannt. 1624 wurde er endlich Syndikus der Stadt Braunschweig, ab 1625 Obersyndicus. Dieses Amt behielt er bis zu seinem Tode im Jahre 1649. Cammann stand also 24 Jahre an der Spitze der Städtischen Verwaltung, eine recht lange Amtszeit, aber auch eine schwierige, galt es doch, die Stadt Braunschweig durch die unruhigen Zeiten des Dreißigjährigen Krieges hindurchzusteuern. So verhandelte er beispielsweise 1629 mit dem kaiserlichen Feldherrn Wallenstein.

An Cammann gingen die Belagerungen der Stadt Braunschweig nicht spurlos vorüber. Mehrfach hatte er den Rat der Stadt gebeten, zurücktreten zu dürfen, da er sich vor allem für die vielen Gesandtschaften nicht mehr kräftig genug fühlte und er, wie er schrieb, „das viele Saufen nicht mehr ordentlich bestellen könnte". Doch er ließ sich immer wieder überreden, weiterzumachen. Auf sein kluges und geschicktes Auftreten wollte man wohl nicht verzichten. Den Ausgleich für sein anstrengendes Berufsleben suchte und fand Cammann offenbar in seiner schon erwähnten Bibliothek. In den Jahren 1628 bis 1630 legte er einen Katalog seiner Bücher an, der heute noch erhalten ist. 1623 begann er, wie er in der erwähnten Lutherbibel vermerkt hatte, mit der Lektüre der hebräischen Bibel.

Daß Cammann auch auf mehrere Fremdsprachen Wert legte, beweisen nicht nur die schon genannten Bemühungen während der Studienzeit, sondern auch mehrere von ihm erhaltene Manuskripte. So befindet sich in der Herzog August-Bibliothek in Wolfenbüttel unter den Helmstedter Handschriften ein Manuskript mit Notizen zur französischen Grammatik und einen Überblick über deren wichtigsten Erscheinungen. Die Stadtbibliothek Braunschweig bewahrt eine Handschrift von ihm auf, die vergleichende Untersuchungen zum Lautwandel in 14 Sprachen (Hebräisch, Arabisch, Chaldäisch, Syrisch, Griechisch, Lateinisch, Deutsch, Holländisch, Spanisch, Italienisch, Französisch, Englisch, Schwedisch, Dänisch) enthält. Er war fürwahr einer der großen Gelehrten. Daß Cammann sehr viele seiner Bücher auch gründlich gelesen hatte, zeigen die zahlreichen Randbemerkungen und Unterstreichungen von seiner Hand. Heute ist diese Cammann-Bibliothek ein wichtiger Bestandteil der Stadtbibliothek und für viele Forschungsarbeiten von großer Wichtigkeit.

Blick von der Cammannstraße in die Frankfurter Straße. Auch hier hatten die Luftangriffe im Zweiten Weltkrieg große Verwüstungen angerichtet. Die Aufnahme wurde am 5. August 1944 gemacht.

Die Cammannstraße 1994.
Mehrere Fachwerkhäuser gibt es noch heute hier.

Celler Straße

Vor den Toren der Stadt lagen einst mehrere große Gärten. An der Celler Straße zum Beispiel lag der einem Park ähnelnde Garten der Familie von Rhetz an der Stelle, wo später die Schmidt'sche Zichorien- und Schokoladenfabrik stand (Celler Straße 90). Auch sein Schwager, Dietrich Winckelmann, hatte hier eine Anlage, in dem ein geräumiges Gartenhaus stand. Ähnlich die Familien Hauß und Haussmann.

In dem Hauß'schen Garten erhob sich ein durch ein stark geschweiftes, von goldener Kugel gekröntes Dach über ein Haus mit vielen Fenstern. Das auffallende, dem Barock zuzurechnende Gebäude wurde von der Bevölkerung wegen seines Fensterreichtums „die Laterne" genannt.

Blick in die Celler Straße in den 30er Jahren

Das Grundstück Nr. 84 war bis 1766 Gerichtsstätte und wurde dann dem Generalmajor August Wilhelm von Rhetz unentgeltlich überlassen. Später kauften es unter anderem die Familien Rimpau, Ludovici und Henneberg.

Auf der Celler Straße stand im 18. Jahrhundert ein weiteres interessantes Haus (Nr. 107), das Herzog Karl I. seiner Geliebten erbauen ließ. So jedenfalls lautete ein weitverbreitetes Gerücht. K. Steinacker, der 1906 an einem Inventarheft der Bau- und Kunstdenkmäler der Stadt Braunschweig arbeitete, ging dem Gerücht nach.

Aus einer Niederschrift vom 13. Mai 1906 erfahren wir: „Das dem Kunstgärtner Schelze gehörende, an der Celler Straße gelegene Haus gehört im 18. Jahrhundert einem Herrn Ahrens, einem richtigen Braunschweiger Pfahlbürger.

Herr Ahrens hatte eine schöne Frau, die der Herzog Karl I. sah, Gefallen an ihr fand und mit Zustimmung ihres Mannes sie besuchte. Herzog Karl I. schenkte ihnen das Haus mit Einrichtung, und dort traf er Frau Ahrens. – Die Tochter von beiden heiratete später einen Kaufmann Hauß, starb ohne Kinder und vermachte ihr Geschäft und Gartenhaus ihrem Geschäftsführer Möllenbeck. Beides kam dann durch Erbschaft an die Familie Karstens. Bilder von Herrn und Frau Ahrens, Herzog Karl I. und Frau Hauß, die früher in dem Gartensaal hingen, sind jetzt im Besitze des Herrn Rechtsanwalt Adolf Karstens." Soweit der Bericht. Wo sich die Bilder heute befinden, ist nicht bekannt.

Das Fehlen aller Hinweise auf dieses hartnäckige, allgemeine Gerücht in den von Professor Mack durchgesehenen Akten und Familienpapieren machte nicht weiter stutzig. Derartige diskrete Angelegenheiten scheuten begreiflicherweise jede amtliche Beglaubigung und wurden auch in den Familien verschwiegen.

Steinacker meint nun, daß nicht Frau Margarethe Magdalene Ahrens, geborene Weinhagen, die Geliebte Karls I. gewesen sei, sondern die Tochter, Justine Marie, verheiratete Hauß. Das Gebäude hat nach Macks Untersuchungen 1753 schon gestanden; allerdings auf dem der Witwe Ahrens gehörenden Grundstück. Das gerade legt die Möglichkeit nahe, daß das Gebäude als besonders unauffälliges Angebinde des Herzogs für Frau Hauß gedient hat, wobei weder sie noch ihr Gatte als Eigentümer aufzutreten brauchten.

Eingang zum Klinikgelände des Herzoglichen Krankenhauses (später Landeskrankenhaus) an der Celler Straße. Foto um 1895.

Einen zweiten, vielleicht noch intimeren Hinweis bietet das später im Besitz des Justizrates Karstens befindliche, aus diesem Haus stammende Bildnis Herzog Karls I. Es war nämlich keines der üblichen Dekorationsstücke, sondern ein feiner, ungefähr lebensgroßer Kopf in Pastelltechnik, der den Fürsten als einen etwa vierzigjährigen Mann darstellte, also aus den Jahren um 1753. Wie kam ein so ungewöhnliches Bild des Herzogs in das Haus? Diese Angaben Steinackers scheinen das Gerücht eher zu stützen als zu entkräften.

Daß hier an der Celler Straße, genauer gesagt auf dem Rennelberg ein Kloster gelegen hat, wissen nur noch wenige. Die Kirche des Kreuzklosters soll der Legende nach an Stelle einer Klause erbaut worden sein, in der drei heilige Jungfrauen wohnten, die, in weiße Gewänder gekleidet, Gott bei Tag und Nacht dienten.

Neben dieser Klause stand ein in Gestalt eines Kreuzes gewachsener Baum, in dessen dicht belaubten Zweigen sich einst ein Knappe des mit der Stadt verfeindeten Ritters Balduin von Campe verbarg. So wollte er den Verfolgungen der Bürger entgehen. Ein wunderbarer, sich dreimal wiederholender Traum überzeugte den Knappen, daß Gott jene Stätte zur Gründung einer frommen Stiftung ausersehen habe.

Durch den Bericht des Knappen und weitere Wundererscheinungen wurde der Ritter von Campe bewogen, sich mit der Stadt auszusöhnen und an der Gnadenstätte ein Kloster zu errichten. Den Bau sollen die Engel gefördert haben, indem sie zur Abendzeit, wenn die Werkleute mit ihrer Arbeit aufhörten, auf- und abstiegen und bei Nacht ein volles Tagewerk vollendeten.

Doch bleiben wir bei Zahlen: 1230 soll die Kirche geweiht worden sein. Das Kloster wurde um 1885 abgebrochen. An seiner Stelle befindet sich heute die Rennelbergstraße und die Strafvollzugsanstalt.

Charlottenstraße

Die Charlottenstraße verbindet die Vieweg- mit der Gertrudenstraße. Sie hat ihren Namen vermutlich von Charlotte Bammel, der zweiten Ehefrau des Stadtrats und Lackierfabrikanten Adolf Bammel, der um 1878 im Rat der Stadt saß. Ihr vollständiger Name lautet: Henriette Charlotte Elisabeth, geborene Beckmann. Der Rufname war allerdings Elisabeth und nicht Charlotte. Bammel heiratete sie am 24. Juni 1851 in Hannover, wo er auch seine erste Frau, Sophie Luise Elisabeth, die Schwester von Charlotte, heiratete (1. Oktober 1837). Nach ihr wurde vermutlich die Sophienstraße benannt. Acht Kinder gingen aus beiden Ehen hervor, drei aus der ersten und fünf aus der zweiten. Die erste Tochter mit seiner zweiten Frau, Marie Adolphine, die am 3. Januar 1853 geboren wurde, starb bereits am 17. Mai des gleichen Jahres an Krämpfen, wie es heißt. Die weiteren vier Kinder waren verheiratet, hatten aber Braunschweig verlassen.

Anton Adolf Heinrich Bammel wurde am 31. Dezember 1806 in Braunschweig geboren und am 5. Januar 1807 in der Magni-Kirche getauft. Er starb am 3. November 1882 in Kiel und wurde nach Braunschweig überführt, wo er am 6. November beerdigt worden ist.

Bammel handelte vor allem mit Lackierwaren und patentierten Lampen. Einer Anzeige vom Dezember 1828 in der Tageszeitung ist näheres zu entnehmen: Bammel empfiehlt sich auf die bevorstehenden Weihnachten und bot außer seinen „aufs vollständigste sortierte Lager lackirter Waaren, mit allen Sorten Lampen sowie auch eine Auswahl lackirten Kinderspielzeugs" an und versprach bei reeller Behandlung billigste Preise. Kurz vorher, am 9. Januar 1827, hatte er sein Ladengeschäft auf der Langedammstraße erworben. Das wissen wir aus folgender Anzeige: „Am 9ten: Das Blocksche, auf der Langedammstraße Nro. 2151 bel. Haus und Hof sammt Zubehör an Lackirfabrikanten Bammel für 6000 Taler."

Von Charlotte Bammel scheint es kein Foto zu geben, aber von ihrem Mann, dem Stadtrat Adolf Bammel.

Sein großes Geschäft aber waren patentierte Ölgaslampen. Auch hier wieder eine Anzeige, die im September 1841 in den Braunschweigischen Anzeigen erschienen war: „Patentierte Lampen. Laut Bekanntmachung Herzogl. Kreis-Direction im 222. Stücke d. Bl. ist mir von Herzogl. Staats-Ministerium ein Privilegium auf von mir verbesserte Oelgaslampen gnädigst ertheilt worden. Diese Lampen meiner Erfindung weichen durch ihre Construktion, namentlich der dazu gehörigen Cylindergläser, von allen bisher bekannten wesentlich ab; ihre Vorzüge bestehen in verstärkter ungehinderter Lichtwirkung bei vermindertem Oelbedarf und in der größten Einfachheit. Dieselben sind bereits in verschiedenen Formen und Größen vorräthig und indem ich diese neuen Lampen dem geehrten Publikum zur geneigten Abnahme empfehle, bemerke ich nur noch, daß solche in den Abendstunden in meinem Locale brennend zur gefälligen Ansicht bereit stehen." In weiteren Anzeigen wirbt er gar für Dampf- oder Gass-Lampen. Schon in den Braunschweigischen Anzeigen vom Oktober 1836 schreibt er von den in Berlin erfundenen und von ihm verbesserten Lampen.

Am 1. Oktober 1863 verkaufte Bammel nach 37 Jahren die „Lackir- und Lampenfabrik" an die Herren Goldberg und Jacobs und setzte sich zur Ruhe.

In den Braunschweigischen Anzeigen Nr. 27 vom Mittwoch, den 1. Februar 1882, wurde über Bammels Abschiedsfeier als Vorsitzender der Unterstützungsdeputation berichtet, die am 30. Januar stattfand. Man hatte in den mit Blumen und Blattpflanzen geschmückten Saal von Schraders Hotel sämtliche Armenpfleger Braunschweigs geladen. „Zweck dieser Zusammenarbeit", so heißt es in dem Bericht, „war eine Abschiedsfeier zu Ehren des Stadtraths Bammel, welcher sein Amt als Vorsitzender der Unterstützungsdeputation nach achtzehnjähriger Wirksamkeit im vergangenen Jahre niedergelegt hatte." Nachdem der Stadtrat Bammel durch die Herren Provisoren Ahrens und Nolte empfangen und in den Saal geführt war, verlaß Nolte unter Überreichung eines silbernen, stark vergoldeten Lorbeerkranzes die Abschiedsworte, in denen zunächst in warmen Worten dem Bedauern Ausdruck gegeben war, den Gefeierten aus dem Kreise, dem er eine so lange Zeit vorgestanden hatte, scheiden zu sehen. Er schloß mit den Worten: „Mag der Lorbeerkranz Ihnen immer wieder sagen, welcher Ehre wir Sie in unserer Mitte aufrichtig werth gehalten haben und Sie versichern, daß Ihr Walten uns allzeit unvergessen und Ihre treue Pflichterfüllung uns allewege vorbildlich sein soll. Der aber, der ein rechter Vergelter für jedes Werk, das ihm geschieht, und der Alles was wir an einem unter seinem Geringsten thun, ansehen will, als hätten wir es ihm gethan, der wolle auch an Ihnen sein Wort erfüllen, und Sie auf den Abend Ihres Lebens an Ihnen selbst und den Ihrigen reichlich segnen." Der Provisor Ahrens überreichte hierauf im Namen der versammelten Armenpfleger den Lorbeerkranz mit der Bitte, fortan derer gedenken zu wollen, von denen der Ehrenschmuck gewidmet sei.

Charlottenstraße, 1988. Die Straße wurde vermutlich nach Charlotte Bammel benannt.

Chemnitzstraße

Wenn wir etwas über den Namensgeber dieser Straße, Chemnitz, erfahren wollen, müssen wir uns in die Zeit des 16. Jahrhunderts versetzen. Martin Chemnitz, der lutherische Theologe, war Stadtsuperintendent in Braunschweig. Die Straße, die nach ihm benannt ist, liegt zwischen Holwedestraße und der Goslarschen Straße.

Als Martin Chemnitz 1554 in sein Amt eingeführt wurde, notierte man: „Sowohl das geistliche Ministerium, dem er durch den Superintendenten Joachim Mörlin am 12. Dezember 1554 vorgestellt wurde, als der hohe Stadtrath, der ihm drei Tage später das Amt eines Coadjutors des Stadtsuperintendenten, mittelst feierlicher Installation auf der Münzschmiede übertrug, nahm ihn mit Beweisen von Wohlwollen und Werthschätzung auf, und mit der ersten Predigt über das Evangelium des 3. Advents, welches in der Aegidienklosterkirche gehalten wurde, trat er jenes Amt wirklich an."

Chemnitz, der in Wittenberg ein Lehramt begonnen hatte, konnte seine Arbeit nun in Braunschweig fortsetzen. Schon wenige Monate nach seiner Ankunft in Braunschweig, im Frühjahr 1555, hielt er eine Reihe öffentlicher Vorlesungen, wie er sie in Wittenberg gehalten hatte. Das dogmatische Handbuch Melanchthons diente als Grundlage, und Chemnitz's Vortrag war ein erläuternder Kommentar darüber, der zugleich die Geschichte der christlichen Hauptlehren, der Irrtümer und Streitigkeiten enthielt. Einer seiner eifrigsten Zuhörer war Pastor Johann Zanger zu St. Petri, der all die Vorträge mitschrieb.

Das Braunschweigische Magazin von 1854 (8tes Stück) beschäftigte sich zum 300. Jahrestag der Amtseinführung des Martin Chemnitz mit seinem Wirken in Braunschweig und berichtete unter anderem: „Er war ein evangelisch-Lutherischer Theologe von tüchtiger Bildung, aber er gehörte nicht zu der Partei der Schreier, die sich schon damals laut und breit machten, als ob die lutherische Kirche in ihrem Bestehen gefährdet sei, wenn man einen Finger breit von dem Wortlaute der Schriften oder auch der gelegentlichen Äußerungen des seligen Doctor Luther's abwiche; er war auch ein dankbarer Schüler des großen Melanchthon, der das Verdienst des berühmten Lehrers in

Martin Chemnitz, Stadtsuperintendent von Braunschweig, Kupferstich.

Braunschweig würdigte, während man es anderswo mit Füßen trat, und er war ein gelehrter Mann, der nicht bloß seine eigene Meinung, sondern auch anderer Ansichten kannte und prüfte und ihnen Gerechtigkeit wiederfahren ließ."

Um seine theologischen Kenntnisse zu erweitern und tiefer biblisch zu begründen, lernte Chemnitz in Braunschweig die hebräische Sprache, von der er nur Vorkenntnisse besaß. Dabei begann seine schriftstellerische Laufbahn mit einer Abhandlung über das heilige Abendmahl, die er dem Rat der Stadt Braunschweig widmete. Im Jahre 1562 legte er seine erste polemische Schrift „wider die Jesuiten" vor.

Blick in die Chemnitzstraße um 1985.

Nach sechsjährigem Wirken in Braunschweig wurde Chemnitz 1560 fast zur gleichen Zeit nach Lüneburg und Brandenburg berufen, vier Jahre später nach Dänemark. Im Jahre 1565 sollte er Hauptpastor in Halle werden, 1566 wollten ihn die Göttinger zum Inspektor, ihrer Kirchen haben. Im Jahr 1567 warb ihn sogar der Markgraf Johann zu Stettin in Pommern, unter zweimaliger Wiederholung des Antrages, zum Superintendenten in Küstrin, und im selben Jahr erging an Chemnitz und zugleich an Mörlin ein Ruf nach Preußen.

Chemnitz blieb indessen in Braunschweig, wo ihn der hohe Rat mit allerlei Vergünstigungen hielt. Nachdem der Superintendent Mörlin im Jahre 1567 einen Ruf als Bischof von Samland in Preußen angenommen hatte, wurde Chemnitz zu dessen Nachfolger in Braunschweig gewählt.

Chemnitz war in den folgenden Jahren viel auf Vortragsreisen unterwegs. In Worms und Wittenberg hielt er Vorträge, auch Herzog Albrecht von Preußen holte ihn nach Königsberg, um dort im Kirchenstreit einzugreifen.

Am 8. Juli 1568 erhielt der Magistrat in Braunschweig einen Brief von Mörlin aus Königsberg: „Ew. Erb. Würden lassen Ihnen ja den kleinen, aber großen Mann, meinen liebsten Freund und Gevatter, Doct. Chemniium, trewlich empfohlen sein, und zweifle nicht, sie habe an Ihm und den ganzen Colloquio den höchsten Schatz, so Euch Gott geben kann." Nachdem man Chemnitz weiterhin abzuwerben versucht hatte, selbst Kaiser Maximilian II. wollte ihn nach Wien holen, erhöhte der Braunschweigische Stadtrat 1571 sein Gehalt um 100 Goldgulden.

Die römisch-katholischen Theologen betrachteten das Werk von Chemnitz als einen der gefährlichsten Angriffe auf das System ihrer Kirche und gestanden, daß seit Luthers Tod kein deutscher Theologe der römischen Kirche mehr geschadet habe, als er durch seine Schriften.

Chemnitz starb 1586. Er wurde im Chor der St.-Martini-Kirche zu Braunschweig begraben, wo man einen Leichenstein, sein Wappen, ein Bild und eine Erinnerungstafel aufstellte.

Cyriaksring

Um die Jahrhundertwende ging man an die notwendig werdende Stadterweiterung. Das Ziel war, die Möglichkeit selbständiger Neuer Organismen zu schaffen, so daß schließlich die Altstadt von einem Kranz von Siedlungen umgeben sein würde.

Die vorhandenen Ausfallstraßen und zu schaffende Ringverbindungen, man sprach damals von Schnellverbindungen, vereinigten die Siedlungen mit der Innenstadt.

Als Abschluß, als Trennendes zwischen den Siedlungen blieben Ackerland, Wiesen, Weiden und Grünanlagen. Diese Weise einer Siedlungsverteilung, so schrieb Dr. F. H. Flesche im Jahre 1921, gewährleistet eine gesunde Großstadt, für den einzelnen Siedler aber ein intimes Ortsangehörigkeitsgefühl.

Die meisten Siedlungen plante man so nahe an den Braunschweig umgebenden Dörfern, daß sich wirtschaftlicher Anschluß von selbst ergab. So begann man im Norden mit dem größten Siedlungsgebiet, dem Arkeroder Feld. Die Siedlungsgesellschaft „Freiland" begann hier bereits in den zwanziger Jahren.

Das Cyriakskloster im Jahre 1714.

Im Nordwesten folgte auf Lehndorfer Gebiet – das Gelände stellt die Kammer zur Verfügung – wieder „Freiland". Diese noch junge Siedlungsgesellschaft hatte 1921 einen vielverheißenden Anfang gemacht. Südlich folgte die Siedlung „Altpetritor" der Braunschweigischen Siedlungsgesellschaft. Sie wurde bereits im Sommer 1918 gegründet.

Im Westen der Stadt wurde am Rande des Broitzemer Flugplatzes ein weiterer, wenn auch bescheidener Anfang gemacht, dem dann eine Fortsetzung auf Broitzemer Gebiet folgte.

Bevor dieses Gebiet um den Cyriaksring erschlossen wurde, gab es hier wogende Kornfelder, Rüben- und Kartoffeläcker. Die Blumenstraße war schon vorhanden, die Helenenstraße und die Weststraße, die zum Westbahnhof führte.

Von diesem Bahnhof gingen die Züge nach Derneburg und Thiede. Und dann gab es hier die Maschinenfabrik G. Luther, deren ehemalige Betriebsgebäude an der Frankfurter Straße heute zum Teil noch zu sehen sind.

Um nun den Bewohnern dieser neuen Siedlungsgebiete einen schnellen Anschluß zur Stadt und zueinander zu ermöglichen, erweiterte man den bereits begonnenen Ring um Braunschweig. Der heutige Rebenring, um 1910 noch Rebenstraße, war vorhanden, es folgte der Wendenring, gekreuzt von der Hamburger Straße, die damals noch bis zum Wendentorwall ging, der Wendenring, Neustadtring und die Hildesheimer Straße, die sich zu der Zeit von der Celler Straße bis zum Rudolfplatz erstreckte. Und dann war Schluß.

Sackring, Altstadtring und Cyriaksring, also die Querverbindung vom Rudolfplatz zur Frankfurter Straße war um 1910 noch in der Planung. Der Cyriaksring wurde von der Broitzemer Straße bis zur Frankfurter Straße als letztes Stück dieses Ringes fertiggestellt. Seinen Namen erhielt die Straße nach dem Hl. Cyriakus, zu dessen Ehre man in Braunschweig auch ein Kloster baute. Blicken wir also in der Geschichte zurück.

Der Brunone Ekbert II., der bei Eisenbüttel eine Burg besaß, gründete um 1080 das Cyriakus Stift, das auf einer Anhöhe vor dem alten Michaelistor, etwa an der Stelle, wo sich heute die Parkplätze am Europaplatz befinden, lag. Dieses Stift war mit einem Graben umgeben und mit Türmen und Palisaden bewehrt. Später wurde hier eine kleine Siedlung angelegt, die 1545 etwa 40 Häuser umfaßte. Doch lange stand das Stift nicht – noch im Jahre 1545 wurde es abgebrochen.

Das Kloster wurde dem Hl. Cyriakus geweiht. Die Geschichte dieses Heiligen begann in Rom. Cyriakus wurde vom Papst Marcellus um 300 in Rom zum Diakon geweiht. Später wurde er als Christ von Maximian verurteilt, Erde zum Bau einer Thermenanlage zu tragen. Maximian war römischer Kaiser und lebte von 250 bis 310. Sein ganzer Name: Marcus Aurelius Valerius Maximianus. Mitchristen, die Cyriakus halfen, wurden eingekerkert oder nach Martern getötet.

Als aus der besessenen Tochter des Kaisers Diokletian, Artemia, ein Teufel schrie, nur Cyriakus könne ihn vertreiben, wurde Cyriakus gerufen. Er heilte Artemia und taufte sie später. Der ausfahrende Teufel prophezeite, er werde Cyriakus zwingen, nach Babylon zu gehen. Bald darauf wurde er tatsächlich vom Perserkönig gerufen, um dessen besessene Tochter zu heilen. Auch diese Prinzessin wurde geheilt. Bei dieser Gelegenheit taufte Cyriakus Eltern und Tochter sowie „viel Volk".

Kaiser Diokletians holte Cyriakus wieder zurück nach Rom und schenkte ihm ein Haus. Doch kaum hatte der Kaiser im Jahre 305 abgedankt, ließ Maximianus Cyriakus abermals ergreifen, foltern und mit siedendem Pech übergießen und schließlich enthaupten. Ein Stadthalter nahm das Haus Cyriakus in Besitz, badete darin an der Stelle, an der Cyriakus zu taufen pflegte, und hielt ein Festmahl mit 19 Freunden. Da starben alle zusammen eines plötzlichen Todes.

Schon 861 wurden Klöster seines Namens mit Reliquien erwähnt. Der Heilige gilt als einer der 14 Nothelfer. Als die katholische Kirchengemeinde der Weststadt am 23. Juni 1973 ihre Kirche einweihte, benannte man sie nach dem Heiligen Cyriakus. So lebt der Name in Braunschweig weiter fort.

Der Cyriaksring ist eine vielbefahrene Straße. Sie erhielt ihren Namen nach dem Hl. Cyriakus und dem Cyriakuskloster. Foto von 1996.

Döringstraße

Die Döringstraße, von der die Kleine Döringstraße abzweigt, verbindet die Cammannstraße mit der Juliusstraße. Sie soll an die Altstädtische Patrizierfamilie erinnern. Man weiß allerdings nicht genau, an welchen Döring man gedacht hat, als die Straße ihren Namen erhielt. War es vielleicht der 1374 enthauptete Bürgermeister oder der 1625 verstorbene, viel angefeindete Bürgermeister Curd Döring, der mit der Stiftung des Beginenhauses viel für seine Vaterstadt getan hat? Curd Döring, gehen wir einmal davon aus, daß er für die Namensgebung auserkoren war, ist wohl die herausragendste Persönlichkeit aus dieser Familie, er war ein sogenannter „sitzender Küchen-Kämmerer". 1591 trat er aus dem Rat aus, wurde aber bald wiedergewählt. Im Jahre 1605 trat er mehrere Male zurück, weil er sich mit seinen Vorstellungen offensichtlich nicht durchsetzen konnte. Er begab sich nach Celle, kam aber wieder nach Braunschweig zurück. Er war ein tüchtiger Ratsherr, der auch öfter als Bauherr fungierte. So verdanken wir ihm beispielsweise den Bau der St. Martinischule und er stiftete das schon erwähnte Beginenhaus. Es war das Haus Prinzenweg 4, das Curd Döring 1600 erwarb und 1610 als Stiftung zur Verfügung stellte.

Die Döringstraße erinnert an den Bürgermeister Curd Döring. Hier haben selbst Fachwerkhäuser die Kriegswirren überstanden.

G. Hassebrauk schildert in einem Aufsatz „Der Sturm auf Braunschweig 16.–17. Oktober 1605" (Braunschweigisches Magazin, 1901) diese Zeit: „Die Städter sahen natürlich beim unsicheren Scheine des Mondes nur die Menge der Feinde, nicht aber deren Verzagtheit. Die kleine, tapfere Schar an der Mauer, obwohl manches Fäßlein Bier aus Bürgermeister Albert Bußmanns Hause sie erquickt, verlor doch allmählich den Muth, zumal es Bürgermeister Döring durchaus nicht gelingen wollte, größere Massen Bürger unter Waffen zu bringen. Im Gegentheil, man hielt ihm trotzig entgegen, er und seine Gesellen seien durch ihre Tyrannei und Sorglosigkeit Schuld an diesem Unheil. Worte wie 'das Beut auf dem Hagenmarkte müsse jetzt gebrochen werden', 'der Fürst wolle den Bürgern keine Freiheit nehmen, nur der Rath müsse so nicht mehr rathen als zuvor', klangen in sein Ohr. Um der drohenden Rebellion vorzubeugen, schickte er um 10 Uhr Abends einen städtischen Trompeter Ernst Radeken zum Herzoge und bat um Waffenstillstand behufs Unterhandlung." Der Trompeter kam allerdings aus ungeklärten Gründen nicht bis zum Herzog vor und so kam es dann zu der Forderung der bedingungslosen Übergabe der Stadt an den Herzog. Was war eigentlich geschehen? Die jahrelangen Streitigkeiten der Stadt Braunschweig mit Herzog Heinrich Julius besonders über die Frage der Huldigung hatten schließlich dahin geführt, daß dieser am 22. Januar 1600 die Stadt in feierlicher Sitzung rebellisch erklärte und sie durch eine Blockade vom Lande abzusperren versuchte. Die Bürger klagten beim Kaiser und den Hansestädten und waren zuversichtlich, daß sie hier Unterstützung finden würden.

Die Leiter der reichsstädtischen Politik in Braunschweig, unter ihnen der erste Bürgermeister Curd Döring, hatten goldene Zeiten versprochen, falls das Regiment des Herzogs gänzlich abgeschüttelt werden könne. Der Überrumpelungsversuch des Herzogs Heinrich Julius wurde abgeschlagen. Danach kam es zur Belagerung der Stadt und zur Aufstauung der Oker bei Ölper, so daß weite Gebiete der Stadt unter Wasser standen. Erst 1606 wurde Braunschweig durch ein hansisches Entsatzheer befreit.

Kommen wir noch einmal auf die Beginenhäuser zu sprechen, von denen in nahezu jeder Stadt welche zu finden waren. Beghinen (Beginen, Begharden, Beguinen, Begutten) heißen in den Quellen des 11. bis 14. Jahrhunderts die Mitglieder der Collegia Beguinarum, das heißt der Brüder- und Schwesternhäuser, in denen arme, ältere Personen Wohnung, Heizung und Licht unentgeltlich empfingen.

Die Namen Beghinen und Begharden, der erstere galt ursprünglich für Frauen, der zweite für Männer, waren allgemein üblich. Älter sind die weiblichen Institutionen. Die Ableitung von dem Namen Lambert le Bègués, der 1180 in Lüttich ein Beghinenhaus stiftete, scheint zu stimmen. Dagegen steht die Erzählung von der hl. Begha, die in einer späteren Epoche zur Schutzpatronin der Beghinenhäuser gemacht wurde. Vielleicht ist der Name auch zurückzuführen auf das Wort „beggen", gleich „beten" oder „betteln". Der deutsche Name „Begutten" steht vielleicht für den Ausruf „bei Gott".

Die Beghinenhäuser hatten große Ähnlichkeiten mit den späteren evangelischen Frauenstiften und Diakonissenhäusern. Sie unterschieden sich von den katholischen Orden und Klöstern schon dadurch, daß der Austritt jederzeit freistand. Mit der Zeit machte sich in den Frauen-, noch mehr in den Männervereinen ketzerischer Einfluß geltend. Daher erfolgten seit 1311 durch Papst Clemens V. Unterdrückungsmaßregeln. Während noch die Inquisition von Toulouse vom Jahr 1307 ab zahlreiche Beghinen als Ketzer zur Einmauerung und Verbrennung verurteilt hatte, erließ Papst Johann XXII. am 7. März 1319 eine Bulle, in welcher allen denjenigen Beghinen, welche die Regel der Franziskaner-Tertiarier annehmen wollten, Gnade zugesichert wurde. Die Bulle Papst Nikolaus V. vom 12. Februar 1453 nahm alle damals noch bestehenden Konvente in den Schoß der Kirche auf und verlieh ihnen die Rechte der Tertiarier. Die Begharden erloschen dagegen schon im 14. Jahrhundert. Die Beghinen nahmen später in Norddeutschland meist die Reformation an.

Blick in die Kleine Döringstraße. Links befand sich früher ein kleines Lebensmittelgeschäft. Foto von 1987.

Eisenbütteler Straße

Zu der Zeit, als die „Villa Brunesguik" zuerst in einem Stifterbrief der St.-Magni-Kirche erwähnt wird, lebte Markgraf Ekbert I. in Braunschweig. Er besaß die Schlösser Hohewort bei Eisenbüttel und Melverode; Meinolvesrode, wie damals geschrieben wurde, ein Ort, der schon 1007, als zu den Gütern des Klosters Steterburg gehörend, erwähnt wird.

Das Mühlengebäude in Eisenbüttel im Jahre 1909.

Nach dem Erlöschen des sächsischen Kaiserhauses im Jahre 1024 ging die deutsche Kaiserkrone an das fränkische oder salische Haus über. In seinem Kampf gegen die aufsässigen sächsischen Fürsten fand der junge Kaiser Heinrich IV. (1095-1106) einen besonders heftigen Gegner in dem letzten männlichen Brunonen, dem Markgrafen Ekbert II.

Nachdem Heinrich die Sachsen auf den Wiesen an der Unstrut, unweit von Langensalza bei Hohenburg am 9. Juni 1075 geschlagen und das ganze Land unterworfen hatte, belagerte er auch den hiesigen Raum und die Burg (1080). Ekbert verteidigte sie aber so tapfer, daß Heinrich die Belagerung aufgeben mußte. Erst nach der Ermordung Ekberts in einer Mühle des Senketales (nicht in Eisenbüttel, wie es oft fälschlicherweise heißt), konnte sich Heinrich der Burg bemächtigen, die nun von den Kaiserlichen besetzt wurde.

Gertrud, die Schwester und einzige Erbin Ekberts, floh. Aber die Braunschweiger zündeten die Burg an, vertrieben die Kaiserlichen und riefen die rechtmäßige Erbin 1091 zurück. Die Burg wurde wieder aufgebaut. Gertruds Tochter Richenza heiratete später den Kaiser Lothar von Süpplingenburg.

Soweit ein kurzer geschichtlicher Abriß aus der Zeit, da Markgraf Ekbert in Eisenbüttel eine Burg besaß. Die ehemalige Mühlensiedlung Eisenbüttel, im Süden der Stadt an der Oker gelegen, war schon immer bedeutend. In einer geographisch-statistischen Beschreibung aus dem Jahre 1802 steht folgendes: „Die Eisenbüttler Mühl, eine Kammermühle, nebst einer Loh-, Walke- und Bokemühle, eine halbe Stunde von Braunschweig, nebst einer daneben liegenden Pulvermühle und beträchtlichen Leinwandbleiche, ist nach Braunschweig eingepfarrt. Bei derselben verlor Markgraf Ekbert II. aus dem Stamme der Brunonen 1090 meuchelmörderischer Weise sein Leben." Diese letzte Aussage ist falsch und beruht auf einer Verwechslung. Auch Geschichtsschreiber können sich irren.

Eisenbüttel gehört zu den 172 Orten und Wüstungen mit der Namensendung „büttel". Schon im 13. Jahrhundert wird dieser Ort urkundlich genannt. Eysenbutle, wie man zu der Zeit schrieb, ist wie alle anderen „-büttel-Orte" eine Mühlensiedlung, die im 9. oder 10. Jahrhundert entstanden sein muß. Nachdem der schon erwähnte Ekbert II., der übrigens von 1068 bis 1090 lebte, das Cyriakus-Stift gegründet hatte, das auch in unmittelbarer Nähe von Eisenbüttel gestanden hat, ließ er die erste Mühle bauen, die zunächst zum Kloster gehörte.

1882 wurde anläßlich des Ausbaues des alten Flußwasserwerkes die letzte Eisenbütteler Wassermühle von der Stadt angekauft und später abgerissen. An ihrer Stelle wurde zur Ausnutzung der Wasserführung der Oker ein Kraftwerk gebaut. Unser Bild zeigt das Mühlengebäude im Jahre 1909. In diesem Jahr mußten die alten, malerischen und historisch bemerkenswerten Gebäude abgebrochen werden. Oberbauinspektor Wilhelm Wiese hat jedoch vor dem Abbruch eine sorgfältige Bauaufnahme angefertigt. So sind der Nachwelt wenigstens genaue Zeichnungen geblieben. Hier entstand nun also das Kraftwerk mit drei Turbinen mit insgesamt 208 PS.

An der Eisenbütteler Straße, die zeitweise auch Eisenbütteler Weg genannt wurde, lag einst die Zentrale der elektrischen Straßenbahnen. Seit 1897 ist eine elektrische Bahn, die man zunächst als bösartige Funkenkutsche gar nicht so gern sah, in Betrieb. Sie hatte eine Betriebslänge von 33,8 km die Zentrale verfügt über drei Dampfmaschinen je 250 PS, eine Dampfmaschine mit 550 PS, drei Dynamos mit je 200 Kilowatt Leistung und eine weitere mit 350 Kilowatt Leistung. Schon damals gab es sieben Hauptlinien; die Bahnen fuhren in den Hauptverkehrszeiten im Fünf- bis Sechs-Minuten-Verkehr! Bis Melverode konnte man für zehn Pfennig fahren. Die Haltestellen waren an den Säulen und Straßenlaternen durch weiße und rote Striche, erst später auch durch Schilder gekennzeichnet.

Eisenbüttel besaß früher auch eine gern besuchte Gastwirtschaft mit Kaffeegarten, Heinrichshafen genannt. Diese Gaststätte stand an der Stelle der einstigen Lohmühle. Im Sommer verkehrten von hier Dampfschiffe, später Motorboote zum damaligen Hauptbahnhof. Sonntagsfahrten fanden um 15, 16, 17 und 18 Uhr statt, wie einem alten Fahrplan zu entnehmen ist. Der Fahrpreis für die zwanzig Minuten dauernde „Schiffsreise" betrug zehn Pfennig. Noch nach dem Kriege fuhr ein Schiff auf der Oker: Die „Brunonia".

Im Jahre 1934 wurde Eisenbüttel, das zu Rüningen gehörte, nach Braunschweig eingemeindet. Die Eisenbütteler Straße erinnert heute noch daran, daß hier einst ein kleines Dorf lag.

Eine Kahnpartie auf der Oker bei Eisenbüttel um 1930.

Ekbertstraße

Bis 1899 wurden in Braunschweig eine Reihe neuer Straßen ausgeführt, darunter auch die Ekbertstraße. Sie ist die Verbindung zwischen Frankfurter Straße und Am Alten Bahnhof. Benannt wurde sie nach Ekbert II., Graf von Braunschweig und Markgraf von Meißen.

Ekbert II. hat man eine Straße gewidmet, obwohl sein Vater wohl der bekanntere war. Ekbert I., das genaue Geburtsjahr ist nicht bekannt, starb am 11. Januar des Jahres 1068. Zu diesem Zeitpunkt trat sein noch unmündiger Sohn Ekbert II. das Erbe an. Ekbert I. war der Sohn des Lindolf von Braunschweig. Dieser Graf aus dem Hause der Brunonen war verheiratet mit Irmgard von Susa, der Witwe Ottos von Schweinfurt.

Nach dem Tode seines Vaters Lindolf fiel ihm der brunonische Besitz um Braunschweig zu. Er erwarb auch Grafschaften in Friesland. Im Jahre 1051 wurde Ekbert I. für seine Grafschaft in Ostfalen dem Bischof von Hildesheim lehnsabhängig. Ekbert I. war verwandtschaftlich eng mit dem salischen Königshaus verbunden. Er beteiligte sich 1062 an der Entführung des unmündigen Königs Heinrich IV. durch den Erzbischof Anno von Köln zu Kaiserwerth. Im Jahre 1067 wurde ihm von seinem Vetter, König Heinrich IV., die Mark Meißen übertragen. Ekbert ist wahrscheinlich auch der Gründer des Cyriakusstiftes vor den Toren Braunschweigs.

Bleiben wir noch kurz beim Stammbaum der Brunonen. Ekbert I. starb am 11. Januar 1068. Ein Jahr vor seinem Tod, 1067, wurde er Markgraf von Meißen. Er war verheiratet mit Irmgard, Tochter des Markgrafen Meginfried von Susa. Zwei Kinder stammen aus dieser Ehe: Gertrud und Ekbert II. Gertrud starb am 9. Dezember 1117; sie wurde 1090 Erbin der Brunonischen Güter. Sie war in erster Ehe mit Diedrich von Katlenburg verheiratet, in zweiter Ehe mit dem Northeimer Heinrich dem Fetten, der auch Markgraf von Friesland war. Der starb am 10. April des Jahres 1101. Ihr erster Mann, Graf von Katlenburg, war auf einer Versammlung sächsischer Fürsten erschlagen worden. Den zweiten Mann ereilte in Friesland ein ähnliches Schicksal, als er dort einen ihm überkommenden Besitz übernehmen wollte. Der dritte, Markgraf von Meißen, starb ebenfalls früh, vermutlich auch eines unnatürlichen Todes. Deren Tochter war Richenza, Erbin der Northeimschen und Brunonischen Güter, die dann über Gertrud und Heinrich dem Stolzen auf Heinrich den Löwen kamen. Der Sohn Ekberts I., Ekbert II., starb im Juli 1090. Er hinterließ keinen Erben.

Die erwähnte Gertrud, die Letzte ihres Stammes, hatte das Aegidienkloster ins Leben gerufen. Nach ihr wurde die Gertrudenstraße benannt.

Blick in die Ekbertstraße, aufgenommen von der Straße Am Alten Bahnhof.

Ekbert II., Führer der Sachsen gegen Heinrich IV., soll 1090, wenig über dreißig Jahre alt, in einer Mühle im Selketal erschlagen worden sein. Er war schon als Jüngling in die harten Kämpfe gegen den Kaiser hineingezogen worden und hatte ein unruhiges Fehdeleben führen müssen.

Stolz hatte er sogar nach der deutschen Kaiserkrone gestrebt, aber der stärkeren Macht des Kaisers mußte er unterliegen.

In dem Industriegebiet Bahnhofstraße/Frankfurter Straße, wo viele Betriebe während des Zweiten Weltkrieges für Rüstungszwecke arbeiteten, gab es während der schweren Luftangriffe große Zerstörungen.

Der obere Bereich der Ekbertstraße, rechts zweigt die Kramerstraße ab. Foto von 1996.

Die Firmen BMA, Buchler, Karges-Hammer, Luther, Wilke und andere waren stark beschädigt worden. Auch die angrenzenden Straßen, wie die Ekbertstraße, waren arg in Mitleidenschaft gekommen.

Seit Herbst 1942 befand sich hier in dem Kurzag-Gebäude ein sogenanntes Russenkrankenhaus, in dem die nicht mehr arbeitsfähigen „Ostarbeiter" Unterkunft fanden. Da diese Ausländer die Luftschutzbunker nicht betreten durften,kamen viele von ihnen um. Es heißt, daß man an der Ekbertstraße nach dem Krieg noch 37 Leichen gefunden habe. Nach erfolgtem Wiederaufbau stehen heute 28 Häuser an der Ekbertstraße.

Als architektonische Besonderheit gilt das Büro- und Lagergebäude Ekbertstraße 14, das 1929 erbaut worden ist. Bauherr war der Deutsche Einkaufsverband, der Architekt Otto Haesler.

Dies in Braunschweig isoliert stehende Beispiel der weißen, kubischen Architektur des Neuen Bauens zeigt einen klar aus der Grundrißdisposition entwikkelten, die schmale Giebel- und Eingangsseite der Straße zugewandten Baukörper.

Linear begrenzte Flächen, das der Wand integrierte Stahlbetonskelett, Fenster- und Brüstungsbänder sowie die großflächige, mit kleinen seitlichen Luken in den rahmenden Mauerscheiben kontrastierende Verglasung der Eingangsstirn charakterisieren den Aufbau.

Zu denken ist ebenso an die Stil- wie Bauhaus-Anregungen. Die originalen Stahlfenster sind zum Teil ersetzt, die Sonnenblenden neu.

An der Ecke Ekbert-/Bahnhofstraße befand sich Dralles-Restauration, die vor allem auch durch ihren Witwenball bekannt war.

Eulenstraße

Zwischen der Cellerstraße und der Gartenstraße befindet sich die Eulenstraße. Sie war einst sehr klein, weshalb man sie auch Twete nannte: Uhlentwete. Das Gebiet wurde um 1886 bis 1890 bebaut, früher war es Gartenland und Weidegebiet mit den so typischen Kopfweiden, in denen bevorzugt Eulen nisteten. Das mag die Erklärung für diesen Straßennamen sein.

Die Eulenstraße in Richtung Celler Straße um 1940. Links die ehemalige Honigkuchen-Fabrik Mahn.

Die Eule, der plattdeutsche Ausdruck ist Uhle, hat in unserer Heimat durch den im Braunschweiger Land geborenen Till Eulenspiegel immer einen besonderen Stellenwert gehabt. Der Eule sagt man Weisheit nach. Schon bei den alten Griechen, besonders in Athen, galt die Eule als ein der Athene heiliger Vogel und demnach als Gründerin des Glücks. Sie wurde hier stets neben dieser Schutzgöttin der Stadt abgebildet, und sowohl auf den athenischen als auf den Kolonialmünzen nahm sie ihren Platz neben dem Kopf der Passas ein. Wegen ihres Aufenthalts an einsamen Orten und ihres nächtlichen Umherschweifens galt sie zugleich als Symbol des tiefen, unermüdeten Studiums. Die Mythe läßt bei den Griechen die Eule aus einer Verwandlung der Nyktimene entstanden sein.

Da sich ihr Bild in Athen sehr häufig fand, so heißt das Sprichwort „Eulen nach Athen tragen" soviel wie etwas Unnötiges verrichten. Wegen ihres nächtlichen Treibens erhielt die Eule aber auch eine dämonische, infernale Bedeutung, sie verkündet Unheil und den Tod. Auch im Braunschweiger Land, noch heute besonders in den Elm-Dörfern, meint man, wenn nachts eine Eule ruft, würde jemand sterben. In Athen glaubte man, daß verwünschte Seelen in Gestalt einer Eule umherirren müßten.

In der christlichen Kunst wurde die Eule zum Symbol der falschen Weisheit und irdischen Thorheit. Ein Kreuz auf dem Kopf einer Eule bedeutet daher den Sieg des Kreuzes über die Feinde Christi. Die Stimme der Eule (althochdeutsch uwida, Verkleinerungswort von uwo, „die Heulende") hat zu vielen Sagen von der wilden Jagd Veranlassung gegeben. Die Nachteulen saugen Kindern das Blut aus (die Nacht nimmt der Sonne die Farbe) oder ersticken sie (daher strix von stringere). Wegen seiner sonderbaren Gebärden ist der „närrische Kauz" bekannt, und an das Komische reiht sich das Neckische, eben der Till Eulenspiegel. Auf dem Vogelherd wurde die Eule benutzt, um Gimpel (Dompfaffen) und andere kleine Vögel anzulocken, daher der Ausdruck „jemandem eine Eule setzen", was so viel heißt, wie ihn betrügen. Kommen wir zurück auf den Eulenspiegel, den bekannten deutschen Schalksnarren, der in Kneitlingen im Braunschweiger Land gegen Ende des 13. Jahrhunderts geboren wurde. Er zog von früher Jugend lose Streiche spielend in der Welt umher, erst im Niedersächsischen und Westfälischen, dann angeblich auch in Italien und Polen, wo er mit dem Hofnarren des Königs Kasimir den Großen einen Wettstreit hatte.

Till starb 1350 in Mölln, wo noch heute unter einer Linde sein Leichenstein mit einem Spiegel und einer Eule zu sehen ist. Eine Kopie dieses Steines befindet sich im Braunschweigischen Landesmuseum. Das Volksbuch, das ihn zum Helden hat, ist ursprünglich in Niederdeutsch verfaßt und wahrscheinlich 1483 entstanden. Um 1500 wurde eine hochdeutsche Bearbeitung herausgegeben. Ein Teil von Eulenspiegels Schwänken stammt wohl aus der an die historische Persönlichkeit anschließende Volkssage und zeigt besonders deutlich die von Seiten der Bauern gegen die städtischen Handwerker gerichtete satirische Tendenz. Ein anderer größerer Teil enthält längst bekannte heimische und fremde Sagen und Schwänke, die zum Teil vom Pfaffen Amis und Pfaffen vom Kalenberg auf Eulenspiegel übertragen worden sind.

Die ursprüngliche niederdeutsche Fassung des Volksbuches ist nicht mehr vorhanden, sondern nur die hochdeutsche Bearbeitung (zuerst Straßburg, 1515). Eine Bearbeitung des Stoffes in Versen gab Fischart (1571). Übersetzt wurde das außerordentlich beliebte Volksbuch schon früh ins Böhmische, Polnische, Italienische und Englische, später ins Niederländische, Dänische, Französische und Lateinische. In der Zwischenzeit schmunzelt man über die Eulenspiegeleien wohl auf der ganzen Erde.

Eine Besonderheit ist von der Eulenstraße zu erwähnen. Dort, wo heute das Haus steht, in dem der Malteser Hilfsdienst seinen Sitz hat, befand sich vor dem Krieg die Honigkuchenbäckerei August Mahn. Seit dem 17. Jahrhundert gab es in Braunschweig nachweisbar den speziellen Berufsstand für die schwierige Bereitung des Honigkuchens nach geheim gehaltenen Rezepten.

Honigkuchen war in Braunschweig seit dem ausgehenden 17. Jahrhundert ein wichtiger Exportartikel, 1671 gab es in unserer Stadt sechs Meister dieses Gewerbes. Sie durften einige Zeit keine Backöfen haben, sondern mußten in denen der Bäcker ihre Erzeugnisse backen. Ihre Gildeordnung stammt von 1703.

Die Honigkuchenbäckerei Hans Mahn wurde 1879 auf der Weberstraße gegründet. Für die Erweiterung der Berufsschule am Wollmarkt mußte sie ihren angestammten Platz verlassen. Auf der Eulenstraße war die Bäckerei August Mahn. In der Zeit nach 1945 teilten sich drei Honigkuchenbäcker in Braunschweig den Markt: Bäckerei Schmidt, Am Magnitorwall 15, belieferte die anderen Bäckereien, Hans Mahn, der den Lebensmittelmarkt bediente, und August Mahn, der seinen Honigkuchen per Versandgeschäft vertrieb.

Die Eulenstraße im Jahre 1996. Dort, wo heute das Haus des Malteser Hilfsdienstes steht (Mitte), befand sich früher die Honigkuchenfabrik August Mahn.

Europaplatz

Das Gebiet um den Europaplatz ist geschichtsträchtig. Es erinnert nicht nur an europäische, sondern auch an braunschweigische Geschichte. Hier befand sich der Bahnhof der ersten deutschen Staatseisenbahn, und blicken wir weiter zurück, erfahren wir, daß hier ein Kloster und ein Dorf gestanden haben.

Vor den Toren der Stadt nach Südosten, an der Stelle des späteren Güterschuppens am Bahnhof, der 1844 bis 1846 errichtet wurde und das Gelände im Norden begrenzte, befand sich der Cyriakusberg.

Rundum war er mit Palisaden umgeben, die die Bewohner der rund 40 Häuser vor Übergriffen schützen sollten.

Blick vom Wilhelmitorwall auf den Europaplatz.

Diese Siedlung stand mit der Stadt durch ein Tor in Verbindung. Das Cyriakusstift, von dem Grafen Ekbert im 11. Jahrhundert gegründet, erhielt hier einige Gebäude, die zu Klostergebäuden umgewandelt wurden, sowie eine Stiftskirche. Sie war im romanischen Stil erbaut worden, eine dreischiffige Pfeilerbasilika – ähnlich der Blasiuskirche, nur kleiner –, welche mit zwei viereckigen, durch ein Satteldach verbundenen Türmen versehen war.

Im Süden schlossen sich die Kreuzgänge mit der Marienkapelle an, von denen man in das Refektorium und das Kapitelhaus gelangte, neben dem die übrigen Klostergebäude, die Stiftsschule, das Schlafhaus der Chorschüler, das Kornhaus und andere lagen.

Im Innern der Kirche befand sich eine mit Silberblech überzogene und mit Edelsteinen geschmückte Statue des Hl. Cyriakus.

Das Stift wurde 1545 mit allen Häusern von den Bürgern der Stadt Braunschweig selbst zerstört, damit Heinrich der Jüngere es nicht zum Stützpunkt einer Belagerung der Stadt machen konnte.

Wer war nun dieser Hl. Cyriakus, dessen Namenstag der 8. August ist? Er wurde vom Papst Marcellus um 300 in Rom zum Diakon geweiht und als Christ von Maximian verurteilt, Erde zum Bau einer Thermenanlage zu tragen. Mitchristen, die ihm halfen, wurden eingekerkert oder nach Martern getötet. Als aus der besessenen Tochter Kaiser Diokletians, Artemia, ein Teufel schrie, nur Cyriakus könne ihn vertreiben, wurde er gerufen. Er heilte und taufte Artemia.

Ähnliches wiederholte sich. Als Diokletian abdankte, ließ 305 Maximian den Cyriakus abermals greifen, foltern, mit siedendem Pech übergießen und schließlich köpfen. Als einer der 14 Nothelfer wird Cyriakus verehrt. Wegen dieser Bedeutung gelangten seine Reliquien nach Deutschland. Graf Ekbert stiftete das bereits erwähnte Kollegiatstift St. Cyriakus. Der genaue Standort läßt sich heute nicht mehr ausmachen, man muß sich die Gegend des Rundparkplatzes vor dem Hochhaus der Nord-LB vorstellen.

Nun gab es Ekbert I. und den II., Vater und Sohn. In frühen Schriften ist zu lesen, daß das Stift zwischen 1045 und 1085 erbaut wurde. Also könnte Ekbert I. der Stifter sein, denn er ist 1068 gestorben. Die Historiker behaupten aber, Ekbert II. wäre es gewesen. Der wurde aber erst 1068 geboren. Demnach kann das Jahr 1045, wenn man damit den Baubeginn meint, nicht stimmen.

Ekbert II. besaß bei Eisenbüttel eine Burg. Die Mühle in Eisenbüttel gehörte zunächst zum Kloster, bis um 1380 der Rat im Sack und die Ulrichskirche je die Hälfte einer Mühle in Eisenbüttel erwarben, woraus zu schließen ist, daß wohl zu der Zeit schon mehrere Mühlen dort standen.

Das Kollegiatstift St. Cyriakus war etwa 500 Jahre geistiger Mittelpunkt der Stadt Braunschweig. Von all dem ist heute nichts mehr zu erkennen. Ein moderner Platz ist an der Stelle entstanden, wo einst ein Stift und später der alte Hauptbahnhof gestanden haben: der Europaplatz.

Europa ist mit kaum mehr als zehn Millionen Quadratkilometern der zweitkleinste Erdteil und das Ursprungsland der abendländischen Zivilisation. Seine Selbständigkeit ist im wesentlichen historisch-kulturell begründet. Man rechnet Europa bis an Uralgebirge und -fluß, das Kaspische Meer, Manytschniederung und Asowsches Meer; gegen Kleinasien wird Europa durch den Bosporus und die Dardanellen, gegen Afrika durch das Mittelmeer und die Straße von Gibraltar, im Westen vom Atlantik und im Norden vom nördlichen Eismeer begrenzt.

Im Januar 1986 zog man am Europaplatz die 13. Flagge hoch. Der Beitritt Spaniens und Portugals zur Europäischen Gemeinschaft (EG) ist seit dem Tage auch in Braunschweig „amtlich" und für jeden sichtbar geworden. Diese Flaggen wehen gemeinsam mit denen von Belgien, Dänemark, Frankreich, Griechenland, Großbritannien, Irland, Italien, Luxemburg, der Niederlande und der Bundesrepublik Deutschland sowie der Europa-Flagge.

Die Fahnen am Europaplatz. Das Cyriaks-Kloster befand sich im Bereich der Rundparkplätze hinter der Nord-LB.

Fabrikstraße

Die Fabrikstraße verbindet in der Verlängerung der Eisenbütteler Straße die Straßen Am alten Bahnhof und die Frankfurter Straße. Sie wurde wegen der vielen hier angesiedelten Industrieunternehmen so benannt. Heute ist von den Industriekomplexen an der Fabrikstraße nicht mehr viel zu sehen.

Die ersten Industrieviertel Braunschweigs entstanden zunächst in der Nähe der Anlage des Güterbahnhofs im Süden, später bevorzugt im Westteil der Stadt.

Gleichzeitig entstanden Wohnviertel, um den Arbeitern einen möglichst kurzen Weg zum Arbeitsplatz zu ermöglichen.

Blick vom „Scherbelberg" im Bürgerpark auf die Fabrikgelände an der Fabrikstraße, Bahnhofstraße bis hin zur Frankfurter Straße. Das Foto entstand zwischen 1910 und 1920.

Die Industrialisierung der Stadt hatte bis 1890 große Fortschritte gemacht. Die Industriegebiete im Südwesten, Westen und Norden der Stadt hatten durch die Anlage der Ringbahn eine wesentliche Standortverbesserung erfahren und waren dadurch auch für Neuansiedlungen attraktiver geworden.

Bereits 1875 waren die Luther-Werke, die hauptsächlich Müllereimaschinen herstellten, nach Braunschweig übergesiedelt, 1872 begann die Maschinenfabrik Karges mit der Produktion von Maschinen für die Konservenindustrie, im gleichen Bereich war auch die 1877 gegründete Fabrik G. Hammer und Co (beide Firmen fusionierten später).

Die Braunschweiger Konservenindustrie erlebte bald eine hohe Blüte und zählte 1882 bereits 29 über das Herzogtum verstreute Betriebe.

Im Jahre 1886 waren in Braunschweig mehr als 6000 gewerbe-steuerpflichtige Betriebe registriert. Bis etwa 1895 spürte man insgesamt noch die negativen Auswirkungen der „großen Depression" der ganz Deutschland erfassenden Wirtschaftskrise, die ihren Höhepunkt 1878/1879 hatte, doch zeugten die zahlreichen Firmengründungen von einem gesunden Wirtschaftsoptimismus.

Am 1. Januar 1895 gründeten die ehemals bei der Firma Luther beschäftigten Ingenieure Amme, Giesecke und Konegen eine eigene Fabrik, die „Braunschweigische Mühlenbauanstalt Amme, Giesecke und Konegen", die auch Maschinen für Zement- und Papierfabriken herstellte.

Zwischen der Bahnhofstraße und der Frankfurter Straße hatte sich ein geschlossenes Industriegelände entwickelt.

Die Konzentration der neugegründeten Industriebetriebe auf den Südwesten der Stadt wurde wesentlich durch die Lage des Bahnhofs bestimmt, die den dort angesiedelten Betrieben bessere Gleisanschlußmöglichkeiten bot.

Im Westen und Norden der Stadt waren die alten Industrieanlagen zunächst nicht wesentlich erweitert worden.

Der Historiker Dr. Moderhak beschrieb in einem Beitrag die Situation so: „...Dennoch bemerkte man bald, daß die Konzentration der Fabriken im Westen bzw. Südwesten der Stadt eine stadtplanerisch ungünstige Lösung darstellte, da die häufigen Westwinde zu nicht unerheblichen Geruchsbelästigungen, besonders für die Bewohner der übrigen Stadt, führten."

In dem Stadtplan von 1872 sind die einzelnen Fabriken namentlich aufgeführt: die Maschinenfabrik und Dampfkesselschmiede A. Wilke u. Co, Frankfurter Straße 2 a, die Zuckerraffinerie, Frankfurter Straße 2, die Maschinenfabrik Fr. Seele u. Co. in der Bahnhofstraße, die seit 1870 als Aktienfabrik unter dem Namen Braunschweigische Maschinenbau-Anstalt firmierte und eine weitere Fabrik an der Bahnhofstraße 1 betrieb, die Mechanische Holzbearbeitungsfabrik Wehrenpfennig, Bahnhofstraße 2, die Gasfabrik, die 1864 in städtischen Besitz übergegangen war, die Eisen- und Stahlhütte der Gebr. Röhrig, die Braunschweigische Eisenbahn-Bauanstalt Deike, die Chemische Fabrik Hasenbalg u. Comp., die Dampfkesselfabrik Fehland u. Comp. sowie die Chemische Fabrik Artmann. Im Jahre 1872 verzeichnete das Braunschweiger Adreßbuch insgesamt sechs Zuckerfabriken, acht chemische Fabriken, neun Zichorienfabriken, zwei Maschinenfabriken, zwei Dampfkesselfabriken, vier Nähmaschinenfabriken sowie zahlreiche kleine Fabriken, die oftmals diese Bezeichnung von der Betriebsgröße und dem Produktionsvolumen her gar nicht verdienten.

Wo einst Fabriken standen und produzierten, hat ein Zirkus sein Winterquartier aufgeschlagen. Verlassen sind die Fabrikhallen und leer. Foto von 1996.

Fasanenstraße

Am Westrand des Wiesen- und Bruchgebietes im Hagen befand sich nahe einem kleinen Teich, der noch lange als Viehtränke diente, ein ausgedehntes Waldgebiet. Die Stadtverwaltung zeigte in den ersten Jahrzehnten des 19. Jahrhunderts großes Interesse an diesem Waldstück, das dem Stadtgebiet verhältnismäßig nahe lag.

„Dat lüttje Holt", wie es die Braunschweiger nannten, wurde nach forstwirtschaftlichen Grundsätzen gepflegt und immer mehr zu einem „Lusthölzchen" ausgebaut.

Auf Wunsch des Herzogs Wilhelm und durch Anordnung des herzoglichen Hofes wurde in den 30er Jahren des vorigen Jahrhunderts in dem „Kleinen Holz" eine Fasanenzucht eingerichtet. Und damit wird klar, warum eine Straße beim „Fasanenhölzchen" den Namen Fasanenstraße bekam.

Eine alte Postkarte, die die Fasanenstraße um 1930 zeigt.

In den 80er Jahren des vorigen Jahrhunderts verwandelte der Promenadeninspektor Kreiß, der unter anderem auch den Bürgerpark gestaltet hatte, das Fasanenhölzchen durch die Anlage von Wegen und Rasenplätzen und die Aufstellung von Ruhebänken in Braunschweigs Stadtpark. Stadtbaurat Ludwig Winter errichtete später im Stadtpark eine von den Braunschweigern gern besuchte Gaststätte, die „Wirtschaft für Spaziergänger".

Hier im Bereich der Außenstadt waren seit 1880 zahlreiche Straßen durch die Stadt oder durch Unternehmer neu angelegt und als „Kommunalwege" übernommen worden. Die Straßenanlagen auf dem Gelände des ehemaligen Küchengartens, Kaiser-Wilhelm-Straße (heute Jasperallee), die Straßen nördlich des Hoftheaters und somit die Fasanenstraße, kamen ab 1885 hinzu.

Kommen wir zurück auf die Gaststätte. Im Jahre 1897 mußte sie erweitert werden, weil der Besucherandrang zu groß wurde.

Der in der Mittelachse des Gebäudes errichtete Musikpavillon entstand 1907. Hier im Stadtpark fanden regelmäßig Militär- und andere Konzerte statt, auch das früher so beliebte Finkenschlagen.

Von weit her kamen die Freunde des Finkenschlagens mit ihren abgedeckten Vogelkäfigen, in denen sich die fleißigen Sänger befanden. Schon früh um 5 Uhr ging das Spektakel los; die besten Sänger wurden dann prämiert.

Die heute das Parkgelände teilende breite Fahrbahn ist 1936 entstanden, als das Ziel verfolgt wurde, eine große Achse vom Theater zum Aufmarschfeld am Nußberg zu schaffen.

Das am Nordrand der Mittelstraße befindliche sogenannte „Kolonialdenkmal" von 1925 bildete ursprünglich den östlichen Abschluß der früheren Kaiser-Wilhelm-Straße, bis es im Zuge des Straßendurchbruchs an den heutigen Standort im Stadtpark versetzt wurde.

Dieses Denkmal wurde von Hermann Flesche entworfen und von Jakob Hofmann ausgeführt. Durch einen Spendenaufruf des „Vereins ehemaliger Ostasiaten und Afrikaner" wurde das Denkmal finanziert und am 14. Juni 1925 enthüllt. „Gedenkt unserer Kolonien und der dort gefallenen Kameraden", lautet die Inschrift.

Die Fasanenstraße ist eine ruhige Wohnstraße mit schick herausgeputzten Wohnhäusern aus der Zeit um die Jahrhundertwende. Schöne Balkone, getragen von mächtigen Säulen, oder, wie am Haus Fasanenstraße Nr. 31, von einem kräftigen Baumstamm, machen einen Bummel lohnenswert.

Die Fasanenstraße heute, im Hintergrund das frühere Fasanenhölzchen. (Foto von 1993)

Es gab in späterer Zeit an anderer Stelle wieder eine Fasanerie: In Riddagshausen, auf dem Gelände des „Reichsjägerhofes Hermann Göring", wurden Fasane gezüchtet.

Der Reichsjägerhof wurde 1935 erbaut und enthielt Wohnungen für die Forstbeamten sowie Unterrichts- und Schulungsräume. Das benachbarte Jagdgrundstück stand dem Reichsjägermeister Göring zur Verfügung.

Frankfurter Straße

Die Frankfurter Straße hat es früher in dieser Form nie gegeben. Die Straße, die von Braunschweig nach Rüningen führte, hieß „Strasse von Cassel". Sie führte zwischen den Flurstücken „Lafferde Kamp" und „das Bergfeld" hindurch, nach denen die Laffertstraße und die Bergfeldstraße ihre Namen erhalten haben. Es folgten der „Kleine Kamp", „hinter Lafferts Kamp", „im Füller Kampe", „Altes Feld", „am Schrotwege", „Im Turmwinkel", auch nach diesem Flurstück ist eine Straße benannt, und „vor dem Wasserkampe".

Die Kaufmannssiedlung am heutigen Kohlmarkt, wohl ab dem 9. Jahrhundert gebaut, war das Ziel der Kaufleute, die von Frankfurt am Main durch die Wetterau und das Lahntal zu uns kamen. Ihr Weg führte sie weiter über Göttingen und das Leinetal, bis bei Gandersheim der Weg abbog und über Goslar, später Salzgitter nach Braunschweig führte. Von Braunschweig ging es über Celle nach Bardowiek, weiter in die Küstenstädte im Norden. Die Einfallstraße erhielt so den Namen Frankfurter Straße, obwohl sie in einigen Plänen auch als Braunschweiger Straße aufgeführt ist. Wie naturgegeben der Lauf dieser Straße ist, beweist auch die Tatsache, daß die amerikanischen Invasionstruppen 1945 denselben Weg genommen haben, wie einst die Kaufleute.

Fabrikgebäude an der Frankfurter Straße. Im Vordergrund der Turm der Wilke-Werke. Die Aufnahme entstand zwischen 1930 und 1939.

Mitte des 19. Jahrhunderts war es, als Braunschweig aus seinen Mauern drängte, die mittelalterlichen Wallbefestigungen überwunden wurden, und das erste große Industriegebiet entstand: der westliche Ring.

Die Nähe zum Bahnhof zog die Großindustrie sowie mittelständische Betriebe an, darunter ein Gaswerk, die Zuckerraffinerie Dr. Buchler, eine Drahtflechterei, Maschinenbau- und Konservenfabriken. Gleichzeitig wurde das westliche Ringgebiet zum Wohnviertel für die Arbeiter. Nur in der Wilmerdingstraße wohnten keine Arbeiter, hier waren die Fabrikanten und leitende Angestellte zu Hause.

Die Geschichte aller hier einst befindlichen Fabriken aufzuzeigen, würde den Rahmen dieses Beitrages sprengen. Doch über einige soll berichtet werden. Die Braunschweigische Blechwarenfabrik wurde im

Jahre 1903 gegründet. 1927 wurde die Gesellschaft von der Firma Sidol-Werke Siegel & Co in Köln-Braunsfeld übernommen. Das Unternehmen entwickelte sich aus kleinen Anfängen durch Ankauf von Grundstücken, Neueinrichtung von Fabrikgebäuden, Anschaffung moderner Maschinen, Einrichtung automatischer Fabrikationsanlagen sowie einer Spezialdruckerei. Die durch Kriegseinwirkung zerstörten Gebäude wurden in den 50er und 60er Jahren wieder aufgebaut. Hergestellt werden Blechemballagen, Verkaufsständer, Reklameartikel aus Blech sowie Aerosol-Dosen und vieles mehr.

Blick in die Frankfurter Straße, 1994. Diese von der Nibelungen Wohnbaugesellschaft mbH erbauten Häuser stammen aus dem Jahr 1979. Der Architekt war Hannes Westermann.

Ein weiteres bedeutendes Werk war G. Luther, Maschinenfabrik und Mühlenbauanstalt. Obwohl der „Mühlendoktor" Gottlieb Luther bereits 1845 in Clausthal seine erste vollständige Holländer-Windmühle gebaut hatte, bedurfte es noch eines weiteren Jahres, um eine Spezialfabrik für Müllereimaschinen zu gründen. Als erste Fabrik in Deutschland beschäftigte er sich ausschließlich mit dem Bau von Getreidemühlen, von denen er mehr als 2000 bis zum Jahre 1908 baute. In den Jahren 1914/15 schloß sich das Unternehmen der Interessengemeinschaft der führenden Mühlenbauanstalten an, 1925 ging das Unternehmen in der Miag auf. Dort wurde der Flugzeugbau ausgegliedert und unter dem Namen Luther-Werke selbständig. 1979 wurde das Konkursverfahren eröffnet. Letzte Aufträge wickelte man noch bis 1980 ab.

Die Wilke-Werke wurden 1856 durch den Schlossermeister August Wilke gegründet. Aus kleinsten Anfängen entstand 1881 die „Dampfkessel- und Gasometerfabrik". In den 20er Jahren kam das Werk in wirtschaftliche Schwierigkeiten. Im Dritten Reich spezialisierte man sich auf den Brückenbau für die Reichsautobahnen und Flugzeugeinrichtungen. In der Nachkriegszeit erlebte das Unternehmen eine neue Blütezeit. Der zunehmende internationale Konkurrenzdruck führte Ende 1978 zum Konkurs.

An der Frankfurter Straße 244 befand sich einst die Braunschweiger Molkerei, 1880 gegründet. Sie war eine der ältesten Molkereien im Braunschweiger Land. Karges-Hammer, Frankfurter Straße 36, war das älteste Braunschweiger Unternehmen auf dem Gebiet von Konservenmaschinen. 1872 gründete Robert Karges das Unternehmen.

Das jüngste Projekt der Sanierung Frankfurter Straße war das Projekt Alta, Kita, Sozial-, Behinderten-, Altenwohnungen. Dieser Komplex wurde 1979 von der Nibelungen Wohnbaugesellschaft mbH erbaut.

Heute verläuft die Frankfurter Straße zwischen dem Wilhelmitorwall, die Richtung mehrmals wechselnd, bis zur Alten Frankfurter Straße, die bis nach Rüningen führt.

Franz-Trinks-Straße

Die Franz-Trinks-Straße zweigt von der Helmstedter Straße ab und mündet kurz hinter der Bolchentwete in den Altewiekring. Diese Straße wurde Dr. Ing. Eh. Franz Trinks gewidmet, dem ehemaligen Direktor der Brunsviga Maschinenwerke. Er lebte von 1852 bis 1931.

Geboren wurde Trinks am 16. Juni 1852 In Helmstedt. Nach seiner Schulausbildung widmete er sich dem Ingenieurstudium. Am 1. August 1883 trat er in die Firma Grimme, Natalis & Co, Maschinenfabrik und Eisengießerei als Betriebsdirektor ein. Dieses Unternehmen wurde im Jahre 1871 gegründet und ist entstanden aus einer Nähmaschinenfabrik und Eisengießerei von Grimme & Co und dem Nähmaschinengeschäft von A. Natalis & Co. Bereits 1866 hatte sich der früher bei der Braunschweiger Großhandlung Ferdinand Meier angestellte Albert Natalis mit einer Nähmaschinenfabrikation selbständig gemacht.

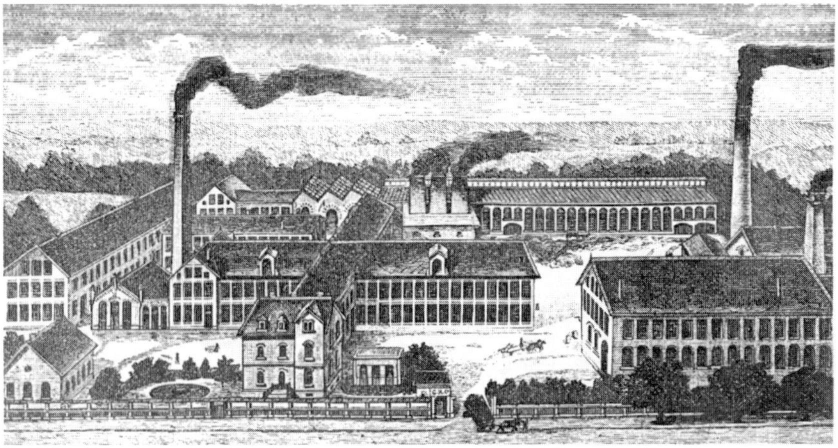

Ansicht der Firma A. Natalis & Co. um 1880. In dieses Unternehmen trat Franz Trinks 1883 ein.

Unter der technischen Leitung von C. Grimme entstand eine Fabrik, die sich im wesentlichen mit der Eisengießerei beschäftigte. Im Jahre 1871 wandelte man die bisherige offene Handelsgesellschaft A. Natalis & Co, in Gemeinschaft mit einigen anderen inzwischen erworbenen Fabriken, in die Firma Grimme, Natalis & Co, Kommanditgesellschaft auf Aktien um (Grundkapital 400000 Taler). Bereits im ersten Betriebsjahr produzierte das Unternehmen 26198 Nähmaschinen und in den nächsten Jahren wurden jährlich fast 40000 Stück verkauft.

Nachdem im Jahre 1883 der Mitbegründer C. Grimme durch Tod ausgeschieden war, konnte der Ingenieur Franz Trinks zum persönlich haftenden Gesellschafter ernannt werden.

Als infolge der immer schwieriger werdenden Absatzverhältnisse für Nähmaschinen Anfang der neunziger Jahre auch der Ertrag nachließ, stellte sich die Firma auf Rechenmaschinen um. Schon 1872 hatte sich der Schwede W. T. Othner in Petersburg ein Patent auf eine Rechenmaschine mit Sprossenrädern eintragen lassen. Trinks erfuhr davon und schaffte es, daß das Fabrikations- und Alleinvertriebsrecht für Deutschland, Schweiz und Belgien auf die Firma Grimme, Natalis & Co überging.

Die Spezialität des Unternehmens war nun eine unter dem Namen „Brunsviga" in den Handel gebrachte Rechenmaschine, die dazu führte, nicht nur für wissenschaftliche und technische Zwecke genutzt zu werden, sondern auch für die im täglichen Leben vorkommenden Rechnungen, wie beispielsweise Ausrechnen und Kontrollieren von Fakturen. Insgesamt gingen damals 120000 Rechenmaschinen in die ganze Welt. So bestellte auch der König Alfons XIII. von Spanien im Jahre 1907 eine „Brunsviga" für seinen Privatgebrauch.

Schon im Jahre 1892 erfand Trinks mit der „Trinks-Aryth-motyp" die erste schreibende Rechenmaschine der Welt. Er ist bei dem Rechenmaschinenbau geradezu bahnbrechend vorgegangen und konnte zu seiner Zeit als erfahrener Konstrukteur solcher Maschinen angesehen werden. Die Produkte der Maschinenfabrik waren geschützt durch 875 Patente und 462 Gebrauchsmuster, von denen im Jahre 1921 noch 484 Patente und 163 Gebrauchsmuster bestanden. Im Jahre 1913, zur Blütezeit des Unternehmens, wurden rund 500 Arbeiter und 70 Angestellte beschäftigt. 1927 wurde dann das neue Fabrikgebäude an der Kastanienallee 71 (Ecke Bolchentwete) erbaut.

Wenige Jahre zuvor, 1922, wurde Trinks Dr. Ing. E. h. der Technischen Universität Braunschweig. Anfang des Jahres 1926 ging er in den Ruhestand. Am 2. Oktober 1931 starb er in der Stadt, in der er Großes vollbracht hat.

Blicken wir noch kurz in die Mathematik- und Technikgeschichte. Vor rund 500 Jahren wurde der Mathematiker Adam Riese (1492-1559) in Staffelstein am Main geboren, vor etwa 300 Jahren der Erfinder der ersten Rechenmaschine, Wilhelm Schickard (1592-1635), und vor etwas mehr als 100 Jahren begann in Braunschweig die Produktion der Brunsviga-Rechenmaschinen. Damit wurde die Entwicklung eines Weltunternehmens der Rechen- und Büromaschinentechnik begründet, das bis zum Ende der 50er Jahre den Weltmarkt bestimmte. Vorausgegangen waren fast 300 Jahre Entwicklungsgeschichte, verbunden mit berühmten Namen der europäischen Kulturgeschichte wie Schickard, Leibniz, Pascal oder Hahn. Allerdings fanden deren geniale wissenschaftlich-technische Einzelleistungen höchstens Eingang in höfische und private Sammlungen. Eine erste Serienfabrikation mechanischer Rechenmaschinen begann der Franzose Charles Xavier Thomas (1785-1870) 1820 in Paris, noch ehe dem schon erwähnten Schweden Willigodt Theophil Othner (1845-1905) der technische Durchbruch mit einer Konstruktion nach dem sogenannten Sprossenradsystem gelang. Sein Patent für den europäischen Markt wurde 1892 bei der Versammlung der deutschen Nähmaschinenfabrikanten als Lizenz für den europäischen Markt angeboten.

Längst waren es Neuentwicklungen der Braunschweiger Herstellerfirma; die an Zuverlässigkeit und Leistung alle Konkurrenten übertrafen, und bis 1957 wurden etwa 500000 Rechenmaschinen aus Braunschweig verkauft. Das vor mehr als 100 Jahren begonnene Kapitel der Brunsviga-Geschichte ist ein besonderer Höhepunkt der braunschweigischen Wirtschafts- und Technikgeschichte.

Die Franz-Trinks-Straße, Foto von 1996.

Freisestraße

Die Freisestraße hat ihren Namen nach dem Professor Dr. Eduard Freise (1849-1927) erhalten, der in Braunschweig die Drogistenakademie gegründet hat.

Zu der Zeit, als auf dem Rennelberg noch das Kreuzkloster stand, bekam die Straße den Namen Pfleghausstraße. Hier befand sich auch der Kreuzklosterkirchhof. Er diente außer dem Kloster auch der Petrigemeinde für

Die Drogisten-Akademie um 1925.

die zugehörige Vorstadt Rennelberg, zu der 42 Häuser gehörten.

Nach der Eingemeindung dieser Vorstadt infolge der Neubefestigung der Stadt um 1710 hat die Petrikirche noch Ansprüche auf diesen Kirchhof erhoben. 1729 ist hier der Wirt des neuen „Weißen Rosses", das ganz in der Nähe stand, beerdigt worden.

Einer Aufzeichnung aus der Zeit um 1900 ist folgendes zu entnehmen: „Das Alter dieses Kirchhofes kann unter der Annahme, daß die jetzige Kirche genau auf dem Platze wieder aufgebaut worden ist, wo die ursprüngliche Kirche aus dem Anfange des XIII. Jahrhunderts gestanden hat, auf nahezu 700 Jahre geschätzt werden".

Kommen wir zu dem neuen Namen Freisestraße: „Die staatlich anerkannte Drogisten-Akademie Braunschweig ist die einzige dem Deutschen Drogisten-Verbande gehörende gewerbliche Lehranstalt zur höheren Ausbildung für Drogisten." So schrieb der damalige Direktor Dr. phil. E. Echtermeier 1928 in einem Aufsatz. Diese Akademie wurde am 15. Oktober 1880 von Professor Dr. Eduard Freise gegründet.

Aufgenommen wurden nur solche Drogisten, die ihre dreijährige Lehrzeit in einer Drogistenhandlung beendigt, eine Drogistenfachschule mit Erfolg besucht und das Gehilfenexamen des Deutschen Drogisten-Verbandes bestanden hatten.

Die Akademie verfolgte den Zweck, die Gehilfen des Drogisten-Standes durch geordneten praktischen und wissenschaftlichen Unterricht für das Fach weiter gründlich vorzubereiten und ihnen eine möglichst vielseitige Fachausbildung zu bieten.

Einem Aufsatz von 1928 ist folgendes zu entnehmen: „Der Unterricht wird außer vom Direktor von elf Dozenten und vier Assistenten erteilt und umfaßt Drogenkunde, anorganische und organische Experimental-Chemie, Chemikalienkunde, analytische Chemie und Übungen im chemischen Laboratorium, chemische Technologie, Farbenwarenkunde, stöchiometrisches Rechnen, Botanik und botanische Exkursionen, mikroskopische Übungen, Physik, Photochemie, photographisches Praktikum, Giftlehre, Erklärungen des Deutschen Arzneibuches und Drogisten-Praxis, Düngemittellehre und Schädlingsbekämpfung, Handels- und Wechselrecht, Volkswirtschaftlehre, Werbelehre und Dekorationskunst, Vorlesungen über Gesundheitslehre sowie Samariterkurse."

Die ständig wachsende Besucherzahl und die Anerkennung dieser Akademie in Fachkreisen ließen sie bald über die bescheidenen Anfänge hinauswachsen. Kurz vor dem Ersten Weltkrieg war der Andrang so groß, daß die Unterrichtsräume, die nur für 70 Schüler berechnet waren, nicht mehr ausreichten.

Der damals über 7500 Mitglieder umfassende Deutsche Drogisten-Verband beschloß deshalb im Jahre 1913, die Akademie von Prof. Dr. Freise käuflich zu erwerben. Die Stadt Braunschweig stellte dem Deutschen Drogisten-Verband ein allen Anforderungen der Neuzeit entsprechendes Gebäude auf 40 Jahre unentgeltlich zur Verfügung.

Im Jahre 1915 wurde mit Neu- und Umbauten des vor dem Petritor in der ehemaligen Pfleghausstraße liegenden alten Fabrikgebäudes der Zuckerraffinerie Brunonia begonnen. Das Gebäude war 1917 so weit hergestellt, daß mit den Inneneinrichtungen und mit dem Ordnen der zahlreichen und wertvollen Sammlungen begonnen werden konnte. Während des Krieges war die Akademie geschlossen. Sie konnte im April 1919 wieder eröffnet werden. Bis 1977 diente dieses Gebäude nun der Drogistenausbildung. Erst 1984 kam neues Leben in die Schule. Die ehemalige Drogistenakademie wurde feierlich einer neuen Bestimmung übergeben. Die Berufsfachschule für Chemie und Pharmazie Dr. von Morgenstern übernahm das ehrwürdige und vielen Braunschweigern gut bekannte Gebäude, das im Krieg arg beschädigt worden war.

Jahrelange Bemühungen, für die in der Wiesenstraße und am Fallersleber-Tor-Wall aus den Nähten platzenden Schulzweige der Dr. Morgenstern-Schule eine zukunftsweisende Lösung zu finden, hatten ihren Abschluß gefunden.

Die alte Drogistenakademie wurde innen und außen neu gestaltet. Unter der Leitung der Braunschweiger Architekten Pook und Saalmann wurde das alte Schulhaus zu einem modernen Institutsgebäude umgebaut, ohne dabei den besonderen Charakter dieses schon historischen Hauses zu verändern. Ein Granitstein mit einem Reliefbild im Garten des Gebäudes erinnert noch heute an die Verdienste von Professor Dr. Freise.

Freisestraße von der Ecke Holwedestraße aus (1986).

Friedrich-Kreiss-Weg

Um den Bürgern kleinere Naherholungsgebiete im stark wachsenden Braunschweig zu schaffen, wurde ab 1885 der Eisenbahnpark (am früheren Hauptbahnhof) durch Geländeankauf vergrößert und durch den Promenadeninspektor Friedrich Kreiß 1891 zum Bürgerpark ausgebaut.

Damit ist Kreiß in Braunschweig bekannt geworden, obwohl wir ihm noch weitere Parkanlagen zu verdanken haben, beispielsweise den Bammelsburger Teich, den er bereits 1882 anlegte, den Stadtpark (1884), sowie ab 1895 den Prinzenpark (Prinz-Albrecht-Park) auf dem Gelände des ehemaligen Exerzierplatzes. Nach dem Promenadendirektor Kreiß wurde der Friedrich-Kreiss-Weg im Bürgerpark benannt, der in Höhe des Heinrich-Büssing-Rings von der Wolfenbütteler Straße abzweigt.

Das Tennishaus am Friedrich-Kreiss-Weg war ein nobles Rokokoschlößchen, das einst an der Goslarschen Straße stand. 1907 erwarb die Vereinigung Braunschweiger Tennisklubs das Haus und setzte es um. Foto 30er Jahre.

Friedrich Kreiß wurde am 28. August 1842 im oberhessischen Ortenberg geboren. Nach dem späteren Besuch der Gewerbeschule in Nidda machte der junge Kreiß eine vierjährige Gärtnerlehre in seiner Heimatstadt. Zwei Jahre lang arbeitete er dann als Obergehilfe in der Herzoglichen Landesbaumschule in Braunschweig. Von hier aus ging er nach London und war beteiligt an der Umgestaltung und Erweiterung des Battersa-Parks.

Im Jahre 1868 kam er von London wieder nach Braunschweig zurück, wo er 1872 die Stelle des Bahnhofs-Obergärtners annahm, 1880 wurde Kreiß in den Braunschweigischen Staatsdienst als Promenaden-Verwalter übernommen. 1884 wurde er schließlich Herzoglicher Promenaden-Inspektor. Er starb am 19. Oktober 1915.

Den nach Kreiß benannten Weg hat man bewußt in den Bürgerpark gelegt, weil diese Anlage als sein schönstes und größtes „Werk" gilt. Dieser Park entstand im ehemaligen Niederungsgebiet der Oker. Dem Geschmack der Zeit entsprechend war der Park, der 1890 seinen Namen erhielt, als repräsentativer zentraler Stadtgarten mit Teichen, Spielanlagen und Staffagebauten wie zum Beispiel einem von Peter Joseph Krahe entworfenen

Säulenportikus, der 1896 aufgestellt wurde (ehemals vor der Augusttor-Kaserne), versehen. Der im Süden gelegene große Teich ist erst um 1900 fertiggestellt worden. Ein am Rande dieses Teiches im Bereich des heutigen Jahnsportplatzes geplantes großes Konzertgebäude mit Wintergarten kam nicht zur Ausführung. Solche Etablissements gab es in unmittelbarer Nähe genügend, beispielsweise Holst's Garten und das Konzerthaus.

Der nach Kreiß benannte Aussichtsberg, der aus Müll und Bauschutt bestehende sogenannte Scherbelberg – der Braunschweiger sagt Monte Scherbelino – im Süden des Bürgerparks bildete im Jahr seiner Fertigstellung, 1927, neben dem Windmühlenberg am früheren Augusttor die am Innenstadtrand gelegene höchste Geländeerhebung. Eine hier zunächst geplante Wasserarkade wurde aus Kostengründen nicht realisiert.

Am Friedrich-Kreiss-Weg befindet sich die Anlage des Tennisklubs (BTHC). Im Jahre 1991 feierte der Braunschweiger Tennis- und Hockeyclub sein 90jähriges Bestehen. Begonnen hatte alles im Jahre 1901 auf einer Rasenfläche in der Nähe der Hennebergstraße. Verbürgt ist, daß seit Ende des 19. Jahrhunderts junge Braunschweiger an mehreren Plätzen der Stadt versuchten, den Ball über ein Netz zu lupfen.

Der große Befürworter und Förderer des englischen „Lawn-Tennis-Wettspiels" war der Gymnasiallehrer Dr. Konrad Koch, dem wir beispielsweise auch die ersten deutschen Fußballregeln zu verdanken haben. Koch veranstaltete schon 1896 im Bürgerpark das erste Turnier, bei dem, wie überliefert ist, ein Fräulein Higgins mit Herrn Oberlehrer Götze im „gemischten Spiel" gewann. Das herrliche Klubhaus, ein „Rokokoschlößchen" mit zwei kleinen Kavaliershäuschen, wurde während des Zweiten Weltkrieges zerstört. Es war ein Bürgerhaus, das einst in einem weiten Garten an der Goslarschen Straße stand. Als im November 1905 zu befürchten war, daß dieses wohl eleganteste der Braunschweiger Gartenhäuser einer Spekulation zum Opfer fallen könne, weil über das Grundstück eine Straße geplant war, nahm sich der Ausschuß für Denkmalpflege des Bauwerkes an und bemühte sich, es von der Stadt zu erwerben und als Pfarrhaus der Jakobigemeinde nutzen zu lassen. Private Interessenten kamen dem Plan jedoch zuvor und kauften 1906 das Grundstück an.

Von den allegorischen Gartenfiguren, die im Halbkreis die Rückseite des Hauses umzogen, erhielt die Stadt wenigstens die beiden größten, Perseus und Andromeda darstellend. Im Februar 1907 erwarb die Vereinigung Braunschweiger Tennisklubs das Haus, um es an den Tennisplätzen im Bürgerpark wieder aufzubauen.

Das Haus trug oben unter einem Baldachin die Initialen des Erbauers J. P. H., Johann Philipp Hogreve. 1759 ließ er nach Feststellungen von Paul Jonas Meier das Haus vor den Toren der Stadt an der Goslarschen Straße errichten.

1907 wurde auf der jetzt noch bestehenden Anlage zum ersten Mal eine deutsche Meisterschaft ausgetragen. Das Turnier beendete ein gewisser P. Bartmann als Sieger.

Die Tennisplätze im Bürgerpark. Luftaufnahme um 1940. Wenige Jahre danach wurde das Tennishaus ein Opfer der Bombenangriffe.

Friedrichstraße

Das Bahnhofsviertel, die Straßen um den neuen Hauptbahnhof herum, war zur Zeit des Bahnhofbaus, in den Jahren um 1960, in einem schlechten Zustand. Besonders betroffen waren die Friedrichstraße, die Gertrudenstraße, aber auch die Böcklerstraße. Die Häuser stammten in der überwiegenden Mehrzahl aus den Jahren 1865 bis 1905. Die Gebäude waren, einige sind es immer noch, oft in Fachwerk ausgeführt. Bedingt durch die Nähe zum Büssing-Werk wohnten hier viele Arbeiter und Handwerker, dazwischen allerdings auch kleinere Beamte und Angestellte.

Am Ende der Friedrichstraße befanden sich die heute längst verschwundenen Straßen Klausenstraße und Heitbergstraße. Das Foto, es entstand um 1920, zeigt ein Gartenhaus an der Heitbergstraße.

1938, als man hier schon einmal den neuen Hauptbahnhof geplant hatte, wurde eine Bausperre verhängt, weil man noch nicht genau wußte, ob man die Grundstücke der Friedrichstraße für das Bahnhofsgelände benötigte. Und deshalb sank die Investitionsbereitschaft der Hausbesitzer, die Gebäude verfielen.

Die Bomben im Zweiten Weltkrieg hinterließen ebenfalls Spuren. So konnte dieses Gebiet erst in den letzten Jahrzehnten saniert werden. Viele Häuser wurden auch abgebrochen und durch Neubauten ersetzt. Insgesamt wurden in diesem Gebiet 91 Wohnhäuser und 111 Wohnbaracken abgerissen. Die Friedrichstraße zog sich früher von der Böcklerstraße bis zur Viewegstraße hin. Heute stehen auf dem letzten Stück der Straße moderne Häuserblöcke. Hier befanden sich auch die Klausenstraße und die Heitbergstraße. Kleine Wohnhäuser, oft idyllische Gartenhäuser, standen hier in weitläufigen Gärten.

Das nebenstehende Foto – eine wirkliche Rarität – zeigt ein Grundstück an der früheren Heitbergstraße. Zwischen Friedrichstraße und Heinrich - Büssing - Ring nahm man eine Flächensanierung vor. Vorwiegend Eigentumswohnungen entstanden hier.

Doch vorher galt es noch einige Probleme zu lösen... Der Besitzer des Grundstücks Friedrichstraße 41 wollte sein Haus für diese Sanierung nicht „opfern". Vierzehn Jahre lang hatte die Stadt warten müssen, um mit Baggern auf das Grundstück fahren und das Haus abreißen zu dürfen.

Gegen die Mitte 1974 verfügte Enteignung wehrte sich das Besitzer-Ehepaar durch alle Instanzen und mit allen rechtlichen Mitteln bis zum Bundesgerichtshof. Die Stadt Braunschweig, die 1985 eine Entschädigungssumme bezahlte, bekam das Gebäude schließlich in die Hand. Den Mietern im Gebäude wurden Zug um Zug andere Wohnungen angeboten, zum Teil bei der städtischen Niwobau.

Am 30. Dezember 1987 verließ der letzte Mieter das Haus Friedrichstraße 41. Schon am 31. Dezember begannen die Abbrucharbeiten, die am 7. Januar 1988 abgeschlossen wurden. Nun stand der Neubebauung nichts mehr im Wege.

Nach Prinz Friedrich August von Braunschweig-Lüneburg, später Herzog zu Braunschweig, von Öls und Bernstadt wurde die Friedrichstraße benannt.

Friedrich August wurde am 29. Oktober 1740 geboren und starb am 8. Oktober 1805. Verheiratet war er seit dem 6. September 1768 mit Friederike von Württemberg (* 1.8.1751, + 4.11.1789). Diese Ehe blieb kinderlos. Friedrich August war der Sohn Karls I. und dessen Gemahlin Philippine Charlotte.

Acht Kinder gingen aus der Ehe hervor: Anna Amalie (1739-1807), Elisabeth Christine Ulrike (1746-1840), Auguste Dorothee (1749-1810), Karl Wilhelm Ferdinand (1735-1806), der bei Auerstädt an seinen Verletzungen starb, Albrecht Heinrich (1742-1761), Wilhelm Adolf (1745-1770), er starb während der Türkenkriege in einem russischen Lager, Leopold (1752-1785), er ertrank in der Oder bei Frankfurt, und eben Friedrich August (1740-1805).

In den Jahren 1757/1758 besetzten die Franzosen im Siebenjährigen Krieg die Stadt Braunschweig. 1761 versuchte es Prinz Xaver von Sachsen abermals. Hier war es Friedrich August, der durch Entsetzung die Stadt vor einer abermaligen Besetzung bewahrte.

Blick in die Friedrichstraße 1996. Im Hintergrund die Böcklerstraße.

Bekannt geworden ist in diesem Zusammenhang das Gefecht bei Ölper am 13. Oktober 1761.

Fuchstwete

Zwischen der Gartenstraße und Hinter der Masch verläuft die Fuchstwete. Im Adreßbuch wird sie erstmals 1874 aufgeführt. Hier stehen immerhin 14 Häuser, versteckt inmitten von Gärten. Analog zum Hasenwinkel hat man diese Straße nach dem Fuchs benannt, weil man vor dem Ausbau der Straße, als das ganze Gebiet noch Gartenland war, von einer Gegend sprach, wo sich Has' und Fuchs gute Nacht sagten.

Fuchstwete 3 a war die Adresse der Firma „Eisfink", Deumeland & Papendiek. Sie war führend auf dem Gebiet des Kühlmöbel-Baus und zählte „von jeher zu den bedeutendsten des Reiches", wie es in einer Anzeige aus den 20er Jahren heißt, als man das 60. Firmenjubiläum feierte.

Blick in die Fuchstwete, hinten rechts zweigt der Jakob-Hofmann-Weg ab der an den bekannten Bildhauer erinnern soll.

Auf dem Gebiet der elektro-automatischen Kühlung zählte „Eisfink" zu den Pionieren dieser neuen Kältetechnik. „Eisfink" war eine der ältesten deutschen Firmen, die auf diesem Gebiet arbeiteten. „Der Umstand", so heißt es weiter in der Anzeige, „daß die einschlägigen, allergrößten Einrichtungen auf diesem Spezialgebiet von der Firma Eisfink geliefert worden sind, beweist am besten die Wertschätzung, die diese Fabrikate nicht nur im Inland, sondern auch in großen Teilen des Auslandes genießt. Es gibt keinen größeren öffentlichen Bedarfsträger im ganzen Reich, der nicht zu den Eisfink-Kunden zählt."

„Eisfink" verfügte über in ganz Deutschland verbreitete Vertreter-Organisationen, verbunden mit Montage- und Kundendienst-Stellen, sorgte also nicht nur für erstklassige Belieferung der Kunden, sondern auch für spätere, zufriedenstellende Bedeutung der Abnehmer.

Bevor man zur Kühlung die Technik einsetzen konnte, kühlte man mit echtem Eis, das man sich wöchentlich als Stangeneis anliefern lassen konnte. Zur Aufbewahrung hatte man Eisschränke oder -truhen, das waren doppelwandige Behälter, inwendig mit Zinkblech ausgeschlagen und mit einer besonderen Abteilung für das Eis versehen. Den Raum zwischen den Doppelwänden füllte man mit Haar, Wolle, Baumwolle, Spreu, Häcksel, Schlackenwolle oder andere isolierende Stoffe. Ein Eisschrank in der handelsüblichen Größe mit einem normalen Fassungsvermögen faßte etwa 16 kg Eis.

Kommen wir auf den Namensgeber der Fuchstwete, den Fuchs zu sprechen. Von keinem Tier gibt es so viele bezeichnende Sprichwörter und Fabeln wie von dem Fuchs; er überlistet alle Tiere und ist im indischen Mythos die Verkörperung des Abenddämmerungshimmels sowohl seiner Farbe als seiner Schlauheit halber: die Stunde des Zwielichts ist die Zeit der Ungewißheiten und Täuschungen.

Auch Griechen und Römer ergehen sich in unzähligen Betrachtungen über die Schlauheit und Falschheit des Fuchses. Im Mittelalter entwickelte sich die Fabel vom Fuchs in größter Mannigfaltigkeit, und hier tritt der Priester als menschliche Verkörperung des Fuchses auf.

Schon im 11. Jahrhundert tauchten zwei satirische Gedichte auf: „Reinardus vulpes" und „Ysengrimus", und im 16. Jahrhundert wurde Reinardus entschieden ein römischer Fuchs.

Reinecke Fuchs ist die hochdeutsche Bezeichnung für den Hauptthelden der deutschen Tiersage. Das älteste Zeugnis dafür begegnet uns bereits im 7. Jahrhundert bei dem fränkischen Chronisten Fredegar.

Die Ausbildung der Sage ist jedoch nicht auf deutschem Boden erfolgt. Die frühesten Dichtungen aus dem Gebiet der Tiersage sind in lateinischer Sprache abgefaßt, so zum Beispiel die älteste „Ecbasis captivi", die ein Stück echter Tiersage in eine andere Fabel eingerahmt enthält und vermutlich von einem Mönch aus Tull ungefähr gleichzeitig mit dem „Waltharisnus" in Hexametern abgefaßt ist.

In allen Gegenden hörte man die Fabel, aber immer wieder abgewandelt. Die niedersächsische Fassung erzählt die abenteuerlichen Händel des Fuchses mit dem Wolf, die Begebenheiten am Hofe des Königs Nobels, des Löwen, die Überlistung der Hofleute und Untertanen des Tierherrschers durch die verschlagene Tücke Reineckes, welcher den Vierfüßern Braun dem Bären, Hinz dem Kater, dem Hündlein Wackerlos und anderen aufs ärgste mitspielt, trotzdem aber schließlich an Nobels Hof zu Ehren gelangt.

Von dem Originaldruck des Lübecker „Reineke Voss" ist nur noch ein einziges Exemplar vorhanden. Es befindet sich in Wolfenbüttel.

Eine besonders schöne Ausgabe des Reineke Fuchs von Wolfgang von Goethe mit Zeichnungen von Wilhelm von Kaulbach erschien 1926 in dem Leipziger Verlag R. Rahn und A. Schleich.

Das untenstehende Bild daraus zeigt, wie der König dem Fuchs lobend einen Orden überreicht. Goethe schrieb dazu: „In der Welt gehts immer so zu..."

Gartenstraße

Der Name sagt es schon: Hier, zwischen Maschstraße und Amalienstraße, befanden sich im 18. Jahrhundert Gärten wohlhabender Braunschweiger Bürger. Die Gärten lagen meist an der Celler Straße und reichten bis über die heutige Gartenstraße hinaus. Schon in den Tagebüchern von Leisewitz ist von diesen Gärten die

Blick von der Eulenstraße in die Gartenstraße. Foto von 1996.

Rede. Fünf Gärten waren es, die er besonders erwähnte. Sie lagen sämtlich in der westlichen Außenstadt. Einer davon, der schon mehr als Park anzusehen und allgemein zugänglich war, war der von Rhetzsche Garten an Stelle der späteren (noch in den 20er Jahren vorhandenen) Schmidtschen Zichorien- und Schokoladenfabrik, Celler Straße 90. Nach den anderen vier Gärten führten Leisewitz als gern gesehenen Gast verwandschaftliche oder freundschaftliche Beziehungen zu den Besitzern, die, wie es für die wohlhabenden Familien der Stadt in der zweiten Hälfte des 18. Jahrhunderts charakteristisch war, auf ihren mit geräumigen Gartenhäusern versehenen großen Gärten ihre Sommererholung suchten und eine lebhafte Geselligkeit unterhielten. Es waren der Garten seines Schwagers Dietrich Winckelmann, dann der Haußsche-, der Hausmannsche- und der Hogrevesche Garten, von denen die drei ersten wie der Rhetzsche Garten an der Celler Straße 109, 106 und das Grundstück gegenüber einnahmen. Das vierte Grundstück reichte von der Celler Straße bis zur Goslarschen Straße.

Um den Haußschen Garten ranken sich viele Erzählungen. Mit dem Neubau des Hauses Celler Straße 106 b im Jahre 1914 ist der geheimnisvolle Zauber, der die beiden alten Gärten zu diesem Zeitpunkt umgeisterte und beide mit dem Gespinst der Sage umwoben hatte, indem er sie zu Wohnsitzen fürstlicher Mätressen machte, den Hogrevschen zu dem der Branconi, der schönen Freundin des Herzogs Karl Wilhelm Ferdinand, den Haußschen zu dem einer ungenannten Geliebten des Herzogs Karl I., auf immer vertrieben.

Die früheste Erwähnung des Haußschen Gartens findet man in den Verpfändungs- und Kontraktbüchern des Untergerichts Braunschweig im Stadtarchiv und zwar in den Urkunden vom 14. März 1715, 18. November 1717, 22. Juni 1719 und 11. April 1720. In den Urkunden heißt es: „Hrn Secretarii Henrici Pilgrams, vormals Stammecken Garten". Nach dem Tod Pilgrams – sein Begräbnis fand am 6. August 1729 auf dem Martinikirchhof statt – scheint der Garten vorübergehend wieder in den Besitz der Familie Stammecken zurückgefallen zu sein.

Das ganze Gebiet war das Flurstück „auf dem kleinen Elend", woher die Elendstraße, heute Glückstraße, ihren Namen hat. Dieses Flurstück oder Wanne, wie man es auch nannte, befand sich zwischen dem Ölperschen- oder Cellischen Weg, spätere Celler Straße, im Westen und dem Maschfahrweg, wie die Gartenstraße früher hieß, im Osten.

Von den auf der Karte Fleischers über die Gärten vor dem Petritor aus dem Jahre 1753 (die Karte ist nur noch in Kopie vorhanden) fortlaufend gezählten 57 Gärten, in die das vor dem Petritor rechter Hand an das Glacis sich anschließende, bis zur Masch reichende Stück der Neustädter Flur zerlegt war, entfielen auf die ersten 21, unter denen der hier behandelte als Nr 16 erscheint, ein Trapez von etwa 28 m Breite und 166 m Länge, dessen parallele Längsseiten sich von der Celler- bis zur Gartenstraße erstrecken.

Bald nachdem die Familie Ahlers den Garten verkauft hatte, ging man daran, ihn zu verschönern und nutzbar zu machen. Am 7. März 1732 schloß man mit der Witwe Bardenwerpers, der Eigentümerin des nördlichen Nachbargrundstücks, einen Vertrag, durch den ihm gestattet wurde, „in der Hecke zwischen ihrem und seinem Garten gezogen ein Lust Haus von eben der Größe, Länge und Höhe, nemlich 1 Stock-Werck, wie solches gegenüber an Herrn Johann Hochgraevens Hecke befindlich zu bauen und solches just mit der Hecke gerade setzen zu lassen".

Man baute in die Gärten zwischen der Celler Straße und der Gartenstraße sogenannte Lusthäuser, gemeint waren Gartenhäuser, die aber oft so stattlich waren, daß man getrost darin hätte ganzjährig wohnen können. Es wurden herrliche Ziergärten angelegt, aber auch Gemüse angebaut. Es kamen Pavillons hinzu und eine Orangerie. Häufig wechselten die Grundstücke ihre Besitzer, und über manches Lusthaus könnte man viel erzählen.

Ende des 19. Jahrhunderts änderte sich das Gesicht. An der Celler Straße entstanden in den Gärten Wohnhäuser, das Gartenland wurde zum großen Teil verkauft.

Der Historiker Heinrich Mack schrieb 1921: „Der jetzige Zustand des einst so schönen inzwischen stark verkleinerten Gartens wirkt auf den Beschauer durchaus unerfreulich. So unerfreulich, wie es heute ja um Deutschland überhaupt bestellt ist. Man muß sich schon in die Vergangenheit flüchten, um der traurigen Gegenwart zu vergessen."

Große Gärten, von der Celler Straße ausgehend, gaben der Gartenstraße ihren Namen.

Gaußstraße

Die Gaußstraße verbindet die Spielmannstraße mit dem Bültenweg. Sie wurde benannt nach dem Mathematiker und Astronom Carl Friedrich Gauß, der wohl der größte Sohn der Stadt Braunschweig ist. Sein Geburtshaus stand an der Wilhelmstraße 30.

Carl Friedrich Gauß wurde 1777 in Braunschweig geboren.
Er ist wohl der größte Sohn der Stadt.

Der Mathematiker Karl Friedrich Gauß wurde am 30. April 1777 in Braunschweig geboren. Er ist der Sohn eines Tagelöhners, Schlachter und Maurer soll der Vater gewesen sein. Im Jahre 1792 ging der junge Gauß an das Carolineum in Braunschweig und erkannte, angeregt durch eine Abhandlung von Lambert, schon bald das erfahrungsmäßig Zufällige unserer Geometrie, die 2000 Jahre lang für absolut wahr gehalten worden war und arbeitete eine eigene, die nichteukleidische Geometrie aus. Herzog Carl Wilhelm Ferdinand unterstützte ihn nicht nur in dieser Zeit, sondern schickte ihn mit einem Stipendium 1795 auf die Universität Göttingen. Von 1795 bis 1798 studierte Gauß dort, und schon damals war er im Besitz der „Methode der kleinsten Quadrate", jener Methode, eine Reihe von Beobachtungen, die mit zufälligen Fehlern behaftet sind, so zu kommentieren, daß der Fehler möglichst klein wird.

Am 30. März, so ist einer eigenhändigen Notiz zu entnehmen, fand er die Theorie der Kreisteilung, woraus die so berühmt gewordene Teilung des Kreises in 17 gleiche Teile mit Zirkel und Lineal nur eine Einzelheit bildet. Diese Entdeckung eröffnete ihm das volle Verständnis der komplexen Zahlen und gab ihm damit auch den ernsten strengen Beweis des heute nach ihm benannten Fundamentalgrundsatzes der Algebra und Funktionstheorie. Er war durch Untersuchungen über die Eigenschaften der ganzen Zahlen darauf gekommen; um diese Unterlagen druckfertig zu machen, ging Gauß nach Braunschweig zurück, doch erschien das Werk „Disquisitiones arithmeticae" (Untersuchungen über höhere Arithmetik) erst 1801 in Leipzig.

Im Jahre 1799 promovierte Karl Friedrich Gauß an der Universität in Helmstedt. Seine Dissertation behandelt den erwähnten Fundamentalsatz der Algebra (umgearbeitet in den Abhandlungen der Göttinger Gesellschaft für Wissenschaften, Bd. 4, Göttingen, 1850).

Als die Astronomen die am 1. Januar 1801 von Piazzi zu Palermo entdeckte Ceres, die erste der Astronoiden, nicht wiederfinden konnten, fand Gauß' neue Methoden zur Berechnung der Bahnellipse, und mit deren Hilfe fanden am 7. Dezember Zach und am 9. Januar 1802 auch Olbers die Ceres wieder.

Die Gaußstraße im Jahre 1996.

Im Jahre 1807 ging Gauß als Direktor der neu erbauten Sternwarte und Professor der Mathematik nach Göttingen. Hier erarbeitete er die „Theoria montus corporum coelestium", die unantastbare Grundlage der theoretischen Astronomie, und setzte seit 1820 die dänische Gradmessung im Königreich Hannover fort. Dabei erfand er den Heliotropen und stellte für die Projizierung der auf der Sphäre liegenden Dreieckspunkte auf die Ebenen der Karte neue Regeln auf. Die für die Kartenzeichnung und Funktionen einer komplexen veränderlichen gleich wichtigen „Abbildung in den kleinsten Teilen ähnlich", die gewaltigen „Disquisitiones generales circa superficies curvas", der Ausgangspunkt der n dimensionalen Betrachtungen Riemanns, gingen daraus hervor. In der „Abhandlung zur Methode der kleinsten Quadrate" entwickelte er seine berühmte Methode.

Als der Physiker Wilhelm Eduard Weber (1804-1891) nach Göttingen kam, wandte sich Gauß zusammen mit ihm dem Studium des Erdmagnetismus zu. Er erfand das Magnetometer und begann mit Weber jene großen Untersuchungen, die nach 10 Jahren mit großem Erfolg abgeschlossen werden konnten. Mit Weber baute er auch 1833 die erste Anlage eines elektromagnetischen Telegraphen zwischen dem magnetischen Observatorium und der Sternwarte. Er veröffentlichte mit Weber die „Resultate aus den Beobachtungen des Magnetischen Vereins" und den „Atlas des Erdmagnetismus". Außerdem schrieb er unter anderem: „Allgemeine Lehrsätze in Beziehung auf die im verkehrten Verhältnis des Quadrats der Entfernung wirkenden Anziehungs- und Abstoßungskräfte" (1840), „Dioptische Untersuchungen" (1843). Seine gesammelten Werke mit dem Nachlaß veröffentlichte die Göttinger Gesellschaft der Wissenschaft. Karl Friedrich Gauß starb am 23. Februar des Jahres 1855 in Göttingen. Kurz vorher hatte die Stadt Braunschweig ihn am 50. Jahrestag seiner Doktorpromotion zum Ehrenbürger ernannt.

In Braunschweig erzählt man gern folgende Begebenheit: Der Schulklasse des kleinen Gauß wurde die Aufgabe gestellt, die Zahlen von 1-100 zusammenzuzählen. Nach einigen Minuten blickte der „Fritze" Gauß seinen Lehrer still an. „Nun", fragte der, „kannst du die Aufgabe nicht?" „Da licht se", sagte Fritze und erklärte: „Ick hewwe 1+100 tausammenetellt, dat sünd 101; und denn 2+99, dat sünd wedder 101; sau kann ick et fufzig mal maken. Wenn ick 101 mit fuffzig malnehme, denn kummt 5050 herut." So hatte Gauß unbewußt die Formel für die arithmetische Reihe s=(a+t) n/2 gefunden.

Georg-Wolters-Straße

Das durch Wilhelm Raabe unsterblich gewordene „Krähenfeld" vor dem Augusttore ist die Geburtsstätte von Georg Wolters. Er wurde am 22. Februar 1860 geboren.

Die damals fast unbebaute Gegend gewährte dem Knaben und seinen Spielkameraden Gelegenheit, sich auszutoben. Der junge Wolters, der schon früh den Bleistift zu führen verstand, versuchte sich im Zeichnen weiterzubilden. Und daß er neben Baumgruppen gern die Tiere des Waldes, Hirsche und Rehe zeichnete, war's Zufall? Er äußerte schon in jungen Jahren den Wunsch, Maler zu werden. Der Vater jedoch sagte nein, und da der junge Mann, wie ihm geraten, nicht Zeichenlehrer werden sollte, beschloß er, nach Marienthal in die Forstlehre zu gehen.

Der Jagdmaler Georg Wolters (1860-1933)

Diese Zeit hat Wolters das Auge geschult, er hatte Gelegenheit, die Tiere des Waldes noch mehr und besser zu beobachten. Doch eines Tages bot sich die Gelegenheit, daß Wolters die Akademie in München besuchen konnte. Neben dem Studium verdiente er sich mit Gouachen für diverse Zeitschriften das nötige Geld für den Lebensunterhalt, auch mit Studienfahrten und Vorträgen besserte er seine Kasse auf. Einladungen zu Jagden im Hochgebirge, die Gönner dem Akademieschüler verschafften, leistete er gern Folge.

Nach sieben Jahren Münchener Tätigkeit aber winkte Düsseldorfs Akademie mit dem Klassiker der Jagdmalerei, Meister Deiker. Dort fand er auch Kroner und mit diesem und anderen Freunden trieb Wolters seine Studien sehr häufig im Harz, Ilsenburg war das Stadtquartier und der Scharfenstein. Hier sind dann auch die meisten Studien entstanden, die er später bei seinen Werken wieder hat auferstehen lassen.

In den zwanziger und dreißiger Jahren lebte der Künstler in seinem Haus an der Spohrstraße inmitten eines großen Gartens. Die heutige Georg-Wolters-Straße hieß früher Spohrstraße! In diesem Heim merkte man, daß der Bewohner sich Goethes Worte zu eigen gemacht hatte: „Schafft Euch Erinnerungen." Denn neben Gemälden des Künstlers bargen die Räume Zeugen einer liebevoll gepflegten Vergangenheit, Erinnerungen, die seine Studienfahrten begleiteten und Jagdtrophäen.

Aus der Zeit des Schaffens hier in seiner Heimat gingen seine Werke in alle Welt, Gemälde von Wolters schmükken Schlösser und Villen gekrönter Häupter und wohlhabender Jäger, und da der Künstler es in der Technik der Gouache zur höchsten Vollendung gebracht hat, waren nahezu sämtliche Jagdzeitschriften jener Zeit gern Abnehmer der Blätter von Wolters Hand.

Blick in die Georg-Wolters-Straße (1988)

Die Georg-Wolters-Straße (Spohrstraße) liegt zwischen der Böcklerstraße (früher Salzdahlumer Straße) und der Viewegstraße. Hier befand sich im 18. Jahrhundert noch der Aegidienkirchhof. Die Aegidienkirche diente nach der Reformation als Pfarrkirche für die etwa die Hälfte der Altenwiek ausmachenden Aegidienbauernschaft und den Klosterbezirk.

Als ehemalige Klosterkirche hatte sie ebenso wie die Brüdernkirche mehr Raum für Begräbnisse als die anderen Kirchen. Aus diesem Grunde, und weil die Gemeinde klein war, scheint ein Außenkirchhof hier zunächst nicht vorhanden gewesen zu sein. Erst 1758 wurde ein solcher in Benutzung genommen. Er lag hinter dem an die Campestraße grenzenden Flurstück Nr. 36, an einer Stelle, wo sich 1753 noch der Anger der Altenwiek befand.

Nachdem 1811 die Aegidienkirche aufgehört hat, Pfarrkirche zu sein, ist dieser Kirchhof überflüssig geworden. Es sind aber trotzdem von 1840 bis 1864 noch 18 Personen aus der Magnigemeinde hier begraben worden. 1894 wurde dann die Viewegstraße gebaut, die über die Reste des Kirchhofes hinweggeführt wurde. Der 1899 beginnende Häuserbau in diesem Gebiet hat schließlich den gesamten Friedhof bedeckt.

Einige Namen der hier bestatteten sind uns überliefert: 1793 wurde Johann Friedrich von Zweydorf hier begraben, 1796 die Domina des Klosters St. Aegidien, von Papet, 1800 der Oberkommissar Ruff, 1803 des Geheimen Kriegsrates Sticker Frau und 1809 des Maurermeisters Schönherr Witwe.

Werfen wir noch einen Blick in die Georg-Wolters-Straße von heute. Zwischen den Häusern aus der Kaiserzeit stehen vereinzelt Fachwerkbauten, die teils schon um das Jahr 1800 errichtet wurden. Unter ihnen auch das Haus des Tiermalers Georg Wolters.

Verworrene Bilder bieten manche Blockinnenhöfe, Höfe mit Garagen und Kleingewerbe, aber auch große Gärten. Backsteinhäuser überwiegen, deren Färbung mit dem Alter immer schöner wird. Sanierungsgebiet? Es soll sich etwas tun.

Von der Bedeutung des Tiermalers Wolters gibt auch ein Bericht aus der „Illustrierten Zeitung" Kunde, in der um 1910 Julius Rießner schrieb: „Nicht im geräuschvollen Getriebe der modernen Großstädte, sondern in den behaglichen, vom Reize der geschichtlichen Vergangenheit umwobenen altdeutschen Städten und Städtchen mit ihren hochgiebligen Bauten aus Urväterzeit, steht zumeist die Wiege bedeutender Geister." Und unter den nun folgenden Namen finden wir den Jagdmaler aus Braunschweig, Georg Wolters.

Gerstäckerstraße

Auf dem Magnifriedhof zu Braunschweig hat ein Mann seine letzte Ruhe gefunden, den es zeitlebens in die Ferne trieb: Friedrich Gerstäcker. Nach diesem Mann ist die Straße benannt worden, die von der Bertramstraße bis zur Leonhardstraße führt. Friedrich Gerstäcker, am 10. Mai 1816 in Hamburg geboren, bereiste alle fünf Erdteile und schrieb einst vielgelesene Reiseschilderungen und Abenteuerromane, aber auch kleinere humorvolle Erzählungen.

Friedrich Gerstäcker hat es zu Lebzeiten nie lange an einem Platz gehalten. Vielleicht erinnern sich viele ältere Einwohner beim Lesen dieser Zeilen an die längst vergessenen Stunden der Jugend, in denen sie mit glühendem Kopf über ein Buch gebeugt und anhand des geschickten, menschen- und länderkundigen Führers jene fernen Länder „durchwandert" hatten.

In wem wuchs dabei nicht die Sehnsucht, auch einmal diese bunte Wunderwelt zu durchstreifen? Das Lesen dieser Bücher hat auch Verständnis für die fremden Welten geweckt. Es gab Zeiten, da nannte man Gerstäcker einen Pionier für die Weckung des „kolonialen Gedankens im deutschen Volke", doch das war weder im Sinne Gerstäckers noch sollte es so gesehen werden.

Gerstäcker ist leider ein wenig in Vergessenheit geraten. Deshalb soll er hier wieder einmal in das Bewußtsein gerufen werden. Einen Braunschweiger können wir ihn nicht nennen, denn er ist gebürtiger Hamburger. Er verbrachte aber einen Teil seiner Jugend in unserer Stadt und auch die letzten Jahre seines bewegten Lebens. Als Gerstäcker neun Jahre alt war, verstarb sein Vater. So kam er im Jahre 1825 zu seinem Onkel, dem bekannten Hofschauspieler Schütz, in Erziehung, wie es früher hieß. Der Familienrat beschloß, daß sich

Die kleine Kapelle auf dem Dom-Friedhof.

der junge Friedrich „dem Handelsstande widmen" solle. Das war aber für Gerstäcker ganz und gar nicht das Richtige. Er hatte damals schon den Gedanken, auszuwandern. Zur Vorbereitung auf seine geplanten Reisen arbeitete er im Sächsischen von 1835 bis 1837 in der Landwirtschaft. Dann kam der Tag, an dem er in die neue Welt ging.

Aber bei der ersten Reise machte Gerstäcker üble Erfahrungen: freundliche Mitmenschen brachten ihn um seine kleine Habe. Sieben Jahre lang hat er sich schlecht und recht durchs Leben geschlagen und zog kreuz und quer durch Nordamerika. Als Schiffsheizer, Jäger, Goldschmied, Holzhauer, Fabrikant und Gastwirt verdiente er sich den Lebensunterhalt. 1843 packte ihn die Sehnsucht nach Deutschland und nach seinen Verwandten. Das erste, was er bei seiner Ankunft erfuhr war, daß er ein beliebter Schriftsteller geworden war. Seine Mutter hatte seine Briefe einem Verleger vorgelegt, der sie fortlaufend abdruckte. Sein erster Roman jedoch, „Die Regulatoren in Arkansas", brachte nicht den erwünschten Erfolg.

Obwohl sich Gerstäcker vermählte und einen eigenen Hausstand gründete, erwachte seine Reiselust bald wieder. Das Jahr 1849 sah ihn wieder auf dem Weltmeer schwimmen. Es wurde eine Reise um die Welt. Er hatte sich allerdings vorgenommen, nicht planlos durch die Welt zu ziehen, sondern die fremden Gegenden voll bewußt zu betrachten und später darüber zu schreiben. Als Gerstäcker nach weiteren Reisen 1861 wieder zu Hause ankam, war seine Frau verstorben. Er heiratete ein zweites mal: Fräulein Vischer von Gansbeck, die Tochter des holländischen Residenten zu Bandung auf Java. 1867 trat er schließlich seine letzte Reise an. Müde vom vielen Reisen kehrte Gerstäcker nach Braunschweig zurück und kaufte sich am Windmühlenberg ein Haus, das heute jedoch zur Adolfstraße gehört. Damals stand es völlig frei außerhalb der Stadt. Am 31. Mai 1872 trat Friedrich Gerstäcker in den Armen seiner Tochter Marie, der Frau des Notars Huch, seine Reise an, von der es keine Rückkehr gibt.

Gewiß, Gerstäcker war kein Gelehrter gewesen und hat auch die fremden Völker und die fremden Landschaften nicht als Wissenschaftler betrachtet. Er hat es aber verstanden, das Charakteristische der Länder und ihrer Bewohner, ihre Sitten und Gebräuche zu erfassen und in seinen Schriften wiederzugeben. Die Friedrich-Gerstäcker-Gesellschaft e.V. in Braunschweig bemüht sich darum, das Erbe dieses Weltreisenden und Schriftstellers zu bewahren und einer breiten Öffentlichkeit wieder bekannt zu machen. Traditionsgemäß findet die Jahresmitgliederversammlung am Geburtstag Gerstäckers statt. Aber auch die Stadt Braunschweig ehrt diesen Mann, indem sie seit 1952 alle zwei Jahre den Friedrich-Gerstäcker-Preis verleiht.

Kommen wir zurück auf die Gerstäckerstraße, die heute eine Wohnstraße ist. Früher stand hier noch eine bekannte Konservenfabrik, danach eine Wäscherei. Zwei Friedhöfe liegen an dieser Straße, verträumt und beinahe vergessen. Da ist zunächst der Domfriedhof mit seiner kleinen Kapelle und dahinter, an der Ottmerstraße gelegen, der Magnifriedhof. Und hier liegt Friedrich Gerstäcker begraben, nicht weit entfernt von seinem Wohnhaus in der Adolfstraße.

Die Gerstäckerstraße. Links im Bild der Dom-Friedhof mit dem angrenzenden Magni-Friedhof, auf dem der Schriftsteller begraben liegt.

Gertrudenstraße

Die Gertrudenstraße hat ihren Namen nach der Markgräfin Gertrud (1058-1117) erhalten. Sie war die Tochter Ekberts I. Markgraf von Meißen und Braunschweig. Sie erbte 1090 die brunonischen Güter, die über ihre Enkeltochter an die Welfen fielen.

Gertruds Name wird vor allem mit dem Aegidienkloster in Zusammenhang gebracht. Die Herrschaft Heinrich des Löwen hat das Grafengeschlecht der Brunonen in seiner Bedeutung für unser Braunschweig in den Schatten gestellt. Und doch ist ihr Verdienst um das Wachsen der Stadt in der Frühzeit nicht gering einzusetzen.

Ihre wichtigste Gründung ist eben das Aegidienkloster, das die leidgeprüfte Gertrud, die letzte ihres Stammes, ins Leben gerufen hat. Die Weihe erfolgte im Jahre 1115. Die Sage berichtet über die Gründung folgendes: Gertrud war eine gute, fromme und gottesfürchtige Frau. Eines nachts, während sie noch wach auf ihrem Lager hockte, erschien ihr der Hl. Autor in seiner bischöflichen Tracht. Er sprach zu ihr: „Fromme Frau, höre meine Worte." Dann setzte er sich zu ihren Füßen und fuhr fort: „Ich bin Autor, der ehemalige Erzbischof von Trier, jetzt aber aufgenommen in den Freuden des ewigen Lebens. Aber leider ruhen meine Gebeine noch in Trier, vergessen und ungeehrt. Auch an ihnen wird das Wort des Herrn wahr: Der Prophet gilt nichts in seiner Vaterstadt! Du, Gertrud, willst in Deinem Lande ein Kloster gründen. Und dahin sollst Du meinen Leichnam bringen. Dort wird er an geweihter Stelle die Ehre finden, die ihm gebührt." Nach anfänglichem Zögern willigte Gertrud ein. Nach langer und mühsamer Reise kam sie mit wenigen Begleitern in Trier an. Bald war das Grabmal gefunden. Nach einem Bittgebet,

Markgräfin Gertrud von Braunschweig (1058-1117)

Gott möge ihr beistehen, wollte sie mit dem Graben beginnen. Doch sie wartete bis zur Dunkelheit. Als die Mönche um Mitternacht in feierlicher Prozession an dem Grabmal vorbeikamen, bemerkten sie, daß es gewaltsam geöffnet war. Doch bis man die Bürger der

Stadt zu Hilfe gerufen hatte, waren die Räuber längst verschwunden. Glücklich erreichte Gertrud die Stadt Braunschweig und dachte darüber nach, wo sie die Kirche erbauen sollte. Aber auch hierfür gab der Hl. Autor ihr wieder ein Zeichen.

Viele Pilger kamen nach der Fertigstellung des Aegidienklosters nach Braunschweig. Das zum Benediktinerorden gehörende Kloster erwarb sich mit seiner Klosterschule über Jahrhunderte einen guten Ruf. Namhafte Gelehrte und Geschichtsschreiber gingen aus ihr hervor.

Die Markgräfin Gertrud starb am 9. Dezember 1117. Ihr Sarkophag wurde zuerst in der kleinen Stiftskirche der Burg Dankwarderode beigesetzt, später in den Dom Heinrich des Löwen, ihres Urenkels, überführt.

Gertrud war also die Urgroßmutter Heinrich des Löwen, der so Erbe der Brunonischen Güter geworden war, also auch der Burg Dankwarderode. Heinrich erst ersetzte den bis dahin hölzernen Saalbau nach dem Vorbild der Kaiserpfalz in Goslar um 1175 durch einen massiven Palas. In diesem Saal kamen Vasallen und Gesandte, Grafen, Bischöfe, unterworfene Wendenfürsten und andere zusammen, um dem Welfenherzog zu huldigen. In diesem Saal feierte er auch Feste, meist unter der Leitung seiner hochgebildeten Gemahlin Mathilde, der englisch-normannischen Königstochter. Und in den bescheidenen Nebenräumen dieses Saales starb er auch im Jahre 1195.

Als man den neuen Hauptbahnhof baute und auch die Gertrudenstraße zum neuen Bahnhofsviertel zählte, begannen hier die Sanierungen. Die Bausubstanz des ganzen Viertels war in einem schlechten Zustand. Die Gebäude stammen in der überwiegenden Mehrheit aus den Jahren 1865 bis 1905, wobei der Schwerpunkt der Bautätigkeit vor 1870 lag. Die Gebäude sind oft noch in Fachwerk ausgeführt. Durch die Nähe zu den Büssing-Werken, aber auch zu Siemens (früher Jüdel) wohnten in dieser Gegend die Arbeiter und Handwerker, aber auch kleinere Beamte und Angestellte.

Die relativ einfache Bauweise der Häuser hatte teilweise zum Verfall geführt. Auch die Unsicherheit über die Zukunft dieses Viertels schreckte viele Hausbesitzer ab, teuere Renovierungen auszuführen. Bereits kurz nach 1938, als man den Bahnhof hier schon einmal bauen wollte, traten in einigen Gebieten Bausperren in Kraft, weil man damit rechnete, daß einige Häuser im Zuge der Bauarbeiten abgerissen werden mußten. So kam es erst in den 60er Jahren dazu. Abgebrochen wurden im gesamten Bahnhofsgebiet 91 Wohnhäuser und 11 Wohnbaracken. 58 meist kleinere Gewerbebetriebe, eine Konservenfabrik und eine Schule verschwanden oder zogen um. Von Viewegs Garten wurden 25 Prozent zu Straßenfläche, 600 Bäume mußten gefällt werden. Heute ist das Gebiet, in dem sich die Gertrudenstraße befindet, ein modernes Wohngebiet geworden, auch wenn hier und da noch alte, aber schön restaurierte Häuser stehen.

Die Gertrudenstraße im Jahre 1992. Im Hintergrund ist eines der Hochhäuser an der Kurt-Schumacher-Straße zu erkennen.

Giersbergstraße

Viele Sagen werden aus dem Lande Braunschweig erzählt. Eine davon berichtet über eine Begebenheit auf dem Giersberg. Heinrich der Löwe, der edle Welf, zog vor Zeiten nach Abenteuern aus. Nachdem sein Schiff in Seenot geraten war und man alle Vorräte verloren hatte, opferte sich täglich ein anderer der Besatzung, damit die übrigen nicht zu verhungern brauchten. Als letzte losten nun der Herzog und sein treuer Diener. Heinrich verlor, doch der Diener brachte es nicht übers Herz, seinen Herrn zu opfern. Statt dessen nähte er ihn in einen Rinderbalg und warf ihn in das tosende Wasser. Für mich, so dachte der Diener, reicht der Vorrat. Und er hoffte, daß sein Herr so am ehesten ebenfalls überleben würde.

Ein Greifvogel war des Fürsten Retter. Er hob ihn aus dem aufgewühlten Meer und brachte das Bündel in seinen Horst. Nachdem sich Heinrich befreit hatte und den Baum hinabgestiegen war, sah er, wie ein Lindwurm mit einem Löwen kämpfte. Der Löwe war in arger Bedrängnis, und Heinrich eilte dem Löwen zu Hilfe.

Das Wasserwerk auf dem Giersberg in den 20er Jahren.

Nach langer Zeit der Einöde baute sich Heinrich der Löwe eines Tages ein Floß, um wieder zu den Menschen zurückfahren zu können. Der Löwe, der sich so an seinen Herrn und Retter gewöhnt hatte, schwamm ihm nach und kauerte sich auf dem Floß zu seinen Füßen. Und wieder geriet Heinrich in Hunger und Elend- – Da erschien im plötzlich der Teufel und bot ihm seine Hilfe an.

Er erzählte, daß sich ein Fürst aus fremden Landen mit des Herzogs Weibe Mathilde vermählen wolle, weil sein Weib nun nicht länger auf seine Heimkehr warten wolle. Der Teufel versprach, den Herzog und den Löwen noch in dieser Nacht nach Braunschweig zu bringen. Seine Bedingung lautete: Wenn er, Heinrich, so lange wach bleiben könne, bis er den Löwen nachgeholt habe, dann wäre er frei. Schliefe er jedoch ein, so habe er seine Seele dem Teufel vermacht. Heinrich stimmte dem Vorschlag zu und wurde noch in der Nacht von dem Teufel in seine Heimat gebracht. Dort legte er den Herzog auf dem Giersberg nieder, dorthin, wo heute der Wasserturm steht. Dann flog er zurück, um den Löwen nachzuholen. Natürlich schlief der Herzog nach dieser anstrengenden Zeit ein. Doch der Löwe, der das aus der Höhe sah, weckte seinen Herrn mit lautem Gebrüll. Und so mußte der Teufel sein Spiel aufgeben, ließ den Löwen aus der Höhe hinunterfallen und verschwand unter lautem Fluchen.

Zwischen dem Ullrichsbollwerk und dem Magni- oder Friedrichsbollwerk gelangte man im frühen Mittelalter über eine Okerbrücke zur Magdeburger Heerstraße, die sich unterhalb des Giersberges gen Osten hinzog. Heute geht die Giersbergstraße von der Hochstraße ab und bildet mit der Ziethenstraße und der Howaldtstraße ein Viereck, in dem mehrere Wohnblocks stehen. Die Bewohner der Giersbergstraße haben einen Blick auf den Wasserturm, der auf diesem Berg steht, und auf den ehemaligen katholischen Friedhof.

Seit 1865 hat Braunschweig eine allgemeine städtische Wasserleitung und entnahm ihr Wasser, Flußwasser der Oker, großen Klärbassins im Kennelgebiet bei Richmond. Das durch große Sandfilter und ein unterirdisches Reinwasserbassin geklärte Wasser wurde durch das große Wasserwerk im Bürgerpark den Häusern zugeführt. Seit 1902 wird die Stadt Braunschweig durch das neue nach den Plänen des Baurats Thiem (Leipzig) gebaute Wasserwerk am Dowesee und den neuen Wasserturm auf dem Giersberg mit klarem Grundquellwasser versorgt.

Der weithin sichtbare imposante Wasserturm des neuen Wasserwerkes erhebt sich auf dem Giersberg, der durch die Sage Heinrich des Löwen weithin bekannt wurde. Im Jahre 1901 wurde der Turm nach den Plänen des Stadtbaurats Osterloh erbaut. Seine Höhe beträgt 59 Meter, das Reservoir faßt bei 20 Meter Durchmesser 2000 Kubikmeter Wasser.

Bevor Braunschweig im Jahre 1865 eine städtische Wasserleitung bekam, wurde das Wasser zu einem Teil durch die sogenannten Wasserkünste bezogen. Braunschweig wurde zwar durch die Oker, die damals noch rein war, mit Flußwasser versorgt, das Brunnenwasser erhielt es jedoch von außen. Dem Springbrunnen auf dem Hagenmarkt zum Beispiel und dem Katharinenwasserbehälter wurde das Wasser durch Röhren aus dem Gödebrunnen vor dem Fallersleber Tore, dem Brunnen auf dem Altstadtmarkt und dem Wollmarkt aus dem Gödebrunnen vor dem Wilhelmitor zugeführt.

Da die Quellen höher als die Innenstadt lagen und somit ein natürliches Gefälle gegeben war, konnte das Wasser ohne Mühe und große Kosten in die Stadt geleitet werden. Darüber hinaus gab es noch eine ganze Reihe von Wasserkünsten, so an der Burgmühle, Neustadtmühle, Aegidienmühle, am Wilhelmitor und bei der Südmühle. Allein für die Brauereien wurden eigene Wasserkünste benötigt.

Blickte man vom Wasserturm am Giersberg hinunter, grenzte die ehemalige Husaren-Kaserne an den Giersberg. Hinter dem Wasserturm an der Husarenstraße befand sich das Blinden-Institut und das Herzog-Wilhelm-Asyl für Blinde.

Die Giersbergstraße führt hinauf auf den Giersberg. Foto 1995.

Gliesmaroder Straße

Die Straße, die einst das Dorf Gliesmarode mit der Stadt Braunschweig verband, ist die Gliesmaroder Straße. Von Braunschweig kommend ging man früher durch das Fallerslebisch-Thor und den Cantler Weg bis zum Gliesmaroder Turm. Dann folgte auch damals schon die Berliner Heerstraße, rechts lag das Krahe-Feld und links das Dorf Gliesmarode, an dem der Weg nach Querum vorbeiführte.

Gliesmarode ist so alt noch nicht. Glismoderoth schrieb man im Jahre 1031, Lismoderoth 1161 und Glismederoth 1226. Dieses Gebiet wurde offensichtlich von der Person Glisnot gerodet, weil weit und breit kein anderes Land mehr frei war.

Das Zeitwort roden, altsächsisch riutjan und oberdeutsch reuten geschrieben, bedeutet also, den Wald urbar machen. Die Ortsnamen, die mit -rode enden, gehören zur jüngeren Zeit. Erst nachdem der leichter zu bestellende Boden in der Ebene benutzt war und neuer Platz für die wachsende Bevölkerung benötigt wurde, begann man mit dem Ausroden der Wälder und gründete so neue Dörfer.

Einer geographisch-statistischen Beschreibung der Fürstentümer Wolfenbüttel und Blankenburg, aufgestellt im Jahre 1802 von G. Hassel und R. Bege, ist folgendes zu entnehmen: „Glissenrode oder Gliesmerode, ein Dorf an der Wabe und eine Viertelstunde von Riddagshausen, wohin er eingepfarrt ist, mit 1 Schule, die der Prior vergibt, 1 Ackerhof, 8 Kothöfen, 1 Brinksitzerstelle, 11 Feuerstellen und 106 Einwohner. Auf dem Nußberge vor dem Dorfe brechen sie starke Mauersteine, zu deren bequemen Transporte ein Kanal nach der Schunter gegraben ist." Viele Gliesmaroder

Eine Federzeichnung von Herbert Knorr zeigt den Gliesmaroder Turm im Jahre 1922.

arbeiteten früher in der Tat auf dem Nußberg vor dem Dorfe und brachen dort Mauersteine, die sogenannten Rogensteine. Diese Steine wurden viel beim Kirchenbau benutzt.

Als die Braunschweiger im 14. Jahrhundert als äußere Befestigungsanlagen die Landwehr bauten, sicherten Wehrtürme die Einfallstraßen. So entstand auch der Gliesmaroder Turm. Bereits im Jahre 1406 wurde er von den Bürgern am Eingang der Straße von Vorsfelde erbaut. 1492 und 1550 wurde er niedergebrannt, später diente er als Krug. Im Jahre 1763 wurde der Turm gänzlich abgebrochen. 1774 befand sich, so sagen es alte Schriften aus, auf dem Grundstück des Wehrturmes ein Zollgebäude mit einem Krug.

Das Gasthaus, wie es sich heute zeigt, wurde an der Stelle errichtet, an der einst der Turm stand, den man 1763 abriß.

Dieser Krug behielt den Namen des Gliesmaroder Turmes bis zum heutigen Tage. Neben das Zollgebäude wurde 1802 ein Häuslingshaus erbaut. Es ist auf alten Abbildungen noch zu erkennen. Auch der Schlagbaum und der Zolleinnehmer sind auf einer Lithographie zu sehen. Neben dem Gliesmaroder Turm fließen die Mittelriede und die Waabe.

Eine eigene Kirche hatte das Dorf Gliesmarode also nicht. Aber auch die Gerichtbarkeit lag beim Kloster Riddagshausen, das übrigens unter allen Klöstern des Landes die ausgedehntesten Besitzungen besaß. Im Wolfenbüttelschen Bezirk standen acht, im Schöninger Bezirk zwei Dörfer unter seiner Gerichtbarkeit. Das benachbarte Querum, „Quernheim", wie man einst schrieb, war ebenfalls nach Riddagshausen eingepfarrt. An der Gliesmaroder Straße befindet sich auch ein Bahnhof, der heute allerdings keine sehr große Bedeutung mehr hat. Mehrere Bahnlinien führten schon früh über Gliesmarode, so daß hier ein Bahnhof notwendig wurde. Am 1. Mai 1894 wurde bereits die Strecke Braunschweig-Hauptbahnhof nach Isenbüttel-Gifhorn eingeweiht, die über Gliesmarode führt. (Zwischen Isenbüttel und Meine verkehrte schon 1890 eine Eisenbahn.) Am 31. August des Jahres 1902 wurde die Strecke nach Lehre eröffnet, die später nach Fallersleben weitergeführt wurde.

Lange wird es nicht mehr dauern und die Gliesmaroder Straße präsentiert sich in einem neuen Gewande. Das starke Verkehrsaufkommen an dieser bedeutenden Ausfallstraße hat die Stadtväter zum Handeln gezwungen.

Die Straße muß also verbreitert werden, so schmerzlich das für manchen Anlieger auch sein mag. Mehrere Häuser sind in der Zwischenzeit bereits abgebrochen worden, vor Jahren erstellte Neubauten hat man gleich entsprechend weit von der Straße entfernt gebaut.

Das Verkehrsmittel Straßenbahn hat eine eigene Trasse erhalten, wie schon vielerorts in Braunschweig. Die Fahrbahnen selbst wurden mehrspurig. Die alte Eisenbahnbrücke mußte einer neuen weichen, und die Gliesmaroder Straße hat sich eingereiht in die großen Straßen dieser Stadt. Der Gliesmaroder Turm jedoch hat alles überstanden und wird vielleicht auch in ferner Zukunft an die Vergangenheit erinnern.

Glückstraße

Schöne Hausfassaden in der Glückstraße.

Wie sehr man alte Flurbezeichnungen, die ja auch eine wichtige Quelle der Geschichte sein können, verändert hat, zeigt sich besonders drastisch an dem Beispiel „Glückstraße". Diese Straße, die sich zwischen der Rudolfstraße und dem Neustadtring befindet, liegt auf dem Flurstück „das große Elend". Diese Flur befand sich nördlich vom Kreuzkloster und erstreckte sich bis etwa zum „Weißen Roß". Solche oder ähnliche Flurbezeichnungen gibt es in anderen Gemeinden auch. Sie deuten in der Regel auf besonders schlechte, eben elende Böden hin. Einer anderen Deutungsweise nach hausten hier fremde, elende Wanderer, die im ehemaligen Thomaestift verpflegt wurden. Richard Andree spricht von einem kleinen und einem großen Elend vor dem Petritor am Kreuzkloster. So hieß diese Straße zunächst auch Elendstwete und Elendsstraße. Doch wer will schon auf einer Elendsstraße wohnen? Kurzerhand wurde der Name ins Gegenteil verkehrt und heißt heute Glückstraße.

Eine Feldflur kann eine Wiese oder Ackerland sein, denn im Sinne von Feldmark sind sämtliche einer Gemeinde gehörenden Grundstücke in Feldflure eingeteilt. Ihre Grenzen sind die Flurgrenzen oder Flurscheidungen, bezeichnet sind sie mit Grenzsteinen, Flursteinen oder Marksteinen (von markieren), zuweilen auch mit einem Graben (Flurgraben) oder einem Zaun (Flurzaun), und ihre Richtigkeit wird – auch heute noch – von Zeit zu Zeit überprüft. Die Flurstücke erhielten meist einen Namen, wie bei diesem Beispiel „das große Elend".

Die Flurregulierung ist eine Reform des Zustandes der Feldflur (Feldmark), die eine freie und bessere Benutzung der Ländereien dadurch ermöglicht, daß zweckmäßige Wege hergestellt, die kulturschädlichen Grundgerechtigkeiten aufgehoben und der Landwirt eine feste Zufahrt vom Hauptweg zu seinen Grundstükken erhält. Eine solche wirtschaftliche Neuregelung der Flur war schon vor 1800 infolge der geschichtlichen Entwicklung der Besitzverhältnisse an Grund und Boden notwendig geworden.

Die erste Landvermessung Braunschweigs ist unter Herzog Julius bereits im Jahre 1585 angeordnet worden. Wie weit sie allerdings ausgeführt wurde, ist nicht nachzuweisen, da die kriegerischen Unruhen jener Zeit eine Durchführung nahezu unmöglich machte. Die unter Herzog Karl I. im Jahre 1755 dann unternommene Landvermessung hatte zunächst den Zweck, die zerstreuten Äcker der Untertanen zusammenzulegen. Desgleichen wurde beschlossen, teils zu fiskalischen Zwecken, teils um eine Hebung der Landwirtschaft und der Viehzucht anzubahnen, genaue Dorf-, Feld- und Wiesenbeschreibungen der einzelnen Ortschaften des Herzogtums, aber auch der zur Stadt gehörenden Ländereien anfertigen zu lassen. Eine große Anzahl von „Subdeligierten", „Kommissaren" und Feldmessern wurde ausgesandt, das große Werk nach einem gleichmäßigen Plan durchzuführen. Damals wurde der Morgen Land zu 120 Quadratruten und die Rute zu 16 Fuß oder 8 gewöhnlichen Braunschweiger Ellen bestimmt. Beschreibungen, Karten und Dorfpläne wurden in der Herzoglichen Plankammer zu Braunschweig aufbewahrt. In den Beschreibungen ist die Zahl der Höfe genau angegeben. Es folgt eine genaue Schilderung des Wiesenwuchses, der Koppel- und Privatweiden, der Viehzucht, des Ackerbaus nach Einsaat und Ertrag.

Dadurch, daß die Beschreibungen die von Grund und Boden stammenden Beziehungen der Untertanen zu ihrer Herrschaft ausführlich darlegen, daß deren Rechte und Pflichten, Gebäude, Grundstücke und Abgaben genau verzeichnet sind, werden sie zu wichtigen Quellen für die Rechtszustände unserer bäuerlichen Bevölkerung im 18. Jahrhundert, nicht minder aber Quellen für die Topografie, Statistik, Bodenwirtschaft, Personen- und Flurnamen jener Zeit. Nun haben die Auflistungen der Flurnamen sehr häufig Fehler, vor allem aber die Bedeutungen. Den Feldmessern, die die Flurnamen zu erfragen hatten, war deren Bedeutung egal. Eine philologische Schulung konnte man von ihnen nicht verlangen, und sie schrieben nieder, wie sie es hörten. Aber dieses nicht allein, sondern sie übersetzten oft die niederdeutschen Flurnamen ins Hochdeutsche ganz oder teilweise, so daß das alles recht fehlerhaft war. Einige Beispiele aus Braunschweig sollten das anschaulich machen: Arkeroderfeld im Norden Braunschweigs, nach der Wüstung Markerode benannt; Bärwinkel in Ölper, der Volksmund sagt Vorrwinkel, gemeint ist wahrscheinlich das „Saulager". Daher die frühere Bezeichnung br = Eber. Aus br machte man Bär. Beddesbühre bei Rüningen, von bûre = Überzug oder Zieche über ein Kissen, also ein Bettüberzug. Nur, was hat ein Bettüberzug mit einem Acker zu tun? Einen Bosselgraben gibt es zwischen dem Wenden- und Petritor. Er erinnert an eine Art Kegelspiel, das im Mittelalter in Braunschweig gespielt wurde. Auch Bülten (Bültenweg) ist ein häufig vorkommender Flurname: Anhäufung von mehreren festeren Landstücken auf niedriger und meist sumpfiger Grundlage. Auch der Butterberg ist weit verbreitet. Eine genaue Erklärung gibt es auch hier nicht. Möglich, daß der Name im Zusammenhang mit dem bottervogel, dem Schmetterling steht. Als letztes Beispiel soll der Dowe–See angeführt werden. Hierbei handelt es sich um das Wort dôv = taub; ein überwachsener, grasbedeckter, somit „tauber" See.

Die Glückstraße, die eigentlich Elendsstraße heißen müßte. Foto von 1996.

Görgesstraße

Wilhelm Görges war Oberpostkassenrendant und Braunschweiger Historiker. Nach ihm wurde die Straße zwischen Petristraße und Sackring benannt. Über Braunschweig hinaus bekannt geworden ist Görges vor allem durch seinen „Deutschen Post-Almanach", der vom Elm-Verlag 1989 auszugsweise nachgedruckt worden ist. Von 1842 bis 1853 erschien jährlich ein kleines Büchlein, etwa im Format 13x11 cm mit einem Umschlag und durchschnittlich 300 Seiten. Die zwölf Jahrgänge des Post-Almanach umfassen über 3000 Seiten. Die Originale befinden sich im Deutschen Postmuseum in Frankfurt am Main.

Liest man den Lebenslauf des Gustav Wilhelm Emil Görges, so unterscheidet er sich kaum von vielen anderen in jener Zeit. Görges wurde am 22. April 1813 als Sohn eines „Hof- und Domcantors" in Braunschweig geboren, absolvierte nach der Schule eine vierjährige kaufmännische Lehre und bildete sich danach an dem Collegium Carolinum in Braunschweig in fremden Sprachen weiter. Ende Juli 1833 begann er seine Tätigkeit bei dem Herzoglichen Hofpostamt in Braunschweig. Er wurde mehrfach befördert und trat Anfang 1875 in den Ruhestand, jetzt als „Kaiserlicher Ober-Post-Cassen-Rendant". Als Pensionär lebte er noch fast 20 Jahre; er starb an Weihnachten des Jahres 1894.

Titelbild des Nachdrucks aus dem Deutschen Post-Almanach von Wilhelm Görges. Das Bild zeigt einen Herzoglich Braunschweiger Postillon in der sommerlichen Reitjacke von hellblauem Tuch.

Was aber hat die Stadt Braunschweig bewogen, im Jahre 1912 einer neuen Straße den Namen „Görgesstraße" zu geben? Die Antwort ist sicher nicht in dem dienstlichen Wirken des Postbeamten Görges zu finden. Er hat sich vielmehr durch eine Reihe von Veröffentlichungen einen Namen gemacht, so durch das Buch „Galerie von Portraits der berühmten Herzöge von Braunschweig-Lüneburg" (1840) und drei Bände „Vaterländische Geschichten und Denkwürdigkeiten der Vorzeit" (1843-1845) sowie das „Friedrich-Wilhelms-Album" (1847). Und über den Raum Braunschweig hinaus vor allem durch seinen schon erwähnten „Deutschen-Post-Almanach", der in Deutschland, aber auch in Belgien, Holland, Italien, Rußland, Ungarn und in der Schweiz Leser fand.

Selbst offizielle Stellen äußerten damals ihre Anerkennung, so die Direktion der Großherzoglichen-Badischen Posten und Eisenbahnen (1849) und der Preußische Geheime Kabinettsrat (1851), und das trotz der oft kritischen Stellungnahmen gegen die Vielstaaterei, die in dem Post-Almanach immer wieder zu finden sind. Görges war eben nicht nur ein Braunschweiger Regionalpatriot; er schaute weit über den Zaun des Herzogtums hinaus und fühlte sich als Deutscher.

Zur Erweiterung seines geistigen Horizonts haben sicher auch die – für die damalige Zeit und für einen „kleinen" Beamten bemerkenswert – vielen Reisen beigetragen, die Görges unternommen hat. Sein Reisetagebuch läßt einen aufgeschlossenen und fröhlichen Menschen erkennen, der aber, wo es nötig war, auch mit kritischen Bemerkungen nicht sparte.

Zwischen 1839 und 1882 unternahm Görges zahlreiche Reisen zu Fuß, mit Postkutschen, Eisenbahnen und Schiffen, nicht nur in den nahen Harz, sondern auch nach Helgoland, Bayern, Österreich und in die Schweiz. Mit dem Titel „Deutscher-Post-Almanach" bezeichnete Görges zugleich sein Redaktionsprogramm. Zu einer Zeit, als es im Deutschen Bund noch rund 35 souveräne Staaten mit 15 verschiedenen Postverwaltungen gab, mußte der im Jahre 1843 veröffentlichte Titel „Wie ist die Vereinigung sämtlicher Posten in Deutschland oder auch nur des größten Teils desselben unter eine Zentralverwaltung ausführbar?" mehr Aufsehen erregen, ja fast wie ein Aufruf zum Umsturz wirken.

Selbstverständlich war der Post-Almanach nur in einzelnen Beiträgen so aufsässig, sonst aber friedlich. Er ist von 1843 bis 1852 jeweils in einen ersten, informativen, und einen zweiten, unterhaltenden Teil gegliedert. Im ersten Jahrgang (1842) gibt es noch keine Trennung, im letzten Post-Almanach fehlt der erste Teil. Seine Themen reichen in den anderen Jahrgängen von der Postgeschichte bis zu Rechts-, Verwaltungs- und Betriebsfragen. Man findet dort Abhandlungen über das Personalwesen bei einzelnen deutschen Postverwaltungen sowie Beschreibungen der Beamtenuniformen und der „Monturen" der Postillone. Mehrere Artikel befassen sich mit neuen Postgebäuden, zum Beispiel in Dresden und München, aber selbst in Brüssel und London. Natürlich fehlen auch Aufsätze über Eisenbahnen und den Transport der Post mit diesem neuen Verkehrsmittel ebensowenig wie eine Beschreibung des deutsch-amerikanischen Schaufelraddampfers „Washington". Selbst die Telegrafie wird behandelt, zum Beispiel der im Herzogtum Braunschweig eingeführte Zeigertelegraf von Siemens & Halske. Der zweite Teil der Post-Almanache enthält umfangreiche Personalverzeichnisse, vor allem aber Novellen, Anekdoten und Beispiele für merkwürdige Adressen. Er diente hauptsächlich der Unterhaltung und sollte auch den Familien der Postbeamten Lesestoff bieten. Doch selbst in manchen Erzählungen finden sich einige kritische Bemerkungen zu den bestehenden Verhältnissen, ja sogar Äußerungen, die von manchen Zeitgenossen als aufrührerisch empfunden werden konnten.

Die mehr als 3000 Seiten des Almanachs geben uns heute noch interessante Einblicke in die deutsche Postgeschichte.

Blick in die Görgesstraße in Richtung Petristraße. Foto von 1996.

Goslarsche Straße

Die Goslarsche Straße führt heute von der Hildesheimer Straße bis zum Madamenweg. In früher Zeit aber führte sie weiter, etwa über die Juliusstraße und Frankfurter Straße, dem Harz entgegen. Sie war eine stark frequentierte Handelsstraße von Goslar, der Haupthandelsplatz des Pfeffers, nach Norden hin.

Der alte Friedhof an der Goslarschen Straße.

Golar muß schon früh zu einem Hauptstapelort des Gewürzhandels für den Norden Deutschlands geworden sein, denn als in dem Krieg zwischen dem Sohn Heinrich des Löwen, Kaiser Otto IV. und dessen Gegenkönig Philipp von Schwaben, der Feldherr Heinrich des Löwen, Truchseß Guncelin (der sich auch mit z schreibt), am 15.8.1205 sich des dem Schwaben Philipp gehörenden Goslars durch plötzlichen Überfall bemächtigt hatte, befand sich unter der gemachten Beute eine unermeßliche Menge Pfeffer und andere Gewürze. Die Plünderer teilten es scheffel- und haufenweise unter sich auf. Drei Tage, so ist uns überliefert, brauchte man dazu, um die gesamte Beute aufzuladen und abzufahren.

Die Goslarsche Straße war zu allen Zeiten ein Begräbnisplatz. Es gab eine Reihe von Friedhöfen hier. 1725 erhielt die Petrikirche für den Kirchhof zum heiligen Geiste das Flurstück Nr. 43 am Bruderstiege zugeteilt. Man verwandelte zunächst die Hälfte davon zum Kirchhof, der jedoch bald wieder verschwand. 1770 wurde hier auf des Herzogs Geheiß eine neue Heerstraße geplant.

Die Petrikirche besaß schon 1638 das etwa drei Morgen große Grundstück in den Langenhöfen Nr. 25. Im Jahre 1757 wurde hiervon ein halber Morgen zur Anlage eines neuen Kirchhofes benutzt, der 1807 erweitert wurde. Ein weiterer Friedhof war der Thomaekirchhof.

1755 wurde per Verordnung hinter dem Haus Heydenstraße (eigentlich Heinenstraße = Totenstraße) nicht mehr beerdigt, und so baute man am fürstlichen Wege den neuen Friedhof aus. Der größte Teil dieses Grundstückes war von der katholischen Gemeinde bei

Erbauung ihrer neuen St.-Josephs-Kirche angekauft worden. Auf dem zum Adreßbuch von 1889 gehörenden Plan ist dieser Kirchhof noch dargestellt.

Der Martinikirchhof wurde als Ersatz für den geschlossenen Friedhof der Martinigemeinde erbaut. Er bestand aus zwei Stücken, von denen das eine 1712 erworbene 37, das andere 1716 erworbene 30 Ruten groß war. 1767 kaufte die Gemeinde von B.M.V. (Beatae Mariae virginis) die beiden Nachbargrundstücke hinzu. 1779 ist auf dem vergrößerten Kirchhof vom Herzog Ferdinand dem Oberstleutnant von Lestwitz ein Grabmonument errichtet worden. Außerhalb haben hier 1787 der Drost v. Rhetz, 1795 der Professor Ebert und 1806 Leisewitz ihre Ruhestätten gefunden.

Die Gemeinde der St.-Jakobi-Kirche konnte kürzlich ihr 75jähriges Bestehen feiern. Die Anfänge der Gemeindegründung liegen um die Jahrhundertwende und darin begründet, daß im Westen der Stadt Braunschweig die Gemeinden St. Martini und St. Petri sich wesentlich vergrößert hatten. Am 30. April 1904 beschlossen die Kirchenvorstände von St. Martini und St. Petri in Erinnerung an die mit der frühen Geschichte der Stadt verbundene Jakobskapelle (Eiermarkt/Jakobstraße) die Namensgebung der neuen Gemeinde St. Jakobi. Die Grundsteinlegung war am 27. Juni 1909, und am 2. Ostertag, 17. April 1911, wurde die Kirche in Gegenwart „seiner Königlichen Hoheit des Herzogregenten Johann Albrecht" durch den Stadtsuperintendenten Degering eingeweiht.

Ein besonders schönes Haus hat „Karriere" gemacht, das Haus Goslarsche Straße 39. Dieses Bürgerhaus lag inmitten eines schönen Gartens und war durch eine Mauer abgeschlossen. Seitlich endete die Mauer in zweigeschossigen Fachwerk-Pavillons, in der Mitte bestand ein Zugang durch ein prächtiges Gittertor. Als im November 1905 zu befürchten war, daß dieses elegante Gartenhaus einer Spekulation zum Opfer fallen könne, weil über das Grundstück eine Straße geplant war, nahm sich der Ausschuß für Denkmalpflege des Bauwerkes an. Doch private Interessenten kamen der Stadt zuvor und kauften 1906 das Grundstück. 1907 erwarb die Vereinigung Braunschweiger Tennisklubs das Haus, um es an den Tennisplätzen im Bürgerpark wieder aufzubauen. Bis zur Zerstörung im Zweiten Weltkrieg war es das Vereinshaus des Klubs. Es war ein zweigeschossiges Haus. Die Fassadendekoration erinnert an Sturmsche Motive. Das Gittertor ist ein prächtiges Rokokogitter, das heute im Bürgerpark noch zu bewundern ist. Im flurartigen Saal des Erdgeschosses war zartes Rocaillegerank aus Stuck. Im Hauptsaal darüber reiche Stuckdekorationen, über den Türen mit Puttenszenen und Landschaften. Die Wände waren bespannt mit bemalten Leinwandtapeten.

Die einst vor den Toren der Stadt errichteten Gartenhäuser, die den Braunschweiger Bürgern als angenehmer Sommeraufenthalt dienten, wurden in den 90er Jahren des vorigen Jahrhunderts zunehmend von den immer weiter vorrückenden großen Mietshäusern und der sich ausdehnenden Industrie verdrängt. Das wohl stattlichste Haus, das man in den Bürgerpark retten konnte, fiel einer Bombennacht zum Opfer.

Innenansicht des Hauses Goslarsche Straße 39.
Das Haus wurde 1907 in den Bürgerpark umgesetzt und wurde vom Braunschweiger Tennisklub genutzt. Eine Fotorarität um 1900.

Göttingstraße

Die Göttingstraße, in den Jahren 1900 bis 1916 bebaut, verläuft zwischen dem Bültenweg und Langer Kamp und wird von dem Hagenring durchschnitten. Die Straße erinnert an den Völkerkundler und Weltreisenden Carl Götting, der von 1827 bis 1899 lebte.

Götting hat eine Reihe von überseeischen Reisen unternommen und viele ethnographische Schätze gesammelt. Er vererbte seine Sammlung dem Städtischen Museum. Hier ein Blick in die Ausstellung. Das Foto entstand etwa um 1920.

Im Braunschweigischen Magazin von 1913 ist dem dort abgedruckten Sitzungsbericht des Geschichtsvereins – er tagte am 18. Mai 1903 „auf dem Sternhause im Lechelnholze" – ein Hinweis zu entnehmen, daß „der Rentner C. Götting in Hamburg" dem städtischen Museum seine Sammlung von ethnographischen Schätzen gestiftet hat.

Der damalige Museumsdirektor Dr. Fuhse führte in seinem Vortrag unter anderem aus: „Auch für die Entwicklung der ethnographischen Abteilung ist der Erwerb der Sammlungen Beckmanns und Hausmanns von großer Bedeutung, da sie viele alte wertvolle Stükke enthielten.

Dazu kommen größere Schenkungen der Herren E. W. Koch in Toledo (Ohio), Medizinalrat Uhde, Münzkommissionär Ludolf von Unger, Museumsdirektor Gerhard Krefft in Sidney, Leutnant G. Rittmeyer, Friedrich Gerstäcker, Kaufmann Bollmann, Dr. R. Andree, Pastor Hoffmeister in Wienrode, Dr. med Bernhard, Dr. med Jacobi, Konsul Christian Sommer, Geh. Hofrat W. Bastus, Gustav Voigts in Windhoek, Dr. Zintgraff, Dr. O. Gleim, Handelsgärtner Hugo Raap, Rentner C. Götting in Hamburg, Kaufmann Bray in Brüssel, Oberleutnant Strümpell, Hauptmann v. Wuthenow usw., sodaß die ethnographische Abteilung heute alle Erdteile umfaßt."

Viele dieser Namen tauchen im Zusammenhang mit Braunschweig immer wieder auf. Der hier als Rentner C. Götting erwähnte Spender ist ein geborener Braunschweiger, der weite überseeische Reisen unternommen und viele ethnographische Schätze zusammengetragen hat.

Um es vorweg zu nehmen: Götting war kein Ethnologe! Er spendete aber zum Bau des Museums am Löwenwall einen wesentlichen Geldbetrag und ergänzte die ethnologische Sammlung durch über 1500 interessante Objekte. Dr. F.-J. Christiani, Oberkustus im Städtischen Museum, hat über Carl Götting mehrere Arbeiten vorgelegt, darunter auch den Eröffnungsvortrag zu einer Ausstellung, die sich mit den Weltreisen Göttings beschäftigt.

Carl Julius Bartold Götting wurde 1828 in Braunschweig geboren und in St. Katharinen getauft. Nach dem Schulbesuch erlernte er den Beruf des Sattlers. Am Ende seiner Wanderjahre sah er in Deutschland keine Perspektiven. Wohl auch angeregt durch Gerstäckers Publikationen reifte der Entschluß, ebenfalls auszuwandern, wie viele seiner Zeitgenossen es getan haben. Nach der Militäraushebungsliste des Herzoglichen Staatsministers erhielt er im Mai 1850 den Auswanderungsschein und im August seinen Reisepaß nach Amerika. Beide Dokumente befinden sich im Städtischen Museum.

„Da Götting 1869 als Freiwilliger in die Feuerwehr von Santiago de Chile eingetreten war", heißt es in dem Vortrag Dr. Christianis, „dürfen wir davon ausgehen, daß er spätestens zu dieser Zeit bedingt 'seßhaft' geworden war und ein Geschäft für Importmöbel und Dekorationsstoffe unterhielt." Im Jahre 1873 kam Götting zum ersten Mal nach Europa zurück und besuchte auch kurz seine Heimatstadt."

Die Liste von Göttings Reisezielen ist lang: Chile, Bolivien und Peru, 1876 Ägypten, Palästina und Syrien. Ein Jahr später schloß sich die Reise durch Japan längs der Tokaidostraße von Tokio nach Nagasaki an. Es folgten Besuche in Shanghai, Canton, Honkong und Macao, auf den Philippinen, in Singapore, Hinterindien und schließlich eine Reise in Vorderindien zwischen Kalkutta, Deli und Bombay. Nach 5 jähriger Abwesenheit kehrte Götting 1878 nach Santiago zurück.

Im Jahre 1883 führte die Reise über Mittelamerika erneut nach Europa. Vermutlich aus gesundheitlichen Gründen sollte es Göttings Rückreise für immer sein, die ihn wieder in den Braunschweiger Staatenbund führte. Diese Urkunde wurde am 28. März 1892 ausgestellt.

Zu den dem Museum überlassenen Objekten gehören eine Vielzahl von Fotografien, Landschaftsaufnahmen Süd–Chiles und dessen Besiedelung durch die Europäer, Fotodokumente der historischen Baudenkmäler Ägyptens, Landschaftsaufnahmen aus der Weite Nordamerikas und vieles mehr. Göttings Interessen, Erlebnisse und Leistungen offenbaren sich in seinen Sammlungen, die vom Städtischen Museum gehütet und gepflegt werden.

Die Göttingstraße erinnert an den „Weltenbummler" Carl Götting. Foto von 1988.

Haeckelstraße

Die Haeckelstraße verbindet die Molenberger Straße mit der Petristraße; sie liegt ganz in der Nähe des Neustadtrings. Benannt wurde die Straße nach dem Zoologen und Naturforscher Ernst Haeckel. Haeckel war einer der Neuformer der Biologie und Verfechter der Abstammungslehre Ch. Darwins. Seit 1872 hat sich die Zahl der Straßen im Außenbereich stark erhöht. Das Gebiet um die Haeckelstraße wurde in den 90er Jahren des vorigen Jahrhunderts bebaut, die Haeckelstraße selbst zwischen 1900 und 1916.

Der Naturforscher Ernst Haeckel wurde am 16. Februar 1834 in Potsdam geboren, studierte seit 1852 Medizin und Naturwissenschaften in Würzburg, Berlin und Wien, ließ sich für kurze Zeit in Berlin nieder und widmete sich bald ausschließlich den Naturwissenschaften. Von seinem Lehrer Johannes Müller zum Studium der niederen Meerestiere angeregt, untersuchte er die Mittelmeerfauna in den Jahren 1859 und 1860 in Neapel und Messina, habilitierte sich auf Betreiben seines Freundes R. Gegenbaur 1861 als Privatdozent der Zoologie in Jena und erhielt 1862 die außerordentliche und 1865 die ordentliche Professur der Zoologie. Größere wissenschaftliche Reisen unternahm er nach Lissabon, Madeira, Teneriffa, Gibraltar, nach Norwegen, Syrien und Ägypten, nach Corsika, Sardinien, Ceylon und Algerien. Haeckel schloß sich bereits 1863 als einer der ersten Fachgelehrten Deutschlands rückhaltlos der Darwinschen Lehre an und gab ihr schon 1866 in seiner „Generellen Morphologie" jenen konsequenten Aus- und Durchbau, der sie erst zu einem wissenschaftlichen System erhob.

In der Würdigung sowohl der untersten Stufen des Lebens (Moneren) als in der Einbeziehung des Menschen und in der inneren Durcharbeitung des Beweismaterials wirkte er bahnbrechend. Zu diesen Zwecken hat Haeckel eine große Anzahl systematischer Bearbeitungen einzelner Tierklassen, wie der Moneren, Radiolarien, Kalkschwämme, gewisser Korallengruppen, der Medusen und Röhrenquallen durchgeführt. Seine große Bedeutung liegt aber nicht nur in seiner glücklichen Beobachtungsgabe sondern auch in dem Vorwiegen eines spekulativen Zuges, der ihn vor unbewiesenen Schlüssen nicht zurückschrecken ließ, falls sie ihm nur logisch erschienen.

Ernst Haeckel

Haeckels wichtigste Lehre ist die von der durchgreifenden Bedeutung der Entwicklungsgeschichte des Einzelwesens für die Aufhebung seiner Stammesgeschichte, indem er erstere als eine abgekürzte Wiederholung dieser Stammesgeschichte betrachtet.

Es ist dies das von ihm formulierte biogenetische Grundgesetz, aus dem er die von zahlreichen Personen mißverstandenen Strömungsgeschichte (Cenogenesis) und die viel umstrittene Gasträa-Theorie ableitete. Haeckel hat die Stammbäume der einzelnen Tier- und Pflanzenabteilungen bis in ihre Familien hinein ausgeführt, die als Forschungsprogramme zu beachten sind und mehr als einmal Bestätigungen erfahren haben.

Eine ruhige Wohngegend, die Haeckelstraße. Foto von 1996.

Haeckels Versuche, die ganze lebende Welt unter einem Gesichtspunkt zu sammeln, seine freimütige Art, das als richtig Erkannte auch offen zu bekennen, haben viele Gegner und noch mehr begeisterte Anhänger gefunden, von denen einige zur Förderung der von ihm vertretenen Forschungseinrichtung bedeutende Geldmittel zur Verfügung stellten.

Nach Meinung vieler Zeitgenossen galt Haeckel nächst Darwin als der hervorragendste Forscher auf dem Gebiet des Darwinismus. Haeckel hat viel publiziert. Er schrieb unter anderem: „Die Radiolarien, eine Monographie" (1862 und 1887-88), „Beiträge zur Naturgeschichte der Hydromedusen" (1865), „Generelle Morphologie der Organismen" (1866), zu seinen späten Werken gehören „Planktonstudien" (1890), „Der Monismus. Glaubensbekenntnis eines Naturforschers" (Vortrag 1892) und „Systematische Phylogenie".

Ernst Haeckel, der Neuformer der Biologie und deutsche Verfechter der Abstammungslehre Darwins, starb nach einem erfüllten Leben im Alter von 85 Jahren am 9. August 1919 in Jena.

Haeckel war ein leidenschaftlicher Forscher. Ein Beispiel soll noch erwähnt werden, es sind die an die Fische erinnernden Kiemenspalten, die bei allen Säuger-Embryonen nachweisbar sind, auch am menschlichen Embryo. Das biogenetische Grundgesetz wurde später zur „Regel" relativiert, weil es nicht für alle Lebewesen zutrifft. Während Darwin den Menschen noch eher zaghaft in seine Deszendenztheorie einbezogen hatte, vertrat Haeckel konsequent die später bestätigte Auffassung, daß auch der Homo sapiens keine Ausnahme mache, also von affenähnlichen Vorfahren abstamme. Zu Haeckels einflußreichsten Werken gehört somit die „Natürliche Schöpfungsgeschichte", die 1868 erschienen ist.

Hagenring

Nach der letzten großen Eiszeit blieb bis in die jüngsten Jahrhunderte hinein in der Okerniederung ein wüstes Gelände zurück, das weithin mit Wiesen, Sümpfen und Mooren, Büschen und Walddickichten bedeckt und von Wassergräben durchzogen war. Unsere Vorfahren nannten dieses Gelände Hagenbruch.

Heinrich der Löwe hat große Sumpfflächen des Hagenbruchs entwässern und darauf eine Siedlung, den Stadtteil Hagen, entstehen lassen.

Der Hagenring kurz nach der Jahrhundertwende.

Für diese Kulturarbeit ließ er von weither Flandern kommen, die in ihrer Heimat Entwässerungsarbeiten gemacht hatten. Sie siedelten sich dort an, wo nach ihnen die Friesenstraße benannt worden ist.

Der von Heinrich dem Löwen gegründete Stadtteil Hagen lag am westlichen Rande dieses großen Bruchgebietes, etwa dort, wo heute die Wilhelmstraße verläuft, um die Mauernstraße (Stadtmauer) herum, zwischen Steinweg und dem Okerkanal, Bohlweg und dem Hagenmarkt. Die Katharinenkirche war die Pfarrkirche dieses Stadtteils. 1227 wurde erstmals ein Rat des Hagen genannt. Nach dem Verlust der Selbständigkeit Braunschweigs wurden damals die Räte der fünf Teilstädte abgeschafft.

Viele Wassergräben durchzogen das Bruchgebiet. Längs der Gliesmaroder Straße verlief der größte, der sogenannte Lange Graben, der kleinere Wasserläufe aus der Wabe-Niederung und den sumpfigen Wiesen in die Oker leitete. Reste dieses Grabens sind heute noch im Botanischen Garten erkennbar. Ihn durchzieht in der Richtung auf den Okerlauf eine auffällig tiefe, hohlwegeartige Talsenke.

Noch in den 20er Jahren des vorigen Jahrhunderts wurde in dem Moorgebiet Torf gestochen. Dokumenten entnehmen wir, daß der Torfstich der Hagen-Gemeinde jährlich rund 350 Taler einbrachte.

In der Mitte des 19. Jahrhunderts entstand am Rande des Hagenbruchs allmählich eine Straße, die natürlich Hagenbruchstraße genannt wurde. Später sprach man von der Hagenstraße und heute vom Hagenring.

Blick in den Hagenring im Jahre 1993.

Der äußere Stadtring war damit aber noch nicht vollendet. Der Straßendurchbruch Hagenring – Rebenring wurde erst 1955 fertiggestellt und dem Verkehr übergeben. Um 1880 herum wurde das Gebiet Kaiser-Wilhelm-Straße (heute Jasperallee) und Hagenring bebaut.

Den baumbestandenen Mittelstreifen gab es schon von Anfang an, damals wurden aber auch auf den Fußwegen Bäume angepflanzt. Um jeden Baum herum wurde ein eisernes Gestell gelegt. Die Straßenbahnlinie 6 brachte die Bewohner über das Rathaus, Augusttor zum Friedrich-Wilhelm-Platz.

Einst war der Hagenring eine ruhige Wohnstraße. Das änderte sich spätestens 1955, als der Straßendurchbruch kam und der Außenring um die Stadt fertiggestellt worden war. Ein anderer Ring, der sogenannte City-Ring, wurde im Zuge des Wiederaufbaus schon Anfang der 1950er Jahre geplant.

Der ursprüngliche Cityring, ein im Jahre 1960 eingeführter Einbahnstraßen-Ring, erstreckte sich auf die Straßen Friedrich-Wilhelm-Straße, Münzstraße, Ruhfäutchenplatz, Hintern Brüdern, Gördelingerstraße, Brabandtstraße, Am Bruchtore und Friedrich-Wilhelm-Platz.

Die beabsichtigte Ausdehnung der Fußgängerzone im Innenstadtbereich führte 1982 zur Aufhebung des Cityringes. Seine Funktion übernimmt seitdem ein sogenannter neuer Cityring, der nach langer Bauzeit 1983 durch den verkehrsgerechten Ausbau des Hagenmarktes fertiggestellt wurde.

Hedwigstraße

Die Hedwigstraße ist die Verbindungsstraße zwischen Luisenstraße und Sophienstraße. Sie wurde vermutlich benannt nach der Herzogin Hedwig, der Gemahlin des Herzogs Julius von Braunschweig-Lüneburg. Hedwig lebte von 1540 bis 1602. Ein Bildnis ist uns auf einem Gemälde von H. Vredeman de Vries überliefert. Es handelt sich um eine Altartafel, die sich in der Herzog August Bibliothek in Wolfenbüttel befindet.

Diese Altartafel, die wohl 1589, im Todesjahr des Herzogs, entstanden ist, zeigt Julius mit seiner Gemahlin, Hedwig von Brandenburg, dem Nachfolger, Heinrich Julius, und allen Kindern. Die 1589 ebenfalls bereits gestorbenen Töchter sind in weißen Gewändern und mit Totenkronen dargestellt. Julius, der 1528 geboren wurde, war ursprünglich nicht zur Regierung bestimmt. Er stand nicht nur auf Grund seines protestantischen Glaubens im großen Gegensatz zu seinem Vater Heinrich d. J. In seiner Politik knüpfte Julius, wenn man einmal von der Einführung der Reformation absieht, an Bestrebungen des Vaters an und würdigte dessen Leistungen beim Aufbau Wolfenbüttels nach den schweren Zerstörungen von 1542. Die Neustadt wurde zu dieser Zeit in Heinrichstadt umbenannt, der er Marktrecht und Wappen verlieh.

Die Hedwigstraße nach den Luftangriffen mit der noch unzerstörten Kirche der Christlichen Wissenschaft. 1945 wurde auch sie Opfer eines Luftangriffs.

Seine bedeutendsten Verdienste erwarb sich Julius, der Wolfenbüttel zu einer planmäßigen Renaissancestadt mit Bastionärsbefestigung ausbaute und 1576 die Universität Helmstedt gründete auf dem Felde der Wirtschaftspolitik. Unter größter persönlicher Sparsamkeit förderte er Bergbau, Forst- und Landwirtschaft und legte neue Land- und Wasserstraßen an.

Blicken wir kurz in den Stammbaum. Herzog Julius ist der Sohn von Heinrich dem Älteren (geb. 10.11.1489, gest. 11.6.1568 – reg. seit 23.6.1514) und dessen erster Gemahlin Maria, Tochter des Grafen Heinrich von Württemberg (geb. 15.8.1496, gest. 28.12.1541). Heinrich d. Ä. heiratete am 22.2.1556 ein zweites Mal, Sophie, die Tochter des Königs Siegismund von Polen (geb. 13.7.1522, gest. 28.5.1575). Heinrich d. Ä. hatte insgesamt vier Kinder, das waren neben Julius noch Karl Viktor (geb. 10.4.1525) und Philipp Magnus (geb. um den 20.2.1527). Beide Söhne fielen in der Schlacht bei Sievershausen am 9.7.1553. Und dann war noch eine Tochter: Katharine (geb. 1518, gest. 16.5.1574). Sie heiratete am 31.12.1537 Markgraf Johann von Brandenburg-Küstrin (gest. 13.1.1571).

Herzog Julius (geb. 29.6.1528, gest. 3.5.1589 – reg. seit 11.6.1568) heiratete am 25.2.1560 Hedwig, die Tochter des Kurfürsten Joachim II. von Brandenburg (Hedwig wurde geb. 1.3.1540, gest. 21.10.1602). Aus dieser Ehe gingen zwei Söhne hervor: Joachim Karl (geb. 29.4.1573, gest. 9.11.1615) und Heinrich Julius (geb. 15.10.1564, gest. 20.7.1613). Er übernahm die Regierung am 3.5.1589, ab 4.4.1596 auch in Grubenhagen. Zweimal war Heinrich Julius verheiratet: mit Dorothee (1585) und Elisabeth (1590).

Kommen wir zur Hedwigstraße. Ein wenig hinter Häusern versteckt stand auf dem Grundstück Hedwigstraße 1-3 die Kirche der Christlichen Wissenschaft. Sie wurde 1913 erbaut. Dieses Gotteshaus hat in den 30er Jahren viel Not gesehen. Hier mußten sich die Juden aus Braunschweig sammeln, um von dort auf Lastwagen fortgeschafft zu werden.

Bis zum Verbot der Christlichen Wissenschaft in Deutschland im Jahre 1942 wurden in der Kirche regelmäßig Gottesdienste abgehalten. Bei einem Luftangriff im Oktober 1944 wurde die Gegend um das Gotteshaus herum in Schutt und Asche gelegt, im März 1945 schließlich die Kirche selbst arg zerstört. Unter der Kirche befand sich ein öffentlicher Luftschutzbunker, in dem die Bewohner der benachbarten Straßen Schutz suchten.

Nach dem Ende des Zweiten Weltkrieges wurde das Gebäude bei Plünderungen weiter zerstört. Die Gottesdienste fanden nun in mehreren Räumen der Kanthochschule statt, bis im Jahre 1957 an der Rennelbergstraße wieder ein eigenes Kirchengebäude errichtet werden konnte. Die Kirche der Christlichen Wissenschaft wurde bald abgerissen. Heute erstreckt sich dort ein Wohnblock.

Die Hedwigstraße im Jahre 1994.

Die Christliche Wissenschaft, engl. Christian Science, ist eine von Mary Baker-Eddy 1879 gegründete Glaubensgemeinschaft. Die von ihren „Heilern" geübte „mentale Heilung" erklärt sich aus dem Gedanken, daß allein Gott und die Menschheit wirklich seien, unwirklich jedoch Krankheiten und Tod; Die Welt der Materie sei Illusion. Der Kranke könne daher seine Krankheit als bloßen Irrtum erkennen. Die Mutterkirche der Christlichen Wissenschaft befindet sich in Boston/USA. In 59 Ländern hat diese Gemeinde rund 400 000 Mitglieder.

Helenenstraße

Die Helenenstraße ist die Verbindung zwischen der Frankfurter Straße und dem Westbahnhof. Sie beginnt an der Bergfeldstraße und wird vom Cyriaksring zerschnitten. Diese Straße soll an Helene von Bernewitz, geborene Wrede (1846-1923) erinnern. Als Tochter der bekannten Braunschweiger Samenhandlung E. C. C. Wrede erbte sie die sogenannte „Wrede–Darre", die sich bis 1882 Ecke Juliusstraße und Helenenstraße befand. Verheiratet war sie mit dem General Arthur von Bernewitz.

Die Samenhandlung Wrede wurde 1772 durch den Handelsgärtner Ernst Christian Conrad Wrede (1751-1844) in Braunschweig gegründet. Im 19. Jahrhundert besaß Wrede umfangreiche landwirtschaftlich genutzten Grundbesitz in der westlichen Außenstadt. Im Jahre 1898 gab man die Landwirtschaft auf, das Gebiet um die Frankfurter- und Helenenstraße wurde bebaut. Gleichzeitig verkaufte man das Handelsgeschäft, das als „Samen Wrede" geführt wurde. Später übernahm die Familie Mollert das Unternehmen, Ende der 50er Jahre die aus Bielefeld stammende Samenhandlung Kruse. Die wiederum verkaufte den Einzelhandel an den Kaufmann Otto und konzentrierte sich selbst weitestgehend auf Futter- und Düngemittel. Die Firma Samen–Wrede bestand in Braunschweig bis 1980.

Attacke Braunschweiger Husaren auf eine französische Gardebatterie bei Mars la Tour. Freiherr von Bernewitz war hier mit der 4. Escadron sehr erfolgreich.

Helenes Mann, Arthur Freiherr von Bernewitz, war als Prem.-Lieutnant der 4. Escadron im deutsch-französischen Krieg 1870/71 sehr erfolgreich. Aus Tagebüchern ist das Geschehen dort in Frankreich genauestens nachvollziehbar. Aufgrund dieser Tagebücher hat Rudolf Mackensen von Astfeld sein Buch über die Braunschweiger Husaren in Feindes Land geschrieben, das 1902 im Verlag von Otto Salle in Berlin erschienen ist. Der Autor schreibt in seinem Vorwort unter anderem: „Die Zusammenstellung in vorliegender Form wäre nicht möglich gewesen, wenn wir nicht seitens des jetzigen Commandeurs des Regiments, Herrn Oberstlieutnant von Rothirsch und Panthen, das Kriegstagebuch in entgegenkommendster Weise zur Verfügung gestellt und ich nicht durch die verschiedensten Kameraden mit Beiträgen unterstützt worden wäre. Außer den Herren Rittmeister von Busse, der mir sein umfangreiches, genau geführtes Tagebuch in kameradschaftlicher Weise überließ, Oberst Brauns, Generalmajor Freiherr von König und Oberstlieutnant

Schweppe, die mir ausführliche Berichte sandten, haben sich durch Beiträge an den Erinnerungen betheiligt die Herren: Generalmajor Freiherr von Bernewitz, Major Frohwein, Oberstallmeister Freiherr von Girsewald, General-Lieutnant von Hantelmann, Major von Löbbecke und die damaligen Serganten von Holwede und Schoppe, sowie die Unteroffiziere Felter, Kraul und Müller." Außer dem Namen von Bernewitz kennt man in Braunschweig wohl manch anderen.

Die Ursache des deutsch-französischen Krieges, den der französische Kaiser Napoleon III. 1870 gegen Deutschland begann, „ist in der den Franzosen durch langjährige Übung zur Gewohnheit gewordene Anmaßung, in die deutschen Verhältnisse hineinzureden und sie nach ihren Wünschen und Interessen zu bestimmen", zu suchen. So die Meinung der Zeitgenossen.

Die tatsächliche Ursache des Krieges waren die durch den preußischen Sieg im Krieg von 1866 zu Frankreichs Ungunsten verschobenen Machtverhältnisse in Europa und innenpolitische Schwierigkeiten in Preußen und Frankreich. Den äußeren Anlaß gab die Frage der spanischen Thronkandidatur eines Hohenzollern.

Am 19. Juli 1870 erklärte Frankreich den Krieg. Während ein französisch-österreichisches Bündnis nicht rechtzeitig zustande kam, traten die süddeutschen Staaten sofort auf die Seite Preußens. Von der Pfalz aus drangen drei deutsche Armeen unter Kronprinz Friedrich, Prinz Friedrich Karl und K. F. von Steinmetz – mit Moltke als Generalstabchef – vor und siegten bei Weißenburg, Wörth und Spichern. Mit dabei waren das Feld-Regiment aus Braunschweig, im Stab Regiments-Commandeur: Major von Rauch; 1. Escadron, Escadron-Chef: Rittmeister von Hantelmann; 2. Escadron: Rittmeister von der Mülbe; 3. Escadron: Rittmeister Müller von Schönaich; 4. Escadron: Rittmeister Brauns (Prem.-Lieutnant Freiherr von Bernewitz): Ersatzescadron: Rittmeister Löbbecke.

Aus Sorge vor einer Einmischung der Neutralen versuchte Bismarck, den Fall von Paris zu beschleunigen und setzte gegen die militärische Führung die Beschießung der Festung durch. Am 28. Januar 1871 wurde ein Waffenstillstand beschlossen. Nur in Ost-Frankreich wurde noch gekämpft. Doch nicht mehr lange.

Bereits am 18. Januar war König Wilhelm I. von Preußen – mit Zustimmung Bayerns! – in Versailles zum Deutschen Kaiser proklamiert worden. Am 20. Februar wurde der Vorfriede von Versailles geschlossen, am 15. Mai folgte der Frankfurter Friede.

Neben der schon erwähnten Samenhandlung Wrede befand sich auf der Helenenstraße ein weiteres, für Braunschweig bedeutendes Unternehmen. 1877 gründete Gustav Hammer & Co in der Helenenstraße 8 eine Fabrik, die sich auf Maschinen für die Fleisch- und Wurstwarenfabrikation spezialisierte, aber auch Maschinen für die Zuckerindustrie fertigte.

1899 verschmolz das Unternehmen mit der Firma Robert Karges zur Karges-Hammer-Maschinenfabrik AG, die 1907 auf dem ehemaligen Gelände der Tarnowitzer Hütte an der Frankfurter Straße ein neues Fabrikgebäude errichtete.

Blick vom Cyriaksring in die Helenenstraße, 1996.

Heinrich-Büssing-Ring

Über Heinrich Büssing, den Mann, der in Braunschweig Automobilgeschichte gemacht hat und nach dem der Heinrich-Büssing-Ring benannt ist, gibt es viel zu berichten. Heute, wo die Straße den Namen dieses Mannes trägt, erinnert außer den zum Teil stehengebliebenen alten Werksanlagen kaum noch etwas an die Zeit, als Heinrich Büssing hier seine Automobile baute, die in der ganzen Welt bekannt geworden sind.

Geboren wurde Heinrich Büssing am 29. Juni 1843 in Nordsteimke bei Vorsfelde. Sein Geburtshaus, die Dorfschmiede, steht heute noch und soll als Museum ausgebaut werden. Heinrich erlernte bei seinem Vater das Schmiedehandwerk und erhielt am 1. Juli 1861 das Gildezeugnis. Wie es früher so üblich war, ging der junge Heinrich auf Wanderschaft durch Deutschland und die Schweiz, bis er Weihnachten 1862 wieder in seine Heimat zurückkehrte.

Nach seiner Rückkehr von der Wanderschaft studierte Büssing unter harten Entbehrungen, vom Vater bereitwillig, aber kärglich unterstützt, auf dem Collegium Carolinum in Braunschweig drei Jahre lang Mathematik, Physik und technische Mechanik. Im Jahre 1866 trat er als Konstrukteur in eine kleine Braunschweiger Maschinenfabrik ein. Nebenbei betrieb er eigene Erfindungen, die ihm bereits 1867 sein erstes Patent einbrachten.

Im Jahre 1868 wurden in Braunschweig die ersten Velozipede bekannt. Sie nahmen Heinrich Büssings ganzes Interesse in Anspruch und schon bald nahm Büssing die Fertigung dieser Fahrräder auf. Bei einem ersten Wettfahren in Deutschland erhielt er gleich den ersten Preis.

Ansicht der Büssingwerke in Braunschweig um 1920.

Im Jahre 1870 gab Büssing die Fabrikation wieder auf und beschäftigte sich mit dem Signalbau, der ja gerade aus England nach Deutschland gekommen war. Der Tuchhändler Max Jüdel vom Kohlmarkt, der übrigens auch Gründer der Braunschweiger Karneval-Gesellschaft war, gab Büssing das benötigte Geld, und so wurde 1871 die Eisenbahn-Signal-Bauanstalt vorerst an der Wolfenbütteler Straße, später, 1874, an der Akkerstraße, gegründet. 92 Patente zum Eisenbahn-Sicherungswesen hat Büssing beigesteuert.

Noch als Direktor der Firma Max Jüdel & Co. beschäftigte sich Heinrich Büssing im Jahre 1902 mit der Konstruktion von Motorwagen. Im Jahre 1900 erwarb er bei einem Besuch der Dresdener Automobil-Ausstellung einen Personenkraftwagen mit Verbrennungsmaschine und Riemenübertragung. Mit diesem Fahrzeug legte er die Strecke von Dresden zu seiner Villa in Stolberg im Harz zurück, eine für die damalige Zeit beachtenswerte Leistung.

Die Geburtsstätte der Büssing-Wagen war die ehemalige Wäscherei auf dem Hofe des Grundstücks Wolfenbütteler Straße 20. Gleich daneben ging es in die damalige Elmstraße, der späteren Heinrich-Büssing-Straße. In unmittelbarer Nachbarschaft lagen eine Schule und die Brauerei Feldschlößchen.

In dieser ersten „Automobilwerkstatt" baute Büssing im Jahre 1902 seinen ersten Lastkraftwagen. Für technisch Interessierte: Zwei-Zylinder-Otto-Motor von 9 PS, 105 mm Bohrung, 130 mm Hub, 850 Umdrehungen, hängende Ventile mit vorn liegender Nockenwelle. 1903 baute er den ersten eisenbereiften Brauereiwagen für eine Brauerei in Posen, und bereits am 28. April 1904 fuhr ein Büssing-Omnibus als Linienverkehr nach Wendeburg. Die Fahrtzeit betrug eine Stunde und zwanzig Minuten, die Haltestellen waren an der Post, Markthalle, Riefenberg, Radeklint, Ölper, Watenbüttel, Völkenrode, Bortfeld, Wendezelle und eben Wendeburg.

Die knapp bemessenen Fahrplanzeiten sind nach Angaben von alten Wendeburgern immer pünktlich eingehalten worden. Dieser Omnibus war damals eine Sensation. Die Linie ist bis in den Ersten Weltkrieg hinein in Betrieb gewesen. Mit dem ersten Bus fuhren neben dem Fahrer Bussenius Ernst Büssing, Max Büssing, Heinrich Büssing und der Wendeburger Pastor Hayder.

Es ging schnell aufwärts mit den Omnibussen und Lastkraftwagen von Heinrich Büssing. 1950 verließ der 10000. Lastkraftwagen das Montageband.

1929 starb der Mann, der Automobilgeschichte schrieb. Das Werk siedelte 1963 nach Salzgitter-Watenstedt über, weil die Räumlichkeiten auf dem alten Werksgelände zu klein geworden waren. Inzwischen wurde das Werk von der Firma MAN übernommen.

Als man in den 60er Jahren mit dem Bau des neuen Braunschweiger Hauptbahnhofes begann, mußten die umliegenden Straßen in die Planung mit einbezogen werden. So wurde im Zuge der Verkehrslösungen für den Bahnhofsvorplatz der Heinrich-Büssing-Ring ausgebaut. Man bezog ihn in das Ringstraßensystem ein, und er gilt heute als Zuführungsstraße zum Stadtkern.

Durch notwendig gewordene Straßenverbreiterungen und Einmündungen in den Bahnhofsring, ferner durch die Freimachung des Geländes für den neuen Hauptbahnhof, waren umfangreiche Umlegungen von Versorgungsanlagen erforderlich. Die großzügigen Beleuchtungsanlagen auf dem Ring, die Verkabelung der Ampelanlagen und Telefonleitungen und vieles mehr verwandelten den Heinrich-Büssing-Ring zunächst in eine riesige Baustelle, bis er sein heutiges „Gesicht" erhielt.

Omnibus der Büssing-Automobilwerke in Braunschweig, 1905. Modell im Deutschen Museum, München.

Heinrichstraße

Die Heinrichstraße beginnt an der Kasernenstraße, gegenüber dem Hauptzollamt, überquert den Hagenring und führt bis hin zur Dürerstraße. Ihren Namen hat sie vermutlich nach Heinrich dem Jüngeren, Herzog von Braunschweig-Wolfenbüttel, erhalten.

Herzog Heinrich d. J. – Das Gemälde von J. H. E. Neumann aus dem Jahre 1823 befindet sich im Schloß Wolfenbüttel, eine Kopie im Landesmuseum.

Herzog Heinrich der Jüngere wurde am 10. November 1489 geboren, er starb am 11. Juni 1568. Seine Eltern waren Heinrich der Ältere und die Prinzessin von Pommern. Heinrich der Jüngere, der 1514 in Wolfenbüttel zur Regierung kam, regierte mit Ausschließung seiner Brüder. Doch sein Bruder Wilhelm erkannte erst viel später die Erbfolge nach der Erstgeburt an.

Eine höchst bewegte Regierung führte Heinrich der Jüngere. Gleich zu Beginn fiel die Hildesheimer Stiftsfehde. Bischof Johann von Hildesheim, ein sparsamer Herr, beabsichtigte die Wiederauflösung der von seinen Vorgängern an die Ritterschaft verpfändeten Güter. Um diesen Plan zu vereiteln, verbündeten sich 1516 heimlich 55 hildesheimische Ritter und suchten Schutz bei den Herzögen Heinrich von Wolfenbüttel und Erich von Calenberg sowie bei dem Bischof Franz von Minden.

Der Kampf begann nach Einziehung der den Gebrüdern von Salder verpfändeten Schlössern. Plündernd durchzogen die von Salder mit ihren Knechten das Stift, Gronau und die Neustadt vor Hildesheim gingen in Flammen auf. Schutz vor den Verfolgungen der Bischöflichen fanden sie im Wolfenbüttelschen und Mindenschen.

Bischof Johann schloß mit Heinrich dem Mittleren von Lüneburg sowie mit den Grafen von Schauenburg, Diepholz und Hoya ein Gegenbündnis. 1519 fielen die Hildesheimer mit ihren Verbündeten in das Hochstift Minden, vertrieben Bischof Franz und drangen dann im Calenbergischen vor. Jetzt griff auch Heinrich der Jüngere zu den Waffen; die hildesheimischen und lüneburgischen Lande mußten nunmehr für die Verwüstungen im Mindischen und Calenbergischen büßen.

In die Hildesheimer Stiftsfehde nun verwickelt, wurde Heinrich der Jüngere zwar in der Schlacht auf der Soltauer Höhe am 28./29. Juni 1519 geschlagen, doch wurden durch die Gunst Karls V. 1523 ihm und seinem Vetter Erich fast sämtliche hildesheimischen Stiftslande zugesprochen. Erich der Ältere und Wilhelm, Brüder Heinrichs des Jüngeren, fielen in feindliche Gefangenschaft. Erich mußte für seine Freilassung mehrere Schlösser an Lüneburg abtreten, Herzog Wilhelm wurde dagegen vom Bischof in strenger Haft gehalten. Kaiser Karl V., dem Heinrich der Mittlere von Lüneburg als Anhänger des Königs Franz I. von Frankreich, seines Nebenbuhlers um die deutsche Krone, verhaßt war, forderte 1521 von den Siegern die Rückgabe aller eroberten Städte und Burgen sowie die Freilassung aller Gefangenen. Die Söhne Heinrichs des Mittleren, Otto und Ernst, zu deren Gunsten der Herzog die Regierung niederlegte, fügten sich dem kaiserlichen Gebot.

Im Bauernkrieg zog Heinrich dem Landgrafen von Hessen und dem Kurfürsten von Sachsen zu Hilfe und nahm an der Schlacht bei Frankenhausen am 15. Mai 1525 teil. Im Jahre 1528 stand er mit 1000 Reitern Karl V. gegen den Papst und Venedig bei. Das Heer wurde jedoch ein Opfer ansteckender Seuchen, und der Herzog selbst entkam nur in Verkleidung den überall auflauernden Feinden.

Ein Feind der Reformation - Luther schrieb gegen ihn die Flugschrift „Wider Hanns Worst" -, suchte er in den evangelischen Nachbarstaaten Unheil und Aufruhr zu stiften, wurde aber von den Kurfürsten von Sachsen und den Landgrafen von Hessen 1542 aus seinem Lande vertrieben und bei einem Versuch, alles wieder zu erobern, am 21. Oktober 1545 gefangen genommen.

Nach der Schlacht am Mühlberg 1547 wurde er wieder freigelassen, geriet aber mit dem Adel in Streit und erregte durch seine Härte und Verfolgungssucht gegen die neue Lehre große Erbitterung, so daß Markgraf Albrecht wieder einen Einfall in Braunschweig für nötig erachtete. Der Beistand Moritz von Sachsen, der in der Schlacht von Sievershausen am 9. Juli 1553 fiel, befreite Heinrich noch. Durch den Tod zweier Söhne in dieser Schlacht milder gestimmt, söhnte sich Heinrich mit seinem Land aus und zeigte sich sogar in seinen späteren Jahren der Lehre Luthers nicht abgeneigt.

Heinrich der Jüngere war mit der Gräfin Maria von Württemberg, dann mit der polnischen Prinzessin Sophie vermählt. Bekannt ist er durch seine romantische Liebe zu Eva von Trott geworden, die er für gestorben ausgab, insgeheim aber auf der Staufenburg am Harz verborgen hielt.

Die Schule Heinrichstraße. Foto von 1996.

Helmstedter Straße

Schon an der Kreuzung Parkstraße/Adolfstraße beginnt die Helmstedter Straße, die an der Hochstraße einen kleinen Knick nach Osten macht, an der Johanniskirche noch einmal, und dann am Krankenhaus Marienstift vorbei in Richtung Helmstedt, wie der Name sagt, verläuft. Helmstedt ist eine sehr alte Stadt. Bereits aus dem Jahre 952 ist eine Urkunde unter dem Namen „Helmonstede" bekannt. Bis sich die Schreibweise Helmstedt durchgesetzt hat, schrieb man Helmonstad (1159), Helmstad (1160) und Helmstide (1176).

Der Name kommt von dem Stamme Helm, der seit dem 6. Jahrhundert nachweisbar ist. Der Sage nach soll der Hund des Gründers Helin geheißen haben. An der Stätte, wo sich einst der Bauer und Jäger niederließ, wurde später die Stadt erbaut und erhielt nach dem Tier ihren Namen.

Aus einer Missionszelle des 8. Jahrhunderts entwickelte sich Helmstedt an der vielbefahrenen Rhein-Elbe-Straße als Gewerbe- und Fernhandelsort und als Hansestadt bis zum Spätmittelalter zu einer der bedeutendsten Städte im Herzogtum Braunschweig-Wolfenbüttel. Hohes Ansehen brachte die Gründung der ersten niedersächsischen Universität (1576), die allerdings 1810 durch Napoleon wieder aufgelöst wurde. Doch bleiben wir in Braunschweig und schauen uns die Helmstedter Straße an.

Als im Jahre 1952 im Zuge des Bahnhofneubaus mit dem Bau der Unterführung begonnen wurde, änderte sich das Bild schlagartig. Zunächst wurden auf der Südwestseite der Straße mehrere Verkaufsstände, Steinmetzunternehmen, eine Tankstelle und Kohlenlager verlegt sowie eine Umgehungsstraße zwischen Kapellen- und Akkerstraße gebaut. Dann wurde die Helmstedter Straße halbseitig zwischen Posener- und Ackerstraße, unter Aufrechterhaltung des Verkehrs auf der verbleibenden Straßenhälfte, sowie das Gelände für die neue Tankstelle und je ein Teil der Acker-, Elbing- und Tilsitstraße abgebaggert und ausgebaut.

Die Auffahrt zum Streitberg wurde neu hergestellt und die halbseitig abgesenkte Helmstedter Straße angeschlossen. Die Einmündung der Straße „Am Hauptgüterbahnhof" wurde ebenfalls unter Aufrechterhaltung des Verkehrs gebaut.

Der Neubau des Marienstiftes an der Helmstedter Straße wurde am 9. Oktober 1883 eröffnet.

Am 5. Oktober 1954 wurde die Unterführung offiziell dem Verkehr übergeben. An diesem Tage fuhr die Straßenbahnlinie 4 zum ersten Mal wieder durch die Helmstedter Straße bis zu ihrem neuen Endpunkt am Krematorium. Der Eisenbahnverkehr auf den neuen Brücken ist am 15. Oktober 1954 eröffnet worden. Im Jahre 1956 begann die Bundesbahn mit der Erweiterung der Überführungsbauwerke. Gleichzeitig mit den Widerlagern der Eisenbahnbrücke wurden die Widerlager für eine Fußgängerbrücke errichtet.

Diese Brücke dient den Kindern, die die Streitbergschule besuchten, als sicherer Übergang über die Helmstedter Straße. Mit diesen Baumaßnahmen verschwand die Bahnschranke, vor der die Leute früher oft lange warten mußten. Die älteren Braunschweiger werden sich daran sicher noch erinnern.

Weiter stadtauswärts liegen die großen Friedhöfe der Stadt Braunschweig. Sie erstreckten sich bis an die Gleisanlagen des Verschiebebahnhofes, die von einer Brücke überspannt werden. Vorbei an den Kasernen gelangt man schließlich vor die „Tore der Stadt", wie man sagt, obwohl hier nie Tore gestanden haben. Ein Warteturm allerdings ist schon sehr früh beschrieben worden: Der „Schöppenstedter Turm".

Er liegt an der ehemaligen Magdeburger Heerstraße unweit des Dorfes Klein Schöppenstedt und war lange Zeit ein Wirtshaus. Der Warteturm diente der ehemaligen Landwehr. Die Stadt Braunschweig hatte die um sie herum gelegenen Dörfer durch eine Landwehr einfassen und umpfählen lassen, und zwar so weit, wie die Viehtriften reichten.

Der frühere Bahnübergang an der Helmstedter Straße. Die Fußgänger mußten die Brücke benutzen. Dies Foto entstand kurz nach der Jahrhundertwende.

Diese Landwehren bestanden in der Regel aus drei, an einigen Orten sogar aus vier Gräben. Diese waren auf beiden Seiten mit Bäumen und Sträuchern besetzt und an den Heerstraßen durch Türme befestigt. Der Wohnplatz „Schöppenstedter Turm" an der Straße nach Helmstedt entstand im 14. Jahrhundert.

1398 wird er als „de berchfred von dem Scheppenste dame" erwähnt. Bei Belagerungen der Stadt Braunschweig in den Jahren 1492, 1550 und 1600 wurde er erbittert umkämpft und zerstört, jedoch stets wieder aufgebaut.

Im Jahre 1774 wurden in dem Gebäude ein Wirtshaus und der Zoll eingerichtet und 1802 der an der Magdeburger Heerstraße „etwa 1000 Schritt von Klein Schöppenstedt" gelegene Turm, wie gesagt, als Wirtshaus erwähnt.

Die Fuhrleute, die oft nach langer Reise durstig und hungrig waren, kehrten, bevor sie in die Stadt zogen, dort ein. Heute ist die Helmstedter Straße eine der meistbefahrenen Ausfallstraßen der Stadt. Der „Schöppenstedter Turm" ist auch heute wieder ein Gasthaus.

Hennebergstraße

Die Familie Henneberg hat für die Stadt Braunschweig viel getan. Die Hennebergstraße, am Bürgerpark gelegen, wurde nach Wilhelmine Henneberg benannt. Minna Henneberg, wie Wilhelmine meist genannt wurde, war die Enkelin des Präfekten Ludwig Henneberg und die Schwester des Malers Rudolf Henneberg. Zum Gedächtnis an ihren Bruder stiftete sie das „Rudolfstift" zur Erziehung unbemittelter Kinder weiblichen Geschlechts im christlichen Geiste. Dieses Stift wurde 1887 eröffnet. Wilhelmine, 1824 geboren und 1886 gestorben, war wie ihr Bruder ohne Nachkommenschaft. Sie vermachte ihr Vermögen sowie ein weitläufiges Grundstück an der Wolfenbütteler Straße (heute im Bereich der Hennebergstraße) der Stadt Braunschweig als finanziellen Grundstock für das „Rudolfstift", das sich anfangs noch mit ph schrieb. Dieses Stift ist heute ein Altersheim und befindet sich auf der Rudolfstraße 21. Rudolfstraße und Rudolfplatz sind nach Rudolf Henneberg benannt.

Der Maler Rudolf Henneberg wurde am 13. September 1825 in Braunschweig geboren und starb am 14. September 1876 in seiner Heimatstadt. Er war auch ein Enkelkind des Präfekten Friedrich Christian Ludwig Henneberg. Nach einem Jurastudium unter anderem in Heidelberg und Göttingen 1845 bis 1848 erhielt er eine Beschäftigung am Herzoglichen Kreisgericht in Braunschweig. Nach dem Entschluß, Maler zu werden, hielt er sich in den Jahren 1850/51 zu Studienzwecken in Antwerpen auf und verweilte danach bis 1861 in Paris. Dort stand er ganz unter dem Einfluß von Delacroix, Cauture und der Schule von Barbizon. 1861 bis 1863 war er vorwiegend in Italien. In Berlin vollendete Henneberg 1868 sein damals vielbeachtetes Hauptwerk „Die Jagd nach dem Glück", das sich in der Nationalgalerie in Berlin befindet. Rudolf Henneberg schuf überwiegend Werke von historischer und literarischer Thematik. Einige seiner Werke befinden sich im Städtischen Museum in Braunschweig.

Wilhelmine Henneberg, die Schwester des Malers Rudolf Henneberg, stiftete das nach ihrem Bruder benannte „Rudolfstift".

Der schon erwähnte Präfekt Friedrich Ludwig Christian Henneberg wirkte in Braunschweig in schwerer Zeit. Nachdem Napoleon im August 1807 durch Kaiserliches Dekret die Gründung des Königreichs Westphalen verfügt hatte, wurde die politische Landkarte Deutschlands schlagartig verändert.

An die Stelle der zahlreichen Klein- und Mittelstaaten war nun ein relativ großes Territorium getreten, zu dem auch Braunschweig-Wolfenbüttel gehörte. Nach der Verwaltungsordnung gehörte nun der größte Teil unseres Gebietes zum Okerdepartement. Zum Präfekten des Okerdepartements wurde Henneberg, der zuvor Mitglied des Herzoglichen Ministeriums war, ernannt.

Friedrich Ludwig Christian Henneberg wurde am 6. August 1748 in Braunschweig geboren. Nach einem Jurastudium in Helmstedt, Leipzig und Jena fand Henneberg 1774 eine Anstellung als Sekretär bei Herzog Karl I. Im Jahre 1781 wurde er zum Legationsrat befördert, 1790 zum Geheimen Sekretär des Herzogs Karl Wilhelm Ferdinand. Seine Tätigkeit als Präfekt wirkte sich segensreich für Braunschweig aus, da er es verstand, manche bedrückende Maßnahme der Besatzer abzumildern. So rettete er etwa 1812 den Braunschweiger Burglöwen vor dem Einschmelzen. Henneberg starb am 26. April 1812 in Braunschweig. Sein Nachfolger wurde Georg Johann Gerhard August von Reimann.

Die Hennebergstraße mit dem Bürgerpark im Hintergrund. Foto von 1986.

Das Rudolfstift wurde am 7. März 1887 durch eine Verfügung des Braunschweigischen Staatsministeriums genehmigt und mit den Rechten milder Stiftungen ausgestattet. Der Festschrift zum 100. Bestehen der Stiftung ist folgendes zu entnehmen: „Das am 8. Mai 1886 verstorbene Fräulein Minna Henneberg hatte zuvor durch Testament 1884 als 60-jährige die Stadt Braunschweig als Erbe ihres Vermögens mit der Auflage eingesetzt, eine Stiftung zu errichten, die unbemittelten, Kindern, evangelischen Bekenntnisses und weiblichen Geschlechtes, im christlichen Geiste unentgeltlich Unterhalt, Erziehung und Ausbildung zu gewähren, und zwar in erster Linie, um sie für den dienenden Beruf heranzubilden und denjenigen Pflegekindern, welche sich dauernd gut betragen, auch nach ihrer Entlassung aus dem Stift, das Elternhaus zu ersetzen.

Der Name der Stiftung ist von der Stifterin zum Gedächtnis an ihren 1876 verstorbenen jüngeren Bruder, dem Kunstmaler Rudolf Henneberg, festgelegt. Die Stifterin selbst ist am 8. Mai 1886 gestorben.

Die Gräber der Geschwister befinden sich in der Nähe des Rudolfstifts auf dem St. Martini Friedhof. Der Findling auf dem Grabe der Stifterin trägt die Unterschrift 'Begründerin des Rudolfstifts von der dankbaren Stadt Braunschweig'. Die heutige Stiftsleitung möchte die Grabsteine gern auf das Grundstück an der Rudolfstraße holen, um sie vor Beschmutzern zu bewahren.

Hinter der Masch

Masch oder Marsch bedeutet soviel wie Niederung. Der Boden, der meist aus feinstem Tonschlamm, Schlick und Sand besteht und oft reich ist an Resten mikroskopischer Organismen, ist von größter Fruchtbarkeit. Auch entlang der Oker waren in den flachen Niederungen saftige Weiden, der Boden diente aber auch zum Getreideanbau und besonders zum Futteranbau, und der begünstigte in hohem Maße die Zucht von Milch- und Mastvieh. So war es auch in dem Gebiet, das wir heute kurz „Masch" nennen. Etwas höher gelegen, auf natürlichen Sanderhöhungen, befinden sich die Maschstraße und die Straße Hinter der Masch.

Im Jahre 1953 begann man mit dem Bau des Turmes der St.-Laurentius-Kirche.

Die „Masch", das Volksfest, das heute auf dem Schützenplatz an der Hamburger Straße gefeiert wird, hat Namen und Ursprung in diesem Feuchtgebiet an der Oker. Auf dem Maschplatz fanden im Mittelalter das Volks- und Schützenfest statt, man ging zur „Masch". Und diesen Namen hat das Fest bis auf den heutigen Tag beibehalten.

Die Straße Hinter der Masch wurde, sieht man von einigen wenigen Gehöften ab, in den letzten Jahrzehnten des vorigen Jahrhunderts bebaut. Hoch hinaus ragt der Turm der katholischen Laurentiuskirche. Dieses Gotteshaus, im neugotischen Stil errichtet, wurde am 18. Oktober 1900 feierlich eingeweiht.

Der Heilige Laurentius, aus Spanien gebürtig, wurde 257 Diakon und Schatzmeister in Rom. Die Legende berichtet über ihn, daß er, als ihm bei einer Christenverfolgung geraten wurde, die Schätze der Kirche auszuliefern, geantwortet habe, die Armen und Kranken seien die Schätze. Daraufhin soll man ihn auf einem Rost bei lebendigem Leibe gebraten haben. Sein Tag ist der 10. August. Abgebildet wird Laurentius stets jugendlich, im Diakoniegewand, gewöhnlich zu seinen Füßen den rechteckigen Rost, in der Hand eine Schüssel mit Kirchengeräten und Goldmünzen, zuweilen auch das Rauchfaß schwingend. Unter den bildlichen Darstellungen seiner Legende sind die von Giovanni da Fiesole im Vatikan zu Rom und Tizian in der Jesuitenschule in Venedig am bedeutendsten.

In der Laurentiuskirche erinnert das von Lammerich entworfene Laurentiusfenster an den Heiligen. Es enthält im wesentlichen die Laurentiusgeschichte: Laurentius begegnet seinem väterlichen Freund Papst

Sixtus, der durch die Häscher abgeführt wird, dann die Frage „Wohin gehst Du ohne Deinen Sohn?" Dann erkennt man den römischen Soldaten Romanus, der, erschüttert über den Tod Laurentius, Christ wurde und für seinen Glauben den Märtyrertod stirbt. Zu sehen ist ferner der heidnische Richter, der Laurentius auffordert, die Kirchenschätze auszuliefern und die Szene, wo Laurentius die Schätze der Kirche bringt: die Armen, denen er Gaben austeilt. Der Richter ist gezeigt, der Laurentius zum Feuertod verurteilt und das Erleiden des Feuertodes. Dieses eindrucksvolle Fenster wurde in Zusammenarbeit mit Lammerich von der Firma Rodehorst aus Bergen bei Celle gefertigt.

Zum 75jährigen Bestehen der Kirche gab das Katholische Pfarramt St. Laurentius eine interessante Schrift heraus, in der man die wechselvolle und oft leidgeprägte Geschichte nachlesen kann. Im Norden der Stadt lebten kurz vor der Jahrhundertwende mehr als 2000 Katholiken, die kaum Gelegenheit hatten, einen Gottesdienst zu besuchen. Im Jahre 1896 blieb etwa die Hälfte der katholischen Schulkinder im Norden der Stadt wegen der weiten Wege und wegen der räumlichen Enge in der St. Nicolai-Kirche der hl. Messe fern. Es war nichts Außergewöhnliches, daß Zehnjährige damals noch nie einer hl. Messe beigewohnt hatten. Alle diese Umstände zwangen zum Handeln. 1896 wurde das Grundstück Hinter der Masch 17 erworben, und bald eine dreiklassige katholische Volksschule erbaut. Am 1. Januar 1899 erwarb der Bischöfliche Stuhl einen Bauplatz neben der Schule. Hier sollte das neue Gotteshaus errichtet werden. Die Pläne, von Baurat Herzig entworfen, waren am 1. Juli 1899 fertig, der Bau konnte beginnen. Am 18. Oktober 1900 fand die feierliche Benediktion durch Dechant Dr. Grube statt, der auch das erste feierliche Amt zelebrierte.

Im Jahre 1906 erfolgte die Erhebung zur selbständigen Filialkirche. 1930 wurde sie renoviert und ausgebaut. Die Schreckensnacht vom 15. Oktober 1944 brachte der St. Laurentius-Kirche die Vernichtung. Wie die St. Nicolai-Kirche am Sandweg sank auch dieses Gotteshaus in Schutt und Asche, nur die Außenmauern ohne Dach und ohne jegliche Innenausstattung blieben stehen, das Pfarrhaus wurde schwer beschädigt und brannte bis auf den Keller aus, die katholische Schule kam mit leichteren Schäden davon. Auch die Akten des Pfarrhauses St. Laurentius sind im Feuersturm verbrannt. Nach fast vollständiger Zerstörung konnte der schlichte einschiffige Bau ab 1948 wieder genutzt werden. In den Jahren 1953/54 erfolgte der Erweiterungsbau: das Kirchenschiff wurde nach Westen verlängert, die Seitenschiffe und die Errichtung eines Turmes im Südwesten vorgenommen. Seit 1956 ist St. Laurentius Kuratiegemeinde, seit 1960 Pfarrei. Sehenswert sind neben dem Hochaltar von Josef Höntgesberg Tabernakel und Kreuzweg von Friedrich Lammerich.

Die St. Laurentius-Kirche im Jahre 1986.

Hochstraße

Hoch droben auf dem Giersberg steht der Wasserturm. Die Straße, die hier hochführt, ist die Hochstraße. Sie verbindet die Husarenstraße mit der Helmstedter Straße. Die Anhöhe ist mit 83,39 m die höchste natürliche Erhebung im Stadtgebiet. Südwestlich des Giersberges im Bereich Howaldtstraße lag eine erstmals 1761 nachgewiesene kleine, vorgeschobene Befestigungsanlage. Neben dem alten fast in Vergessenheit geratenen katholischen Friedhof wurde 1901 von Ludwig Winter und Max Osterloh auf der Anhöhe ein 59 m hoher Wasserturm als Teil der städtischen Wasserkunst errichtet. Er diente bis 1988 als Vorratsbehälter.

Die Hochstraße führt auf den Giersberg hinauf und mündet in die Helmstedter Straße. Links das Herzogin-Elisabeth-Heim.

Der ehemalige katholische Friedhof wurde für die 1708 gegründete katholische Gemeinde am Sandweg 1713 neben der 1712 geweihten St. Nicolai-Kirche errichtet, der 1750 durch Ankauf eines Gartens hinter dem Hause Friesenstraße 53 erweitert und bis 1796 genutzt werden konnte. Im Jahre 1796 erwarb der Pfarrer einen Morgen von dem Ackerland Nr. 24 am Giersberg vom Braunschweiger Waisenhaus gegen einen jährlichen Erbzins von 3 Talern. Der Herzog spendete 1797 einen Betrag von 200 Taler zur Anlage des neuen Friedhofs. Am 8. Mai 1797 fand hier die erste Beerdigung statt. 1835 gab das Waisenhaus abermals 1/2 Morgen für 4 Taler 16 Groschen Erbzins ab. Im Jahre 1865 war der Erbzins abgelaufen und der Kirchhof erst Eigentum der katholischen Gemeinde geworden. Ein Antrag auf eine weitere Vergrößerung des Friedhofs wurde 1880 abgelehnt, aber 1887 kamen durch Grenzregulierungen noch 59 Quadratmeter hinzu. Von 1799 bis 1901 haben hier über 6000 Beerdigungen stattgefunden.

Der Friedhof erlangte später noch einmal eine Bedeutung. Er wurde Gedenkstätte mit 220 Gräbern polnischer, italienischer, belgischer, niederländischer und französischer Zwangsarbeiterinnen und deren Kinder. Ein unrühmliches Kapitel in der Braunschweiger Geschichte. Kommen wir zurück auf den schon erwähnten Wasserturm. Dieser Turm diente zum Ausgleich des Drucks und als Vorratsbehälter, dessen von den Wilke-Werken gelieferter Behälter 2000 cbm Wasser speicherte. Mit dem Grundwasserwerk am Bienroder Weg wurde das Leitungsnetz verbessert und erweitert. Wenn auch amtlich die gleichmäßig gute Beschaffenheit des Leitungswassers in den ersten Jahren nach der Erweiterung der Wasserwerke festgestellt werden konnte, so wurde es doch bald immer schwieriger, den stetig wachsenden Belastungen des Okerwassers durch die Industriewässer durch Filterung zu begegnen. Die Hauptsünder waren nach wie vor die Zuckerfabriken, die mit dem steigenden Zuckerrübenanbau ihre Betriebsanlagen erweiterten und immer größer werdende Mengen meist ungereinigter Abwässer der Oker und deren Nebenflüssen zuführten. Aber auch der in den achtziger Jahren des vorigen Jahrhunderts aufgenommene Bergbau auf Kalisalze trug erheblich zur Verschlechterung des Flußwassers bei. So wurde der Druck auf die Verantwortlichen immer stärker, eine einwandfreie Wasserversorgung durch die Verwendung von Quell- und Grundwasser zu erreichen.

Die Braunschweiger Stadtverwaltung beauftragte daher ihren Oberingenieur Mitgau und den Geologen J. H. Kloos, Professor an der Technischen Hochschule, durch Versuchsbohrungen Grundwasser in guter Beschaffenheit und ausreichender Menge in der weiteren Umgebung der Stadt zu erschließen. Schon im Jahre 1891 war es Kloos gelungen, für die Stadt Wolfenbüttel in der Okerniederung oberhalb der Stadt unter den eiszeitlichen Kiesen in 20 m Tiefe in stark zerklüfteten Plänerkalksteinen der Oberkreide Grundwasser in guter Beschaffenheit nachzuweisen. Diese guten Ergebnisse überzeugten, man bohrte nun zwischen Melverode und Rüningen weiter nach Grundwasser. Doch das Wasser war sehr eisenhaltig und besaß zuviel Chlor. Auch in Broitzem und an weiteren Orten bohrte man nach Wasser.

Im Jahre 1896 waren dann Pumpversuche in der Umgebung des Dowesees erfolgreich verlaufen. Die günstigen Ergebnisse der Pumpversuche in dem Gelände führten nun zum Entschluß der Stadtverwaltung, hier ein Grundwasserwerk zu errichten. Um ganz sicher zu gehen, ließ man weitere Gutachten erstellen.

Am 16. August 1900 begannen dann die Arbeiten mit der Anlage der Sammelbrunnen. Die Gewinnung der Grundwasser erfolgte aus je 30 Filterrohrbrunnen östlich und westlich des am Bienroder Weges errichteten Wasserwerks. Die 25 bis 30 m tiefen Brunnen wurden durch ihre Saugrohre mit einer Hebeleitung verbunden, die von den Brunnenreihen im Osten und Westen in die Sammelbrunnen mündeten.

Gedenkstätte ehemaliger Nicolai-Friedhof am Giersberg. Foto von 1996.

Im Maschinenhaus standen drei gleichgroße Aggregate, die durch den in drei mit Rohbraunkohle beschichteten Zweiflammenrohrkesseln erzeugten Dampf angetrieben wurden. Jedes Aggregat bestand aus einer Dampfmaschine mit einer Leistung von 100 PS, von der zwei Vorhebepumpen sowie zwei Plungerpumpen mit einer Förderleistung von 450 m 3/h bei einer Förderhöhe von 55 m angetrieben wurden, welche das aus dem Reinwasserbehälter angesaugte Wasser in das damals 100 km lange Stadtrohrnetz drückten. Zum Ausgleich des Drucks und eben als Vorratsbehälter diente der Wasserturm auf dem Giersberg an der Hochstraße.

Höfenstraße

Zwischen der Thomaestraße und der Goslarschen Straße verläuft die Höfenstraße. Eine ländliche Idylle mag man auf den ersten Blick meinen, Fachwerkhäuser, wie sie in Braunschweig nur noch selten zu finden sind, stehen hier in großer Zahl.

Diese Straße verläuft auf dem ehemaligen Flurstück „In den langen Höfen", wonach sie ihren Namen hat. Hier haben vor Zeiten mehrere Höfe oder gar ein ganzes Dorf gestanden. Die Flurstücke „In den langen Höfen" und „In den Maibäumen", beiderseits vom Sackring gelegen, wurden bis auf einige wenige Höfe erst spät besiedelt. Auf Stadtplänen von 1945 ist das Flurstück „In den langen Höfen" entlang der Tuckermannstraße zum großen Teil noch als Brachgebiet ausgewiesen.

Eine Reihe von namhaften Historikern vermuten auf diesem Gebiet ein frühes Dorf, einige waren sogar der Meinung, daß hier eine Burg auf einer wahrscheinlich niedrigen und erst künstlich erhöhten, eventuell von Wald bestandenen Okerinsel gestanden hat, um die entsprechende Höfe entstanden sind. Einen Burggraben, der den Hügel eben zu einer Insel umwandelte, soll künstlich angelegt gewesen sein.

Doch der Historiker P. J. Meier hat keine Anzeichen für diese Vermutungen gefunden. Er schrieb in einem Aufsatz in dem Braunschweigischen Magazin von 1922: „Immerhin brachte mich der falsche Weg zu der richtigen Annahme, das gesuchte Dorf müsse Dankwarderode geheißen haben. Zum Glück können wir hier den einwandfreien Beweis führen." Das höhere Gelände, auf dem man die Burg vermutete, ist, wie Bohrungen in den 20er Jahren bewiesen, von 69,03 m Meereshöhe ab diluviales Gebilde, während im Gegensatz dazu der vermutete Burggraben, der den Hügel zu einer Insel machte, von Hand gegraben worden ist. Immerhin brachte Meier bei seinen Forschungen der falsche Weg auf die Fährte eines schon lange gesuchten Dorfes. Demnach hat Dankward, bevor er die nach ihm benannte Burg (Dankwarderode) erbaute, hier ein Dorf gegründet.

Die Höfenstraße liegt auf dem Flurstück „In den langen Höfen". Foto von 1996.

Das scheint auch durch die Flurnamen Dankerode- oder Dankwürderoder Feld belegt zu sein.

Aus den Akten des Klosters Steterburg geht klar hervor: „Specificativ der Korn Zehendten, so dem Closter Steterburg zustehen undt jaerlich umme gewiße Geldt, auch Korn verdinget werden. 1. Vor Braunschweig zwischen dem Höhen und Michaelis Tore belegener Zehndte uff den Dankwürderröhder Velde genandt, wirdt jaerlich den gesampten Bürgern daselbst umme gewiße Geldt verdungen."

In den Jahren 1680 hatte das Kloster Steterburg mit den Herren von Strombeck einen langwierigen Prozeß zu führen, weil diese den sonst anstandslos gezahlten Zehnten für das Land auf den Wannen Weinberg, Schwarzer Kamp und Vogelsang (in der Nähe der Wanne Freiland zwischen Madamenweg, Kreuz-, Gabelsberger- und Melanchthonstraße) plötzlich zu bezahlen sich weigerten.

Herrliche Fachwerkhäuser stehen an der Höfenstraße.

In den Zeugenaussagen des außerordentlich schwülstig protokollierten Prozesses werden die weiteren Wannen Pipenstieg, Hinter der Windmühle sowie nach der Roten Wiese und dem Lütken Altfelde zu als solche aufgeführt, deren Zehntverhältnisse mit den anderen in enger Beziehung standen. Es handelt sich danach auch um die Wannen der Flure Münstedt, Molenberg und In den langen Höfen. Der Zehnt war damals noch an das Kloster Steterburg zu entrichten.

Die Bezeichnung „Hof" ist schon sehr alt. Hof bedeutet ein freier, eingefriedeter Platz, besonders der Raum neben einem Gebäude, oft mit Mauern (heute noch in den Elmdörfern gut erkennbar) einem Geländer oder Zaun, in feuchten Gegenden auch von einem Graben umgeben.

Bei größeren Bauwerken, so bei Burgen, Schlössern und Herrensitzen, unterscheidet man Vorder- und Hinter- oder Haupt- und Nebenhöfe. Landwirtschaftlich versteht man unter Hof auch ein ganzes Gut mit Feldern oder bloß den gesamten Gebäudekomplex; man spricht dann vom Gehöft. Hofraum oder Hofraite heißt dann der von diesem umschlossene Raum. Man baute gern die Anlage in einem (länglichen) Viereck, damit vom Wohnhaus aus alles übersehen werden konnte, zog aber da, wo sehr weitläufige Bauten nötig waren, die Anlage von Querbauten vor, um nicht zu viel Hofraum mit unnötigen Unterhaltungskosten zu haben.

In solchen Fällen, meist aber nur bei großen Höfen, konnte im Mittelbau ein Turm mit Uhrwerk und Verwalterstube zum freien Überblick angebracht werden.

Gebäude mit feuergefährlichen Anlagen wurden oft ein wenig außerhalb des Hofes erbaut, beispielsweise die Brennerei, die einst eine große Rolle spielte, aber auch Scheunen (Feldscheunen) für die Futteraufbewahrung, auch Stallungen (Viehhof), Schäferei (Schafstall). Die Düngerstätte, besser der Misthaufen, befand sich meist in der Mitte des Hofes, damit er von allen Stallungen gleich zugänglich war.

Hof heißt aber auch herrschaftlicher Besitz im Gegensatz zu den Gehöften der Bauern, der Hofbauern.

Hohestieg

Die Verbindungsstraße zwischen der Goslarschen Straße und dem Altstadtring ist der Hohestieg. Vermutlich befand sich hier ein Stieg oder Feldweg, den die Benediktinerinnen vom Kreuzkloster auf dem Rennelberg entlanggingen, wenn sie zu ihren Gärten in der Nähe der Kreuzstraße wollten. Ein hoher Stieg könnte demnach ein in einem feuchten Wiesengebiet aufgeschütteter Weg gewesen sein.

Hier am Hohestieg befindet sich seit 1892 eine mittlere Knabenbürgerschule, heute Grundschule mit Orientierungsstufe. Die Bürgerschulen der Stadt Braunschweig erfreuten sich in der pädagogischen Welt des besten Rufes. Sie gliederten sich in mittlere und untere. Die mittleren Bürgerschulen waren 7-stufig, die unteren 6-stufig mit einer Oberklasse. In einigen unteren Bürgerschulen waren für die Konfirmandinnen auch Kochschulen eingerichtet; fast alle hatten Brausebäder, sowie Knaben- und Mädchenhorte. Kränkliche arme Kinder wurden in großer Zahl in sogenannte Sommerpflegen geschickt.

Um 1920 gab es in Braunschweig fünf mittlere Knabenbürgerschulen: Bültenweg 9, Okerstraße 9, Hohestieg 2, Ottmerstraße und Comeniusstraße 11; vier mittlere Mädchenschulen: Wilhelmstraße 95, Sidonienstraße 3, Echternstraße 1-3, Schulweg 1; 10 untere Bürgerschulen: Reichsstraße 26, Leopoldstraße 5, Maschstraße 41, Bürgerstraße 2, Leonhardstraße 12, Sophienstraße 7, Heinrichstraße 36, Südklint 15, Pestalozzistraße 18 und Diesterwegstraße.

Früher mußte man in den unteren Bürgerschulen jährlich vier Mark Schulgeld bezahlen, allerdings nur für ein Kind in der Familie. Dafür waren die Unterrichtsmittel frei. Für die mittleren Bürgerschulen mußte man 24 Mark entrichten, für die städtische Mädchenschule

Die Schule Hohestieg wurde 1892 erbaut. Es ist heute eine Grundschule mit Orientierungsstufe.

80 Mark, für die höhere Töchterschule 120 Mark und für die Gymnasien ebenfalls 120 Mark jährlich. Das Schulgeld in Braunschweig war durchweg etwas niedriger als in anderen gleichgroßen Städten. Das Schulgeld der Jahnschen Privatschule, um das noch zu ergänzen, betrug jährlich auf der Unterstufe 40, Mittelstufe 45, Oberstufe 50 Mark, in der Sophien-Schule von Fräulein Leffler je nach den Stufen 96, 108, 132, 148 und 180 Mark, in der Lauterschen höheren Mädchenschule 60, 90, 120, 150 und 180 Mark. Ab dem 31. März 1921 wurden die Schulgeldzahlungen in den Bürgerschulen abgeschafft.

Heute gibt es in Braunschweig neben den 92 Schulen der Trägerschaft der Stadt weitere vier, die von freien Trägern (Vereinen, Stiftungen, Verbänden) unterhalten werden. Dies sind die Freie Waldorfschule mit über 400 Schülerinnen und Schülern, die Freie Schule e.V. mit mehr als 60 Mädchen und Jungen im Grundschulbereich, die Heimschule Remenhof in Volkmarode mit etwa 30 sowie die Lotte-Lemke-Schule mit etwa 20 Schülerinnen und Schülern mit Verhaltensauffälligkeiten. Die Schulen in freier Trägerschaft sind staatlich anerkannte Schulen.

Schon im Mittelalter gab es in Braunschweig Schulen. Bis zum frühen 15. Jahrhundert bestimmten die Lehranstalten am Blasius- und Cyriakusstift sowie am Aegidienkloster das Schulwesen in der Stadt. Die Schulen standen den Kindern der bürgerlichen Familien offen, eine Schulpflicht dagegen gab es noch nicht. Eine erste Ordnung erhielt der Unterricht an den drei kirchlichen Schulen schon im Jahre 1370. Vermutlich lehrten seit der Mitte des 14. Jahrhunderts mehrere Privatpersonen mit Erlaubnis des Rates in ihren Häusern. Für das Jahr 1416 sind acht solcher Lehrer nachweisbar. Sie vermittelten neben dem Elementarunterricht und ersten Anfängen einer lateinischen Bildung die praktisch erforderlichen Kenntnisse volkssprachlicher Schriftlichkeit.

In den Jahren 1419 und 1420 konnte die Stadt Braunschweig endgültig zwei Schulen in eigener Trägerschaft gründen, und zwar an St. Martin und an St. Katharinen. Erst mit der zwischen den Leitern der drei kirchlichen und zwei städtischen Schulen vereinbarten Ordnung von 1478 wurden die deutschen Schreibschulen offiziell anerkannt. Bis zur Reformation, die mit der Annahme der Kirchenordnung Bugenhagens durch den Rat und die Gemeinde am 5. September 1528 erfolgte, blieb diese Ordnung verbindlich. Sie bezog sich vor allem auf die Dauer des Unterrichts, die Lehrer und Hilfslehrer, das Schulgeld und die verschiedenen Schülergruppen, nur beiläufig auf den Unterrichtsinhalt.

Zwei interessante Arbeiten geben weitere Auskunft über das Schulwesen in Braunschweig: Dürre, H., „Geschichte der Gelehrtenschulen in Braunschweig" und Kitzinger, M., „Das Bildungswesen in der Stadt Braunschweig im Hohen und Späten Mittelalter".

Am Hohestieg stehen noch herrliche Fachwerkhäuser. Foto von 1989.

Hoheworth

Die Hoheworth ist eine kleine Verbindungsstraße zwischen Eisenbütteler Straße und Bürgerpark. Die Bezeichnung Worth (Wörth, Wärder, Werder) bedeutet eine Insel in einem Fluß, aber auch ein Landstrich zwischen Flüssen und stehenden Gewässern oder eine aus einem Sumpf trocken gelegte und urbar gemachte Gegend. Das trifft auch hier an der Hoheworth zu, ehemals ein Feuchtgebiet im Urstromtal der Oker.

Gruß aus Hoheworth, Ansichtskarte von 1899.

Worth ist eine häufige Flurbezeichnung, mit wôrt wird auch ein freier Raum oder Platz bezeichnet. M. Heyne schreibt in seinem Buch „Das deutsche Wohnungswesen", daß das Wort vom got. wair = Plan abgeleitet werde, was in der alten sinnlichen Bedeutung kehren, wenden, sich abscheiden oder abtrennen bedeute. Er meint, daß man damit frühes Gemeindeeigentum bezeichnet habe, eine Stelle, die dem gemeinen Eigentum gegenüberstehe.

Und auch das trifft zu. Hier an der Hoheworth stand einst ein Hof oder gar ein Dorf. Der ehemalige Stadtheimatpfleger der Stadt Braunschweig, Dr. Wilhelm Bornstedt, hat 1981 in seiner Publikation „17 versunkene Dörfer unter den Straßen der Stadt Braunschweig ab 1031" ausführlich über dieses Gebiet geschrieben.

Konrad Botho, ein Braunschweiger Bürger, der zwischen 1489 und 1492 nachweisbar ist, hat uns die Nachricht über den Gaugrafen des Darlingaus hinterlassen. Kaiser Otto III. (reg. 995-1002) soll diesem Grafen Bruno für männlichen Beistand in den Kämpfen am Ende des 10. Jahrhunderts Melverode mit der Hohen Worth geschenkt haben. Jener Bruno muß 1010 gestorben sein.

Nun kennen wir diesen Botho als einen oft unkritischen Verfasser. Vielleicht hat Botho, so meint Dr. Bornstedt, eine Quelle benutzt, die uns heute nicht mehr zur Verfügung steht. Man hat nach einer Hohen Worth im Süden von Braunschweig gesucht und ist auf die Hoheworth am Scherbelberg bei Eisenbüttel westlich der Oker gestoßen.

Somit erhielt diese Straße auch den Namen Hoheworth. Das ist immerhin noch 2300 m von Melverode entfernt. Und da kamen Dr. Bornstedt die Zweifel. Er lehnte es ab, daß es Hoheworth bei Eisenbüttel heißen müsse, da die Hoheworth auch auf der anderen Okerseite liegt und nie zu Melverode gehört hat.

Bei einem Vortrag in der Melveroder Nikolaikirche im Jahre 1971 hat Dr. Bornstedt bewußt die Hoheworth erwähnt und er war erstaunt, daß gleich mehrere Melveroder aufstanden und meinten, auf der Hoheworth zu wohnen.

Und nach der Lage dieses Flurstückes befragt, erfuhr Dr. Bornstedt: „Das ist die Stelle über der Okerniederung vom Schmiedemeister Ahlers nach der Kirche zu." Ein Anwohner erzählte schließlich, daß sein Vorfahr beim Hausbau (Leipziger Straße 83) im Jahre 1889 dicke Bruchsteinquader gefunden habe, die ihm beim Bau hinderlich waren.

Und der Landwirt Enk zeigte Dr. Bornstedt stolz ein starkes Kellergewölbe auf seinem Hof von gleichen Bruchsteinen. Auch ein Keller nördlich der Kirche war aus Bruchsteinen errichtet. Dr. Bornstedt hielt es für möglich, daß all diese Steine von dem alten befestigten Hof des Grafen Bruno stammen. Nun revidierte Dr. Bornstedt seine Meinung und glaubte auch an die Aussage, die Hoheworth lag bei Melverode. Das würde bedeuten, daß die Brunonen um 1000 in Melverode neben dem Dorf gesiedelt hatten.

Und bei dem Gebiet um die Straße Hoheworth hat es sich vermutlich um eine abseits liegende Einzelsiedlung oder ein Gehöft gehandelt; beiden gab man aber den gleichen Namen.

In den Karten von 1775 (Fr. Knoll) und 1840 (W. Schadt) ist die Bezeichnung Worth nahe der Eisenbütteler Straße vermerkt. Dr. Bornstedt hielt seine Forschungen auch in der zweiten Auflage seines Buches „Streifzüge durch die Geschichte von Melverode-Heidberg", 1972, fest.

Wenn die Siedlung Hohe Worth wahrscheinlich nördlich von Melverode gelegen hat, so erinnert zumindest die Straße Hoheworth an die frühe Siedlungsgeschichte in der Okerniederung und an einen Einzelhof, eine Worth, der sich hier befunden haben mag.

Im Jahre 1986 stellte man die bange Frage: Verschwinden alte Gärten an der Hoheworth? Zwischen Eisenbütteler Straße und Okerbrücke gibt es noch verträumte Gärten mit uralten Bäumen, knorrigen Obstbäumen sowie herrlicher Wiesen. Üppiges Buschwerk und die Ruhe in der Hoheworth bieten vielen Vogelarten, darunter auch gefährdeten, ideale Brutbedingungen. Selbst Nachtigallengesang im Frühjahr ist keine Seltenheit. Nun gibt es seit 1964 einen Bebauungsplan, den man 1986 wieder einmal hervorholte.

Eine Reihe von Grundstücken hatte die Stadt zu dem Zeitpunkt schon angekauft. Man plante eine Umgestaltung der Gärten in eine moderne Parklandschaft. „Grüner Zubringer" zum Bürgerpark nannte man das. Die Gärten sind heute, zehn Jahre später, immer noch da, wenngleich viele inzwischen brach liegen. Sollte es doch noch zum Umbau kommen, wird eines der wenigen stadtnahen Biotope für gefährdete Vogelarten zerstört.

So sah die „Restauration und Caffé Hoheworth" im Jahre 1991 aus. Das Gebäude wurde inzwischen abgebrochen.

Holwedestraße

Die Holwedestraße, die sich zwischen der Sidonienstraße und der Freisestraße außerhalb des westlichen Umflutgrabens befindet, ist nach dem Geheimen Sanitätsrat Benno von Holwede benannt worden. Am 31. Oktober 1924 starb Dr. med. von Holwede nach langem schweren Leiden.

Der Geheime Sanitätsrat Benno von Holwede

Aber nicht nur die Straße trägt seinen Namen, sondern auch das Städtische Krankenhaus, dessen Leiter er war. Holwede wurde am 5. Februar 1850 in Braunschweig als Sohn des Hauptmanns im Braunschweigischen Jägerbataillon von Holwede geboren. Auch seine Großväter waren Offiziere. Der Großvater väterlicherseits stand als Major in preußischen Diensten, und der Großvater mütterlicherseits, der Oberstleutnant Metzner, focht unter Herzog Friedrich Wilhelm mit bei Quatrebas.

Von Holwedes Geburtshaus stand am Ruhfäutchenplatz, etwa an der Stelle, wo heute das Deutsche Haus steht. Dort verbrachte er bei seiner Großmutter Metzner die ersten Kinderjahre und fand seine weitere Erziehung im Hause des Generalsuperintendenten P. Steinmeyer. Später besuchte der junge Holwede bis 1870 das Gymnasium Martino-Katharineum. Dann ging er nach Würzburg, wo er bis 1872 studierte, machte in diesem Jahr das Physikum in Marburg, besuchte die Universität Leipzig im Wintersemester 1872/73, kehrte schließlich nach Würzburg zurück und schloß seine Studienzeit dort mit dem Staatsexamen im Februar 1875 ab.

Er diente dann im Sommer 1875 ein halbes Jahr in Göttingen beim Infanterieregiment 82 und ging danach als Assistenzarzt an die Universitätspoliklinik nach Tübingen. Bevor er sich in Braunschweig als praktischer Arzt niederließ, leistete er das zweite Halbjahr als einjährig-freiwilliger Unterarzt in Jena im Winter 1876/77 ab.

Neben der allgemeinen ärztlichen Tätigkeit widmete er seine Arbeit dem städtischen Dienst, in den er bereits im Jahre nach seiner Niederlassung (1878) eintrat. Er arbeitete zunächst mit Sanitätsrat Dr. Franz Prael zusammen am städtischen Pflege- und Krankenhaus bis 1895 und nahm nach dessen Tod die Stelle als leitender Arzt des städtischen Krankenhauses wahr. Am 1. April 1924 ließ sich von Holwede als dienstunfähig in den Ruhestand versetzen. Schon jahrelang quälten ihn Kreislaufstörungen und Gelenkveränderungen.

Das Städtische Krankenhaus Holwedestraße. Blick von der Oker.

Unter den ärztlichen Fächern, die von Holwede ausübte, bevorzugte er die Kinderheilkunde und die Chirurgie. Zu der Zeit, als es Fachärzte der Kinderheilkunde noch nicht gab, wurde Holwede zugezogen und allgemein als Autorität auf diesem Gebiet anerkannt. Das zeigt sich auch darin, daß er eine mustergültige Kinderabteilung im städtischen Krankenhaus einrichtete. Er ließ auch eine Freiluft- und Lichtbaracke für tuberkuloseverdächtige Kinder bauen, in denen er bemerkenswerte Heilerfolge erzielte.

Neben der Kinderheilkunde und der Chirurgie hatte er einen weiteren Bereich ausgebaut, die Hygiene, die soziale Hygiene, und zwar schon zu einer Zeit, bevor man allgemein davon sprach. Holwedes Bestrebungen waren dabei schon lange den städtischen Armen, insbesondere wieder den Kindern, zugute gekommen.

Als Stadtarzt und Oberarmenarzt, wie er offiziell hieß, war er den städtischen Behörden daher ein wichtiger Berater. Als Schularzt und Fürsorgearzt hat er ebenfalls gearbeitet.

An seinem 70. Geburtstag ernannte ihn die Ärztekammer zu ihrem Ehrenmitglied, der Verein für Gesundheitspflege schloß sich diesem Vorhaben an. An äußeren Ehren wurde ihm vom Landesregenten, Prinz Albrecht, im Jahre 1900 der Titel Sanitätsrat und 1915 vom Herzog Ernst August der eines Geheimen Sanitätsrates verliehen. Außerdem war von Holwede Inhaber des Ritterkreuzes 1. Klasse des Ordens Heinrich des Löwen und des Braunschweigischen Kriegsverdienstkreuzes. Erholung und Entspannung fand von Holwede in der Beschäftigung mit der Schmetterlingskunde, worin er sich eine anerkannte Stelle als Forscher erwarb. Einem so verdienstvollen Mann wäre ein ruhiger Lebensabend zu wünschen gewesen. Er trug sein Leid mit Würde.

Die heutige Freisestraße hieß früher Pflegehausstraße und führte direkt auf den Königsstieg. Am Beginn der Existenz des Städtischen Krankenhauses war die Straße namenlos. Sie wurde aber auch mit zur Pflegehausstraße gerechnet.

Neben diesem Städtischen Krankenhaus gab es schon um die Jahrhundertwende noch das Herzogliche Landes-Krankenhaus in der Celler Straße, das Krankenhaus des Roten Kreuzes, Hamburger Straße, ein Militärlazarett, Gliesmaroder Straße, und eine Sanitätswache im Feuerlöschgebäude auf der Münzstraße. Hinzu kamen mehrere Stiftungen und Beginenhäuser, in denen arme und kranke Menschen Aufnahme fanden.

Holzhof

Es gibt in Braunschweig Straßen, an denen kein einziges Haus steht. Und trotzdem sind sie meist von Bedeutung und haben oft auch eine alte Geschichte. So ist es beim Holzhof der Fall.

Diese kurze Straße verbindet die Frankfurter Straße/ Am Alten Bahnhof mit der Theodor-Heuss-Straße. Ein Parkplatz befindet sich heute dort, wo die Herzogliche Bauverwaltung einst einen Lagerplatz unterhielt.

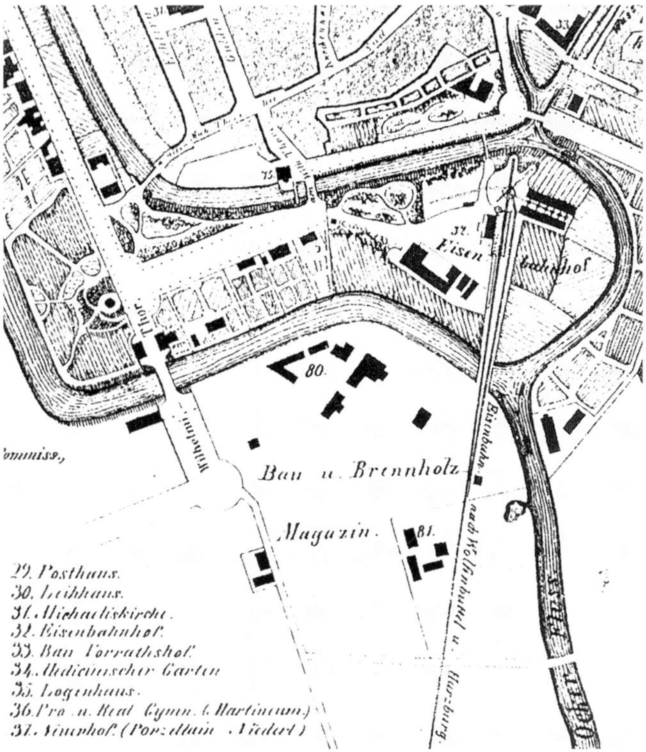

Außerhalb des Okergrabens, mit Schiffen gut erreichbar, lag das Bau- und Brennholz-Magazin, früher auch Herzoglicher Holzhof genannt.

Auf dem Stadtplan von 1841, entworfen von dem Architekten Chr. Wicker, ist dieser Holzhof als Bau- und Brennholz-Magazin eingezeichnet.

Am 1. Dezember 1838 wurde das erste Teilstück der ersten deutschen Staatseisenbahn, von Braunschweig nach Wolfenbüttel (später bis Harzburg), offiziell eingeweiht. Obwohl die durch die Eigensinnigkeit der angrenzenden Nachbarn bedingte Ausrichtung des Braunschweiger Eisenbahnnetzes auf die Nord-Süd-Richtung langfristig äußerst nachteilige Folgen für die Wirtschaft des kleinen Herzogtums zeigen sollte, war der 1841 fertiggestellten Verbindung nach (Bad) Harzburg bald ein großer Erfolg im Personen- wie im Güterverkehr beschieden, besonders Bau- und Brennholz wurden bald ausschließlich mit der Bahn vom Harz nach Wolfenbüttel oder Braunschweig transportiert. Die Flößerei war nicht mehr rentabel.

Das neugotische Empfangsgebäude, gleich neben dem Holzhof, stand dem Plan zufolge westlich der Eisenbahngleise, zu denen wohl überdachte Bahnsteige führten. Die Gleise mündeten auf eine Drehscheibe, durch welche die Züge auf die Abstellgleise, sowie in die Maschinen- und Wagenschuppen gelangten.

Auf dem nebenstehenden Kartenausschnitt (links) sind die Gebäude des Baumagazins mit der Nr. 80 gekennzeichnet, die Nr. 81 sind die Eisenbahn-Werkstätten. Die Reparaturwerkstätten lagen also südlich des eigentlichen Bahnhofgebäudes, neben dem Herzoglichen Bau- und Brennholzmagazin.

Der Bau des Braunschweiger Bahnhofs stellte den ersten Einschnitt in den Ring der Kraheschen Wallanlagen dar, ein Beispiel, das in den folgenden Jahrzehnten zu Lasten des städtebaulich einst so beispielhaften Grüngürtels Schule machte.

Den Druck dieses Braunschweiger Stadtplans, der erstmals den Einbruch des Industriezeitalters in den noch spät-mittelalterlich geprägten Stadtorganismus verdeutlicht, führte die nach 1830 gegründete lithographische Anstalt von Oehme und Müller aus, die Steinzeichnung besorgte Adolf Klingenberg, der als Künstler kaum hervortrat, später aber eine eigene lithographische Anstalt gründete.

An dieser Stelle befand sich der Herzogliche Holzhof, später das Bau- und Brennholz-Magazin. Die Straße, die hier verläuft, heißt heute Holzhof.

Wenn man am Holzhof sicher manchen Kahn entlud oder geflößtes Holz an Land zog, so gab es an dieser Stelle aber keinen Hafen. Die eigentlichen Häfen befanden sich in der Innenstadt. Braunschweig war bereits im hohen Mittelalter eine Hafenstadt mit drei Stapel- und Umschlagplätzen.

Erst im Jahre 1764 erfolgte die Einstellung des regulären Güterverkehrs auf der Oker.

Der für Braunschweig wichtigste Hafen lag zwischen der Reichsstraße und dem Werder, etwa dort, wo sich heute der Große Hof befindet. Ausgrabungen nach 1945 auf dem Grundstück Reichsstraße 32 ergaben, daß das hier befindliche Grundstück, das sich bis zum Großen Hof erstreckte, Laderampen für Schiffe aufwies.

Die Schiffe brachten in festem Turnus geräucherte oder gesalzene Fische wie Lachs, Thunfisch, Neuaugen, Bücklinge, Heringe, Stock- und Klippfische, um diese Güter gegen Spitzenerzeugnisse des Braunschweiger Landes einzutauschen.

Neue Impulse für die Braunschweiger Schiffahrt brachte erst der Mittellandkanal. Im Jahre 1931 begann man mit den Bauarbeiten für die Hafenanlagen im inzwischen eingemeindeten Veltenhof. Die Inbetriebnahme erfolgte im Oktober 1933, die feierliche Einweihung im Mai des darauffolgenden Jahres. Bereits 1935 wurde der geplante Güterumschlag erreicht.

Braunschweig hatte nun wieder einen Hafen, und auf der Oker schipperte lediglich noch ein Ausflugsdampfer, die „Brunonia", die Gäste vom alten Hauptbahnhof bis zum Kaffee an der Parkstraße brachte.

Honrothstraße

Zwischen der Goslarschen Straße und dem Sackring verläuft die Honrothstraße, die nach dem Maurermeister Heinrich Wilhelm Honroth benannt worden ist. Honroth hat sein Vermögen der Stadt vermacht, die ihm mit der Benennung dieser Straße dankt. Viel wissen wir nicht über den Maurermeister. Geboren wurde er 1849 in Oberlutter, seine Staatsangehörigkeit war Braunschweigisch, er war evangelisch. Seine Frau Marie, eine geborene Schoof, wurde 1848 in Weferlingen geboren. Laut polizeilichem Melderegister zogen die beiden am 1. Oktober 1873 nach Braunschweig, am 24. August 1874 wurde die Anmeldung bei der Herzoglichen Polizei-Direktion in einem Anzeiger kundgetan. Sie waren gemeldet auf der Weberstraße 28 und meldeten sich am 6. September 1877 wieder ab. Später hat die Familie Hohetorpromenade 2 gewohnt.

Der Maurermeister Honroth hatte in Braunschweig viele „noble" Kunden. Zu denen zählte die Gräfin von Veltheim, der Herr Oekonomierat von Pavel, Madame Boden und viele andere mehr. Er arbeitete aber auch an öffentlichen Gebäuden wie in der Martinikirche, im Thomaehof, im Zeughaus, in der Infanterie-Kaserne, in der Domkirche, in der Alerdschen Stiftung usw. Im Stadtarchiv befindet sich das Geschäftsbuch Honroths, aus dem auch hervorgeht, was er so an Arbeiten ausgeführt hat. 1861 beispielsweise renovierte er die Martini-Kirchhäuser, im November 1860 hatte er beim Kantor Schliephake die Öfen gereinigt und kleine Reparaturen ausgeführt. Seine Haupttätigkeiten waren das Ausführen von Reparaturen, Öfen reinigen und ausmauern, seltener größere Arbeiten. Es muß sich aber gelohnt haben, denn sein Vermögen war beträchtlich.

Wohnhausgruppe der Braunschweiger Baugenossenschaft an der Honrothstraße. Architekt war Friedrich Rambow. Das Foto entstand um 1925.

Lange hatte man kurz nach der Jahrhundertwende geeignetes Bauland in Braunschweig gesucht, auf dem preiswerte Wohnungen für Arbeiter und kleinere Beamte entstehen konnten. Stadtbaurat Ludwig Winter hatte 1912 einen gutachterlichen Bericht über geplante Maßnahmen vorgelegt. In programmatischer Deutlichkeit vermerkte er einleitend, daß „die Wohnungsfrage als eine der Lösungen notgedrungen entgegenzuführende Aufgabe, vielleicht als das Hauptstück der Bestrebungen auf sozialem Gebiete in der Gegenwart zu betrachten ist". Schließlich hatte man einen neuen „vorläufigen Plan", der ein Gelände im westlichen Stadterweiterungsgebiet im Bereich des Petri-Friedhofs betraf. Dieses Gelände wurde im Bericht des Ludwig Winter beschrieben als „nach dem Ortsbauplane nördlich von dem Bruderstiege..., westlich vom Sackring..., südlich von den an der Jakobikirche ausmündenden Straßen... und östlich von der Goslarschenstraße" begrenzter Baublock.

Die nach dem gestalteten Ortsbauplan vorgesehenen Straßen sollten „durch ein neues Netz von Wohnstraßen für die Zwecke des Kleinwohnungsbaus aufgeteilt" und der Friedhof „als ein immer beizubehaltendes Freiland betrachtet" werden. Unbedingt sah man hier die Notwendigkeit geboten, das Areal im Sinne einer effizienten Planungsarbeit in städtischen Besitz zu bekommen.

Vom Stadtmagistrat erhielt dieser Plan im Juni 1912 allseitige Zustimmung – allerdings vorbehaltlich einer späteren Beschlußfassung über die genaueren Feststellungen „bei dem Baue der Straßen, bei der Errichtung der Gebäude nach Form und Umfang, ..."

Es dauerte noch eine gewisse Zeit, bis man die Grundstücksfragen endlich zum Abschluß gebracht hatte. Und als man mit dem Bebauen der Grundstücke beginnen konnte, war der Erste Weltkrieg ausgebrochen. Es gelang jedoch, die vorgesehenen ersten drei Mehrfamilienhäuser im Laufe des Jahres 1915 an der neu ausgebauten Honrothstraße fertigzustellen. Diese ersten „Probebauten" gliederten sich in ein Doppel- und ein Einzelwohnhaus.

Das zweieinhalb geschossige Doppelhaus Honrothstraße 18/19 umfaßte zwei als Zweispänner konzipierte Einheiten mit jeweils sechs Wohnungen, die über zwei Zimmer und Flur, eine relativ geräumige Wohnküche nebst Speisekammer, innenliegenden Aborten, sowie einen von der Küche aus zugänglichen rückseitigen Balkon verfügen. Es handelt sich um „gute, gesunde, allerliebst eingerichtete" Räumlichkeiten, wie der Magistrat meinte. Der Mietpreis belief sich auf 250 Mark im Erdgeschoß, 265 Mark im 1. Obergeschoß und 265 Mark im Dachgeschoß.

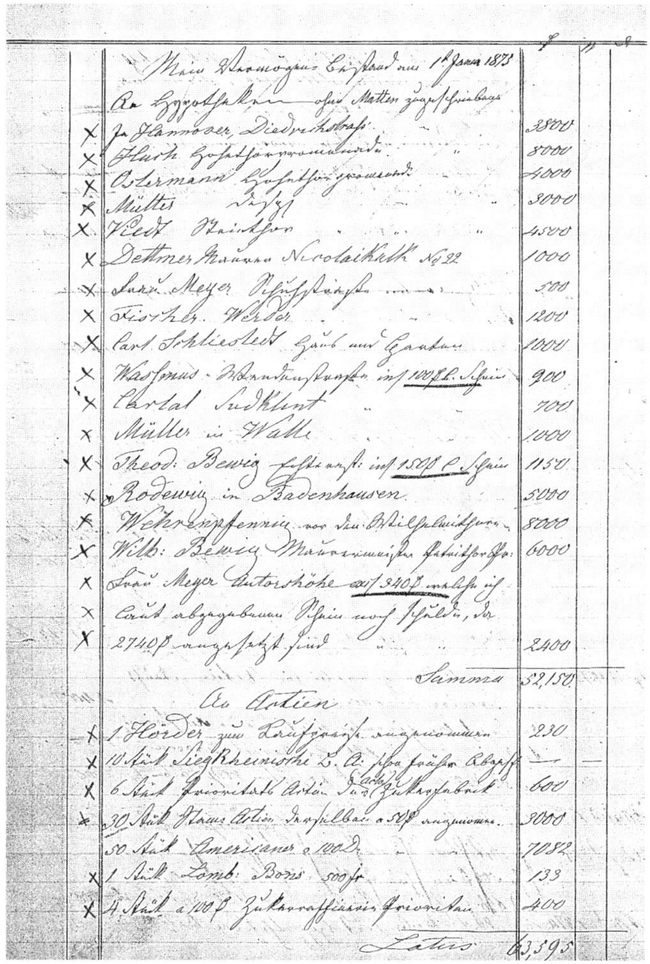
[illegible] 1 Janu 1873

[illegible]	
[illegible]	3800
[illegible]	8000
Ostermann [illegible]	4000
Müller [illegible]	3000
[illegible]	4500
Dettmer [illegible] Nicolaikirch № 22	1000
[illegible] Meyer [illegible]	500
Fischer Werder	1200
Carl Schliestedt [illegible]	1000
[illegible]	900
[illegible]	700
Müller in Walle	1000
Theod: Bewig [illegible]	1150
Rodewig in Badenhausen	5000
Wehrenpfennig [illegible]	8000
Wilh: Bewig [illegible]	6000
[illegible] Meyer [illegible]	
[illegible]	
2740 [illegible]	2400
Summa	52,150
[illegible]	
1 Hörder [illegible]	230
10 [illegible]	—
6 [illegible]	600
30 [illegible]	3000
50 [illegible] Americaner [illegible]	7082
1 [illegible] Lomb: Bons [illegible]	133
4 [illegible]	400
Latus	63,595

Der Maurermeister Honroth vermachte sein Vermögen der Stadt Braunschweig. Hier seine Vermögensaufstellung von 1873 (Ausschnitt).

Howaldtstraße

Der Erzgießer und Bildhauer Georg Howaldt, der am 8. April 1802 als Sohn eines Goldschmiedes zu Braunschweig geboren wurde, hat der Straße den Namen gegeben. Howaldt ist nicht nur bekannt geworden durch seine Standbilder und Statuen, er unterrichtete auch am Collegium Carolinum, eine Art Voruniversität, das nach einer Idee des Abtes Jerusalem eine naturwissenschaftlich und technisch orientierte Bildung vermitteln sollte.

Auch die Kunst sowie Handelswissenschaften sollten neben alten und neuen Sprachen gelehrt werden. Das Collegium Carolinum wurde übrigens 1745 eingerichtet.

Nach dem Besuch der Waisenhausschule erlernte der junge Howaldt zunächst den Beruf des Vaters und nahm Unterricht im Zeichnen und Modellieren. Als Gehilfe ging er schließlich nach Nürnberg. Im Jahre 1836 kam er zurück nach Braunschweig und übernahm das neugeschaffene Lehramt als Modellierer und Bossierer.

Grabstein des Erzgießers Hermann Howaldt (1841-1891), dem Sohn von Georg Howaldt.

1850 erhielt Howaldt den ersten großen Auftrag: Er sollte nach einem Modell von Ernst Rietschel das Lessingdenkmal gießen. Zu der Zeit besaß Howaldt noch keine eigene Werkstatt, in der er solche Arbeiten hätte verrichten können. So richtete er sich im Collegium Carolinum am Bohlweg eine Metallgießerei ein. Bei den Behörden rief das allerdings arge Bedenken hervor, denn man befürchtete, daß in dem Fachwerkgebäude leicht ein Brand ausbrechen könnte und wertvolle Sammlungen vernichtet würden. So schaute sich Howaldt bald nach einem anderen Platz um und erbaute vor dem Steintor ein größeres Gießereigebäude.

Was Howaldt geschaffen hat, kann zum Teil noch bewundert werden. Das schon erwähnte Lessingdenkmal, in Bronze gegossen, wurde 1853 eingeweiht. Die nächste Arbeit war die Quadriga, die er 1858/68 in Kupfer trieb. Sie wurde auf die Kuppel des Schlosses gestellt. Die vier Pferde wurden von der Stadtgöttin Brunonia gelenkt, dem Sinnbild Braunschweigs. Neben der Mauerkrone trug sie eine Standarte mit dem Buchstaben „W", dem Initial des regierenden Herzogs. Der Entwurf für die Quadriga stammt von Ernst Rietschel. In den Jahren 1866 bis 1869 schuf Howaldt die Statue Heinrich des Löwen, 1874 goß er in Bronze die Statuen Löwen und Drachen, dann trieb er 1863 bis 1874 die Reiterstandbilder der Herzöge Karl Wilhelm Ferdinand und Friedrich Wilhelm, die, einst vor dem Schloß zu Hause, seit 1973 vor der Stützmauer am Löwenwall stehen.

Die Inschrift dort lautet: HERZOG CARL WILHELM FERDINAND / 1735-1806/REITERSTANDBILD / F. PÖNNINGER WIEN / HERZOG FRIEDRICH WILHELM / 1771-1815/REITERSTANDBILD / E. HÄHNEL DRESDEN / GETRIEBEN VON G. H. HOWALDT 1874 / IN BRAUNSCHWEIG / ZUM GEDENKEN / DIESER HERZÖGE / SCHUF P. J. KRAHE / 1823 DEN MONUMENTPLATZ / UND OBELISK / AUFSTELLUNG DER REITERSTANDBILDER / 1973 (Franz Xaver Pönninger * Wien 29.12.1832, † 6.8.1906 / Ernst Julius Hähnel, * Dresden 9.3.1811, † 22.5.1891).

Handwerker vor der Howaldt'schen Kunstwerkstätte (heute Schlaraffia Brunsviga). Meister Ringleben und sein Personal mit Teilen des gewaltigen Denkmals bei Koblenz.

Die Reiterstandbilder wurden aus freiwilligen Beiträgen und Finanzüberschüssen des Landes finanziert und am 10. November 1874 enthüllt. Bei den sehr aufwendigen Arbeiten wurde Howaldt von seinem Sohn unterstützt. Riegel gibt in einer Schrift (1877) eine ausführliche Schilderung über Einzelheiten von Howaldts Arbeit. Hier ein kurzer Auszug: „Wo aber einzelne, kleine, freistehende Stücke wie z.B. Kandarenbügel angefertigt werden müssen, zog Howaldt vor, diese in der Größe der Ausführung zu modellieren und darauf in Kupfer, welchem ein geringer Zusatz von Zink gegeben wurde, zu gießen. Sind nun die einzelnen Teile der Handarbeit fertiggestellt, so können sie an ihren Ort, auf das Gerippe der Ausführung, gebracht werden."

Friedrich Wilhelm ist mit einer von ihm selbst entworfenen Uniform dargestellt, die ihm den Titel „Schwarzer Herzog" und damit seinem Freicorps die Bezeichnung „Schwarze Schar" einbrachte: schwarze Jacke mit schwarzen Verschnürungen, schwarze Hose und ein schwarzer Tschako, der mit dem silbernen Totenkopf verziert war. Herzog Friedrich Wilhelm trägt die schirmlose Mütze, wie man ihn von den meisten Bildnissen her kennt. Blikken wir noch einmal in die Howaldtstraße. Sein Haus, das an sich auf der Hochstraße Nr. 21 steht, gehörte später, seit 1912, der Schlaraffia Brunsviga, die es im „romantischen Stil" umbauen und um einen Turm erhöhen ließ. Georg Howaldt ist am 19. Januar 1883 in Braunschweig gestorben.

In dem Dreieck Howaldtstraße – Hochstraße – Helmstedter Straße befand sich früher das Hedwig-Goetze-Heim. Es war das Grundstück Helmstedter Straße 8 e. Um die Jahrhundertwende hieß das Haus „Städtisches Jugendheim". Zur Heimleitung gehörten einige ältere Damen, unter anderem auch Frau Professor Hedwig Goetze. Nach ihrem Tod wurde das Haus wegen ihrer Verdienste um die Jugendfürsorge unserer Stadt in „Hedwig-Goetze-Heim" umbenannt. Zeitweise befand sich in dem Haus die Frauengruppe für soziale Arbeit.

Humboldtstraße

Vergebens waren im Jahre 1903 die Versuche, den Durchbruch der Humboldtstraße durch Bierbaums-Garten bis zur Fallersleber Straße zu verhindern. Die Anlage der neuen Straße war bereits seitens der Stadt beschlossen. So konnte die direkte Verbindung zwischen dem Ring und der Innenstadt hergestellt werden.

Alexander von Humboldt.

Aus dieser Zeit stammen auch viele Häuser der Humboldtstraße, das wohl bekannteste, den „Lindenhof", baute Karl Munte 1908. Die Straße erhielt ihren Namen nach Alexander von Humboldt, der als großer Naturforscher und Geograph in die Geschichte einging. Das Berlin Friedrich Wilhelms III. war in den Jahren dazu berufen, die geistigen Kräfte zu sammeln und zur Entfaltung zu bringen. Gelehrte aller Fachrichtungen wurden nach Berlin und an die Universität geholt. Es war für die meisten Wissenschaftler nahezu erstrebenswert, in Berlin und seinen Institutionen Forschung und Lehre auszuüben. Auch Alexander von Humboldt gehörte zu diesen Forschern.

Alexander Freiherr von Humboldt, der große Naturforscher und Geograph, der Völkerkundler, Botaniker, Chemiker, Physiker, Mineraloge, Philologe, um nur einige seiner Bereiche zu nennen, wurde am 14. September 1769 in Berlin geboren. Er erhielt durch seine Hauslehrer eine ausgezeichnete Ausbildung und studierte später in Frankfurt/Oder, Berlin und Göttingen, ab 1791 besuchte er die Bergakademie zu Freiberg. Er wurde schließlich Oberbergmeister in Franken.

Doch der Wissensdurst des jungen von Humboldt war unerschöpflich. – Im Jahre 1797 lernte er in Paris den Botaniker Bonpland kennen, mit dem er 1799 bis 1804 über die Kanarischen Inseln nach Amerika reiste. Er war aufgebrochen, um einen damals noch unbekannten Teil der Welt zu erforschen.

Zahlreiche neue wissenschaftliche Beobachtungen aus Venezuela, dem Orinocogebiet, Kolumbien, Equador, Mexico und Kuba brachte er nach Europa mit. In späten Jahren führte ihn eine Expedition nach Zentralasien (Ural, Altai, Dsungarei, Kaspisches Meer). Durch seine Schriften wurde allgemein ein Interesse an der Geographie geweckt, die von da an ein wichtiges Fach an Universitäten wurde. Alexander von Humboldt schrieb selbst einmal: „Ich verbrachte lange Stunden vor Landkarten, das verwickelte Gewebe der Inseln, Vorgebirge und Meeresstraßen des Stillen Ozeans und Polynesiens mit Feuereifer studierend, in Gedanken über die Beschaffenheit jener fernen Länder über ihre Pflanzenwelt, ihre Bewohner, ihr Klima, und mit einem brennenden Verlangen, sie zu besuchen. Dies war das Erwachen meiner Leidenschaft für Reisen und Abenteuer."

In den Jahren 1808 bis 1827 lebte Alexander von Humboldt in Paris, wo er sein Reisewerk bearbeitete. Die mit Hilfe vieler exakter Meßinstrumente erstmals verwirklichte ökologische Landschaftsforschung sind Teile seines Werkes. Seine Erlebnisse während der Expeditionen faßte von Humboldt im größten privaten Reisewerk der Geschichte zusammen: Voyage aux régions équinoxiales du nouveau continent. Das Werk umfaßt 36 Bände. Zu seinem Hauptwerk gehören ferner „Kosmos", 5 Bände, die er von 1845 bis 1862 schuf sowie die beste Zusammenfassung des naturwissenschaftlichen Wissens seiner Zeit, die „Ansichten der Natur".

Das Gehirn des Genialisten unter den Naturwissenschaftlern nahm all dieses Wissen eben nicht nur auf, sondern vermochte es auch für die Nachwelt aufzubereiten. Humboldt wurde zum Begründer der physischen Geographie, seine ethnographischen, kulturgeschichtlichen und naturwissenschaftlichen Forschungen sind aus der Geschichte der Wissenschaft nicht wegzudenken. Seit 1827 folgten die berühmten, gegen Hegels Naturphilosophie gerichteten Vorlesungen in Berlin. Abgesehen von der Expedition nach Zentralasien (1829) sowie diplomatischen Reisen nach Frankreich, England und Dänemark blieb Humboldt nun in Berlin. Aus dieser Zeit ist ein umfassender Briefwechsel mit Goethe, Schiller, Bunsen, Gauß und vielen anderen überliefert worden. Goethe und Schiller wurden gar seine Freunde. Der Briefwechsel Humboldts mit den Großen jener Zeit hat den Umfang mehrerer

Blick in die Humboldtstraße. Die Häuser stammen aus der Zeit um die Jahrhundertwende.

Bände, seine wissenschaftlichen Arbeiten fassen die gesamte Naturforschung wie in einem farbigen Mosaik zusammen.

Berge und Ströme, Akademien und Stiftungen tragen heute den Namen jenes Mannes, der sich durch seine stets auf den Kern der Dinge gerichteten Arbeit unsterblich machte. In Berlin fand er, wie sein Bruder Wilhelm, im Schloß Tegel seine letzte Ruhestätte. Alexander Freiherr von Humboldt starb am 6. Mai des Jahres 1859 in seiner Heimatstadt Berlin.

Husarenstraße

Braunschweig ist eine Garnisonsstadt mit einer alten soldatischen Tradition und beherbergt noch heute Truppenteile der Bundeswehr sowie Einheiten des Bundesgrenzschutzes und der Bereitschaftspolizei. Unsere Stadt ist Sitz des Stabes der 40. Infanteriebrigade und Garnisonsort für das Infanterieregiment Nr. 92 und das Husarenregiment Nr. 17, beide, neben dem Niedersächsischen Feldartillerie-Regiment Nr. 46 zu Wolfenbüttel, dem 10. Armeekorps angehörend.

Die Stallungen der Husaren am Fuße des Giersberges um 1920.

Die Husarenstraße erinnert an die Braunschweiger Husaren, auch Schwarze Totenkopfhusaren genannt. Am 1. April 1809 gründete Herzog Friedrich Wilhelm von Braunschweig, der auch Heldenherzog oder Schwarzer Herzog genannt wurde, das Regiment. Mit diesem und seinen anderen Truppen unternahm er den kühnen Heldenzug von Sachsen bis zur Nordsee, überall Franzosen und Westfalen schlagend.

Er erstürmte Halberstadt, siegte mit seinem kaum 3000 Mann starken Korps bei Oelper am 1. August über 8000 Mann Westfalen, erzwang sich den Durchmarsch zur Nordsee und schiffte sich am 7. August nach England ein. Von dort aus ging er mit seinen Truppen nach Spanien und Portugal und kämpfte in Sizilien. Herzog Friedrich Wilhelm starb an der Spitze seiner Mannen in der Schlacht bei Quatrebas, einer Vorschlacht von Waterloo, am 16. Juni 1815.

Seit 1816 bestand in Braunschweig nur ein Detachement von 100 Husaren, auch Eskadron genannt, zeitweise in Verbindung mit den Feldjägern. Die Truppe war aus dem im November 1813 errichteten Husarenregiment entstanden und hatte 1816 auch Teile der Husaren des 1809 gegründeten Korps aufgenommen.

Herzog Karl, 1824 zur Regierung gelangt, erhob im Folgejahr das Detachement zu einem Garde-Husaren-Regiment, dem er eine äußerst prächtige Uniform gab. Sie hatte, abgesehen von der auffälligen roten Farbe der Beinkleider und dem Augenschirm an der Pelzmütze, große Ähnlichkeit mit der Uniform der hannoverschen Garde-Husaren jener Zeit. Unter Herzog Wilhelm verlor 1830 das Regiment die Bezeichnung als Garde. Es bestand aber im Braunschweigischen Husaren-Regiment Nr. 17 fort.

Die Husarenkaserne steht zwar am Altewiekring, doch das Gelände befindet sich an der Husarenstraße. Am Fuße des Giersberges, der in der Sage von Heinrich dem Löwen eine Rolle spielt, errichtete man 1873 Stallanlagen für die Pferde der 5. Eskadron, für die Mannschaften wurden auf dem gleichen Grundstück Notbaracken gebaut.

Nachdem 1873 eine neu erbaute Reitbahn am Giersberg in Benutzung genommen worden war, konnten Ende Juli 1892 eine weitere, gedeckte Reitbahn und mehrere Stallgebäude vom Husarenregiment übernommen werden. Am 15. März 1893 endlich wurde das neue Mannschaftsgebäude am Altewiekring bezogen. Am gleichen Tage noch wurde die Kanone vom Löwenwall geholt und auf einer Anhöhe des Kasernenhofes aufgestellt.

Diese Kaserne war nun Standort für das berühmte Husarenregiment Nr. 17, das die Anlage bis 1918 als Mars-La-Tour-Kaserne nutzte. Nach 1920 wurde die Kaserne von der Reichswehr zur Unterbringung der Minenwerfer-Abteilung 17 belegt. Ab 1945 wurde das Gebäude zu Wohnungen umgestaltet und wird noch heute teilweise vom 4. Polizeirevier genutzt.

Vor etwa 100 Jahren wurde die Husarenstraße bebaut. 1888 wurde von den städtischen Behörden beschlossen, daß an der Husarenstraße zwischen den Straßengrenzen und den an der Straße zu errichtenden Gebäuden Vorgärten in einer Breite von 2,5 Metern zu halten seien. Der betroffene Ortsbauplan lag derzeit im Büro der Städtischen Bauverwaltung „zu Jedermanns Einsicht aus, und Einwendungen können gegen denselben bis zum 25. des Monats (November) beim hiesigen Stadtmagistrat angebracht werden".

Offene Gräben führten einst an der verlängerten Husarenstraße entlang. Über schlechte Dünste führte man böse Klagen. Die Anwohner der Straße hofften, wie es aus einem Bericht aus dem Jahre 1888 hervorgeht, auf eine baldige Instandsetzung, zumal schon längst das nötige Baumaterial angefahren worden war und überall herumlag. „Der Wunsch, die jetzigen Zustände möglichst bald beseitigt zu sehen, ist umso mehr gerechtfertigt, als der Weg bereits von zahlreichen Lustwandelnden begangen wird, die im Stadtpark Erquickung suchen." So stand es in der Tageszeitung. Die Anwohner beschlossen, das zur Verbreiterung der Straße notwendige Terrain dem Stadtmagistrat unentgeltlich anzubieten, falls die Straße mit der Wasserleitung und mit Abflüssen versehen würde.

Und so kam es dann auch. Die Hauseigentümer stellten, soweit erforderlich, die Vorgärten zur Verfügung. Und als die Straße dann in neuem Glanz erstrahlte, lustwandelte man hier zum Kleinen Holze (Stadtpark) und zum Nußberg. Und der Zeitung ist noch zu entnehmen: „Eine weitere Annehmlichkeit für die Passanten sowohl als auch für die Anwohner der Husarenstraße dürfte es aber sein, wenn der Wasserwagen statt wie bisher im raschen Schritt die Straße zu passieren, sein Kühlung bringendes Naß fortan in reichlicherem Maße zukommen lassen wollte." Lang lang ist's her ...

Blick in die Husarenstraße in Richtung Altewiekring (1989).

Huttenstraße

Nach Ulrich von Hutten, dem deutschen Ritter aus Franken, dem hervorragenden politischen Schriftsteller, von Kaiser Maximilian 1518 zum Dichter gekrönt, wurde die Huttenstraße benannt. Er war ein bedeutender Satiriker, Lyriker, Kriegsberichterstatter, scharfer Polemiker, gefürchteter Kämpfer gegen die Papstkirche, führender Humanist, weltlicher Reformer und Reformator, geächteter Vagant, mehrmals Verfolgter, Gesuchter, ein Vertriebener – kurz, eine der schillerndsten Persönlichkeiten des 16. Jahrhunderts.

Ritter Ulrich von Hutten, der Vorkämpfer des Humanismus und der geistigen Freiheit, wurde am 21. April 1488 auf dem Stammsitz seiner Familie, der Burg Stekkelberg bei Fulda, geboren. Er wurde von seinen Eltern in das Stift zu Fulda gebracht, um zum Geistlichen erzogen zu werden. Doch bald erkannte der junge Hutten, daß die Tätigkeit in hohen Staatsämtern oder eine wissenschaftliche Beschäftigung die wahre Lebensaufgabe eines jungen Adligen ist.

Ohne Wissen seiner Eltern verließ er 1505 heimlich das Kloster und studierte in Köln, später in Erfurt Latein und Griechisch. Dort hörte der Studiosus den Gelehrten Rhagius, dem er sich anschloß. Von nachhaltigem Einfluß auf seine Ausbildung wurde jedoch erst seine Bekanntschaft mit dem Philosophen Mutianus Rufus, der vom benachbarten Gotha aus auf die lernbegierige Jugend einzuwirken verstand.

Aus Begeisterung zu seinem alten Lehrer Rhagius, der inzwischen nach Frankfurt an der Oder übergesiedelt war, ging Hutten 1506 an diese Universität und folgte dem Lehrer 1507 auch nach Leipzig. In die Frankfurter Zeit fallen auch seine ersten poetischen Versuche: eine Elegie, ein Lobgedicht auf die Mark und eine Ermahnung an die Jugend.

Im Jahre 1509 trieben Reiselust und Wißbegierde den jungen Hutten in die Ferne. Sehr wechselvoll sind

Ulrich von Hutten (1488-1523)

seine Erlebnisse und Schicksale in den nächsten Jahren. Sein ruheloser Sinn verschlug ihn 1512 nach Pavia. Als ihm bei der Eroberung dieser Stadt die päpstlichen Schweizer sein Letztes nahmen, trieb ihn die Not in die Reihen der kaiserlichen Landsknechte.

Die Kunde von der Ermordung Hans von Huttens, eines Sohnes seines Verwandten, veranlaßte ihn zur Abfassung von fünf Reden gegen den Herzog Ulrich von Württemberg, in denen Hutten den Familienhandel sowie all die Unredlichkeiten mit schonungsloser Schärfe aufdeckte und hauptsächlich die Ächtung des Herzogs herbeiführte.

Zu dieser Zeit versöhnte sich Hutten wieder mit seinem Vater, mit dem es wegen seines Fortganges aus Fulda zu einem Bruch gekommen war.

Hutten griff nun alle Gegner des Humanismus mit Ernst und Pathos an, mit den Blitzen des Unwillens und des Hasses. Er kämpfte mit den Waffen der Satire, enthüllt seine Gegner in ihrer ganz barbarischen Lächerlichkeit und ihrer sittlichen Unwürdigkeit.

Aus Italien 1517 nach Deutschland zurückgekehrt, setzte ihm Kaiser Maximilian in Aachen den Lorbeerkranz aufs Haupt, verlieh ihm den goldenen Ring, ernannte ihn zum Dichter und Universitätsredner und nahm ihn in seinen persönlichen Schutz. Fortan war der Kampf gegen Rom und für das nach seiner Meinung von der Kurie ausgebeutete deutsche Vaterland Huttens ausschließliche Lebensaufgabe. Hutten trat in die Dienste des Erzbischofs Albrecht von Mainz.

Dieser Prälat gab bekanntlich den Anlaß zu Luthers Angriff auf den Ablaß, war über Roms Geldgier empört und war deshalb mit Huttens Kampfweise wohl zufrieden.

Rom hatte seine Pfeile nur zu gut getroffen. Die Rache des Papstes ließ nicht lange auf sich warten. Leo X. forderte den Erzbischof Albrecht auf, die Frechheit der Lästerer, „unter denen sein Diener Hutten der schlimmste sei", zu züchtigen. Huttens Leben war bedroht, doch fand er eine sichere Zuflucht auf der Ebernburg bei Franz von Sickingen. Von hier aus schoß er weiter seine verbalen Pfeile, Sendschreiben und Spottschriften ab. Bald mußte Hutten das Land verlassen. Er ging nach Basel.

Eine verheerende Krankheit, Auswirkung seines vermutlich ausschweifenden Lebens, ließ sich nicht mehr aufhalten. Zwingli vermittelte ihn zu einem heilkundigen Mann auf der Insel Ufnau im Züricher See, doch ein schneller Tod machte seinem Leiden bald ein Ende. Hutten starb vermutlich in den letzten Tagen des Augustes im Jahre 1523.

Die Idee, für die allein Hutten gelebt hatte, Deutschland zugleich kirchlich und politisch neu zu gestalten, ging mit ihm zu Grabe.

Die Stadt Braunschweig ehrt diesen großen Deutschen mit der nach ihm benannten Straße. Die Huttenstraße zweigt vom Wendenring ab. Es ist bis jetzt noch eine ruhige Wohngegend, doch es wird befürchtet, daß diese Ruhe nicht mehr lange anhält. Neue Straßenführungen werden auch dieses Gebiet einschließen.

Die Huttenstraße vom Ring aus gesehen. Foto von 1988.

Jahnplatz

Nach dem Erzieher und Initiator der Turnbewegung in Deutschland, Friedrich Ludwig Jahn, den man allgemein als Turnvater Jahn bezeichnet, sind in Braunschweig die Jahnstraße und der Jahnplatz benannt worden. Der Jahnplatz befindet sich am Rande des Bürgerparks an der Wolfenbütteler Straße 58/Ecke Eisenbütteler Straße. Diese der Stadt Braunschweig gehörende Bezirkssportanlage wird vom Wacker SPVG von 1912 benutzt. Fußball, Tennis und Hockey sind wohl die Hauptsportarten, die hier gepflegt werden. Angrenzend an die Sportanlage befindet sich das Vereinsheim, die „Jahn-Klause".

Turnvater Jahn mit seinen Schützlingen. Sammelbild 50er Jahre.

Braunschweig besitzt 50 Sportplätze, 75 Turn– und Sporthallen, 9 Schwimmbäder sowie zahlreiche weitere Einrichtungen für den Wettkampf und Breitensport. In etwa 180 Vereinen sind rund 60 000 Mitglieder organisiert. Der Stadtsportbund als Dachverband aller Braunschweiger Sportvereine ist die größte Personenvereinigung der Stadt.

Braunschweig ist schon immer im Sport recht bedeutend gewesen, wurden doch hier auch die ersten Fußballregeln in Deutschland aufgestellt. Der Gymnasiallehrer Konrad Koch (* 13. Februar 1846, + 13. April 1911) war es, der 1874 die Fußballregeln in Deutschland eingeführt hat. Ein Jahr später, 1875, legte er sie schriftlich vor. Zahlreiche Veröffentlichungen über die Schulspiele stammen aus seiner Feder.

Sein wohl bekanntestes Werk neben den Fußballregeln ist: „Die Erziehung zum Mute durch Turnen, Spiel und Sport", das 1900 verlegt wurde.

Der Braunschweiger K. Hoffmeister hat in mehreren Publikationen über den Braunschweiger Sport berichtet: „Ein Braunschweiger Lehrer als Begründer der Schulspiele in Deutschland, Prof. Dr. Konrad Koch", Braunschweig, 1986; „150 Jahre Sport in Braunschweig", Braunschweig, 1982.

Friedrich Ludwig Jahn, der als Turnvater Jahn in die Geschichte des Sports eingegangen ist, wurde am 11. August 1778 in Lanz bei Wittenberg geboren. Sein Vater war Prediger, und so erhielt er schon eine gute Bildung zu Hause. Schon früh übte er sich in körperlichen Fähigkeiten. Von 1791 bis 1794 besuchte er das

Gymnasium in Salzwedel, darauf kurze Zeit das Gymnasium zum Grauen Kloster in Berlin. Nach einer längeren Wanderschaft durch Deutschland studierte Jahn von 1796 bis 1800 in Halle. Was viele nicht wissen: Wegen seiner Verfeindung mit den Landsmannschaften mußte er in einer Höhle bei Giebichenstein leben. Danach studierte er in Jena und 1802 in Greifswald, und zwar nach seines Vaters Bestimmung Theologie. Gleichzeitig widmete er sich sprachlichen Studien. 1806 gab er auch eine Schrift zu diesem Thema heraus: „Bereicherung des hochdeutschen Sprachschatzes, versucht im Gebiete der Sinnverwandtschaft". Schon vorher (1800) war von ihm unter dem Namen Höpffner eine Schrift erschienen: „Über die Beförderung des Patriotismus im Preußischen Reiche. Allen Preußen gewidmet".

Nachdem Jahn einige Zeit als Hauslehrer in Mecklenburg gelebt hatte, ging er 1805 nach Göttingen und trat 1806, gleich nach Ausbruch des Krieges, in das preußische Heer ein. Die nächsten Jahre verbrachte er teils wandernd, teils im Elternhaus, wo er an seinem „Deutschen Volkstum" (Lübeck , 1810) arbeitete, das zwar reich ist an absonderlichen und unausführbaren Vorschlägen, aber doch eindringlich die Lehre vom einigen Deutschland predigt. Jahn ließ es aber nicht bei den Worten. Nach dem er Ende 1809 nach Berlin gekommen war, begann er im Sommer 1819 mit Knabenscharen ins Freie zu ziehen und Leibesübungen zu betreiben. Im Frühjahr 1811 hat er in der Hasenheide den ersten Turnplatz eröffnet. Jahn verstand unter Turnen zunächst Gymnastik. Das Interesse war groß, so daß bald Übungen an Geräten hinzukamen. Zuweilen traten auch anstrengende Wanderungen an die Stelle von Turnübungen. Zwar durfte der eigentliche Zweck dieser Übungen, die Erziehung zur Wehrhaftigkeit, nicht laut werden, aber die Jugendlichen wußten, was auf sie zukam. 1813 war Jahn der erste, der Berlin verließ und sich, noch vor des Königs Aufruf an sein Volk, in Breslau als Freiwilliger stellte, und von seinen Turnern zog mit ins Feld, bei dem Alter und Kräfte es zuließen. Jahn wurde einer der Werber der Lützowschen Freischar, bei der er dann als Volontäroffizier und Kommandeur des 3. Bataillons stand.

Die folgenden Jahre waren außer seiner Beteiligung an der von ihm gegründeten „Berlinischen Gesellschaft für deutsche Sprache" und Vorträgen über deutsches Volkstum hauptsächlich wieder der Pflege der Turnkunst gewidmet. 1816 erschien das von Jahn und seinem Schüler Eiselen gemeinsam herausgegebene Werk „Deutsche Turnkunst". Bei dem unbeschränkten Einfluß, den Jahn auf die sich ihm ergebene Jugend hatte, und bei der Rücksichtslosigkeit und Ungebundenheit seines Auftretens war es kein Wunder, daß die eintretende Reaktion ihren Verdacht auf Jahn und seine Sache in erster Linie lenkte. Im März 1819 wurde Jahns Turnplatz von der Regierung gesperrt und er selbst im Juli als des Demagogentums verdächtig verhaftet und von Festung zu Festung, zuletzt Kolberg geführt. Erst nach Friedrich Wilhelms IV. Regierungsantritt wurde Jahn von der polizeilichen Aufsicht befreit. Er erhielt sogar das ihm bis dahin vorenthaltene Eiserne Kreuz.

Training der Kleinsten auf der Bezirkssportanlage Jahnplatz, Wolfenbütteler Straße 58. Hier hat Wacker SPVG von 1912 sein Domizil. Foto von 1996.

Jasperallee

Die alten Braunschweiger sagen heute noch Kaiser-Wilhelm-Straße, obwohl die Umbenennung in Jasperallee schon bald nach dem Kriege erfolgte.

Der Beschluß dazu wurde am 26. März 1946 gefaßt. Aber die Jasperallee hatte noch einen Namen: Friedensallee. Das war um 1930. Spötter sprachen von der „Karbol-Allee", weil hier früher mehr als 50 Ärzte praktizierten.

Enthüllung des monumentalen Schmuckes auf der Kaiser-Wilhelm-Brücke, 31.08.1902.

An der Stelle, wo einst der Herzogliche Küchengarten lag, wurde diese Straße um 1900 gebaut. Bis zum Stadtpark und Nußberg gehörte alles Land dem Herzog. Die Jasperallee hat heute noch in der Mitte eine Allee, an jeder Seite einen Fahr- und Fußweg.

Sie beginnt an der ehemaligen Kaiser-Wilhelm-Brükke, auf der sich vier ruhende Löwen und vier weibliche Figuren als Sinnbilder der Neuerrichtung des damaligen Deutschen Reiches erhoben, und endet am Stadtpark, in dessen Nähe in den Jahren nach 1900 zwei Gotteshäuser entstanden sind, die Pauli- und die Garnisonskirche. Die Frauengestalten auf der Brücke wurden von E. Müller entworfen und von Rinckleben in Kupfer getrieben. Sie trugen des Reiches Krone, das Zepter und ein Schwert. Die Einweihung des Brückenschmuckes erfolgte am 31. August des Jahres 1902.

Dieser östliche Wohnbereich war für gehobene Mietwohnungen gedacht, bürgerliche Prunkvillen entstanden.

Durch die nahen Infanteriekasernen am Fallersleber Tore und die Husarenkaserne wohnten auch eine Reihe von Offizieren in den repräsentativen Wohnungen. Woher sie das Geld hatten – darüber sprach man nicht. Der Sold war recht gering, aber Geld hatte man eben.

Professor Dr. Ernst August Roloff aus Göttingen hat 1984 die Sozialgeschichte der Jasperallee erforscht und ist auf recht interessante Ergebnisse gestoßen. Er hat unter anderem ein Register erstellt, dem die Bewohner an diesem Boulevard zu entnehmen sind, er hat aber vor allem die lokale Geschichte beleuchtet. Nach seinen Forschungen wohnten hier eine Reihe von Handwerksmeistern, die sich im ersten Bauabschnitt bis zum Ring ihre Häuser bauten. Als Architekt nahm man gern Konstantin Uhde, der hier in Braunschweig viele Bauwerke ausgeführt hat. Aber auch wissenschaftliche Intelligenz sammelte sich an der ehemaligen Kaiser-Wilhelm-Straße. So wohnten vor dem Ersten Weltkrieg für eine Zeit Voigtländer hier, Franz Trinks, der Erfinder der Rechenkurbelmaschine und Professor Dr. Dedekind, dem beachtliche Entdekkungen auf dem Gebiet der Algebra gelangen.

Wie betucht die Bewohner im allgemeinen waren, zeigen nicht nur die großen Wohnungen, sondern auch die Anzahl Personal, das man hatte. So waren in vielen Haushaltungen neben der Köchin ein bis zwei Mädchen, ein Diener und ein Kinderfräulein, meist Engländerinnen aus besonders gutem Hause, angestellt. Und hatte man Gäste, was nicht selten vorkam, wurden zum Tischdecken und Einschenken Personal aus dem Männerasyl geholt. Dann schaffte es auch die eine Köchin nicht allein, man bat die Kochfrau Annchen Otte, die überall bei festlichen Anlässen kochte. Das war um 1910.

Später wandelte sich das Bild ein wenig, die Eigentümer gehörten einer anderen Schicht an als die Bewohner. Die Hausbesitzer waren durchweg Bauunternehmer, die ihr Geld anlegen wollten, die Mieter Kaufleute, Rechtsanwälte und Ärzte, viele jüdische Familien darunter, beispielsweise die Familie Frank, die in Braunschweig ein bekanntes Kaufhaus besaß. Auch der Kommunalpolitiker Dr. Regensburger, ein frühes Opfer der nationalsozialistischen Zeit, wohnte hier. Heute wohnen viele Nachkommen der alten Bewohner hier, die sich nach 1945 wieder zusammengefunden haben.

Die Paulikirche bildete den Anlaß der frühen Bauarbeiten. Mit dem Bau der Kirche wurde am 6. Mai 1902 begonnen. 1906 erfolgte die Einweihung. Sie enthält einschließlich der Emporen 920 Sitzplätze. Die Höhe des hübschen gotischen Bauwerks beträgt bis zum Dachgesims 16 Meter, der Turm ist bis zur Fahnenstange 64,5 Meter hoch. Nach dem Zweiten Weltkrieg wurde die Straße in Jasperallee umbenannt. Heinrich Jasper wurde am 21. August 1875 in Dingelbe bei Hildesheim geboren. 1890 kam er nach Braunschweig und besuchte bis 1894 das Wilhelmgymnasium. Nach seinem Studium der Rechts- und Staatswissenschaften ließ er sich als Rechtsanwalt in Braunschweig nieder.

Jasper trat der SPD bei und zog 1903 in das Stadtparlament ein. 1918 begann er den Kampf gegen die Braunschweiger Räte und das Regime unter Sepp Oerter, das er „Diktatur einer undemokratischen Minderheit" nannte. Nachdem Truppen der Reichsregierung Braunschweig besetzt hatten, übernahm Jasper für mehr als sieben Jahre den Vorsitz der Landesregierung. Den Nationalsozialisten paßte Jasper ganz und gar nicht – 1933 wurde er verhaftet. Er kam in das Konzentrationslager Dachau. Obwohl sich zahlreiche Persönlichkeiten für seine Freilassung einsetzten, wurde er erst 1938 entlassen und kehrte nach Braunschweig zurück. Doch am 22. August 1944 wurde er abermals verhaftet und zunächst in Sachsenhausen inhaftiert, vom 4. Februar 1945 an in Bergen-Belsen. Von hier gab es keine Rückkehr mehr. Dr. Heinrich Jasper ist am 19. Februar 1945 gestorben.

Zu Ehren des verdienten Staatsministers hat die Stadt im Jahre 1951 vor dem Regierungsgebäude am Bohlweg eine von Professor Jakob Hofmann geschaffene Büste enthüllt, und auch die Jasperallee erinnert an diesen Mann.

Heinrich Jasper

Juliusstraße

Nach Julius, Herzog zu Braunschweig und Lüneburg, wurde die Juliusstraße benannt, die zwischen der Broitzemer Straße und Frankfurter Straße verläuft. Julius wurde am 29. Juni 1528 geboren und verstarb am 13. Mai 1589 in Wolfenbüttel. Er war der vierte Sohn des Herzogs Heinrich dem Jüngeren. Schon als Kind war Julius Domherr von Köln, er erhielt 1553 das Bistum Minden, auf das er allerdings 1554 verzichtete.

Er folgte 1568 seinem Vater, der ihn ursprünglich zu gunsten seines unehelichen Sohnes Eitelheinrich von der Succession ausschließen wollte. Der Reformation, die sein Vater bekämpfte, blieb er jedoch treu und sicherte in seinem Land ihren Fortbestand. Julius war seit 1560 mit Hedwig, der Tochter des Kurfürsten Joachim II. von Brandenburg vermählt.

Die Gaststätte „Autors Höhe", später „Felsenkeller" war schon 1855 ein beliebtes Ausflugslokal. Zeichnung (Ausschnitt): Stadtarchiv.

Er stiftete die Universität Helmstedt und erbte 1582 einen Teil der Besitzungen der Grafen von Hoya sowie 1584 das Fürstentum Kalenberg.

An der Juliusstraße, die einst auch Goslarsche Straße hieß, erhielt die Brüdernkirche 1744 für den aufzugebenden Neue Straße-Kirchhof das Flurstück 3 von etwa einem halben Morgen Größe, um dort einen Kinderfriedhof anzulegen. Im Jahre 1848 genehmigte das Ministerium den Verkauf. Er ist dann zur Vergrößerung des bis dahin auf das Flurstück Nr. 2 beschränkten Kirchhofes der Reformierten Gemeinde herangezogen worden.

Die Reformierte Gemeinde in Braunschweig erhielt schon 1704 die Erlaubnis zum freien Gottesdienst. 1708 wurde ihnen die Bartholomäuskirche auf der Schützenstraße eingeräumt und der daneben liegende Kirchhof vom Herzog geschenkt. Dieser Friedhof genügte bis 1746. Dann wandten sich die beiden reformierten Gemeinden, die deutsche und die französische, gemeinsam an Herzog Carl I. Sie erklärten, daß der ihnen 1708 geschenkte Kirchhof für den Umfang der Gemeinde nicht mehr genüge und baten, ihnen einen Ort vor dem Hohenthore ausweisen zu wollen. 1749 wurde ihnen vom Herzog ein Sandplatz von ca 10 Morgen neben dem Kinderfriedhof der Brüdernkirche angewiesen, nämlich das Flurstück Nr. 2. Die beiden Konsistorien der Reformierten vereinbarten hierauf, daß der Platz an der Seite des Brüdernfriedhofes der deutschen, der andere der französischen Gemeinde eingeräumt wurde. Erweiterungen haben durch das Flurstück 3 einen Teil des Flurstücks 1 und durch Feldland nördlich an Nr. 1, 2 und 3 bis zur Broitzemer Straße stattgefunden.

Im Jahre 1885 wurde in der Juliusstraße ein Bauprojekt mit Finanzmitteln aus der Stadtkasse unterstützt, das die mit der Stadtverwaltung verabredeten Förderungsbedingungen berücksichtigte.

Gundela Lemke beschreibt diesen „Fall" in „Braunschweiger Werkstücke – Wohnungsreformerische Bestrebungen in Braunschweig 1850-1918" wie folgt: „Ein gewisser Tischlermeister August Jung hatte angegeben, auf seinem an der Juliusstraße gelegenen Grundstück, gegenwärtig vier zusammenhängende Wohnhäuser mit insgesamt 32, je aus 1 Stube, 2 Kammern und Küche bestehenden Wohngelegenheiten zu erbauen und beantragt, eine Summe von 84 000 Mark zu jährlich 4% Zinsen als Hypothekendarlehen bewilligt zu bekommen."

Das Darlehen in voller Höhe wurde bewilligt. Das Ziel war, für die einkommensschwachen Familien bezahlbare Wohnungen zu schaffen. Man hatte die Wohnungsnot in unserer Stadt seit langem erkannt, doch schon damals dauerten Anträge sehr lange.

Um der Wohnungsnot entgegenzutreten, hatte man sich schon früher ein ehrgeiziges Ziel gesetzt. In einem Schreiben des Stadtmagistrats Braunschweig an die Herzogliche Kreisdirektion vom 7. Juli 1863 wird von einem Gesuch zur Bestätigung der Statuten einer sogenannten „Braunschweigischen Baugesellschaft" berichtet.

Diese Gesellschaft war allerdings keine Neugründung, sondern vielmehr die Umwandlung eines bestehenden Vereins, der als sogenannte „Verschönerungs-Commission" oder „Verein für nützliche Bauten" in der erwähnten Korrespondenz entsprechend Erwähnung findet.

An der Juliusstraße gründeten 1890 die Herren Bremer und Brückmann eine Fabrik, die zunächst Nähmaschinen baute, später, mit dem Anwachsen der Konservenindustrie im Braunschweiger Land, auch Konservendosen. Bei den Dosen dieses Unternehmens wurden die Deckel nicht mehr aufgelötet, sondern aufgewalzt. Dieses neue Verfahren führte zur endgültigen Trennung von Konservenfabrik und Dosenherstellung. Erinnert werden soll noch an die Herberge zur Heimat, die Obdachlosenfürsorge, die 1876 gegründet wurde und an der Juliusstraße ihr Heim hatte. Das Haus wurde Anfang der 70er Jahre abgerissen.

Juliusstraße, Foto von 1994. Links befindet sich das legendäre Lokal „Felsenkeller".

Kalandstraße

Die Kalandstraße verläuft zwischen der Juliusstraße und dem Cyriaksring. Hatte eine Bruderschaft hier vielleicht Ländereien? War es der Kaland St. Matthäi, St. Gertrudis oder St. Petri? Wir wissen es nicht. Kaland ist eine Ableitung von „calendae" (Monatserster); man bezeichnete ursprünglich den an diesem Tag abgehaltenen Gottesdienst. Ferner ist es eine Bezeichnung für Vereinigungen meist aus Geistlichen, aber auch aus Geistlichen und Laien.

Blick in die Kalandstraße 1987.

Die Kaland-Bruderschaften sind aber auch eine Spätform der Gebetsbruderschaften, die sich seit dem 13. Jahrhundert besonders in Norddeutschland ausgebreitet hatten. Von den drei Braunschweiger Kalanden, über die Dürre sehr ausführlich berichtet hat, waren zwei in der Burg gegründet worden. Die ältere von ihnen, der Kaland des Heiligen Geistes, war 1265 entstanden und kam zu seinen gottesdienstlichen Handlungen zunächst in der Georgs-Kapelle der Burg zusammen.

Nachdem die Kalandbrüder 1367 vom Johanniterorden den Tempelhof am Bohlweg erworben hatten (dort, wo sich später das Residenzschloß befand), trennten sie sich wieder vom Stift und nahmen auch einen anderen Namen an, und zwar nach dem Patrozinium ihrer neuen Kapelle.

Der Gertruden-Kaland, in einer Urkunde aus dem Jahre 1338 als „confraternitas confratrum et consoronum sacerdotalis confraternitas beate Ghertrudis" erwähnt und auch „Broderschap des kalandes sancte Ghertrudiß in der borch to Brunswik" in einem Schriftstück von 1405 genannt, war 1307 von drei Braunschweiger Priestern gegründet worden. Sie hatten 1318 die Gertruden-Kapelle in der Burg zum Gottesdienst eingeräumt bekommen. Nach ihr war die Bruderschaft auch benannt worden.

Mit den Herzögen als Stiftspatronen und dem Kapitel von St. Blasius einigte sich der Kaland, daß er die Priester zum Gertruden- und zum Thomas-Cant.-Altar, den beiden Altären der Gertruden-Kapelle, selber stellen dürfe. Der Stiftsdekan, als Patron der Kapelle, sollte das Besetzungsrecht dazu haben, bei seiner Auswahl jedoch auf die Mitglieder der Bruderschaft beschränkt sein. Im Jahre 1391, nach der Fundation des Marien-

Altars in der Kapelle, präsentierte der Kaland den Dekan nur noch zu den beiden älteren Altären. Den Marien-Altar besetzte er selber.

Ernst Döll setzt sich in dem „Braunschweiger Werkstück" (Nr. 36) auch mit der Organisation dieser Bruderschaften auseinander. „Organisatorisch unterschieden sich die Kalandbruderschaften vielfach voneinander", schreibt er. Der Gertruden-Kaland hatte einen Propst an der Spitze, darunter vier „Mitschaffer" und dann die zahlenmäßig nicht genau bestimmbare Gemeinschaft der Brüder.

Mitglieder konnten sowohl Geistliche – unabhängig von ihrer kirchlichen Zugehörigkeit – als auch Laien werden. Im Jahre 1425, bei einem Streit der Bruderschaften mit den Vikaren von St. Blasius und St. Cyriacus, wurde von einem Schiedsgericht ausdrücklich festgestellt, daß die Vikare der beiden Stifte „myt der broderschap nicht tho schikkende" hätten, der Beitritt solle vielmehr jedem freistehen.

Es heißt: „In der broderschap mochten syn geistliche und wertlike personen, de godde dar inne truweliken denen moegten." Daß der „presterbroderschup sunte Ghertrudis" auch weibliche Mitglieder angehören sollten, war schon 1318 bestimmt worden.

Das Streben jeder Kalandsbruderschaft war auf das Seelenheil aller Beteiligten gerichtet. 1410 hieß es bei der Aufnahme neuer Mitglieder in den Gertruden-Kaland: „...genommen in unse broderschop unde make se delaftich missen, vigilen ander godes dienstes unde al der guden werk, dede scheyn dach und nacht in usen godeshus to ewighen tyden."

Neben dem gemeinsamen Gottesdienst war den Kalandsbrüdern besonders die Sorge für die angemessene Besetzung der Mitglieder, die Durchführung der Totenmessen und des Totengedächtnisses sowie karitative Hilfsleistungen für in Not geratene Mitglieder vorgeschrieben.

Nach der Reformation wurde der Kaland aufgelöst und sein Besitz und Siegel vom letzten Propst der Bruderschaft dem Rat der Stadt und diesem wiederum der städtisch gewordenen Ulrici-Kirche übergeben.

Die Kalandstraße verläuft bis zum Cyriaksring (Hintergrund). Hier an der Kalandstraße befindet sich das AWO Senioren-Pflegeheim. Foto von 1996.

Nicht überall waren die Kalandbrüder so fromm und wohltätig. Sie wurden oft von Päpsten und Kaisern begünstigt und gelangten zu großem Reichtum. Aber infolgedessen arteten die Schmausereien so aus, daß man die Kalandbrüder Festbrüder nannte und für Schmausen „Kaländern" gebräuchlich wurde.

So kam es, daß in einigen Gegenden ihre Vereinigungen aufgelöst wurden, ihre Besitzungen konfisziert.

Karlstraße

Die Karlstraße hieß früher Kanalstraße. Parallel zur Gliesmaroder Straße floß der Lange Graben, ein Kanal, der das Wasser aus mehreren Gräben und feuchten Wiesen des Bruchgebietes aufnahm und in die Oker führte. Als man vor der Jahrhundertwende die Gräben kanalisierte, entstand wertvolles Baugelände.

Die Kanalstraße gibt es nicht mehr, weil man sie zu Ehren des Herzogs Karl I. in Karlstraße umtaufte. Der Graben ist allerdings noch zu erkennen, und zwar im Botanischen Garten. Die Mulde, durch die heute ein künstlicher Bach der Oker entgegenfließt, war ehemals die Grabenmündung.

Herzog Karl I. (er schrieb sich auch mit C), Herzog zu Braunschweig und Lüneburg, wurde am 1. August 1713 in Braunschweig geboren, er starb hier am 26. März 1780. Karl war der Sohn des Herzogs Ferdinand Albrecht II. und regierte ab 1735 in patriarchalischem Stil. Trotzdem war er sehr aufgeschlossen für Ideen der Aufklärung. Die Residenzverlegung von Wolfenbüttel nach Braunschweig im Jahre 1753 brachte der Stadt einen bedeutenden Aufschwung, beispielsweise die Zentralisation der Verwaltung, die Vermehrung der Garnison, und er förderte den Aufbau der Luxusindustrie, die allerdings vorwiegend den höfischen Bedarf decken sollte.

In Karls I. Zeit fallen Manufakturgründungen sowie Einrichtungen wie das Collegium Carolinum im Jahre 1745 und des Leihhauses 1765. Auch in der Armenpflege sorgte er für Verbesserungen, ferner für zivilisatorische Verbesserungen, wie beispielsweise die Brandversicherung (1753), die Straßenpflasterung (1755), die Verlegung der Friedhöfe vor die Tore der Stadt und die Anlage von Parks und Gärten. Ende des

Die Karlstraße im Jahre 1988. Aus der ehemaligen Konservenfabrik wurde das Gemeinschaftshaus „Brunsviga".

vorigen Jahrhunderts gingen Mädchen „aus gutem Hause" nach der Konfirmation zur Stickschule von Fräulein Ehlers auf der Karlstraße. Es war früher gute Sitte, den Namen in die Aussteuerwäsche zu sticken. Und das lernte man hier.

Die Konservenindustrie war in Braunschweig einst ein sehr wichtiger Industriezweig. Das älteste Unternehmen war die 1852 gegründete Firma P. W. Daubert. Es folgten die Gebrüder Grahe und A. W. Querner. Zwischen 1875 und 1900 entstanden 34 Konservenfabriken in Braunschweig. Am Ende des Kaiserreiches war

Braunschweig die Hochburg der Konservenfabriken im Deutschen Reich. Auch auf der Karlstraße stand eine Konservenfabrik: Brunsviga. Seit 1981 produzierte man in Wendeburg, doch ihre Tage waren gezählt. Die EG-Konkurrenz ließ die Fertigungsstätten sterben; zwei Konservenfabriken sind in Braunschweig verblieben.

1981 sollte das Fabrikgelände auf der Karlstraße abgerissen werden, doch der damalige CDU-Ratsherr Hartmut Scupin (später Oberbürgermeister) engagierte sich für den Erhalt.

Er wollte, wie er damals sagte, sozusagen vier Fliegen mit einer Klappe schlagen. Im östlichen Ringgebiet, so meinte Scupin, könnte ein zweifellos fehlender Kindergarten entstehen.

Ein Gebäude, dessen Abbruch 100000 Mark kosten würde, könnte stehen bleiben, Bürger könnten in ihrem Stadtviertel an einer Gemeinschaftseinrichtung für sich selbst praktisch mitbauen, Pläne und Gutachten über solche Einrichtungen würden genutzt, wären mehr als Papier, das in der Schublade verschwindet.

Kurz gesagt: Die leerstehende Konservenfabrik „Brunsviga" in der Karlstraße könnte im Laufe der nächsten Jahre so hergerichtet werden, daß sie vielseitig zu nutzen sei. Und so kam es auch. Der Ratsbeschluß vom November 1984, der auf eine „kleine Lösung" zielte, wurde in mehreren Stufen umgesetzt. Das hier gezeigte Foto aus dem Jahre 1988 belegt, daß man noch viele Hürden nehmen mußte, bevor man mit dem Umbau endlich beginnen konnte.

Als erstes richtete man die Kindertagesstätte ein. In den beiden Geschossen über der Kindertagesstätte wurden später für den „Verein zur Gründung eines Kommunikationszentrums" unter anderem ein Medienraum, eine Töpferwerkstatt und ein Fotolabor installiert.

Ein Saal für Veranstaltungen und vieles mehr wurde schließlich geschaffen, so daß schließlich ein Gemeinschaftshaus entstanden war, das vielen etwas bietet.

Im Botanischen Garten ist die Mündung des Entwässerungsgrabens, der von der Karlstraße kommend dort verlief, noch heute zu erkennen.

Kasernenstraße

Das östliche Stadterweiterungsgebiet war um 1870/80 besonders bevorzugt. Das Gründungsmitglied der Wohnungsbaugesellschaft auf Aktienbasis war der Hofseilermeister Halle. Er hatte an der Kasernenstraße ein Grundstück „auf eigene Gefahr" erworben und wollte hier preiswerte Wohnungen bauen. Doch der Standort erwies sich zunächst als wenig zweckmäßig.

Er war zu weit entfernt von den Arbeitsplätzen der künftigen Bewohner. Die arbeiteten zumeist in dem Industriegebiet an der Frankfurter Straße.

Wie der städtische Verwaltungsbericht für das Jahr 1870 ausweist, hatte die Aktiengesellschaft stattdessen „vor dem Wilhelmitore im Wolfscampe ein Grundstück von 7-8 Morgen, a. Morgen zu 800 Talern gekauft".

Vor etwas mehr als 100 Jahren war einer Zeitungsnotiz zu entnehmen, daß 45 Häuser an der „Casernenstraße" standen. „Dieselbe erstreckt sich bekanntlich von der Helmstedterstraße ab bis nach dem Fallersleberthore (heute zwischen Parkstraße und Humboldtstraße) und wird in ihrem Zuge fünfmal durch andere Straßen unterbrochen. Hierdurch nun, sowie dadurch, daß die Hausnummern nicht immer an der Straße sichtbar sind – manche Häuser stehen weit zurück –, soll es recht schwer sein, sich auf der Straße zu orientieren. Wir werden ersucht, dies in unserer Zeitung zur Sprache zu bringen und die Bitte auszusprechen, es möchte gerade an dieser Straße überall dafür eine genaue Bezeichnung der einzelnen Grundstücke Sorge getragen werden."

Die Kasernenstraße hat ihren Namen von der dort angrenzenden Infanterie-Kaserne erhalten. Das Foto zeigt die Ansicht von der Humboldtstraße aus.

Viele Braunschweiger erinnern sich noch an die Raabeschule, Kasernenstraße 40/41. Die Junkersche (einst Jahnsche) höhere Lehranstalt, 1861 als Günthersches Institut begründet, war eine sechsstufige lateinlose Realschule, zu der jenes Institut 1888 umgewandelt wurde. Ostern 1915 hat sie das neue Heim (Kasernenstraße 40/41) bezogen, das in seiner ganzen inneren Einrichtung um 1928 wohl alle anderen Schulgebäude der Stadt übertraf.

Nach dem Ersten Weltkrieg hat der Staat die Schule übernommen, sie führte später die Bezeichnung „Raabeschule". Der Zweite Weltkrieg hat das Schulgebäude zerstört.

Die Kasernenstraße hat ihren Namen nach der neuen Infanteriekaserne Am Fallersleber Tore erhalten. Das Wort Kaserne, italienisch caserma, ist wahrscheinlich aus casa darme, „Waffenhaus", entstanden. Darum schrieb man früher auch Kaserma oder Kaserme. Es handelt sich in Deutschland immer um ein Gebäude zur dauernden Unterbringung von Truppen.

Der Vorzug der Kasernierung, der Unterbringung der Truppen in Kasernen, gegenüber der Bürgerquartiere in militärischer und gesundheitlicher Beziehung war überall anerkannt. Die römischen Kaiser erbauten bereits Kasernen, der moderne Kasernenbau aber beginnt erst mit der Einrichtung der stehenden Heere.

Die neue Infanteriekaserne Am Fallersleber Tore, die mit ihrer Rückfront an der Kasernenstraße verläuft, wurde planerisch 1837 begonnen. Als die Aegidien- und die Burgkaserne baufällig geworden waren, wurde beschlossen, eine neue Kaserne vor den Toren der Stadt zu bauen. Generalmajor von Wachholtz gab den Auftrag zum Bau dieser Anlage.

Es war übrigens der erste wirklich großzügige Kasernenbau in Braunschweig, den der Hofbaurat Ottmer in den Jahren 1838 bis 1841 im florentinischen Renaissancestil auf dem Rammelsbergschen Grundstück erbaute.

Am 30. April 1841 wurde diese neue Kaserne vom 2. Bataillon des braunschweigischen Infanterieregiments, das sich bis dahin in der Burgkaserne befand, bezogen. Nach und nach fand dann hier das ganze Regiment, das seit 1867 die Bezeichnung Herzoglich-Braunschweigisches Infanterie-Regiment Nr. 92 führte, Unterkunft und rückte von hier aus auch 1870 ins Feld.

Am 31. März 1909 wurde vor der Kaserne zur Hundertjahrfeier des 92. Infanterieregiments ein mächtiger Gedenkstein mit Gedenktafel zur Erinnerung an die 1870/71 Gefallenen enthüllt.

Als das Regiment nach dem Friedensschluß im Jahre 1871 dem zur Besatzung des Reichslandes Elsaß-Lothringen gebildeten XV. Armeekorps zugeteilt wurde und infolgedessen nicht nach Braunschweig zurückkehrte, wurde die Kaserne am 25. Juni 1871 von zwei Bataillonen des 4. Magdeburgischen Infanterieregiments Nr. 67 bezogen.

Das Infanterieregiment Nr. 92 wurde der Heimat erst zurückgegeben, als Prinz Albrecht von Preußen, der nach dem Tod des Herzogs Wilhelm gewählte Regent des Landes, im März 1886 mit der Krone Preußens eine Konvention abgeschlossen hatte, durch die das braunschweigische Militär in die preußische Armee übernommen wurde.

Um die Garnisonsverwaltung aufnehmen zu können, mußte die Kaserne schon 1879 erweitert werden. Kurz vor dem Ersten Weltkrieg wurde sie abermals vergrößert, und zwar zur Kasernenstraße hin. Dieser Teil hieß Vendômekaserne. Nach 1918 wurde die Anlage vom Reichswehrschutz-Regiment 5, ab 1921 vom 1. Bataillon Infanterieregiment 17 und der Schutzpolizei genutzt. Nach dem Ersten Weltkrieg hieß die Anlage Waterlookaserne.

Noch heute findet man in der Kasernenstraße Kopfsteinpflaster. Das Foto stammt von 1987. Rechts die Kasernengebäude.

Kastanienallee

An der Kastanienallee, die die Helmstedter Straße mit dem Altewiekring verbindet, haben wirklich einmal herrliche Kastanienbäume gestanden, an beiden Seiten, vom früheren Restaurant Felten bis hinunter zum Ring. Schon um 1850 gab es hier einen Feldweg, der zwischen den Weiden hindurch zu den vereinzelt stehenden Schutzhütten der Viehhirten führte. Hier befanden sich die Altewiekweide und der Kleine Sandkamp, zu denen vorwiegend die Kuh- und Schweinehirten ihre Tiere trieben.

Etwa um 1860 entstanden hier die ersten Gärten, sogenannte „Gartenhofhäuser" wurden gebaut. Der erwähnte Feldweg wurde nach und nach ausgebaut, und 1869 die Kastanienallee zum ersten Mal im Adreßbuch erwähnt.

Anzeige in der „Gartenlaube" von 1911

Man hatte zwar schon Hausnummern vergeben, doch viele Grundstücke waren noch gar nicht bebaut. Als der Stadtbaumeister Tappe um 1870 seinen Stadterweiterungsplan vorlegte, standen zu beiden Seiten der Straße bereits die Kastanienbäume. Bis 1890 brauchte man noch, um die letzten Baulücken zu schließen.

In der Zwischenzeit hatte die Industrialisierung in Braunschweig eingesetzt und man benötigte weiteren Wohnraum für Arbeiter, Angestellte und Handwerker.

Eine Reihe kleiner und mittlerer Gewerbebetriebe hatten sich auch um die Kastanienallee herum niedergelassen, beispielsweise die Nähmaschinenfabrik Grimme & Natalis, aus der sich später die Firma Grimme, Natalis & Co., dann die Brunsviga Maschinenfabrik entwickelte. „Brunsviga – unser täglich Brot und als solches unentbehrlich" lautet eine Werbeanzeige, die 1907 in einem Prospekt für die deutsche Armee-, Marine- und Kolonialausstellung abgedruckt worden war. Und weiter heißt es „Keine Überanstrengung! Keine Fehler! Kein Zeitverlust!"

Das versprach die Firma den Kunden ihrer mechanischen Rechenmaschinen. Bis in die 60er Jahre waren diese Rechenmaschinen weit verbreitet, dann kamen die Computer. –

Obwohl die theoretischen und konstruktiven Prinzipien seit mehr als 200 Jahren bekannt sind, traten mechanische Rechenmaschinen erst seit etwa 1870 ihren Siegeszug an. Und Braunschweig wurde zu einer Produktions-Hochburg. Unter dem Markenzeichen „Brunsviga" entwickelte sich die Firma, die 1892 gegründet wurde, zu einem der bekanntesten Produzenten von Rechenmaschinen. Sie verkaufte von ihren Sprossenrad-Rechenmaschinen mehr als eine Viertelmillion Exemplare.

Eine sehr aktive Werbestrategie sowie ein expansives Vertriebssystem garantierten den Erfolg. Bereits 1905 bestanden 40 Hauptvertriebsstellen und Depots. Ein großer Stamm von Vertretern holte die Aufträge herein. Das Ergebnis: „Brunsviga" wurde zum Synonym für Rechenmaschinen. Bis 1961, dem Jahr, in dem die schnellere und geräuschlose elektronische Tischrechenmaschine auf den Markt kam.

Im Jahre 1878 hatte sich ein Schwede, W. T. Othner, in Petersburg ein Patent auf eine Rechenmaschine mit Sprossenrädern eintragen lassen. 1886 begann er dort auch die Produktion. Die Firma Grimme, Natalis & Co. hatte ihren Mitbegründer Carl Grimme im Jahre 1883 durch Tod verloren. Dessen Nachfolger war der Ingenieur Franz Trinks. Der war es auch, der auf die Rechenmaschinenpatente des Schweden aufmerksam wurde. 1892 ging das Fabrikations- und Alleinverkaufsrecht in Deutschland, Schweiz und Belgien auf die Firma in Braunschweig über.

Im Jahre 1892 wurde dann in Braunschweig die erste Rechenmaschine mit dem Namen „Brunsviga" gebaut. Schon im ersten Jahr wurden hunderte von Maschinen produziert. Nach dem Ersten Weltkrieg wurde der Bau von Rechenmaschinen immer erfolgreicher. Das erste Werk auf der Kastanienallee wurde durch ein Zweitwerk an der Hamburger Straße erweitert, weitere Rechenmaschinenwerke wurden übernommen. Nach dem Zweiten Weltkrieg wurden elektrische Rechenmaschinen hergestellt. Im Jahre 1957 wurde das Aktienkapital von den „Olympiawerken" in Wilhelmshaven übernommen. Geblieben ist in Braunschweig noch das Rechenmaschinenmuseum. Diese in ihrer Art einzigartige und größte Sammlung befindet sich im Besitz des Braunschweigischen Landesmuseums.

Das Fabrikgebäude Kastanienallee 71 beherbergt heute die Technikerschule. Der Bauantrag für das ehemalige Produktionsgebäude wurde 1927 gestellt, Bauherr war die Firma Grimme, Natalis & Co. AG, der Architekt Karl Munte. Der einfach strukturierte Ziegelbau – im Innern ein Stahlbetonskelett – ist durch die Gliederung seiner Fronten in eine regelmäßige Folge übereck gestellter Pfeiler und groß geöffneter Fensterachsen gekennzeichnet.

Der Zweite Weltkrieg und die Jahre danach bereiteten der Kastanienallee ein Ende. Die Anwohner fällten die Bäume, um ihre Wohnungen zu heizen. Einige Häuser, auch das Restaurant Felten, waren durch Bombenabwürfe zerstört. Die Kastanienallee blieb nach dem Wiederaufbau noch lange Zeit eine Einbahnstraße, durch die noch die Straßenbahnlinie 8 zuckelte. Später neu angepflanzte Kastanienbäume sollten den alten Charakter wieder entstehen lassen. Doch die meisten jungen Bäume wuchsen nicht an.

Ob es eine solche Prachtallee wie vor dem Kriege wieder geben wird, ist fraglich. Auch sonst hat sich vieles verändert. So ist das „vielgeliebte" Palast-Kino, das „Puschenkino", wie die Braunschweiger es nannten, auch verschwunden. Nach 35 Jahren Spielzeit wurde es 1973 geschlossen.

Von Kastanie keine Spur – früher standen auf beiden Seiten der Straße riesige Kastanienbäume.

Katharinenstraße

Die Katharinenstraße verbindet die Mühlenpfordtstraße mit der Pockelsstraße; sie verläuft parallel zum Rebenring. Ihren Namen hat diese Straße von dem Katharinenkirchhof, der noch heute, wenngleich auch als Parkanlage, erkennbar ist. Von den 20 im 18. Jahrhundert vor den Toren der Stadt Braunschweig angelegten Friedhöfen sind heute noch zwölf erhalten. Eine Bestandsaufnahme, die 1983 im Auftrage der Arbeitsgemeinschaft Friedhof und Denkmal (AFD) vorgenommen wurde, belegt noch 329 Grabmale aus dem Zeitraum von 1750 bis 1850.

Die Katharinengemeinde war nach der Auflösung des Kirchhofes zu St. Jodoci und des Kirchhofes am Lindenberge in Folge der Neubefestigung unserer Stadt genötigt, sich einen neuen Kirchhof vor den Toren für Nichtbürger und Arme anzulegen. Sie erwarb zu diesem Zweck das Flurstück Nr. 11 und legte hier einen Kirchhof an, der zuerst 1706 als neu erwähnt wird.

Erst 1771 kam die erste Erweiterung des Geländes an der Friedhofstwete, wie die Straße zunächst hieß. Man übernahm den Garten Nr. 9, der 1761 von Jacobi für 350 Taler angekauft worden war, bis 1767 verpachtet und von 1768 bis 1770 zum Kirchhof eingerichtet wurde. Die nächste Erweiterung fand 1780 statt durch den Ende 1779 für 385 Taler angekauften Garten Nr. 10. Hierbei blieb es bis 1851; jedoch sorgte der Kirchenvorstand in weiser Voraussicht für eine spätere Vergrößerungsmöglichkeit. Der Kirchhof am Galgenkampe war auch zu klein geworden, und man hatte vor, hier Hilfe anzubieten. Doch es kam später zum Grundstückstausch. An der Rebenstraße (heute Rebenring) lag das 19 Ruten große Flurstück Nr. 10, das an die Andreaskirche abgegeben wurde. Man verlangte dafür ein ebenso großes Stück vom Garnisonsfriedhof als Ersatz. 1842 kam der Tausch zustande. Zu dem schon 1761 für 310 Taler hinzugekauften Garten Nr. 7 erwarb man 1838 vom Kammerherrn von Kalm den Garten Nr. 8 für 335 Taler in Gold, dessen gerichtliche Eintragung erst 1849 erfolgen konnte.

Dieser Grabstein auf dem Katharinenfriedhof erzählt Geschichte.

Durch die Erfahrung der gerade vorübergegangenen Cholerazeit veranlaßt, beantragte der Kirchenvorstand zu Anfang des Jahres 1851 den Ankauf zweier auf dem Flurstück Nr. 6 entstandener Gärten, deren einer dem Kammermusikus Zinkeisen gehörte, während den dahinter liegenden Garten mit seinem sich zum Totengräberhaus eignenden Wohnhaus Nr. 1454 der Zeugleutnant Strüwer besaß. Nach der Genehmigung dieses Antrages wurden die Gärten 7, 8, 6 und 6a zum Kirchhof hinzugezogen und 1851 546 Taler, 12 Groschen und 5 Pfennig für die Instandsetzung des vergrößerten Kirchhofes verwendet. Das Haus ist 1869 abgebrochen worden.

Eine seltsame Anordnung zur Verschönerung des Kirchhofes war es, daß 1853 das Epitaph des Professors Zacharias und das des Kammerrates Oeder an das neue Haupttor an der Katharinenstraße versetzt wurde. Die Kirchenrechnung von 1853 erwähnt dies, und die von 1854 vermeldet die Beschaffenheit von zwei gußeisernen Vasen und Postamenten zur Vervollständigung dieser Zier. Durch den 1868 am 30. Januar vom Ministerium genehmigten Austausch der Kirchhöfe bekam schließlich der Kirchhof seine größte Ausdehnung. Die Vermessung von 1861 ergab etwas über sieben Morgen. Zu dieser Zeit wurde ein 1731 angebrachtes Gittertor von der Ostseite an die Westseite versetzt. Später, als der Friedhof belegt war, bestattete man die Toten auf dem Andreas-Friedhof, im Winkel Hamburger Straße, Wendenring und Hasenwinkel gelegen.

Grabsteine erzählen oft Geschichte. Beim Umgestalten des Katharinenfriedhofes rettete ein Braunschweiger einen Grabstein, dem wir folgende Familientragödie entnehmen können: „Du Sterblicher, der du auch bist wenn du je Zärtlichkeit und Elterntränen achtest. Wenn bei dir jeh Empfindung ist, so ließ den schmerzlichen Verlust und tausend Klagen die ein treu Elternpaar so kläglich muß ertragen. 7 Kinder an der Zahl, die in bester Blüte waren, die schön die Tugendhaft, die von verschiedenen Jahre, hat nach und nach der Tod so hingerafft, so daß nicht eins ist übrig geblieben, das seiner Eltern Treu und Tod hier aufgeschrieben. Das letzte ruhet hier, ein Mädchen von 6 Jahren. Ihr Name war Ilse Dorothee Henriette Ritzau. Sie war geboren, den 25. April 1764 und starb den 9. Mai nach den Pocken. Ein Bruder, der auch vor ihr starb, ruhet neben ihr. Die andern fünffe ruhen in Braunlage. Dies Denkmal richten auf zu ihrer Zier und Trost in ihrem Leide die höchstbetrübten Eltern beide. Der Vater Philipp Friedrich Ritzau, Bürger und Freyschlächter hierselbst. Die Mutter Catarina Magdalena Ritzau, geborene Sauerbrühen. Nichts kann auf dieser Welt nimmer mehr sie erfreuen. Sie wünschen sich ins Grab und nimmt ihr Trauern ab, um bei der Kinder, bei Jesu zu sein."

Eine segensreiche Einrichtung wurde hier Ecke Katharinenstraße und Hamburger Straße eröffnet: Das Taubstummeninstitut. Auf diesem Grundstück befand sich früher eine Zichorienfabrik, die 1828, vom März bis August, für die neue Aufgabe umgebaut wurde. Betten wurden beschafft und notwendige Möbel und Gerätschaften, 23 Zöglinge fanden in dem Heim Platz. Die Mittel wurden aufgebessert durch eine Sammlung im ganzen Lande, die der Magistratsdirektor Bode veranlaßte. Unentgeltliche ärztliche Versorgung der Zöglinge versprachen Dr. Mansfeld und der Wundarzt Hagemann. Später kam die Taubstummenanstalt zur Wolfenbütteler Straße, 1928 zur Charlottenhöhe.

Blick in die Katharinenstraße, 1987.

Keplerstraße

Der Astronom und Mathematiker Johannes Kepler lebte von 1571 bis 1630. Nach ihm wurde die Keplerstraße benannt, eine kleine Stichstraße zwischen der Gartenstraße und Hinter der Masch. Sechs Häuser stehen hier inmitten schmucker Gärten. Einst befanden sich hier parkähnliche Gärten der Grundstücke an der Celler Straße. Sie reichten über die Gartenstraße hinaus, die ihren Namen durch diese Gärten erhalten hat.

Nach dem Astronom und Entdecker Johannes Kepler wurde die Keplerstraße benannt.

Johannes Kepler gilt als der Entdecker der Gesetze der Planetenbewegung. Geboren wurde der Entdecker und Forscher am 24. Dezember 1571 zu Weil der Stadt in Württemberg als Sprößling des verarmten schwäbischen Adelsgeschlechts der Kappel. Seit 1584 besuchte der junge Kepler die Klosterschule in Adelsberg, seit 1586 die in Maulbronn und studierte seit 1589 in Tübingen Theologie. Wesentlichen Einfluß auf sein späteres Leben übte der Gelehrte Mästlin aus, von dem er die erste Kenntnis der Kopernikanischen Lehre erhielt. Da seine vom orthodoxen Dogma abweichenden religiösen Ansichten ihm eine Anstellung im Kirchendienst in Württemberg erschwerte, nahm er die Stelle eines Landschaftsmathematikers der protestantischen Stände von Steiermark an, mit welcher das Lehramt für Mathematik und Moral am Provinzialgymnasium in Graz verbunden war. Während er hier durch das Eintreffen verschiedener Prophezeihungen, die er, nach der Sitte der Zeit, dem von ihm veröffentlichten Kalender beigegeben hatte, begründete er gleichzeitig seinen wissenschaftlichen Ruf durch das 1596 unter dem Titel „Prodromus dissertationum cosmographicarum, continens mysterium cosmographicum de admirabili proportione coelestium orbium etc." veröffentlichte tiefsinnige Werk, in welchem er zuerst den während seines ganzen Lebens von ihm festgehaltenen Gedanken entwickelte, daß in unserem Planetensystem eine bestimmte Harmonie nachweisbar sein müsse.

Kepler suchte mit Hilfe der regulären Körper die Fragen zu beantworten, warum es nur die sechs damals bekannten Planeten gebe, und welchem Gesetz ihre Entfernungen folgen. Durch dieses Werk wurde Kepler mit Tycho Brahe bekannt, und als nun durch die Aufhebung der Religionsfreiheit in der Steiermark 1598 die Stellung Keplers in Graz schwierig geworden war, folgte er 1600 einer Einladung Brahes, der ihn als Gehilfen nach Prag rief.

Nach Brahes Tod 1601 wurde Kepler Mathematikus und Hofastronom des Kaisers Rudolf II. und hatte nun vor allem die Berechnung neuer Planetentafeln mit Benutzung der von Brahe gesammelten Beobachtungsmaterialien zu besorgen.

Kepler untersuchte zunächst die Bewegung des Planeten Mars. Gerade diesen Planeten, dessen Bahn eine ziemlich bedeutende Exzentrizität besitzt, hatte Brahe sehr genau beobachtet, und dadurch war Kepler in der Lage, die Gesetze seiner Bewegung zu ermitteln.

Blick in die Keplerstraße, im Hintergrund der Kirchturm der Laurentiuskirche. Foto von 1996.

Nach zahlreichen, außerordentlich mühsamen Versuchen fand er endlich die beiden ersten der nach ihm benannten Gesetze der Planetenbewegung, die er 1609 in seinem Hauptwerk veröffentlichte. Zwei Jahre später erschien seine „Dioptrice", die eine Theorie der Linsen und die Prinzipien des astronomischen Fernrohrs enthält. Inzwischen gestalteten sich die äußeren Verhältnisse Keplers sehr trübe: Zu der Geldnot, in die er geraten war, weil die kaiserliche Kasse ihm sein Gehalt nie regelmäßig auszahlen konnte, gesellte sich noch der Verlust von Frau und Kind, endlich die Absetzung des Kaisers Rudolf II., der 1611 seine Würden seinem Bruder Matthias abtreten mußte.

Kepler siedelte nach Linz über und unterrichtete Mathematik. Doch seine Ziele verfolgte er bis zum Schluß. Dieser so erfolgreiche Forscher, dem wir auch eine Vielzahl von Schriften zu verdanken haben, starb am 15. November 1630 in Regensburg. Der Fürst von Dalberg ließ ihm 1808 in Regensburg ein Monument errichten.

Im Jahre 1870 wurde ein weiteres in Weil, seinem Geburtsort, aufgestellt.

Die Leistung Keplers besteht in der Erkenntnis der nach ihm benannten Gesetze der Planetenbewegung und vieler anderer in der Überwindung der Annahme, daß die Planetenbahnen Kreisbahnen sein müßten.

Darüber hinaus suchte Kepler eine mechanische Erklärung für den Planetenlauf um die Sonne zu geben und behauptete eine gegenseitige Anziehung schwerer Körper.

All seine Untersuchungen und Ereignisse sind noch heute für die Wissenschaft von großer Wichtigkeit.

Klosterstraße

Auf dem Rennelberg vor dem Petritore, hinter Büschen und Bäumen versteckt, lagen der Fachwerkbau des Kreuzklosters und der Klosterfriedhof.

Rundum standen etwa seit der Jahrhundertwende Großstadtbauten, hohe Miethäuser, Schulen, ein Krankenhaus. Innerhalb der Klostermauern herrschte klösterliche Stille und Weltabgeschiedenheit. Nach diesem Kloster hat die Klosterstraße, die sich unmittelbar an der Klostermauer entlangzog, ihren Namen erhalten.

Schmucklos war die Kirche mit einem einfachen Dachreiter. Wie überrascht aber war der Besucher, wenn er das Gotteshaus betrat und plötzlich vor einem der edelsten, heute leider zerstörten Kunstwerke

Kreuzkloster-Kirche in Braunschweig auf dem Rennelberg

der Spätgotik in unserer Stadt stand. Es war die Kanzel mit der Himmelsgöttin und der Heiligen Anna Selbdritt. Es waren Gestalten, die fühlbar aus dem reichen Innenleben eines großen Künstlers heraus geschaffen worden waren.

Wie Paul Jonas Meier bei seinen Forschungen feststellte, war der Meister Hans Witten aus Köln der Schöpfer, jener Bildhauer, der nach seinem Zeichen als Meister „HW" bekannt war, und der den Obersachsen die berühmte „Schöne Tür" in Annaburg und viele andere Kunstwerke aus der Zeit von 1502 bis 1512 schenkte.

Daß er vorher, etwa bis 1500, längere Zeit in Braunschweig seßhaft war und hier außer der Kreuzklosterkanzel unter anderem auch das Vesperbild von St. Jacobi in Goslar schuf, ergaben jüngere Forschungen.

700 Jahre Tradition haben das Kreuzkloster umweht. Begonnen hatte alles mit der Sage über drei weiß gekleidete Jungfrauen, die hier in einer engen Klause Tag und Nacht Gott dienten. Das Kloster soll dann von Balduin von Campe gestiftet worden sein. Um 1200 wurde es geweiht. Benediktinerinnen, später Zisterzienserinnen zogen hier ein.

Sonst sah die Bürgerschaft der Stadt Klostergründungen nur mit geteilter Freude; das Kreuzkloster aber wurde begrüßt, denn als das einzige Nonnenkloster der Stadt bot es eine willkommene Gelegenheit zur Versorgung der unverheirateten Töchter.

Das Kloster wurde viele Male zerstört, abgerissen und wieder aufgebaut. Noch in den 20er Jahren war das Kreuzkloster-Grundstück aufgeteilt in den Kloster-Friedhof an der Freisestraße, früher Pfleghausstraße, und die sich anschließende Kloster-Gärtnerei, die sich bis zur Mauer der Haftanstalt hinzog.

Ein Braunschweiger erinnert sich noch, daß damals einige alte Damen das Kloster bewohnten. Im Dritten Reich wurde der Bau zu einem HJ-Heim umfunktioniert.

Das ehemalige Klostergebäude läßt sich heute nur schwer lokalisieren. Es stand etwa dort, wo heute das „Maria-Stehmann-Haus" und das benachbarte Privathaus sind.

Blick in die Klosterstraße.
Foto: 1986

Königstieg

Woher der Name Königstieg (Verbindungsstraße zwischen Sidonienstraße und Chemnitzstraße) kommt, welcher König hier entlang- oder abgestiegen ist, wissen wir nicht genau.

Der Sage nach soll im Jahre 1199 dort das Zelt des Königs Philipp gestanden haben, als er die Stadt belagerte. Philipp II., König von Frankreich, war der Sohn Ludwig VII. und der Alix von Champagne. Er wurde am 25. August (daher sein Beiname August) 1165 geboren und starb am 14. Juli 1223 in Nantes. Er war ein geschickter Feldherr und kämpfte an vielen Orten, doch von einer Belagerung Braunschweigs findet man nichts. Er vereinigte sich mit Heinrich II. von England zu einem Kreuzzug, der aber erst unter Richard Löwenherz 1190 zustande kam.

Hader mit Richard und eine schwere Krankheit bewogen Philipp, 1191 nach Frankreich zurückzukehren. Auf die Nachricht von Richards Gefangennahme griff er die Normandie an und erwarb im Frieden von 1196 das Ländchen Bexin. Nachdem Johann ohne Land 1199 den englischen Thron bestiegen hatte, unterstützte Philipp die Thronansprüche des jungen Herzogs von Bretagne, der 1202 von Johann ermordet wurde. Es ist also unwahrscheinlich, daß König Philipp 1199 vor Braunschweig lagerte.

Sehr viel wahrscheinlicher ist die Belagerung Braunschweigs durch den König von Dänemark im Jahre 1615, wie auch aus dem hier wiedergegebenen Kartenausschnitt ersichtlich ist. Westlich von Braunschweig, wohl in dem Gebiet des heutigen Königstiegs, lagerten die Dänen. Es war wohl die längste Belagerung der Stadt durch Herzog Friedrich Ulrich. Der

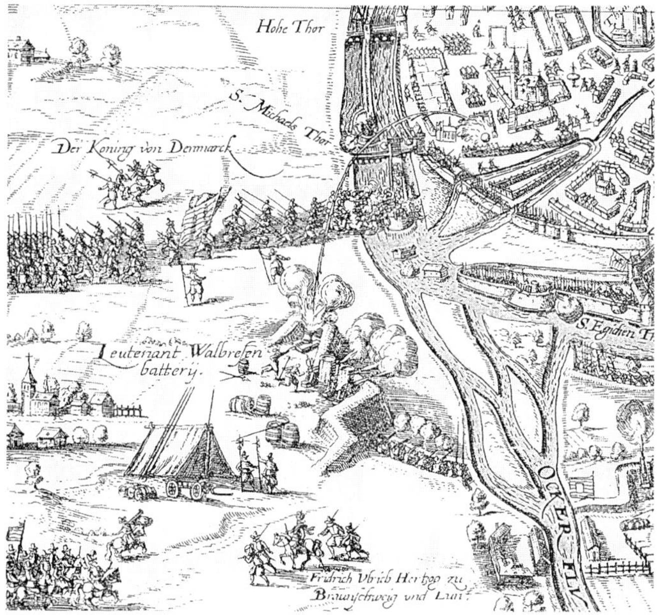

Die Belagerung Braunschweigs im Jahre 1615 (Ausschnitt aus einem historischen Plan).

König von Dänemark betätigte sich seinerzeit ebenso wie einige wenige kaiserliche Kommissare als Vermittler, und am 1. und 2. November zogen die Belagerer aus ihren Stellungen ab. Am 21. Dezember wurde im Kloster Steterburg der Friede geschlossen, der für die Stadt Braunschweig günstige Bedingungen erhielt.

Was war dieser Belagerung vorausgegangen? Dem Herzog Friedrich Ulrich, der älteste Sohn und Nachfolger von Heinrich Julius, fehlte leider die erforderliche Entschlossenheit, in schwerer Zeit die zerrütteten

Verhältnisse des Landes zu beheben. Gleichmütig aber schwach, überließ er sich gänzlich der Leitung seiner Günstlinge. Ihr verderblicher Einfluß zeigte sich zunächst in dem noch immer andauernden Streit mit der Stadt Braunschweig. Gegen die Einstellung der Feindseligkeiten hatte sich der Rat zur Zahlung einer Summe von 100 000 Gulden bereiterklärt, dem Herzog wurde jederzeit auch der freie Eingang in die Stadt zugestanden. Auf den Rat seines Feldobristen, des Grafen von Wustrow, lehnte Friedrich Ulrich diese Vorschläge ab und eröffnete im Juni 1615 an der Spitze von 13 000 Mann mit 46 Geschützen die Belagerung der Stadt. Sie blieb trotz erbitterter Kämpfe und einer heftigen Beschießung, bei der auch die Turmspitze der Magnikirche herabgeschossen wurde, erfolglos. Nachdem es den von den Hansestädten und den lüneburgischen Herzögen abgesandten Hilfstruppen gelungen war, sich den Eingang in die Stadt zu erzwingen, mußte Friedrich Ulrich Anfang November die Belagerung aufgeben und sich in dem am 21. Dezember 1615 zu Steterburg abgeschlossenen Frieden verpflichten, der Stadt für die entzogene Nutzung ihrer mit Beschlag belegten Güter eine Entschädigung von 100 000 Gulden zu zahlen und die Aufhebung der Reichsacht zu erwirken. Kaiser Mathias bestätigte 1617 den Vergleich und hob die Acht auf.

Auch der schwebende Rechtsstreit wegen Grubenhagen nahm für Friedrich Ulrich einen unglücklichen Ausgang. Infolge eines 1616 zu Gunsten Lüneburgs abgegebenen Spruch des Kammergerichts mußte sich der Herzog zur Abtretung des Fürstentums an Christian den Älteren von Lüneburg bereit erklären. Die Regierung seines Landes überließ Friedrich Ulrich nunmehr ganz dem Geheimrats-Kollegium, an dessen Spitze 1616 Anton von Streithorst trat. Dieser besetzte die wichtigen Ämter mit seinen Anhängern, deren einziges Streben darauf gerichtet war, sich selbst auf Kosten des Landes zu bereichern. Kammergüter wurden von ihnen verpfändet, herrschaftliche Gefälle verschleudert, die Staatswaldungen geplündert und das Geld in dem auf dem Schloß Calenberg und im Kloster Amelunxborn eigens errichteten Münzstätten derart verschlechtert, daß ein alter Taler für sechzehn neue galt. Diesem unter dem Namen „Landdrosten-Regiments" berüchtigtem Treiben machte endlich im September 1622 der Sturz Streithorsts ein Ende. Der Königstieg liegt auf dem Gebiet mittelalterlicher Wallanlagen. Diese Anlagen lassen sich auf dem Stadtplan von 1842 zwar noch erkennen, doch waren sie schon ohne Namen. Die mittelalterliche Vorstadt, die sich an der Stelle des Okervierecks und des Ravelins befand, ist 1707 bis 1716 abgebrochen worden. Auf dem zwischen Oker und Pfleghausstraße – heute Holwedestraße – gelegenen Gelände erhebt sich gegenüber dem ehemaligen Karlsbollwerk das Krankenhaus.

Blick in den Königstieg, Foto von 1986.

Körnerstraße

Im Zuge der Ausdehnung Braunschweigs entstand im vorigen Jahrhundert auch die Körnerstraße zwischen der Bertramstraße und der Helmstedter Straße. Obgleich die ersten Häuser hier recht stattlich waren, mußten die Bewohner doch auf manchen heutigen Komfort verzichten. Es gab noch kein elektrisches Licht, weder Fußweg noch befestigte Straßen waren vorhanden, nicht einmal eine Wasserleitung.

Am 18. September 1885 konnte man in der Tageszeitung den Hinweis lesen, daß sich die Anwohner der Körnerstraße nach Wasser aus der städtischen Leitung sehnten. Doch da diese Straße noch nicht von der Stadt übernommen worden war, konnten die Anwohner die Stadt nur mit einem Angebot, die Kosten für den Bau einer Wasserleitung vorzufinanzieren, von ihrem Anliegen überzeugen. Die Stadt nahm es an, und die damals acht vorhandenen Wohnhäuser wurden in den folgenden Jahren an das städtische Versorgungsnetz angeschlossen.

Die Straße ist nach einem Mann benannt, der im Jugendalter sagte: „... Denn es gibt im Blütenalter noch einen schönen Tod, den des Jünglings auf dem Schlachtfelde. Noch nicht vom dumpfen Kerkerfieber des Lebens zum Zittern entkräftet, von den Seinigen fortgezogen, mit einem frohen Abschiednehmen voll Kraft und Hoffnung, ohne die matte satte Betrübnis wie in eine Sonne ..."

Der Mann, von dem diese Zeilen stammen, heißt Theodor Körner, der große Dichter in den Freiheitskriegen. Der Vater Theodor Körners, Christian Gottfried Körner, war Schillers Freund und Berater gewesen. Er war Konsistorialrat in Dresden, mit immer erwähntem „volledlen Charakter". Wissenschaft und Kunst, jegliche Äußerung des menschlichen Intellekts interessierten ihn. Rechts- und Staatswissenschaften, Philosophie und Musik trieb er mit besonderer Vorliebe.

Theodor Körner, der große Dichter der Freiheitskriege, der als Lützowscher Jäger im Kampf gefallen ist.

Seine Gemahlin, Minna (Maria), geborene Stock, hatte von ihrem Vater, einem berühmten Kupferstecher, künstlerisches Talent geerbt. Mit im Haushalt lebte ihre ledig gebliebene Schwester Dora. Der Körnersche Familienkreis besaß eine anheimelnde warme Atmosphäre. Das Ehepaar Körner hatte zwei Kinder: Emma, geboren am 20. April 1788, und Karl Theodor, geboren am 23. September 1791. Seine beiden Namen verdankte der Knabe seinen Taufpaten, dem preußischen Gesandten am sächsischen Hofe, Graf Karl Geßler, und Theodora, der verwitweten Herzogin von Kurland. Der Knabe wurde anfangs Karl gerufen, als die Beziehung zu der mütterlichen fürsorglichen Taufpatin inniger wurde, nannten ihn die Eltern und er sich immer nur Theodor.

Zunächst war Theodor ein schwächliches und stets kränkelndes Kind. Doch der Vater achtete darauf, daß sein Sohn viel Gymnastik an der frischen Luft trieb, für damalige Verhältnisse recht ungewöhnlich. Als junger Bursche war er dann kerngesund und suchte im Tanzen, Reiten, Schwimmen und Fechten seinen Meister. Der Vater schickte Theodor zunächst am 7. Juni 1808 auf die Bergakademie nach Freiburg, er sollte etwas „Vernünftiges" lernen. Der berühmte Geologe Werner, ein Freund des Hauses, nahm sich seiner an.

Schon im Sommer 1810 erschien Theodor Körners erstes Werk: „Knospen" hieß das 124 Seiten starke Büchlein, das 43 Gedichte enthielt. Im gleichen Jahr verließ Körner Freiburg und ging an die Universität Leipzig. Dort fühlte sich der Jüngling zu dem im Entstehen begriffenen Burschenschaftswesen hingezogen. Als der Vater von seinen ständigen Raufereien und Händeln erfuhr, schickte er ihn nach Berlin. Doch der Sohn ließ sich nicht bändigen.

Eine Reihe von Werken entstand in den Folgejahren: die Einakter „Die Braut" und „Der grüne Domino" sowie der Operntext zu „Das Fischermädchen". 1812 gingen seine Lustspiele mit großem Beifall über die Bretter des Hofburgtheaters. „Der Nachtwächter" erschien kurz darauf. In Wien interessierte sich Körner für die Hofschauspielerin Antonie Adamberger. Seine Liebe wurde bald erwidert.

Im Sommer 1812 ging sein langgehegter Wunsch in Erfüllung: Der ganze Körnersche Familienkreis kam nach Wien. Die Stellung des Hoftheaterdichters, die der erst 21jährige erlangt hatte, gestattete ihm, nun auch zu heiraten. In jener Zeit begann der Rückzug der Armee Napoleons aus Rußland. Nach Freiheit sehnte sich das deutsche Volk, es erhob sich. Konnte Körner da zurückbleiben? Sein Patriotismus war geweckt. „Eine große Zeit will große Herzen", sagte er. „Soll ich Komödien schreiben auf dem Spottheater, wenn ich den Mut und die Kraft mir zutraue, auf dem Theater des Ernstes mitzuspielen?"

Körner schloß sich 1813 der Lützowschen Freischar an. Er wurde Oberjäger und bald darauf Leutnant. Am 26. August geriet die Freischar in einen heftigen Kampf. Körner stürmte wild vorwärts. Da kam eine Kugel, streifte sein Pferd und drang ihm in den Leib. „Da hab' ich auch eins weg", rief er noch aus und sank leblos zur Erde. In dem Dörfchen Wöbbelin wurde Körner bestattet. Seine Kameraden sangen, mühsam Tränen und Schluchzen bekämpfend, „Lützows wilde verwegene Jagd".

Eine ruhige Wohnstraße ist die Körnerstraße heute, mit nur wenigen Gewerbetreibenden, einer Arztpraxis und der Neuapostolischen Kirche. Foto von 1987.

Konrad-Adenauer-Straße

Im Jahre 1978 erfolgte die Neuerschließung des Geländes südlich des alten Bahnhofs und die Freigabe des Gieseler-Knotens, der Konrad-Adenauer-Straße (südliche Kerntangente) und der Theodor-Heuss-Straße. Der West-Ost-Verkehr läuft seitdem über die Konrad-Adenauer-Straße, den Lessingplatz und den Augusttorwall auf den John-F.-Kennedy-Platz, von dort weiter in die Innenstadt, zum neuen Hauptbahnhof oder nach Wolfenbüttel.

Die Konrad-Adenauer-Straße wurde nach dem ersten Kanzler der Bundesrepublik Deutschland benannt. Adenauer wurde am 5. Januar 1876 in Cöln geboren (auf Wunsch des preußischen Königs Friedrich Wilhelm IV. war die Schreibweise mit C statt K eingeführt worden). Nach Beendigung eines Jurastudiums tat er sich bald als Kommunalpolitiker hervor, und der Politik blieb er dann Zeit seines Lebens treu.

Konrad Adenauer als Oberbürgermeister der Stadt Köln.

Doch mit dem Jahr 1933 und dem Beginn der nationalsozialistischen Herrschaft schien Adenauers Karriere beendet. Er wurde aus allen Ämtern entfernt, zeitweise inhaftiert und konnte seines Lebens nicht mehr sicher sein. Nach Beendigung des Krieges setzte ihn die amerikanische Besatzungsmacht schon im Mai 1945 wieder als Oberbürgermeister Kölns ein.

Als die Stadt unter englische Verwaltung kam, wurde er von den Briten entlassen, die ihm außerdem jegliche politische Tätigkeit untersagten.

Das sollte allerdings nicht lange dauern, denn schon am 1. März 1946 wurde er zum Vorsitzenden der CDU in der britischen Besatzungszone gewählt. Parteiversammlungen bereiste Adenauer in einem ihm von den Briten zur Verfügung gestellten Horch.

Am 1. September 1948 wurde er zum Präsidenten des Parlamentarischen Rates gewählt, der Urzelle eines neuen deutschen Parlaments. Ein Jahr später, am 15. September 1949, erfolgte seine Wahl zum ersten Bundeskanzler der Bundesrepublik Deutschland. Adenauer starb am 19. April 1967 in

Rhöndorf bei Bonn im Alter von 91 Jahren. Aber erst heute wird die Bedeutung Adenauers für die Entstehung und den Aufstieg der Bundesrepublik und nicht zuletzt auch für die Nachkriegsentwicklung Westeuropas richtig erkannt. Professor Dr. Hans-Peter Schwarz, einer der führenden Historiker Deutschlands, hat vor wenigen Jahren eine Biografie unter dem Titel „Adenauer - Der Aufstieg: 1876-1952" vorgelegt, die auf eine umfassende Gesamtvertretung des Menschen und Politikers Konrad Adenauer abhebt. Zusammen mit bis dahin völlig unbekannten und unzugänglichen Quellen hat der Autor jene kaum übersehbaren Materialien herangezogen, die ihm aufgrund seiner langjährigen Arbeiten über die deutsche Zeitgeschichte vertraut sind.

Konrad-Adenauer-Straße, Foto von 1996.

Im Herbst 1986 erschien diese Adenauer-Biografie von Prof. Dr. Schwarz, die auf eine umfassende Gesamtwertung des Menschen und Politikers Konrad Adenauer abhebt. Es entstand ein außerordentlich lebendig wirkendes Adenauer-Bild und zugleich ein faszinierendes Panorama der deutschen Entwicklung von der Epoche Bismarcks bis in die Jahre des deutschen Wirtschaftswunders nach dem Zweiten Weltkrieg.

Viel ist über Konrad Adenauer geschrieben worden - auch Anekdoten. So erzählt man, daß im Jahre 1917 sein von einem Chauffeur gelenkter Dienstwagen in Köln mit einer Straßenbahn zusammengestoßen war, wobei Adenauer schwere Gesichtsverletzungen davontrug. Er selbst kommentierte dieses Ereignis später mit den Worten: „Diesem Unfall verdanke ich meinen Charakterkopf!"

Ganz in der Nähe der Konrad-Adenauer-Straße lag das im 11. Jahrhundert gegründete Kollegiatstift St. Cyriakus. Gestiftet von Markgraf Ekbert I., ist die Kirche, eine romanische Basilika mit Doppeltürmen, unter Ekbert II. geweiht worden. Das Stift war reich mit Gütern, Privilegien und Stiftungen ausgestattet. 1545 ließ der Rat das unter dem Patronat des Landesherrn stehende Stift mit all seinen Gebäuden aus strategischen Gründen abbrechen, um Herzog Heinrich den Jüngeren daran zu hindern, dort mit seinen Truppen Stellung zu beziehen.

Ferner befand sich hier der herzogliche Holzhof, später ein Bau- und Brennholz-Magazin, wo man vorwiegend Baumaterialien einlagerte. Das Holz kam vorwiegend aus dem Harz und wurde bis Braunschweig geflößt, Steine transportierte man aus der Elmgegend und vom Nußberg hierher. Backsteine wurden in den umliegenden Ziegeleien gefertigt, ebenso Dachziegel. Die wohl älteste Ziegelei in Braunschweig entstand Anfang des 15. Jahrhunderts am Rennelberg vor dem Petritor. Im Feldmarkbereich Altewiek entstanden im 18. und 19. Jahrhundert mehrere Ziegeleien, unter anderem die Moorhütte, dann die Aktien-Ziegelei an der Broitzemer Straße, die Dampfziegelei Weinberg und schließlich die Dampfziegelei C. Grimme am Madamenweg.

Konstantin-Uhde-Straße

Wenn man bei der Benennung der Konstantin-Uhde-Straße das Konstantin auch mit „K" einführte, so schrieb er sich trotzdem mit einem „C". Uhde war einer der ganz großen Baumeister dieser Stadt, der hier um die 50 Bauwerke schuf und auch in Wolfenbüttel, Harzburg und anderswo bedeutende Bauten und Denkmäler hinterließ. Die Straße, die nach ihm benannt wurde, verläuft parallel zum Rebenring und verbindet die Katharinenstraße mit der Göttingstraße.

Constantin Uhde wurde am 23. März 1836 in Braunschweig geboren. Der Vater war der Schulrat und Professor Dr. August Uhde, die Mutter Pauline stammt aus der schottischen Adelsfamilie Macrae-Holmains. Der junge Constantin besucht zunächst die Waisenhausschule, später das Gymnasium, das er Ostern 1854 mit der Reife für Prima verließ. Unmittelbar daran schloß sich eine Fachausbildung auf der Technischen Hochschule an. Während dieser Zeit errang er schon Preise in Baukonstruktionen sowie im Bau- und Freihandzeichnen. Nach Beendigung seines Hochschulstudiums wurde Uhde von der herzoglichen Baudirektion zunächst unter Professor Ahlburg, einem tüchtigen Bautechniker, beschäftigt. 1857 war er hauptsächlich mit dem Neubau der Zuckerfabrik Barum beschäftigt, 1858/59 mit der Zuckerraffinerie in Braunschweig, für die Uhde auch die von Bretschneider gestochene Verzierung ihrer Aktien entwarf.

Bis 1861 war er dann beim Neubau des Hoftheaters tätig und bestand im April 1860 das Bauelevenexamen. Als der Theaterbau vollendet war, trat Uhde in den Dienst der damals noch herzoglichen Eisenbahnverwaltung und arbeitete in deren Hochbauwesen. In Greene baute er an dem 40 Meter hohen Viadukt mit und lernte hier auch seine erste Frau kennen, Marie von Schwartzkoppen, die er am 9. April 1865 in Wolfenbüttel heiratete. Nach Abschluß seiner Greener Tätigkeit bestand Uhde am 31. August 1863 das Baukondukteurexamen. Im März 1865 begann er mit dem Unterricht an der Technischen Hochschule in Baukunst, erhielt 1868 eine feste Anstellung und 1871 auch den Professortitel.

Constantin Uhde

Nachdem 1865 der Mittelbau und die nördliche Hälfte des Braunschweiger Schlosses abgebrannt und unter Wolfs Leitung wieder aufgebaut war, wurde Uhde mit der Innenausstattung beauftragt. Nach den erhaltenen Skizzen zu schließen, ist die Dekoration der Zimmerreihe des Hauptgeschosses, Möbelstücke eingeschlossen, im wesentlichen Uhdes Werk.

Auf seiner Reise nach Spanien im Jahre 1888 entdeckte Uhde eine neue Formenwelt, die seinen von der alten klassizistischen Ausdrucksweise gelegentlich schon notgedrungen abweichenden Schöpfungen ein ganz neues Gewand gab. Das Haus Poststraße 6, das Uhde baute, leitete diese neue Epoche verheißungsvoll ein.

Kommen wir zu Uhdes größtem und bedeutsamsten Bauwerk, die Technische Hochschule in Braunschweig, 1874-77 von Körner und Uhde errichtet. Hier weist die dreiteilige, zweigeschossige Front des Klassizisten in der bedeutenden Ausdehnung von 23 Achsen auf Uhde hin. Bis in die achtziger Jahre entstanden in rascher Folge nahe der Hochschule Villen an der Gaußstraße, Jerusalemstraße und dem Fallerslebertore. Dazu die hier die Straßen verbindende eiserne Okerbrücke (1871).

Villen gleichen Charakters entstanden an der längst verschwundenen Monumentstraße (früher vom Augusttor zum Löwenwall), Rebenstraße, dann folgten die Villen Löbbecke, Rimpau und Jüdel. Wie schon erwähnt – es waren um die 50 Bauten, die Uhde in Braunschweig schuf. In Wolfenbüttel waren es die Villa Seeliger und die Synagoge, in Harzburg das Siegesdenkmal, ein gleiches in Bodenburg, sowie die Jubiläumssäule in Braunschweig.

Mit seinen Konkurrenzentwürfen zum Augusteum in Oldenburg gewann er den 1. Preis, ebenso bei der Synagoge in Braunschweig. Er legte Entwürfe für die Kunsthalle in Hamburg vor, für die Bank in Gera, für das Reichstagsgebäude, die Universität in Straßburg, das Herzogliche Museum zu Braunschweig, die Synagoge in Dortmund, das Kunstgewerbemuseum in Magdeburg, den Hasselbach-Brunnen in Magdeburg und, und ...

1893 wurde Constantin Uhde als ältester Hochschulprofessor Geheimer Hofrat, 1898 bekam er das Kommandeurkreuz 2. Klasse vom Orden Heinrich des Löwen. Auch der Regent nahm persönlich Anteil an Uhdes Leistungen. Er studierte mit großem Interesse die ersten Bücher „Konstruktion und Kunstformen" und teilte dem Verfasser Uhde in mehreren Schreiben seine Anerkennung mit.

Schwer aber traf ihn der Tod seiner ersten Frau 1871. In seinem Familienleben, das seit 1882 in dem von ihm selbst gebauten Haus Jerusalemstraße 8 verlief, fand Constantin Uhde immer wieder Erholung und frischen Arbeitsmut. Seiner Schwägerin Emma von Schwartzkoppen reichte er dann die Hand zum neuen Ehebund. Sie, deren unermüdliche, geduldige Pflege noch seine letzten Leiden linderte, überlebte ihn noch einige Jahre. Ein Leben voll ungebrochener Arbeitslust, voll Leistungen, ging zu Ende, als Constantin Uhde am 31. Mai 1905 die Augen für immer schloß.

Die Konstantin-Uhde-Straße, die nach dem bekannten Baumeister der Stadt benannt wurde.

Kramerstraße

An großen Vertretern der Bildhauerkunst ist Braunschweig nie arm gewesen. Viele mit Bildwerken geschmückte Bauten und öffentliche Denkmäler beweisen das. Einem bedeutenden Bildhauer ist eine Straße gewidmet worden: Arnold Kramer. Die Straße verläuft zwischen der Frankfurter Straße und der Ekbertstraße. Es gibt allerdings auch Hinweise darauf, daß die Straße ihren Namen nach der Kramergilde erhalten haben soll.

Die alteingesessene Firma DKW-Nies befand sich früher in der Kramerstraße 18.

Arnold Kramer entstammt einer alteingesessenen Wolfenbütteler Familie, die schon zu Beginn des 18. Jahrhunderts aus Halberstadt dorthin gezogen war, wo er selbst als Sohn eines Lederwarenfabrikanten am 17. Mai 1863 geboren wurde. Nach dem Besuch des Gymnasiums seiner Vaterstadt begab sich der junge Kramer Anfang der achtziger Jahre des vorigen Jahrhunderts nach Braunschweig, um dort unter der Leitung des Malers Adolf Nickol und des Erzgießers Georg Friedrich Howaldt an der Technischen Hochschule seine ersten Studien im Zeichnen und Modellieren zu beginnen. Bis zum Jahre 1888 besuchte Kramer dann die Dresdener Akademie der bildenden Künste sowie das Atelier von Ernst Hähnel, der ihm jedoch seinem Streben nach „formalem Idealismus", wie er ihn in der römischen Antike zu finden glaubte, nur wenig geben konnte.

Dagegen wurde das ständige und regelmäßige Studium in den reichen Abgußsammlungen des Dresdener Albertinums von weit größerem Nutzen für den jungen Bildhauer, um so mehr, als es fortsetzt mit ernsthaften Naturstudien eng verknüpft blieb. Nach einer einjährigen praktischen Tätigkeit bei Karl Echtermeier in Braunschweig, die ihm unter anderem die Mitarbeit am Abtdenkmal Echtermeiers ermöglichte, kehrte Kramer nach Dresden zurück, um sich dort ein eigenes Atelier einzurichten und die selbständige künstlerische Laufbahn zu beginnen, die ihn in ernster Arbeit und zäher Ausdauer zu immer besserer Darstellungskunst führte.

Noch einen bedeutsamen Wechsel erfuhr Kramers Leben durch die Übersiedelung nach Braunschweig im Jahre 1913, in der Hauptsache eine Folge der zwischen dem Künstler und der Stadt durch die Erschaffung des Eulenspiegelbrunnens erneuerten Beziehungen seiner Jugendzeit. Der Beginn der künstlerischen Tätigkeit Kramers zu Anfang der neunziger Jahre fällt in eine Zeit, in der man der Plastik in weiten Kreisen nicht selten noch mit Skepsis begegnete. Er begann mit Porträtbüsten, seine Modelle fand er in einem Künstler- und Gelehrtenkreis. Als gemeinsames Merkmal haftete allen diesen Werken ein feiner, bis in Einzelheiten sich erstreckender Realismus an, der jedoch durch den tiefer gehenden Künstlerblick und sein feines Erfassen des

Geistigen über alltägliche Kleinigkeiten emporgehoben wird.

Um aus dem Kreis dieser Porträtbüsten, unter denen sich unter anderem Dichter und Schriftsteller wie Ottomar Enking, Hermann Andreas Krüger, Wilhelm von Polenz, Karl Söhle, sowie Gelehrte, darunter der Kunsthistoriker Professor von Schubert-Soldern, der Geheimrat Geitel und der Literaturhistoriker Professor Adolf Stern finden, einige an dieser Stelle als Beispiele herauszugreifen, soll zunächst auf die Büste von Geheimrat Geitel, die letzte Büste und eine der letzten Arbeiten des Künstlers überhaupt, hingewiesen werden.

Weitere gute Herrenportraits schuf Kramer dann in den ebenfalls erst in letzter Zeit entstandenen Büsten des Bankiers Meyersfeld (1916) und des Dr. Landauer (1918) in Braunschweig, während die Damenportrais in ihrer Feinheit und nicht minder starken Persönlichkeitsauswirkungen besonders zu erwähnen sind. Doch auch hier erweist es sich natürlich als unmöglich, jedes einzelne Werk zu nennen.

Die Gewanddarstellung bei den Damenbüsten löste er recht geschickt durch größte Einfachheit und Beschränkung auf wenige, meist nur andeutungsweise gegebene Linien. Frei steigt die Halslinie aus schlichtem Gewandausschnitt empor zum Kopf, dessen Bedeutung durch nichts gehindert wird, und dessen Induvidualität sich daher uneingeschränkt auswirken kann. Sehr ansprechend weiß der Künstler auch stets die Haare anzuordnen und, meist in skizzenhafter Behandlung, als Rahmung des Gesichtes zu verwenden.

Von den Portraits der Gattin Arnold Kramers ist besonders eine Bronzebüste (1903) mit leicht nach links gesenktem Kopf zu erwähnen. Ruhe und Gleichmaß strömt dieser, von schlicht gescheiteltem Haar umgebene Kopf aus, an dem sich keine Einzelform bemerkbar macht, nur das Profil als solches das Wort hat.

Auch das letzte Herzogpaar hielt Kramer als Portraitplastik fest, die sich seinen anderen Arbeiten, was die Ausdruckskraft der Persönlichkeit wie die Geschlossenheit und Vornehmheit der Form angeht, würdig an die Seite stellen. Kramer starb am 9. Mai 1918.

Eine Reihe von Handwerksbetrieben gab es einst auf der Kramerstraße. Die Firma H. Hirsekorn, 1872 gegründet, war auf der Kramerstraße 26. Kupferschmiede, Rohrleitungen, Apparatebau für die Nahrungsmittel-, Chemie- und Zucker-Industrie waren das Programm. August Bonewald hatte 1937 seine Autoreparaturwerkstatt vom Bohlweg zur Kramerstraße 18 verlegt. Daraus entstand das Autohaus DKW-Nies.

Am 30. September 1867 zog der Nadler Friedrich Ludwig Wilhelm Grimm nach Braunschweig. Mit zwei Gehilfen begann er in der Südstraße in reiner Handarbeit mit der Herstellung von Drahterzeugnissen. 1891 nannte sich der Betrieb Drahtwarenfabrik L. W. Grimm und hatte den Betrieb an der Neuen Straße, 1900 übernahmen die Söhne die Leitung des Unternehmens, das nun ein weitläufiges Gelände an der Kramerstraße bezog.

Die Kramerstraße im Jahr 1992.

Kreuzstraße

Im Westen Braunschweigs war kurz vor 1900 das Siedlungsgebiet aufgrund der fortschreitenden Industrialisierung stetig erweitert worden. So ist die Kreuzstraße über die Landeseisenbahn hinausgeführt worden, die Weststraße, die Juliusstraße und die damals neu angelegte Bugenhagenstraße bildeten die Siedlungsgrenze im Westen der Stadt, die dann nördlich des Madamenweges durch die Goslarsche Straße, die Hildesheimer Straße und den Neustadtring fortgesetzt wurde. Nur vereinzelte Wohnbauten erstreckten sich zu diesem Zeitpunkt auf dem freien Gelände bis zur Landeseisenbahn.

H. C. Jentsch & Sohn, Konservenfabrik, Kreuzstraße 17/18. Braunschweig war führend in der Konserven-Industrie.

Der Name Kreuzstraße (und der Kleinen Kreuzstraße) geht auf das ehemalige Kreuzkloster zurück, das in diesem Gebiet Weide- und Ackerland besaß. Das Kloster selbst befand sich auf dem nahen Rennelberg, etwa neben der heutigen Haftanstalt. Die ersten Siedler an der Kreuzstraße waren Stadtrandbauern, die meist kleine Höfe bewirtschafteten, und Handwerker.

Nach der Überlieferung wurde das Kreuzkloster zu Anfang des 13. Jahrhunderts als Benediktinerinnenkloster auf dem Rennelberg vor dem Petritor gegründet. Seit Anfang des 15. Jahrhunderts wurde es von Zisterzienserinnen bewohnt, nach der Reformation führte man es als lutherisches Frauenkonvent weiter – bis zur Zerstörung im Jahre 1944. Das Kirchengebäude des 13. Jahrhunderts wurde 1545 und noch einmal 1550 zerstört. Im Jahre 1571 erfolgte der Wiederaufbau, 1606 wurde es abgebrochen. Der 1609 eingeweihte dritte Kirchenbau war im schlichten Fachwerkstil und trug einen kleinen Dachreiter. Die Inneneinrichtung aus barocker Zeit war 1712 mit einer spätgotischen Kanzel aus dem ehemaligen Paulinerkloster angereichert worden. Diese Kanzel hat infolge Auslagerung den schrecklichen Brand von 1944 überstanden und ist heute in der Aegidienkirche zu bewundern.

Zu den wenigen Handwerksbetrieben an der Kreuzstraße kamen Ende des letzten Jahrhunderts weitere Gewerbebetriebe hinzu, und immer mehr Arbeiterfamilien fanden hier Wohnraum. Während die Männer ihrem Beruf nachgingen, trafen sich die Frauen in den Hinterhöfen und arbeiteten für die Konservenfabrik: Spargel schälen, Erbsen auspuhlen, Bohnen abziehen und anderes. Langsam entwickelten sich auch hier kleinere Industrieunternehmen wie beispielsweise 1935 die Blechwarenfabrik Fr. Wehrstedt & Söhne. Die Firma Gebr. Wehrstedt wurde bereits 1887 am Madamenweg gegründet. Sie spezialisierte sich auf Dosenschließmaschinen. Im Jahre 1888 wurde die erste „Dosendrückmaschine" ausgeliefert, 1898 der erste halbautomatische Verschließapparat für Konservendosen.

Die Konservenfabriken waren im Braunschweiger Land wie Pilze aus dem Boden geschossen, da mußten auch Blechwarenfabriken gute Chancen haben. Von 105 deutschen Konservenfabriken in jener Zeit entfielen auf das Herzogtum Braunschweig 16. Damit war Braunschweig die führende deutsche Produktionsstätte für Konserven.

Alte und moderne Wohnhäuser nebeneinander. Blick in die Kreuzstraße 1989.

An der Kreuzstraße 17/18 befand sich die Konservenfabrik H. C. Jentsch & Sohn, die schon 1890 einen ersten Preis für ihr Sortiment erhielt, 1891 eine goldene Medaille in Berlin, und auf der Weltausstellung in Antwerpen 1894 ebenfalls die goldene Medaille bekam.

Die Eisengießerei AWO, die spätere Firma Overbeck, siedelte sich hier schon früh an und auch die Firma Schönau & Fröhlich, die 1909, fünf Jahre nach Firmengründung, schon 21 Arbeiter beschäftigte, vorwiegend gelernte Schlosser und Dreher, aber auch neun Lehrlinge, drei Kontorangestellte, drei Meister und ein Zeichner waren unter den Beschäftigten. 91/2 Stunden arbeitete man täglich.

Der Akkord wurde bei Beginn der Arbeit mit dem Werkmeister ausgehandelt. Die Arbeiter führten dann die Arbeitsgänge selbständig aus. Jeder Arbeiter hatte sein eigenes Werkzeug, von dem er nichts verborgen durfte. Ordnung mußte sein! Die Lohnauszahlung war am Samstagnachmittag. Vormittags wurde häufig noch gearbeitet. Einer alten Arbeitsordnung der Firma Schönau & Fröhlich ist folgendes zu entnehmen: „Zusammenkünfte, Beratungen und Versammlungen in den Räumen, Höfen und Zugängen der Fabrik sind verboten."

Die Arbeiter, auch in den kleineren Fabriken, waren schon gewerkschaftlich organisiert und die Geschäftsleitung wollte wohl keine Zusammenkünfte auf dem Firmengelände der Gewerkschafter dulden.

Auch in jener Zeit kamen länger anhaltende Arbeitskämpfe vor. Es wird berichtet, daß schon im Jahre 1913 ein achtwöchiger Streik bei Roever & Neubert die Produktion nahezu lahmlegte. 41 Mitarbeiter hatten die Arbeit niedergelegt, weil man einen Hilfsarbeiter entlassen hatte.

Kurt-Schumacher-Straße

Bevor vor Jahren damit begonnen wurde, die Kurt-Schumacher-Straße als Zufahrtsstraße für den neuen Hauptbahnhof zu bauen, gab es hier einige kleine, verträumte Straßen. Vom Augusttore, heute John-F.-Kennedy-Platz, kam man über die Monumentstraße zum Löwenwall. Zur Rechten liegt heute noch der Windmühlenberg, der früher allerdings viel höher war und dem „Besteiger" einen herrlichen Rundblick über die ganze Straße bescherte.

Nun kam man zur romantischen Ottmerbrücke, die dem Brückenbau ebenfalls weichen mußte. Beinahe 75 Jahre war die Eisenkonstruktion alt.

In den ersten Maitagen des Jahres 1959 wurde damit begonnen, mit der Ramme neben der 1885 nach dem Entwurf des TH-Professors Höseler zusammengefügten Eisenkonstruktion Bohrpfähle in die Okerböschung zu treiben. Bis Weihnachten, so war geplant, sollte an dieser Stelle, an der die neue Bahnhofstraße die Oker kreuzt, eine neue Brücke gebaut sein.

Die Brücke ist 34 Meter lang und mehr als 40 Meter breit; Eisenbeton-Plattenbalken-Konstruktion sagt man zu der Bauart.

Die alte Brücke führte auf die Ottmerstraße, dann war die Stadt beinahe zu Ende. Der Viewegs-Garten kam noch, eine Gärtnerei und herrliche Parkanlagen, in denen nach dem Krieg Bucheckern gesammelt wurden. Und dann waren Äcker und wogende Kornfelder.

Heute steht dort der Bahnhof dort, wo die Lutterstraße verlief und die Ackerstraße mit den Werkanlagen der ehemaligen Eisenbahn-Signalbau-Anstalt angrenzt.

Die Kurt-Schumacher-Straße führt durch den ehemaligen Viewegs-Garten. Foto von 1984.

Die Planungen für den neuen Hauptbahnhof begannen schon 1937. Die Lösung der damit verbundenen Verkehrsprobleme für den Braunschweiger Raum wurden damit mit folgenden Worten umrissen:

„Es erscheint notwendig, hier in Braunschweig auf schnellste Weise eine Sanierung der untragbaren Verkehrsverhältnisse herbeizuführen; untragbar aber auch wegen der so außerordentlich zahlreichen schienengleichen Eisenbahn- und Straßenkreuzungen, die ja praktisch den ganzen Stadtkern wie ein Festungsgürtel umgeben."

Doch erst im Jahre 1946 griffen Stadt sowie Industrie- und Handelskammer diesen Gedanken des Durchgangsbahnhofes erneut auf. Die Bundesbahn bestätigte 1949, daß sie grundsätzlich bereit sei, den mit der

Stadt Braunschweig am 1. Dezember 1938 abgeschlossenen Vertrag zu erfüllen, doch leider fehlte das nötige Geld.

Erst im Februar 1952 führte die Industrie- und Handelskammer mit Vertretern der Braunschweiger Geschäftsbanken und dem Bundesministerium für Verkehr Gespräche über die mögliche Finanzierung. Obwohl die Nachricht von der gesicherten Finanzierung erst am 6. Juli 1955 kam, nachdem ein Darlehen in Höhe von 35 Millionen DM zugesagt worden war, wurde noch 1952 mit den vorbereitenden Arbeiten begonnen. Die eigentliche Entscheidung über die Wiederaufnahme der Arbeiten am neuen Bahnhof fiel am 12. Juni 1952 durch den Bundesminister für Verkehr, Dr. Ing. Seebohm.

Für die Gestaltung des Bahnhofsvorplatzes und der direkten Zufahrtstraße war von der Bundesbahn grundsätzlich gefordert worden, daß die heutige Kurt-Schumacher-Straße vom Augusttor aus durch Viewegs Garten auf die Tunnelachse des neuen Bahnhofes führen sollte. Der Ringverkehr vor dem Bahnhofsgebäude sollte später unter dem Bahnhofsvorplatz hindurchgeführt werden können. So war die Planung.

Die Herzöge Karl Wilhelm Ferdinand (1735-1806) und Friedrich Wilhelm (1771-1815) scheinen hoch zu Roß den Verkehr der Kurt-Schumacher-Straße zu beobachten. Im Hintergrund ist das Bahnhofsgebäude zu sehen.

Der T-förmigen Einmündung der neuen Bahnhofstraße in den Bahnhofsring wurden mehrphasige Signalanlagen zugeordnet, deren Leistungsberechnungen nach amerikanischen Berechnungsmethoden („Highway capacity manual") aufgestellt worden waren. So ist also die Kurt-Schumacher-Straße mit großem Aufwand in den fünfziger Jahren entstanden und hat in den stillen Wohnvierteln am Rande der Stadt tiefe Wunden hinterlassen, die freilich nur die Altbraunschweiger zu spüren bekommen haben.

Die Straße wurde nach dem Sozialdemokraten Kurt Schumacher benannt, der maßgeblich an der Reorganisation der SPD gearbeitet hat. Schumacher, der auch gegen den Eintritt der Bundesrepublik Deutschland in den Europarat und die Gründung der Montanunion kämpfte, weil das seiner Meinung nach Hindernisse auf dem Weg zur Wiedervereinigung waren, wurde am 13. Oktober 1895 in Kulm/Westpreußen geboren und verstarb am 20. August des Jahres 1952 in Bonn.

Schumacher war seit 1946 Parteivorsitzender der SPD, seit 1949 Fraktionsvorsitzender. Doch schon 1924 bis 1931 war er politisch sehr aktiv, Schumacher war Abgeordneter im württembergischen Landtag, von 1930 bis 1933 Mitglied des Reichstages und 1933 bis 1944, mit kurzen Unterbrechungen, im Konzentrationslager. Von der früheren Romantik an der Straße ist eines noch geblieben: Die Bootsstation an der Oker, die sich vor den großen Bauarbeiten allerdings auf der anderen Seite der Brücke, am Löwenwall, befand.

Lachmannstraße

Im Bereich der Außenstadt waren seit 1880 zahlreiche Straßen durch die Stadt oder Unternehmer neu angelegt und als „Kommunalwege" übernommen worden. Zu ihnen zählen beispielsweise die Adolfstraße (1880), die Villierstraße (1885) und die Lachmannstraße (1886).

Diese Straße verläuft zwischen der Bertramstraße und der Kleinen Campestraße.

Benannt wurde sie nach dem großen Philologen und Germanisten Karl Lachmann, der in Braunschweig geboren wurde.

Die Lachmannstraße in den 20er Jahren.

Karl Konrad Friedrich Wilhelm Lachmann, so der komplette Name des berühmten Philologen, wurde am 4. März 1793 als Sohn eines Pfarrers in Braunschweig geboren, er starb am 13. März 1851 in Berlin. Ausgebildet wurde Lachmann auf dem Catharineum seiner Vaterstadt, wo er bereits mit sieben Jahren aufgenommen worden war. Der Unterricht bei dem Philologen Konrad Heinsinger beeinflußte Lachmanns Werdegang entscheidend.

Seit 1809 widmete sich Lachmann in Leipzig den klassischen, dann in Göttingen unter George Benecke auch den germanistischen Studien. 1815 habitierte er sich in Göttingen und trat bald darauf als Freiwilliger in ein Jägerbataillon ein.

Im Jahre 1816 ging er an das Friedrichwerdersche Gymnasium zu Berlin und wurde Privatdozent an der dortigen Universität. Noch im Sommer des gleichen Jahres übernahm Lachmann die Stelle eines Oberlehrers am Friedrichs-Gymnasium in Königsberg und 1818 eine außerordentliche Professur an der dortigen Universität, wurde 1827 ordentlicher Professor in Berlin und 1830 Mitglied der Akademie der Wissenschaften.

Lachmann ist Begründer der modernen urkundlichen Kritik, indem er sie von subjektivem Belieben auf feste Normen zurückführte, nicht bloß auf den Gebieten der klassischen, sondern auch der altdeutschen Literatur.

Hier sind vor allem seine „Betrachtungen über Homers Ilias" hervorzuheben, in denen die Ilias in einzelne Lieder zerlegt wird, und seine bahnbrechende Ausgabe des Lucretius, sodann die Ausgaben des Properz, Tibull, Carull, des Neuen Testaments, des Genesios,

Terentianus Marus, Gajus, Babrios, Avianus, die des römischen Feldmessers Lucilius und diverse weitere Arbeiten. Er gab auch die „Philologischen Abhandlungen" seines Freundes Klenze heraus.

Von seinen germanistischen Schriften sind unter anderem zu nennen: Arbeiten über das Nibelungenlied, die damals freilich zum Teil sehr umstritten waren, und die Abhandlung „Über die ursprüngliche Gestalt des Gedichtes der Nibelungen Not" sowie die Ausgabe von „Der Nibelungen Not und die Klage". Weitere Arbeiten von Lachmann zu nennen, würde den Rahmen sprengen.

Mag seine Liedertheorie zum Nibelungenlied wie manches andere seiner literarischen Urteile heute als überholt gelten, so hatte er doch zu den verschiedensten Fragen stets eine Diskussion entfacht.

„Seinesgleichen hat Deutschland in diesem Jahrhundert nicht gesehen!" Kein Geringerer als Jakob Grimm hat dieses Urteil über den Braunschweiger Gelehrten gefällt.

Als Professor an der Berliner Universität ist Lachmann am 13. März 1851 gestorben. Auch sein Bruder, Wilhelm Ludolf Lachmann, der am 22. November 1800 in diesem Hause geboren ist, sollte unvergessen bleiben. Selbstlos und mit besonderer Liebe hat er sich für die Blinden eingesetzt und die Pläne für die Gründung der Blindenanstalt ausgearbeitet. Aber nicht nur das: In einer Wohnung in der nördlichen Wilhelmstraße wurde am 18. Dezember 1829 die Anstalt eröffnet, die später so viel Segen verbreitet hat.

Er starb am 23. Juni 1861 in Wiesbaden, wo er Heilung von einem schweren Leiden gesucht hatte.

In seinem Buch „So sahen wir Braunschweig" schrieb Erich Schulz über das Geburtshaus Lachmanns folgendes: Die Reichsstraße hinab ging einst der starke Verkehr vom Marktstapel nach dem Kohlmarkt und dem Altstadtmarkt. Kein Zufall daher, daß hier Perle an Perle eine Reihe von Patrizierhäusern mit steinernen Erkern, verzierten Toren und wundervollen Schnitzereien stand.

Wohl das schönste von ihnen, die Nummer 7, hatte mit seiner reichen Holzarchitektur 1517 Henning Pralle geschaffen. Im schmucklosen Hause Nummer 9 stand 1793 die Wiege Karl Lachmanns, eines Pastorensohnes von St. Andreas, dessen große, bleibende Tat die Wiedererweckung des Nibelungenliedes ist."

Blick in die Lachmannstraße in Richtung Bertramstraße, 1994.

Laffertstraße

Die schmucke Fassade des Hauses Laffertstraße 2.

An der Frankfurter Straße in der Nähe der ehemaligen Lutterschen Fabrik liegt der Laffertskamp, der vorderste, mittlere und hintere, ehemals Besitztum der Ratsfamilie von Lafferde, die seit 1313 in der Altewiek und seit 1331 in der Altstadt ansässig war. Hans von Lafferdes Witwe vermachte 1612 jeder Tochter einen Morgen Land „uff dem Lafferdes Campe". Nach dieser Braunschweiger Ratsfamilie Lafferde oder Laffert ist die Laffertstraße benannt worden. Sie verbindet die Juliusstraße mit dem Cyriaksring.

Die Ratsfamilie Lafferde ist in Braunschweig zuerst 1313 in der Altewiek nachweisbar, dann 1331 bis 1657 in der Altstadt. Später scheint die Familie ausgestorben zu sein. Vor 1313 gab es ein Rittergeschlecht mit großem Landbesitz unter anderem in Groß Lafferde, westlich von Braunschweig. Ein Zweig war um 1350 nach Lüneburg ausgewandert, von wo aus sich das Geschlecht weit verbreitete. Eine zweite Ratsfamilie, die von Lafferde, meist Ratsherren des Hagen, ist von 1382 bis 1521 nachweisbar. Die Verwandtschaft mit der Altstädter Familie Lafferde bleibt fraglich. Die Mitglieder der Familie Lafferde I waren häufig Wechsler und Gewandschneider. Da wird ein Wechsler namens Bartolt genannt, der von 1519 bis 1527 im Rat war und am 1. März 1552 starb, ein weiterer Bartolt, der in der zweiten Hälfte des 16. Jahrhunderts ein Amt im Rat bekleidete und 1557 starb. Ein dritter Bartolt wird in der ersten Hälfte des 17. Jahrhunderts erwähnt; er starb 1657. Dann kommt ein Heinrich, über den exakte Daten fehlen, sowie ein Hinrich von Lafferde, der von 1488 bis 1499 Großer Bürgermeister der Altstadt war. Zusammen mit Gerwin Wittekop war er Führer des braunschweigischen städtischen Aufgebots in der Schlacht bei Bleckenstedt im Jahre 1493, die Herzog Heinrich der Ältere angeführt hat.

Dann gab es noch einen Werneke (Werner) Laffert, 1431 von den Wandschneidern in den Rat gewählt, 1446 von der Gemeinde. 1461 wird er gar als Burgherr erwähnt. Werneke starb im Jahre 1465. Im Jahre 1439 erwarb Hans Wichmann von Lafferde, Sohn des Ratsherrn Werneke von Lafferde, das Haus Breite Straße 24, früher Sedanbazar, heute Handelsweg genannt.

Dieses Haus hatte 1361 Gereke Dobberzyn erbaut. Von Lafferde hinterließ das Grundstück 1452 seinem Sohn Werner, der 1484 starb. Danach hatte es bis etwa 1500 Wichmann von Lafferde, Sohn des Bürgermeisters Hinrich und seiner Frau Hanneken von Walbeck. Danach erwarb Hennig Dammann den Grund und Boden, später die Familie Kalen.

Die Familie von Lafferde ist meist als Ratsfamilie von 1382 bis 1521 aufgeführt. Ein Hans von Lafferde, dessen Witwe 1612 das Land „uff dem Lafferdes Campe" vererbt hat, der wie erwähnt seit 1331 in der Altstadt ansässig gewesen, und nach dem die Straße ihren Namen haben soll, ist so nicht nachweisbar. Die Ratsmitglieder derer von Lafferde waren Bartolt, Brant, Ludeke und Tile.

Es war damals üblich, das Herren des Rates bei kriegerischen Auseinandersetzungen Truppenteile, wie in der erwähnten Schlacht bei Bleckenstedt, führen mußten. Zum Wehrdienst verpflichtet war grundsätzlich jeder männliche Bürger mit Beginn der Volljährigkeit. Der Beginn der Wehrpflicht war jedoch im Mittelalter in den einzelnen Städten unterschiedlich geregelt.

Die untere Altersgrenze schwankte zwischen dem 14. und dem 18. Lebensjahr. In Braunschweig war jeder Bürger mit der Vollendung des 18. Lebensjahres zum Wehrdienst verpflichtet. Man konnte sich allerdings, wenn man viel Geld besaß, bei Feldzügen durch einen besoldeten Knecht vertreten lassen.

Die Wehrhoheit der mittelalterlichen autonomen Stadt umfaßte im wesentlichen das Selbstverteidigungs-, Befestigungs- und Besatzungsrecht, das Recht, fremde Besatzungen zu verweigern sowie das Recht, militärische Bündnisse zu schließen. Die militärischen Pflichten der Bürger lagen dabei vornehmlich in den Bereichen der Selbstverteidigung und Stadtbefestigung. Im Vordergrund der bürgerlichen Wehrpflichten stand der Wachtdienst.

Die ständige Bewachung der Befestigungsanlagen gegen feindliche Überfälle war die wichtigste Aufgabe der städtischen Wehrkraft. Der gesamte Wachtdienst in Tag- und Nachtwache wurde als unentgeltliche persönliche Dienstleistung des Bürgers absolviert.

Die Wehrpflicht erstreckte sich nicht nur auf die Verteidigung der Mauern, sondern auch auf die Pflicht, an auswärtigen Feldzügen im Interesse der Stadt teilzunehmen. Zu Feldzügen wurde nicht die gesamte wehrpflichtige Bürgerschaft eingezogen.

Vielmehr wurde eine gewisse Anzahl von Bürgern vom Rat ihres Weichbildes namentlich aufgefordert, sich zu den Waffen zu melden, oder sich durch einen „guden knecht", das heißt, einen wehrtüchtigen Mann, vertreten zu lassen.

Die Laffertstraße ist nach der Patrizier- und Ratsfamilie von Lafferde benannt worden.

Lampestraße

Die Lampestraße ist das kurze Straßenstück zwischen dem Wendenring und der Wendenmaschstraße. Ein einziges Wohn- und Geschäftshaus steht heute hier. Die Straße hat ihren Namen nicht, wie allgemein behauptet wird, vom Meister Lampe, obwohl der Hasenwinkel ganz in der Nähe liegt. Benannt wurde die Straße nach dem Theologen Heinrich Lampe, der sehr stark an der Einführung der Reformation in Braunschweig mitgewirkt hat.

Die Einführung der Reformation erfolgte in Braunschweig mit der Annahme der Kirchenordnung Bugenhagens durch den Rat und die Gemeinde am 5. September des Jahres 1528. Doch schon in der Frühzeit fanden sich auch in Braunschweig zahlreiche Anhänger Luthers. Da waren beispielsweise die Mönche in St. Aegidien, allen voran Gottschalk Kruse. „Ein Mönch ist Junker. Frei von Kirchensorgen, von Bürgerlast, von Haussorge, ein müssiger und faulfressender Bruder in den Gütern durch andere Leute Schweiß erworben!" So schilderte Luther damals die Mönche, die er genau genug kennen gelernt hatte, da er Jahre lang unter ihnen lebte. „De geltgyrigen Papen sind so wol gelert in den Biblien, alße bynah des Eßel up der Sackpypen. Dat maket dat dechlyche studeerent in der Brettspiel und andere Bosheyt, de nicht to segende is." So beschrieb ein Braunschweiger Bürgersohn, Gottschalk Kruse, der selbst Mönch im Aegidienkloster war, den Zustand der Gelehrsamkeit seiner Genossen zu jener Zeit. Man ging sogar noch weiter und meinte, daß die Gelehr-

Anzeige des Straßenbauers August Volker um 1920. Der Betrieb befand sich in der Lampestraße 11.

ten nur unverständliche Dinge predigten aus den Schriften eines alten griechischen Weltreisenden, des Aristoteles, und die Unwissenden sannen darauf, wie sie das Volk mit possenhaften Reden belustigten. Dieser Mönch Gottschalk Kruse wurde 1499 in Braunschweig geboren und starb 1540 in Harburg. Er gilt als der erste Vertreter der lutherischen Lehre in Braunschweig. Schon als Kind von neun Jahren wurde er dem Aegidienkloster übergeben, seit 1516 war er dort Benediktinermönch. Sein Studium absolvierte er 1516/1517 in Erfurt. Durch Luthers Schriften angeregt, studierte er von 1520 bis 1521 in Wittenberg und wurde dort Doktor der Theologie. Am Aegidienkloster hielt er nun Vorlesungen im reformatorischen Sinne, was Kruse den Verdacht einbrachte, eine Ketzerschule errichtet zu haben. Kruse flüchtete nach Volkmarode bei Braunschweig, was damals zum Fürstentum Braunschweig-Lüneburg gehörte. Hier konnte er zunächst sicher sein. In Wittenberg entstand im Jahre 1522 eine Schrift von ihm, die zugleich als früheste Reformationsschrift in Niedersachsen zählt. Ende 1522 bis Februar 1523 predigte er wieder in Braunschweig und entging am 19. März nur knapp der Gefangennahme durch den Herzog. Von Braunschweig ging Kruse nach Celle und dann nach Hamburg, wo er erster Superintendent wurde. Doch schon bald stellte sich ein weiterer Mitstreiter ein, Heinrich Lampe. Lampe wurde 1503 in Gronau an der Leine geboren und starb am 13. November 1583 in Braunschweig. Er zählt zu den ersten evangelischen Predigern und wirkte hier ab 1525 als Prädikant (Mitpriester), zuerst an St. Michaelis und ab 1526 an St. Magni. Er vertrat von Anfang an die lutherische Lehre und gewann dadurch in der Altenwiek viele Bürger für den reformatorischen Glauben.

Die neue Lehre faßte langsam Fuß. Herzog Ernst, der wegen seines Eifers für das evangelische Bekenntnis Herzog Ernst der Bekenner genannt wurde, hatte als Prinz selbst in Wittenberg studiert und 1511 Luther kennen und schätzen gelernt. Als nach der Hildesheimer Stiftsfehde sein Vater Heinrich ihm und seinen Brüdern 1521 die Regierung übergeben hatte, ließ Herzog Ernst der Reformation in seinem Land freie Hand. Herzog Ernst zog 1530 sogar zum Reichstag nach Augsburg, wo die evangelische Partei dem Kaiser Karl V. ihr Glaubensbekenntnis überreichte. So hatte es Heinrich Lampe ziemlich leicht. Im Dezember 1527 hielt er zusammen mit seinem Kollegen Johann Oldendorp die erste evangelische Abendmahlsfeier in Braunschweig, wodurch ein wesentlicher Anstoß zur Durchführung der Reformation 1528 gegeben war. Nach der Annahme der Bugenhagenschen Kirchenordnung wurde Lampe Prediger an St. Magni, 1564 gar des geistlichen Ministeriums.

Der Braunschweiger Ratsherr Tobias Olfen schilderte die Situation nach der Einführung der Reformation so: „Als nun Lutheri reine Lehre angenommen war, wurden die Mönche aus der Stadt vertrieben, aus den Kirchen die Bilder der selbstgemachten Heiligen gerissen, und an den Wänden das, was den Evangelischen nicht gefiel, ausgelöscht. Die vielen Altäre brach man ab, und zwar bis auf einen oder zwei in jeder Kirche, und verbrachte die Altarsteine zum Ausbessern der Stadtmauer. Die goldenen und silbernen Kirchengeräthe, wie auch die Messgewände und dergleichen, wurden herausgenommen, und ward der Seiden- und Sammet-Stoff derselben, nachdem man die Perlen, Steine und silberne Spangen ausgeschnitten hatte, auf dem Altstadt-Rathause meistbietend verkauft, woraus denn das Frauenvolk Brusttücher, Koller und sonstige Kleidungsstücke machte." Ein Jammer, wie man zu manchen Zeiten mit Kulturgütern umgegangen ist. –

Blick in die Lampestraße im Jahre 1996. Im Vordergrund erkennt man, daß einst die Straßenbahn hier entlangfuhr. Man will auch künftig den Straßenbahn-Verkehr wieder durch die Lampestraße leiten.

Leisewitzstraße

Die stille Leisewitzstraße, sie ist nach dem Dichter und Reformator der Armenpflege in der Stadt Braunschweig, Johann Anton Leisewitz, benannt, liegt zwischen der Wolfenbütteler Straße und der ehemaligen Salzdahlumer Straße, das ist der Teil, der heute Böcklerstraße heißt. Längst vor der Jahrhundertwende, als man begann, außerhalb der Stadt Wohngebiete zu erschließen, entstand auch die Leisewitzstraße.

Am 13. Februar 1805 ereignete sich in Braunschweig etwas für das Armenwesen, als eine neue Organisation von außergewöhnlicher Tragweite in Kraft trat. Die Armenpflege war nach dem Verzicht der Landesregierung auf die von ihr mehr als hundert Jahre ausgeübte unmittelbare Leitung nun ein wichtiger Zweig der städtischen Selbstverwaltung geworden.

Bekanntlich wurde das durch die Armenordnung für die Stadt Braunschweig vom 25. Juni 1742 geschaffene herzogliche Armendirektorium aufgehoben. In Leisewitz ist der Stifter und Hauptschöpfer, wie es in alten Schriften heißt, des Reformwerkes von 1805 zu sehen. „Auf dieses Verdienst des edlen Mannes vor der breiten Öffentlichkeit wieder einmal mit Nachdruck hingewiesen zu haben, ist selbst ein Verdienst. Wir Braunschweiger wenigstens können nicht oft genug daran erinnert werden, daß Leisewitz nicht bloß der Dichter des „Julius von Tarant" ist, daß er vielmehr auch ein warmherziger, kluger und tatkräftiger Menschenfreund gewesen ist, der um seines ebenso selbstlosen wie früchtebringenden Wirkens willen stets unter den besten Bürgern unserer Stadt genannt werden muß". So steht es geschrieben in einer Würdigung von Heinrich Mack anläßlich des 100. Jahrestages der Reform der Armenpflege in unserer Stadt.

Johann Anton Leisewitz, Reformer der Armenpflege in Braunschweig.

Johann Anton Leisewitz wurde als Sohn eines Weinhändlers am 9. Mai 1752 (andere Quellen nennen den 1. Mai) in Hannover geboren. Über seine Jugendjahre wissen wir nicht viel. Er soll ein „talentierter, fleißiger, zu stillem Ernste geneigter Knabe" gewesen sein. Im Jahre 1770 ging er an die Universität nach Göttigen, um sich zu einem Rechtsgelehrten ausbilden zu lassen. Hier ließ er sich in den am 12. September 1772 gestifteten und in der literarischen Welt unter dem Namen des Hainbundes bekannten Dichter-Verein aufnehmen. In dieser Zeit arbeitete er neben seinem Studium an der Geschichte des Dreißigjährigen Krieges. Nachdem er zu Ostern 1774 seine akademischen Studien beendet hatte, ließ er sich noch etwa ein halbes Jahr durch seine Freunde, insbesondere Hölty und Albrecht Thaer, in Göttingen zurückhalten. Anschließend machte er in Celle sein Advokaten-Examen und lebte abwechselnd in Celle und Hannover, mehr mit literarischen Arbeiten als mit der advokatischen Praxis beschäftigt.

Im November des Jahres 1775 wählte Leisewitz, man weiß nicht genau aus welchem Grunde, die Stadt Braunschweig zu seinem Wohnsitz. Hier lebten zu dieser Zeit unter des Herzogs Carl Regierung viele bekannte Gelehrte: Eschenburg, Jerusalem, Zachariä, Ebert und viele andere, sowie der Oberaufseher der Wolfenbütteler Bibliothek, G. E. Lessing.

Von Braunschweig bewarb sich Leisewitz um den für das beste Trauerspiel von den Unternehmern des Hamburger Theaters ausgesetzten Preis von zwanzig Louisdor. Das dramatische Stück, mit welchem er sich bewarb und später unvergänglichen Ruhm erntete, war „Julius von Tarant". Doch Leisewitz hatte kein Glück – man vergab den Preis einem der zwei anderen eingesandten Arbeiten und zwar dem Trauerspiel von Klinger: „Die Zwillinge". Leisewitz traf diese Entscheidung schmerzlich.

Er verlor das Vertrauen an sich selbst und arbeitete zunächst wieder an seiner Geschichte des Dreißigjährigen Krieges. Es sind außer dem in Leipzig anonym erschienenen und später viele Male abgedruckten „Julius von Tarant" nur wenige nicht eben umfangreiche literatische Arbeiten von Leisewitz übrig geblieben. Und trotzdem zählt Leisewitz zu den großen Schriftstellern. Zu den großen Verehrern Leisewitz gehörte auch Friedrich von Schiller, der neben den Schriften von Klopstock, Lessing und anderen auch die eines Leisewitz zum Gegenstand eines ernsteren Studiums machte. So ist Schillers „Braut von Messina" ein dem „Julius von Tarant", wenn auch nicht nachgebildetes, so doch in mehrfacher Hinsicht ähnliches und geistesverwandtes Drama.

Herzog Carl Wilhelm Ferdinand wählte Leisewitz auch zum Lehrer des Erbprinzen aus. Er wurde sogar zum Hofrat ernannt und unterrichtete die beiden zu jener Zeit in Braunschweig lebenden Prinzen von Oranien und deren Schwester, die spätere Gemahlin des Erbprinzen.

Leisewitz wohnte auf der Wallstraße. Sein Wohnhaus wurde wegen eines Neubaus abgebrochen und auf dem Aegidienmarkt wieder aufgebaut. Im September 1979 wurde es nach einem feierlichen Hochamt in St. Aegidien seiner neuen Bestimmung übergeben. Das Haus dient nun als Begegnungs- und Versammlungsort für die katholische St.-Nicolai-Gemeinde.

Am 10. September des Jahres 1806, morgens um 6 Uhr, endete sein taten- und segensreiches Leben. Vier Tage später wurde Leisewitz auf dem St.-Martini-Kirchhof begraben.

So zeigte sich die Leisewitzstraße im Frühjahr 1986.

Leonhardstraße

Verfolgen wir hinter der Okerbrücke am Steintorwall die Leonhardstraße, kommen wir, vorbei am Wilhelm-Gymnasium, das früher das Herzogliche Gymnasium war, und der Leonhardschule, einst eine untere Bürgerschule, die kürzlich das 100jährige Bestehen feierte, zum Leonhardplatz.

Das Schulgeld für diese ehemalige untere Bürgerschule, das einst entrichtet werden mußte, betrug um 1930 vier Mark. Dafür waren die Unterrichtsmittel frei. Am Wilhelm-Gymnasium dagegen mußte man erheblich mehr bezahlen.

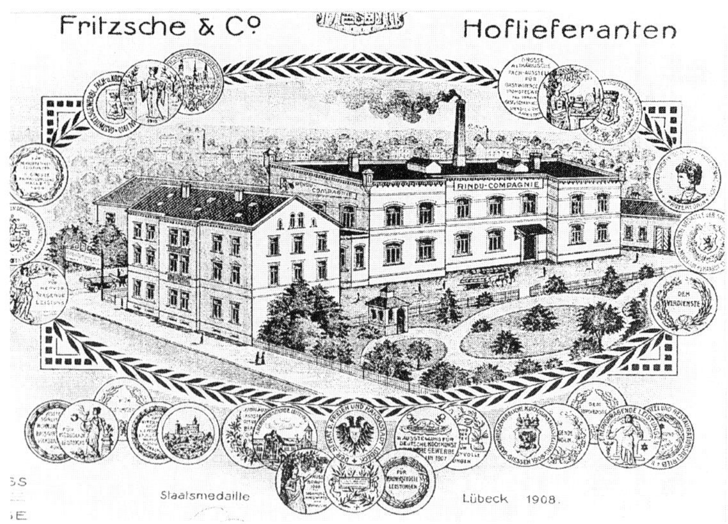

Die Rindu-Companie Fritsche & Co am Anfang des Jahrhunderts.

Am Leonhardplatz steht heute die Stadthalle. Doch wie sah es früher hier aus? Viele alte Braunschweiger erinnern sich sicherlich noch an den „Rummelplatz". Und in der übrigen Zeit war es ein Spielplatz für die Jugend.

Und noch davor? Am Leonhardplatz lag einst das Herzogliche Landesgestüt – heute erkennt man noch die Stallungen aus der Zeit. Die Polizei hat die Gebäude bezogen. Dieses Landesgestüt war bis 1899 eine Domäne, vorher lag hier das ehemalige Hospital St. Leonhard, das im Mittelalter den Aussätzigen zur Wohnung diente. „Außerhalb der alten Stadt Braunschweig liegt, nach dem Ostbahnhofe zu, auf dem Gelände des Herzoglichen Gestüts die kleine Kapelle St. Leonhard, ehemals als Hospitalkapelle benutzt." So schrieb der Chronist Oskar Döring über die Kapelle, die auch den Namen Leonhardikapelle hatte.

Sie gehörte zu dem gleichnamigen Siechenhospital vor Braunschweig, einer bürgerlichen Anstalt der Stadt, in der Leprakranke von den gesunden Bürgern abgesondert lebten und fremde, umherziehende Aussätzige vorübergehend Aufnahme finden konnten.

Wie der Kultus des Hl. Aegidius und des Hl. Autors, so ist auch der Hl. Leonhard aus Frankreich nach Deutschland gekommen. Er ist der Schutzpatron der unschuldigen Gefangenen, die er von ihren Ketten befreite. Er wird deshalb gern mit einer Kette in der Hand dargestellt. Kirchen, die ihm geweiht sind, wie die in Gellmersbach im Bezirk Weinsberg sowie bei Brixen sind sogar mit Ketten umschlungen. Ob in der Leonhardskapelle ebenso Ketten waren ist nicht bekannt.

Spuren und Aufzeichnungen fehlen jedenfalls. Der Leonhardskapelle verdankt die Straße, die sich vom Steintorwall bis zur Helmstedter Straße hinzieht, ihren Namen. Die kleine Kirche, wie sie noch vor der Jahrhundertwende dastand, ist erbaut worden, als das Hospital in der ersten Hälfte des 13. Jahrhunderts gestiftet wurde. Sie bestand aus einem etwa 17 Meter langen Schiff mit etwa neun Meter langem Altarraum und daran nach Osten sich anschließender halbkreisförmiger Apsis.

Der zu der Zeit überall erkennbare mittelalterliche Putz zeigte alte eingeritzte Quaderlinien. 1679 ist die Kapelle renoviert und mit einem Dachreiter versehen worden. Die Wetterfahne wurde 1695 aufgesetzt. Einen Turm hat die Kapelle nie besessen, ebenso keinen westlichen Eingang, der sonst üblich war. Das bescheidene Portal liegt im Süden.

Lange Zeit wurde die Kapelle nicht genutzt. Heute ist sie sehr viel kleiner. Der nach dem Schema romanischer Dorfkirchen errichtete Bau besteht nun noch aus dem zweijochigen Schiff mit einer Länge von 10,90 Meter. Ähnlich wie im Dom sind Chorviereck und Schiff mit gratigen Kreuzgewölben versehen, die auf weit vorspringenden Wand- und Eckpfeilern ruhen. Als Baumaterial verwendete man aus dem Nußberg entnommenen Rogenbruchstein. Für die Doppelpfeiler am Übergang zur Apsis und für Zierstücke benutzte man Elmkalkstein.

Wenige Meter weiter steht die neue St.-Johannis-Kirche mit einem 65 Meter hohen Turm, die nach den Plänen des Stadtbaurates Winter erbaut und am 25. Juni 1905 eingeweiht wurde. Die alte Johanniskirche, auch Paulinerkirche genannt, stand bis 1903 zwischen dem Bohlweg und dem Ruhfäutchenplatz. Der letzte Gottesdienst fand in der Kirche der Dominikaner 1682 statt. Ab 1712 wurde die Kirche durch Herzog Anton-Ulrich in ein Zeughaus umgewandelt. Sie erhielt nach dem Bohlweg zu eine Barockfassade und wurde allmählich auch von den anderen Seiten her durch andere Gebäude versteckt.

Erwähnt werden soll noch ein um die Jahrhundertwende bedeutender Großbetrieb in Braunschweig: Die Rindu-Companie, Fritzsche & Co. auf der Leonhardstraße. In diesem Betrieb wurde vor allem ein Rindfleischextrakt hergestellt, der in alle Welt versandt wurde. Selbst zu Hofe schätzte man die Rinderbrühe aus Braunschweig. Fritzsche erhielt daraufhin auch die Genehmigung, sich Herzoglicher Hoflieferant zu nennen. Viel ist heute von diesem Großunternehmen nicht mehr zu sehen.

Blick von der Leonhardstraße in die Kleine Leonhardstraße im Jahr 1993. St. Leonhard ist der Schutzpatron der Gefangenen und Kranken.

Doch an der Giebelseite des ehemaligen Fabrikationsgebäudes, in dem sich heute die Loge Heinrich der Löwe befindet, sind das Firmenemblem und der Namenszug erhalten geblieben. An der Leonhardstraße Nr. 25 kann man es erkennen.

Linnéstraße

Ganz in der Nähe des Botanischen Gartens – wo sonst – hat man dem Naturforscher Carl von Linné eine Straße gewidmet. Es ist die kleine Verbindungsstraße zwischen der Gliesmaroder Straße und dem Bültenweg.

Der Naturforscher Carl von Linné.

Der Naturforscher Carl von Linné wurde am 23. Mai 1707 in Nåshult in Småland geboren, wo sein Vater Prediger war. 1727 bezog der junge Linné die Universität Lund, um Medizin zu studieren, widmete sich aber mit großem Eifer der Botanik, und durch einen Vortrag Vaillants wurde seine Aufmerksamkeit zuerst auf die Geschlechtsorgane der Pflanzen gelenkt. Im Jahre 1728 ging Linné nach Upsala, wo er den Theologen Olaf Celsius bei einer Arbeit über die biblischen Pflanzen unterstützte, 1730 wurde er unter Rudbeck Demonstrator und Aufseher des botanischen Gartens. Gleichzeitig begann er mit der Bearbeitung seiner „Bibliotheca botanica", der „Classes" und der „Genera plantarum", und in Rudbecks Bibliothek wurde er zum Studium der Zoologie hingeführt.

Im Auftrag der Wissenschaftlichen Gesellschaft in Upsala besuchte er 1732 Lappland, ging dann nach Falun, wo er Mineralogie lehrte. Später bereiste er Dalekarlien und begab sich 1735 nach Holland, wo er in Haderwijk promovierte. Er blieb drei Jahre in Leiden und Hartekamp und ließ dort einige wissenschaftliche Arbeiten drucken.

Im Jahre 1736 besuchte Linné England und 1738 Paris. Dann kehrte er nach Stockholm zurück, praktizierte als Arzt und wurde 1741 Professor der Medizin, 1742 Professor der Botanik und Naturwissenschaften in Upsala. In dieser Stellung reformierte er den botanischen Garten, errichtete ein naturhistorisches Museum, gab 1746 das Buch „Schwedische Fauna" heraus, wurde 1747 Leibarzt und sandte mehrere Schüler in verschiedene Länder zur Erforschung der Naturerzeugnisse. Carl von Linné hatte bei allem, was er anfaßte, Erfolg. Unablässig war er bemüht, die Kenntnis der Formen und ihrer Beziehung zueinander zu fördern und zu erweitern, und die neuen Auflagen seiner Bücher wurden zum Teil ganz neue Werke. Ebenso bedeutend war seine Tätigkeit als Lehrer. Er wirkte ungemein anregend und führte seine Schüler in einer ganz neuen Weise in die Natur ein. 1758 kaufte er den Grundbesitz Hammarby, und als er 1764 durch seinen Sohn Carl eine Vertretung im Lehramt erhalten hatte, zog er sich dorthin zurück, nachdem er 1762 geadelt worden war. Erst jetzt nannte er sich Linné, bis dahin Linnéäus.

Blick vom Botanischem Garten in die Linnéstraße.

Der große Naturforscher Carl von Linné starb am 10. Januar 1778 in Upsala.

Denkmäler wurden ihm im botanischen Garten zu Upsala und in Stockholm errichtet. Linné war für die Wissenschaft von der belebten Natur von einer Bedeutung wie kaum ein anderer. Zwar kann er für sein Hauptfach, für die Botanik, nicht als Reformator bezeichnet werden, da der ideelle Inhalt seiner Theorien bereits in den Werken seiner Vorgänger seit Cesalpini enthalten ist, aber er lieferte eine geschickte Zusammenfassung aller vorhandener Leistungen und besaß eine wunderbare Befähigung, alles mit Geschick und Klarheit zu klassifizieren.

Sein Verdienst ist die strenge Durchführung der schon von seinen Vorgängern angewandten binären Nomenklatur in Verbindung mit der sorgfältigen methodischen Charakterisierung der Gattungen und Arten der Klassen und Ordnungen, wodurch die beschreibende Botanik im engeren Sinn eine völlig neue Form gewann.

Sein wohlgegliedertes und höchst brauchbares Sexualsystem, welches sich auf die morphologischen Eigenschaften der Staubgefäße und Karpelle begründet, wurde von ihm selbst nur als Notbehelf betrachtet, und er bezeichnete es als die Hauptaufgabe der Botanik, ein natürliches System aufzufinden. Er lieferte auch das Fragment eines solchen Systems, auf dem andere Wissenschaftler, beispielsweise Jussieu weiteraufbauten. Verhängnisvoll für die Zukunft wurde dagegen die von ihm gehegte Meinung, daß die höchste und einzig würdige Aufgabe des Naturforschers darin bestehe, alle Arten dem Namen nach genau zu kennen.

Die Morphologie, überhaupt die allgemeine theoretische Botanik war ihm nur Mittel zum Zweck, und in der Tat hat er keine irgend bedeutende Entdeckungen gemacht, die auf das Wesen der Pflanzen ein neues Licht geworfen hätten. Von gleicher Bedeutung war die Feststellung des Begriffs der Art, deren Unabänderlichkeit er zuerst in vollkommender Starrheit aussprach: „Es gibt so viel Arten, als verschiedene Formen im Prinzip erschaffen worden sind."

Die Gattungen, Ordnungen und Klassen deuten objektiv vorhandene Verwandtschaftsverhältnisse an, und die Erklärung dieser Verhältnisse gab Linné nach allen Regeln scholastischer Denkweise. Sie stellt ihn in großen Gegensatz zu der modernen Naturwissenschaft, deren Vorläufer durch das Übergewicht Linnés auf lange Zeit zurückgedrängt wurde.

Luisenstraße

Die Luisenstraße soll an Luise Löbbecke erinnern. Sie lebte von 1808 bis 1892. Die Tochter des Bankiers Löbbecke und seiner Frau Etta, geborene Henneberg, war besonders im Bereich der Wohltätigkeit engagiert. Im Jahre 1847 wurde auf ihre Initiative hin die „Löbbeckesche Bildungsanstalt für weibliche Dienstboten" gegründet, ferner gründete sie den Frauenverein und war in sieben Hilfskomitees tätig. Die Stadt Braunschweig ernannte sie 1862 in Anerkennung ihrer Verdienste zur Ehrenbürgerin. Die Luisenstraße mit dem Luisenhof wurde nach ihr benannt. Die Straße verläuft zwischen der Frankfurter Straße und dem Cyriaksring.

Luise Löbbecke war sehr stark in der Frauenbewegung tätig. Ende der 1860er Jahre wurde in Braunschweig der Vaterländische Frauenverein ins Leben gerufen. Er eröffnete den Frauen ein neues Berufsfeld, nämlich die Krankenpflege. Gisela Ottmer hat in einem Beitrag zu dem Buch „Frauen aus Braunschweig", herausgegeben von der Sozialpädagogin Gabriele Armenat, über die Anfänge der Frauenbewegung in Braunschweig ausführlich geschrieben. Dort heißt es, daß es bei dem neuen Berufsbild für Frauen nicht um die Unterstützung der Emanzipationsbestrebungen ging, sondern um für den Kriegsfall Pflegepersonal sicherzustellen. „Einige weibliche Vorstandsmitglieder", so schreibt Gisela Ottmer weiter, „gehörten gleichzeitig beiden Braunschweiger Frauenvereinen an, so Luise Löbbecke, A. von Campe, Gertrud Pockels, A. Rittmeyer und L. Zimmermann." Zu einem der Frauenvereine zu gehören scheint den Frauen kein negatives Ansehen gebracht, sondern eher ihr Prestige vergrößert zu haben. „Sie waren ja auch sehr gemäßigt", heißt es weiter in dem Beitrag. Viele von ihnen stammten aus den in Staat, Wirtschaft und Kultur tonangebenden Kreisen Braunschweigs. Der Anteil der berufstätigen unverheirateten Frauen war gering.

Zeppelin über den Häusern Luisenstraße 3 und 4. Foto von 1932. Die beiden Häuser haben sich bis heute äußerlich kaum verändert.

Der Luisenhof nach dem Bombenangriff, Foto von 1945.

Der Luisenhof heute. Foto von 1994.

Kommen wir auf den Bereich der Wohltätigkeit zurück. Wenn man von Luise Löbbecke spricht, muß man den Namen Oswald Berkhan mit erwähnen. Er förderte mit Hilfe von Luise Löbbecke den Bau einer Erziehungs- und Unterrichtsanstalt für epileptische Kinder, das 1908 in der Ludwigstraße 15 eröffnete „Luisenstift". Der spätere Geheime Sanitätsrat Dr. Oswald Berkhan wurde am 19. März 1834 in Blankenburg am Harz geboren.

Sein Vater war der dort wirkende Oberlehrer der Mathematik und Naturwissenschaften. Er war ein gebürtiger Braunschweiger und besuchte hier das Martineum, später das Collegium Carolinum. Der Sohn Oswald entschloß sich zum Studium der Medizin. Auch er ging zunächst (Ostern 1853) an das Collegium Carolinum in Braunschweig, dann an die Universitäten Göttingen und Würzburg, Prag und Wien. Am 11. August 1856 promovierte er zum Dr. med. in Würzburg. Dort zog es ihn zur Psychiatrie. Der damals in Würzburg dozierende Rudolf Virchow gewann auf ihn großen Einfluß. Berkhan war dann von 1858 bis 1859 Assistenzarzt in der Irrenabteilung des Krankenhauses Benndorf am Rhein.

Im Jahre 1860 kam er dann nach Braunschweig zurück und ging als Hausarzt an das Alexis-Pflegehaus. Dieses Haus war eine 1473 gegründete Stiftung, wurde seit 1748 zur Unterbringung von Verbrechern und Geisteskranken, seit 1829 nur noch für solche Kranken benutzt. Im Jahre 1865 wurde die Anstalt aufgelöst und nach Königslutter verlegt.

Bei all seinen Bemühungen wurde Dr. Berkhan von Luise Löbbecke und Pastor Gustav Stutzer unterstützt, die gemeinsam auch die „Idiotenanstalt" in Neu-Erkerode aufbauten. Hier war Dr. Berkhan bis 1896 beratender Arzt. Berkhan regte auch die Bildung der 1881 eröffneten Hilfsschulklasse für Schwachbefähigte an, aus der später die Kielhorn-Schule begründet wurde.

Nach dem Aufheben des Alexis-Pflegehauses im Jahre 1865 begann er eine Allgemeinpraxis zu betreiben, die er bis zu seinem Lebensende ausübte. Er half den Leidenden nicht nur als Medizinmann bei ihren körperlichen Gebrechen, er war ihnen auch geschickter Berater in anderweitigen Seelen- und Erdennöten. Im hohen Alter traf ihn zweimal das Mißgeschick, sich einen schwierigen Knochenbruch zuzuziehen. Fast beendete er noch sein 83. Lebensjahr; er starb am 16. Februar des Jahres 1917. Luise Löbbecke und Dr. Oswald Berkhan haben für die Stadt Braunschweig Großartiges geleistet.

Madamenweg

Der Madamenweg erhielt im 17. Jahrhundert seinen Namen nach Madame Rudolfine, der zweiten bürgerlichen Gemahlin des Herzogs Rudolf August. Es war der „Fürstliche Weg" nach dem Schloß Vechelde. Bis zum Jahre 1400 war dieser Weg vermutlich die alte Heerstraße nach Hildesheim.

Der „Fürstliche Weg", so hieß um 1894 das erste Stück nach dem Hohen Tore, führte vorbei am Astfelde. Erst am Huren-Kamp begann die Allee, die den Namen Madamenweg erhielt. Diese Allee zog vorbei am Schwarzen Kamp und über den Kröppelberg in Richtung Timmerlaher Busch.

Eine Postkarte der Landwirtschaftlichen Beamtenzeitung, deren Redaktion sich am Madamenweg 160 befand.

Doch bevor man diesen Weg nach Vechelde nahm, hieß die Straße „Der Steinweg vor dem Hohenthore". Werfen wir einen Blick in das Braunschweig des 14. Jahrhunderts. Braunschweigs Vorstädte im Westen der Stadt, das waren natürlich nur kleinste Ansiedlungen, waren der Steinweg, der Rennelberg und der Cyriacusberg. Zwischen diesen Ansiedlungen und den Wällen der Stadt befanden sich Gemeindeanger und große Hopfengärten.

Die ehemalige Vorstadt „Steinweg" lag dicht am Hohen Tore, wo die Oker die Stadt umfließt, und breitete sich auf den äußeren Wallanlagen und dem Gebiet des heutigen Madamenweges aus. Zwei Straßen gab es in dieser Siedlung. Die erste ziemlich breite Straße, der Steinweg, zog sich fast in gerader Linie nach Westen, wie der heutige Madamenweg. Auf beiden Seiten standen Häuser. Die zweite Straße bog nach dem Petritore ab. Sie hieß Diebesstraße, war weniger bebaut und von Gärten eingeschlossen.

Von der befestigten Stadt wurde der Steinweg durch den Arm der Oker getrennt, an der Westseite floß ein kleiner Bach, die Scholke genannt.

Vor dem Bau der Landwehr bildete dieser Bach einen gewissen Schutz für die unbefestigte Ansiedlung.

Außer einem Turm, einem Graben und dem Schlagbaum über die Straße gab es keine Schutzwehr. Vor Zeiten muß hier ein Hospital gestanden haben, die Heilige Geist- und Scholkeword, doch genaue Angaben sind spärlich. Selbst Merian hat in seinen Ansichten ein solches Hospital nicht eingezeichnet. Alten Aufzeichnungen aus dem Jahre 1831 ist zu entnehmen, daß um 1690 42 Häuser am Steinweg gestanden haben sollen, die bei der Erweiterung der Festungswerke nach und nach abgebrochen worden sind. Die erste Veranlassung zum Bau des Steinweges und die ersten Bewohner sind schwerlich nachzuweisen. So viel geht jedoch aus alten Schoßbüchern der Altstadt hervor, daß einige Gewerke, wie es dort heißt, beispielsweise Schmiede und Bäcker, dort bauten. Diese Aussage mag insofern stimmen, da sich Handwerker, die mit Feuer arbeiteten, stets nahe der Oker ansiedelten. Im Falle eines Brandes konnten sie so schneller Löschwasser schöpfen.

Die Aussage wird auch dadurch gestützt, da die hier vorbeiführende Goslarsche Straße schon zu jener Zeit eine frequentierte Handelsstraße nach Goslar, dem Hauptstapelplatz des Gewürzhandels, nach Norden hin war und somit geradezu günstig für Handwerker lag. Hinzu kommt noch, daß der über Broitzem zum Steinbruch auf dem Lindenberg bei Steterburg führende Weg ebenfalls hier kreuzte. Über diesen Weg kamen die Steine zum Bau der ersten Kirchen, Mauern und massiven Häuser in die Stadt. Und damit ist auch der Name „Steinweg" erklärt. Die hier auf dem Steinweg gelegene Heilige-Geist-Kapelle mag das älteste Gebäude dieser Vorstadt gewesen sein. Sie war ursprünglich zur Aufnahme armer und kranker Personen bestimmt. Diese Kapelle hat mit Sicherheit um 1268 dort schon gestanden, wie aus einem Ablaßbrief des Bischofs Albert von Regensburg vom 11. September des Jahres hervorgeht. In einem Schichtbuch der Stadt Braunschweig aus dem Jahre 1538 steht: „Eine Kapelle is buten dem Hagen dore up dem steinwäge, de is gebuwet in de ere des hilligen geistes. Dar is nein parner unde oppermann, unde is ein Kärke by sik, und de Karkwiginge is des sondages na pinksten."

Kommen wir zurück zum Madamenweg. An eine traurige Vergangenheit erinnert der alte Betonbunker, der mit einem hohen Kostenaufwand umgebaut wird. In dem Bau sollen Schutzräume für etwa 2975 Bürger entstehen. Dieser Bunker entstand 1941. Nach dem Krieg wurde er von der Stadt als Obdachlosenasyl genutzt. Dann verwilderte das Grundstück. – Nun wird saniert: das Dach, die Geschoßdecken, sanitäre Anlagen sowie Klima- und Entlüftungsanlagen. Im Jahre 1966 wurde am Madamenweg ein Wohnwagenaufstellplatz eingerichtet. Heute stehen dort zwischen 20 und 80 Wohnwagen. Der Platz hat Tradition und ist Lebensraum für Sintis, die hier Zwischenstation bei ihren Fahrten machen.

Einer der bekanntesten Bewohner des Madamenweges war der Schauspieler Gustav Knuth. Er wurde 1901 hier geboren und ging am Hohestieg in die Schule. Als 17jähriger hat er seine Heimatstadt verlassen, um in Hildesheim Schauspieler zu werden. Und das ist ihm gelungen, dem Gustav.

Im Haus Madamenweg 6 a wurde Gustav Knuth geboren. Nach ihm wurde der Weg benannt, der den Madamenweg mit dem Gebhard-von-Bortfelde-Weg verbindet.

Marenholtzstraße

Die Marenholtzstraße verläuft parallel zum Sackring und erinnert an einen gutherzigen Braunschweiger Bürger, der im 17. Jahrhundert Großes für seine Stadt geschaffen hat.

Die Stadt Braunschweig befand sich um 1618 in keiner beneidenswerten Lage. Gut, kurz zuvor war den Feindseligkeiten zwischen Herzog und Bürgerschaft ein Ende gemacht worden. Patriziat und Demokratie forderten einander nicht mehr öffentlich heraus, wie es vorher geschehen war.

Geistliche und Weltliche zerrten und zausten sich nicht mehr. Es war wieder Frieden im Braunschweiger Land. Doch da braute sich außerhalb der Stadtmauern etwas zusammen – der Dreißigjährige Krieg. Nun wußte zwar das ebenso wohlhabende wie wohlbefestigte Braunschweig während der ganzen Zeit seine Neutralität zu behaupten, doch vor Zerstörung und Leid war man nicht sicher.

Unter den Bürgern Braunschweigs lebte zu jener Zeit Gebhard von Marenholtz. Er gehörte zu dem alten, später in den Freiherrenstand erhobenen Geschlecht, das einen Hof in der Burg besaß.

Die Zeit seiner Geburt ist zwar nirgends genau angegeben, läßt sich aber ziemlich genau bestimmen. In einer am 12. Januar 1641 unterzeichneten Schrift sagt er nämlich von sich selbst, er habe nun 50 Jahre erreicht.

Demnach ist er entweder 1590 oder 1591 geboren. Sein Vater hieß mit Vornamen Aschen. Gelegentlich spricht Marenholtz von zwei Brüdern, Aschen Claus und Henning Philipp, auch von einer verheirateten Schwester, der von Rheden. Unterrichtet wurde er durch einen Theologen, der später die Pfarre in Almstedt bekam.

Marenholtz muß schon früh kränklich gewesen sein und vieles durchgemacht haben. In der erwähnten Schrift aus dem Jahre 1641 heißt es: „Ich habe nun vierunddreißig Jahre in schweren leiblichen und geistigen Anfechtungen Gott gedient und bin eben hart versucht worden, daß es vor der Vernunft kein ander Ansehen hat haben können, als wolle Leib und Seele zusammen daraufgehen, und meine Hoffnung eitel verloren Ding sein."

Im Jahre 1996 wurden diese Häuser an der Marenholtzstraße renoviert.

Ein Amt hatte und suchte er nie, weil er die Gaben, Gott darin zu dienen, bei sich vermißte. Er besaß aber eine juristische und theologische Ausbildung.

Verheiratet war Marenholtz nie. Es heißt: „... aus Gründen, die ihm für vollwichtig galten, dem Zeitlichen abgewendet, hielt er es für seine heilige Pflicht, das ihm verliehene Gnadengeschenk der Enthaltsamkeit so zu verwerthen, daß er sorgte, wie er Gott gefallen und das Evangelium mit gutem Wandel zieren könne."

Er hatte viele Einkünfte aus Vermögen und Verpachtungen, von denen er große Summen den Armen zukommen ließ. Er begnügte sich schließlich mit dem siebenten Teil seiner Einnahmen, alles andere ging gleich an die Armen. Was für eine Krankheit Marenholtz hatte, von der er 1641 schrieb, und ob sie es war, die ihn zu seiner Stiftung veranlaßt hat, wissen wir nicht.

Die Marenholtzstraße erinnert an Gebhard von Marenholtz.

Er teilte die Armen in drei Klassen ein. Für jede setzte er eine bestimmte Personenzahl fest. In der ersten Klasse waren es zehn dürftige Personen, denen er Unterkunft und Verpflegung auf seinem Gut in Groß Schwülper gab. Dort hat er ein Armenhaus erbauen lassen. Die zweite Klasse betraf Studenten. Er bestimmte fünfzehn junge Theologiestudenten, die frei von finanziellen Sorgen ihr Studium in Ruhe fortführen sollten. In der dritten Klasse bedachte er wieder die Armen, und zwar für unverhofft der Armut verfallene Bürger. Er dachte auch an kranke Pilger, die im Elisabeth-Spital am Fallersleber Tore aufgenommen wurden.

Auch auf dem Werder stand ein Armenhaus, ein Spital Sanct Antonii und Christophei. In dieses Haus hatte sich Marenholtz, seine Wohnung in der Burg verlassend, 1623 begeben. Es war ihm „ein Kämmerlein in selbem Hause eingethan, auch ferner nachgelassen, gemeldetes Haus neben Andern nach seiner jetzigen Gelegenheit zugebrauche".

Marenholtz lebte noch einige Jahre in diesem Spital. Wie das Kirchenbuch zu Sanct Catharinen (St.-Katharinen-Kirche) angibt, war es am 26. Januar Anno 1646, nachmittags eine Viertelstunde nach ein Uhr, „wo der durch einen seligen Tod in das gesunde Reich versetzt wurde".

Am 29. desselben Monats brachte man seinen Leichnam in die Katharinenkirche und setzte ihn in der Kapelle unter der Orgel bis zum feierlichen Begräbnis bei.

Er hatte verfügt, daß seine Gebeine zu denen seiner Schwester gelegt werden sollten. Als man sein Testament öffnete, las man, daß er nun doch nicht zu seiner Schwester, sondern wie die Armen begraben werden wollte. So wurde er, diesem letzten Willen entsprechend, am 26. Februar abends um 9.00 Uhr aus der Katharinenkirche in die Spitalkapelle zurückgetragen und dort begraben.

Als das Spital 1701 neu aufgebaut wurde, wurde ihm auf seinen Grabstein geschrieben: „Des Reichen höchste Freude pflanzt Gott in des Elends Hütten."

Marthastraße

Im Adreßbuch von 1880 erscheint die Marthastraße zum ersten Mal. Sie ist die Verbindungsstraße zwischen der Helmstedter Straße und der Leonhardstraße. Der Namensbenennung geht ein Beschluß vom 5. November 1879 voraus.

Die Marthastraße im Jahre 1987.

Wer diese Martha war, nach der die Straße den Namen erhalten hat, wurde damals nicht notiert. Nicht einmal mit Vermutungen kommen wir weiter – die Namensgeberin ist völlig unbekannt.

Eine Reihe von Historikern hat mehr als 100 Jahre lang versucht, diesen und andere Namen aufzuklären. Ohne Erfolg. Selbst Mitgliedern des Geschichtsvereins war es nicht gelungen. In ihrer Sitzung am 17. März 1902 hatte man das Thema „neue Straßennamen" auf der Tagesordnung. Dr. Richard Andree hielt einen Vortrag. Als zeitliche Grenze zwischen alten und neuen Namen, so führte er aus, sei etwa das Jahr 1850 anzusehen. Denn erst seit dieser Zeit seien infolge des raschen Anwachsens der bis dahin ziemlich stabil gebliebenen Einwohnerschaft die zahlreichen Straßen der Außenstadt entstanden, und daraus habe sich die Notwendigkeit ergeben, in kurzer Zeit eine Menge neuer Straßennamen zu schaffen. Hierin liege der Unterschied zwischen den alten und den neuen Namen begründet, erklärte Andree. Die einen seien gewordene, aus dem Volksmund entsprungene, die anderen gemachte, von den Behörden gegebene. Und dazu gehört eben auch die Marthastraße.

Um das Wesen dieses hochbedeutsamen Unterschiedes zu veranschaulichen und zugleich Anhaltspunkt für eine Kritik der modernen Straßenbenennungen zu gewinnen, teilte der Vortragende die alten und die neuenStraßennamen in ihre natürlichen Gruppen ein, die er in kurzer Übersicht aufführte.

Wir wollen uns vor allem seinen Ausführungen über die neuen Straßennamen zuwenden. Da hieß es in dem Vortrag: „Namen, deren wesentlicher Bestandteil ein männlicher oder weiblicher Vorname ist. Diese Art der Straßenbenennung setzt schon ziemlich früh mit der August-, Wilhelm- und Leopoldstraße ein und ist zeitweilig außerordentlich beliebt gewesen.

Man denke nur an die Adolf-, Amalien-, Friedrich-, Hedwig-, Helenen-, Heinrich-, Julius-, Karl-, Ludwig-, Luisen-, Marien-, Martha-, Rudolf-, Sidonien- und Sophienstraße. Diese Namen sind meist Verlegenheitsnamen und auch dann zu tadeln, wenn sie die Erinnerung an einen der braunschweigischen Herzöge oder um die Stadt verdiente Männer und Frauen wach zu halten bestimmt sind. Denn dazu sind sie wenig geeignet.

Blick von der Leonhardstraße in die Marthastraße, Foto von 1993.

Oder wie viele Braunschweiger wissen etwa, daß die Wilhelmstraße nach Herzog Wilhelm, die Leopoldstraße nach Herzog Leopold, die Amalienstraße nach Amalie Löbbecke genannt ist. Und selbst die Autorstraße hieße besser St. Autorstraße."

Für eine Reihe von Straßen gibt es keinerlei Hinweise auf den Namensgeber, höchstens Vermutungen. Die aber fehlen bei der Marthastraße.

Im Allgemeinen, so führte Andree noch aus, könne man mit den aus dieser Einteilung ersichtlichen Grundsätzen der Stadtverwaltung für die Wahl der Straßennamen sich einverstanden erklären. Was im Einzelnen auszusetzen sei, habe er meist schon bemerkt, müsse aber in Ergänzung dessen vor allem noch auf einen Übelstand aufmerksam machen, die unnötigen Häufungen von Namen. Es gebe einen Hagenmarkt, eine Hagenbrücke, einen Hagenscharrn, einen Hagenring, eine Hagenstraße, fünf Namen seien mit Petri zusammengesetzt, Gauß sei dreimal, Spohr zweimal vertreten. Auch so fehlerhafte Bildungen wie Hintern lieben Frauen (statt: Hinter Unserer Lieben Frauen), wären auszumerzen. An diese kritischen Bemerkungen knüpfte der Vortragende schließlich einige Vorschläge für die Zukunft.

Es folgte an diesem Abend des Geschichtsvereins für das Herzogtum Braunschweig noch eine kurze Erörterung über die Bedeutung einiger in dem Vortrag erwähnten Straßennamen, an der sich besonders Oberstleutnant Meier und Dr. Andree beteiligten.

Zum Schluß wies Archivrat Dr. Zimmermann auf die eingehenden archivalischen Forschungen der beiden genannten zur Geschichte der Straßen und der Straßennamen Braunschweigs hin und beantragte, die Versammlung möge sich grundsätzlich damit einverstanden erklären, daß diese Forschungen, die ihres großen Umfangs wegen weder im Magazin noch im Jahrbuch abgedruckt werden könnten, zum Gegenstand einer besonderen Vereinspublikation gemacht würden.

Der Antrag wurde mit Einstimmigkeit angenommen, das Buch erschien bald darauf (1904).

Maschplatz

Masch oder Marsch bedeutet „feuchte Flußniederung", in der Küstenregion ist die Marsch das flache, meist feuchte Küstenland – im Gegensatz zur Geest. Das Gebiet um den Maschplatz und die Maschstraße hieß schon 1325 „de mersch". Eine Maschtwete wird in früher Zeit erwähnt, 1860 Am Maschwege. Unter Masch versteht der Braunschweiger den Rummelplatz an der Hamburger Straße während des Schützenfestes. Früher fanden die Schützenfeste auf dem Maschplatz statt, deshalb noch heute der Begriff „Masch". Und der Platz, auf dem heute das Schützenfest gefeiert wird, heißt eben Schützenplatz.

O. Hohnstein berichtet 1886 in seinem Buch „Braunschweig am Ende des Mittelalters" sehr ausführlich über ein Schützenfest vergangener Zeiten: „Ein viel bewegtes, buntes Wogen und Treiben herrscht auf dem weiten Maschplatze, denn die Stadt feiert ihr Freischießen. Auf der linken Seite von zahlreichen Gärten und Obstbäumen aller Art eingeschlossen, wird der Platz zur rechten von den gelben, undurchsichtigen Fluthen der träge dahinfließenden Oker umspült, während im Norden die frischen, grünen Eichenwälder an der Schunter den fernen Horizont begrenzen."

Das Festgelände war mit hölzernen Schranken und Säulen, die in den Farben der Stadt rot und weiß bemalt, mit Tannengrün und Wappenschilden geschmückt waren, eingezäunt. Der eigentliche Schießplatz war vom Festplatz ebenfalls durch Schranken abgeteilt. Auf dem Festplatz standen Schaubuden, ähnlich, wie man sie heute noch findet, nur alles etwas bescheidener. Lärmend, oftmals johlend drängten sich die Festteilnehmer durch die Budengassen. Früher haben auch Goldschmiede ihre kostbaren Waren ausgelegt, silberne Becher, Schalen und Geschmeide aller Art. Hohnstein schildert in seinem Buch diese Szene so: „Allerlei verdächtiges Gesindel umschleicht die Buden und wirft begehrliche Blicke auf die reichen Geräthe und Zierrathen, aber das ernste Auge des Verkäufers ist wachsam überall hingerichtet, und würdevoll schreiten die Diener des Rathes, die Bauermeister, in braunschweigisch Grautuch gekleidet, einher, jeden Frevel aufs strengste strafend." Auch Zinngießer hatten ihre Buden aufgeschlagen und verkauften allerlei Hausrat, Würfelbuden wechselten mit den Buden irgendwelcher Marktschreier, die so allerlei anboten, beispielsweise „Mückentalg" für die Gesundheit, was immer das sein mochte. An der Oker entlang hatte der Rat zwei Kegelbahnen aufstellen lassen, auch Trink– und Eßbuden gab es in großer Zahl.

Auf dem Platz stand das Schützenhaus und die Buden für die Armbrust- und Büchsenschützen sowie für die

Der Maschplatz liegt direkt an der Oker. Foto von 1995.

Schreiber. In der Mitte des Platzes war auf hoher Stange der Vogel errichtet, während am äußeren Ende, etwa 600 Fuß weit, die Scheibe für die Bogenschützen aufgestellt war. An der Schießwand befand sich an einer Säule eine große Sanduhr, nach der die Zeit für die einzelnen Durchläufe gemessen wurde. Daneben stand das Haus für den Scheibenanzeiger.

Am Maschplatz gab es auch sehr früh schon eine Gartenwirtschaft. In den „Braunschweiger Anzeigen" vom 2. Juli 1774 gab der Maschwirt Wegener bekannt, daß er während der Maschzeit auf seinem Garten „Caffee tassenweise, so wie im Caffeehause gebräuchlich" ausgegeben werde, und er fügte hinzu: „Ingleichen werden Hautboisten des Herzogl. Leibregiments von dem 3ten bis 8ten dieses täglich daselbst eine gute Musik aufführen." Dann wird es allerdings still um den Maschgarten. Erst 50 Jahre später, am 7. August 1824, erscheint in den Anzeigeblättern eine entsprechende Ankündigung des Wirtes Bartels mit folgendem Wortlaut: „Sonntag, den 1ten August ist auf meinem vor dem Petritor nahe an der Masch belegenen Garten Vauxhall, wobei das Herzogl. Hornistenchor durch eine gefällige Musik das Vergnügen der geehrten Gäste bedeutend erhöhen wird. Auch wird zum Amüsement ein Feuerwerk abgebrannt werden. Außer allen möglichen Erfrischungen und kalter Küche wird auch portionsweise nach der Karte warm gespeiset..." Damals mußte man 4 Gutegroschen Eintritt bezahlen. Bartels war wohl der erste Braunschweiger Gastwirt, der das weltmännische Reizwort „Vauxhall" zur Werbung für seinen Garten benutzte.

Aber in Wirklichkeit hatte Bartels kaum soviel an Unterhaltung zu bieten wie das „Weiße Roß" (Celler Straße) und „Holsts Garten" (Wolfenbütteler Straße). Bis 1830 kündigte Elias Bartels nur selten „Erleuchtung und Feuerwerk" an. Erst als er im Juni 1830 das Herzogliche Hautboistencorps dafür gewinnen konnte, jeden Sonntag hier zu musizieren, ging es bei ihm lebhafter zu. Doch bald wurde es abermals ruhig um dieses Lokal.

1839 wird im Zusammenhang mit dem Maschplatz und dem der Schützengilde gehörenden Maschhause von dem an den Platz grenzenden Bartelsschen Garten lediglich bemerkt, daß er „freilich nicht groß, aber gut eingerichtet" sei. Zwei Jahre später ist bei Schröder und Aßmann zu lesen: „An dem Maschplatz liegt der Bartelssche Garten, der zwar klein, aber wegen seiner vortrefflichen Wirthschaft allgemein bekannt ist und fleißig besucht wird".

Es finden sich dann auch weder in den wenig zahlreichen Ankündigungen von Gartenkonzerten im Bartelsschen, später Schraderschen Garten aus den 1840er Jahren in den „Braunschweiger Anzeigen" noch in den vier erhalten gebliebenen Originalprogrammen Hinweise auf besondere Sehenswürdigkeiten, es sei denn die gelegentliche Erwähnung einer Illumination mit Feuerwerk. Von Fr. Knoll wird nicht einmal mehr der Name „Vergnügungsgarten" genannt, der damals noch neben dem 1860 neu errichteten Schützenhaus den Maschplatz einfaßte. Er ist dann wohl bald sang- und klanglos der Neubautätigkeit der sogenannten Gründerjahre zum Opfer gefallen. Heute befindet sich in etwa an der Stelle der früheren Schießstände die Anlage des Ruderclubs „Normannia".

Anlage des Ruderklubs „Normannia", Maschplatz 15.

Maschstraße

Spazierte man einst neben dem Okerarm, der vom „Neuen Stadt Tor" nach Nordwesten zu bis zum äußeren Graben floß und an dem die beiden Mühlen der Neustadt lagen, kam man durch einen gewölbten Durchgang unter dem Walle hindurch zum Außentor und von dort über das Wehr zur Kuhstraße, wie die Maschstraße früher hieß. Kuhstraße deshalb, weil man hier entlang die Kühe vom Kreuzkloster auf die Wiesen (Masch, Marsch) in der Okerniederung trieb.

Das alte Schützenhaus auf der Masch. Das Foto wurde vermutlich um 1920 aufgenommen.

In der nordöstlichen Fortsetzung der heutigen Maschstraße war die Rothestraße, und man gelangte, vorbei an gepflegten Gärten, nach der Masch oder der Marsch.

Lassen wir einen Chronisten (O. Hohnstein) berichten: „Ein vielbewegtes, buntes Wogen und Treiben herrscht auf dem weiten Maschplatze, denn die Stadt feiert ihr Freischießen. Auf der linken Seite von zahlreichen Gärten mit Obstbäumen aller Art eingeschlossen, wird der Platz zur rechten von den gelben, undurchsichtigen Fluten der träge dahinfließenden Oker bespült, während im Norden die frischen, grünen Eichenwälder an der Schunter den fernen Horizont begrenzen.

Hölzerne Schranken mit 50 Säulen die in den Farben der Stadt Rot und Weiß bemalt, mit Tannenbäumen, Girlanden und den Wappenschilden des Kaisers, der Kurfürsten und vieler Stände geschmückt sind, scheiden den eigentlichen Schießplatz von dem übrigen Festplatze. Auf diesem stehen in dichtem Haufen die Festteilnehmer durcheinander, um staunend die Herrlichkeiten zu bewundern, die der Kunstfleiß der Bürger verfertigt."

Aber auch allerlei verdächtiges Gesindel trieb sich hier herum, doch die Diener des Rates, die Bauermeister genannt und in braunschweigisch Grautuch gekleidet, achteten auf Ordnung und Sitte.

Unmittelbar an der Oker hatte der Rat zwei Kegelbahnen errichten lassen, und überall auf dem Platz standen zahlreiche Eß- und Trinkbuden. Durch eine Schranke war der Festplatz von dem eigentlichen Schießplatz getrennt. Es waltete ein Pritschmeister seines Amtes. Hier standen nun das Schützenhaus und die Buden für die Armbrust- und Bogenschützen sowie für die Schreiber.

In der Mitte des Platzes war auf einer hohen Stange der Vogel befestigt, auf den geschossen wurde: 600 Fuß Entfernung für Büchsenschützen und 300 Fuß für Armbrustschützen. Nach der Preisverleihung sammelte man sich zum Umzug, den gab es nämlich auch schon im Mittelalter. Voran gingen die Diener des Rates, dann folgten Pfeifer, Trommler und Posaunenbläser. Begleitet von Ratsherren in ihrer Amtstracht gingen zahlreiche Jungfrauen der Stadt in festlichen Gewändern mit. Dann folgten die Schützen und die Bevölkerung.

Die Braunschweiger Schützengesellschaft von 1545 hat eine alte Tradition. Einer Schützenordnung aus dem Jahre 1562 ist zu entnehmen, daß das Bier im Schützen- und Pfingstgelage nicht eher anzuzapfen sei, bevor die Glocke fünf geschlagen habe und der Schützenkönig in die Stadt geleitet war.

Und in einer Verfügung aus dem Jahre 1583 lesen wir unter anderem: „... daß kein Schütze mit seinem Bogen, darunter die nach dem Papagay schießenden Bürger verstanden werden, ohne Erlaubnis eher von hinnengehen solle, er habe denn den König, dem Gott das Glück den Vogel abzuschießen verliehen, mit allen Bogenschützen in Prozession bis an seine Thür begleiten helfen, bei Strafe eines halben Fasses Bier, sonder Gnade."

In alter Zeit wurde hier auf der „Masch" vornehmlich mit Armbrüsten auf den Vogel geschossen. Es gab zwar längst Feuerwaffen, doch die waren noch wenig verbreitet. Der Vogel hoch auf der Stange war meist ein Papagei mit buntem Gefieder. Der Adler, das Wappentier vieler Fürsten, kam erst später auf. Seine Verwendung beim Vogelschießen hätte sicher manchen Landesherrn verdrossen. Die „Maschstraße" führte auch schon früher von der Celler Straße in Richtung Neustadtring und mündete in die Straße „Maschplatz".

Die Parallelstraße heißt „Hinter der Masch". Heute ist der Schützenplatz an der Hamburger Straße, doch das große Schützenfest heißt immer noch die „Masch".

Dort, wo Braunschweigs Schützen auf den Vogel schossen, ist heute der Ruderclub Normannia zu Hause. Im Juli des Jahres 1985 feierten die Ruderer ihr 75jähriges Jubiläum, sie wurden also 1910 gegründet. Die Ruderer sind stolz darauf, der älteste Sportfachverband Deutschlands zu sein, er wurde schon 1883 gegründet. Und so liegt es nahe, daß man hier Tradition pflegt.

Als die Normannen ihren Verein am 14. Juli 1910 gründeten, waren sie zunächst in Ölper beheimatet. Erst 1921 zog man zur Maschstraße und feierte am 29. Mai die Bootshauseinweihung. 1944 vernichteten Bomben Bootshaus und sämtliche Boote. Doch schon bald hatte man aus den Trümmern ein neues Zuhause entstehen lassen.

Die Maschstraße führt von dem niedrigen Gelände (Marsch, Masch) hoch auf den Rennelberg. Foto 1990.

Molenberger Straße

Zwischen der Glückstraße (früher Elendstraße) und der Münstedter Straße verläuft die Molenberger Straße. Beide erinnern an wüst gewordene Dörfer, die vermutlich im Dreißigjährigen Krieg eingegangen sind und in etwa dort lagen, wo sich heute die Brücke der Stadtautobahn über die Münchenstraße spannt. Münstedt lag nahe dem Jödebrunnen, Molenberg vermutlich dort, wo sich heute der Großmarkt ausdehnt. Beide Dorfstätten werden mehrmals im 14. Jahrhundert erwähnt.

Die Wüstung (untergegangenes Dorf) Mulleken oder Molenberg lag gegenüber dem Jugendborn (Jödebrunnen), offenbar auf der anderen Seite eines Wiesenstreifens, der zu der Wüstung Münstedt gehörte.

Die Molenberger Straße im Jahre 1996. Die Straße erinnert an das einstige Dorf Mülleken oder Molenberg.

Einen großen Teil der Flur besaß das Cyriakusstift, nämlich 10 Hufen (= etwa 300 Morgen) am Berge, die wir in den 218 Morgen des Bergfeldes (Bergfeldstraße) – noch 1753 im Besitz des Stiftes – finden und in den 94 Morgen der drei Laffertskämpe wiedererkennen, die damals zu Erbenzins ausgegeben gewesen sein müssen. Wenigstens die Hälfte der Flur war aber Gartenland geworden oder vom südlichen Teil der Altstadt und der Festungswerke in Anspruch genommen.

Der Ort Molenberg auf der Altstädter Flur muß etwa im 9. Jahrhundert entstanden sein. Denn er ist genannt worden nach der Höhe an der Broitzemer Straße, dem Windmühlenberg.

Die Windmühle (mole) ist auf altgermanischem Boden erst durch die Franken eingeführt worden, in dem seit 531 unterworfenen Thüringen wesentlich früher als in Sachsen – das castellum mulenberge in Thüringen ist schon 704 bezeugt – hat aber ebenso wie die Wassermühle grundherrliche Entstehung und öffentliche Bedeutung gehabt.

Die Windmühlen waren im ganzen germanischen Norden in etwa gleich. Der Müller wohnte meist in der Mühle, schlief in einer kleinen Koje, die feise hieß. Von den technischen Ausdrücken, welche die Bestandteile der Mühle betreffen, sind als niederdeutsch folgende überliefert: Die weunen, mächtige, dicke Eichenholzbalken, die, über dem Bockgestell liegend, dem ganzen Mühlenhaus zur Grundlage dienen, ferner das schrick, eine Art gabelförmige Stütze aus Holzstangen, die unter den môlenswans gestellt wird. Sie dient zur Drehung der Mühle. Bei ganz alter Bauart findet man noch den klapstock, ein Gestänge, welches das siebende Beuteltuch in Bewegung setzte und der im Sprichwort „'n klapstock is bäter as'n ackerhof" auf die Einträglichkeit des Müllergewerbes hindeutet, dem man früher nachsagte, daß man es mit der Ehrlichkeit dabei nicht genau nehme, wie das in dem Vers „De möller stellt de môle klipp klapp, / Hei ståhlt ut allen säcken wat" ausgedrückt ist.

Wir wissen sehr wenig von den Verhältnissen in Niedersachsen in der spätkarolingischen Zeit. Über die Tatsache, daß sich das Sachsenland in der Zeit der Ottonen zum ersten in Deutschland emporschwang, hat viele Historiker zu der Annahme kommen lassen, daß es sich bald von den verheerenden Kriegen Karls des Großen erholt hat.

So ist anzunehmen, daß die Brunonen eine erfolgreiche Kolonisation in der Gegend ihres Stammsitzes vornahmen, dieselben Brunonen, die dann zwei Jahrhunderte später durch die Gründung der Marktsiedlung am Kohlmarkt einen weiteren Schritt taten, um ihr Land einer höheren Kultur entgegenzuführen.

Über das Dorf Molenberg wissen wir also nicht viel, wir wissen nicht, wann und warum es wüst geworden ist. Daß aber die Brunonen hier gelebt haben, bevor sie im heutigen Braunschweig siedelten, ist anzunehmen.

Ein Dorf ist eine ländliche Ortschaft, ein offener Ort ohne Tor und Mauern, bestenfalls von einer Dornenhecke umgeben, dessen Bewohner Landbau und Viehzucht als Hauptgewerbe betreiben oder doch früher betrieben haben. So müssen wir uns auch Molenberg vorstellen. Es gab Unterschiede, die früher zwischen Stadt und Dorf insofern bestanden haben, als Handel und Gewerbe fast nur in den Städten betrieben werden konnten, die erst mit der Befreiung des Bauernstandes und mit der Gewerbefreiheit weggefallen waren. Die Verschiedenheiten in der Beschäftigung der Dorf- und Stadtbewohner, wo sie überhaupt noch vorhanden sind, sind sachlicher, nicht rechtlicher Natur.

Mitte des letzten Jahrhunderts war den Dörfern allerdings noch häufig das Recht versagt, Märkte abzuhalten. Ein rechtlicher Unterschied zwischen Stadt und Land bestand auch hinsichtlich der Gemeindeverfassung.

Der Bezirk, den ein Dorf nebst Feldern, Wiesen, Triften, Gärten, Gewässern, Holzungen und so weiter in sich begreift, heißt Dorfflur, Feldmark, die Beschreibungen dieser heißen Flurbücher.

Hier an der heutigen Münchenstraße, in der Nähe des Jödebrunnens, soll das Dorf Molenberg gelegen haben.

Moltkestraße

In diesem Gebiet Braunschweigs befand sich früher der Küchengarten des herzoglichen Hauses. Die Moltkestraße verbindet die Kasernenstraße mit der Jasperallee, ihr gegenüber liegt die Bismarckstraße. Beide, Moltke und Bismarck, sind in die Geschichte eingegangen. Gemeinsam führten sie unter anderem die Kapitulationsverhandlungen in Donchery in der Nacht vom 1. zum 2. September 1870.

Helmuth Moltke, der am 26. Oktober 1800 in Parchim geboren wurde und am 24. April 1891 in Berlin starb, gilt als einer der erfolgreichsten Feldherren: Er hat niemals eine Schlacht verloren, aber er hat auch nie einen Truppenteil kommandiert.

Graf Moltke, Gemälde im Wehrgeschichtlichem Museum in Rastatt.

In einer Biographie von Hermann Müller-Bohn liest sich das so: „In eine Zeit der tiefsten Schmach und Zerrissenheit des deutschen Vaterlandes fällt die Jugend unseres Moltke, der am 26. Oktober 1800 in dem mecklenburgerischen Städtchen Parchim das Licht der Welt erblickte. Dunkel und gewitterschwer hingen die Kriegswolken über Europas Fluren hernieder. Mit blutrotem Schreine war die Abendsonne des alten Jahrhunderts hinter das Gewölk getaucht; blutrot war das Morgenrot des neuanbrechenden Jahrhunderts heraufgezogen, zu dessen Wende Friedrich Schiller wehmütig gesungen hatte: „Das Jahrhundert ist im Sturm geschieden. Und das neue öffnet sich mit Mord". Das ist die Sprache Anfang unseres Jahrhunderts.

Im dänischen Kadettencorps erzogen, trat Moltke 1822 als Leutnant in preußische Dienste. Wegen seiner Tüchtigkeit wurde er zur Kriegsakademie und 1832 zum Großen Generalstab kommandiert, in dem er auch zum Hauptmann aufrückte.

Einen wichtigen Abschnitt im Leben Moltkes bildete ein Aufenthalt im Orient, wo er 1835 zu Studienzwecken einige Zeit verweilen wollte, aber schließlich vier Jahre im türkischen Militärdienst verblieb. Im Türkisch-Ägyptischen Krieg nahm er an dem Feldzug in Syrien teil und wurde für seine Leistungen vom Sultan mit einem hohen Orden ausgezeichnet, während sein König ihm den Orden Pour le mérite überreichte. Auch nach seiner Rückkehr 1840 wurde er nur in Stabsstellungen verwendet. Er wurde zum Generalstab des IV. Armeekorps versetzt und weilte 1845/46 als persönlicher Adjutant des Prinzen Heinrich in Rom, wo er eine topographische Aufnahme der Umgebung machte. Im Jahre 1855 begleitete er als Adjutant den Kronprinzen Friedrich Wilhelm, den späteren Kaiser Friedrich III., zu den Krönungsfeierlichkeiten des Kaisers Alexander II. nach St. Petersburg und Moskau.

Als Moltke 1857 zum Chef des Generalstabes ernannt wurde, baute er diesen in der Folgezeit zur zentralen Schaltstelle aus. Für Bismarcks Kriege entwarf er die Operationspläne, und in den Kämpfen von 1866 und 1870/71 leitete er auch die Operationen. In der Schlacht von Sedan gelang ihm als erstem Feldherrn der modernen Geschichte eine Umfassungsschlacht.

Im Gegensatz zu Bismarck forderte Moltke, hier rein strategisch denkend, eine Fortsetzung des Krieges und eine Vernichtung des Gegners. Moltkes Verdienste und das Geheimnis seines Erfolges lagen in seinem organisatorischen, planerischen und technokratischen Geschick.

Der 1870 in den Grafenstand erhobene und 1871 zum Generalfeldmarschall beförderte Moltke pflegte alle Eventualitäten vor einem Feldzug zu bedenken und seine Strategie flexibel zu halten. Er konnte sich auf eine Basis von ihm hervorragend geschulter Unterführer verlassen, und er machte technische Errungenschaften wie Eisenbahn und Telegrafie der Kriegsführung nutzbar.

Zum 70. Geburtstag wurde Moltke also in den Grafenstand erhoben und später zum Generalfeldmarschall ernannt. Im Frieden widmete er sich wieder der Ausbildung der zum Generalstab kommandierten Offiziere. Als Reichstagsabgeordneter redete er nicht viel, aber dafür mit großer Sachkenntnis. 1888 nahm er Abschied, blieb jedoch Präses der Landesverteidigungskommission. Am 24. April 1891 starb der gefeierte Feldherr in Berlin.

Die französische Zeitung „Le Temps" schrieb damals: „Deutschland wird den Verlust dieses Veteranen tief empfinden, welchem die Unsterblichkeit zu teil geworden schien, damit er über das Schicksal seiner Werke wache. Frankreich wird diesen Toten mit Achtung grüßen, dessen Genie für Frankreich unheilvoll war; aber Frankreich, wenngleich es noch die nicht vernarbten Wunden fühlt, wird die Höhe des Talents und die Einfachheit des Charakters dieses Kriegsmannes zu würdigen wissen."

Blick in die Moltkestraße von der Kasernenstraße aus (1988).

Mühlenpfordtstraße

Nach dem Professor für Baukunst an der TH, Carl Mühlenpfordt, wurde die Verbindungsstraße zwischen Am Wendentore und Rebenring benannt.

Carl Mühlenpfordt, Professor für Baukunst.

Carl Mühlenpfordt wurde am 12. Februar 1878 im braunschweigischen Blankenburg am Harz geboren. Nach einem Studium der Architektur in Braunschweig bei C. Uhde arbeitete er als Architekt. Im Jahre 1906 bestand er das Regierungsbaumeister-Examen für den preußischen Staatsdienst und war danach als Architekt im Hochbauamt Frankfurt am Main tätig, später als Bauinspektor, und seit 1910 als Baurat in der Hansestadt Lübeck.

Im Jahre 1914 erfolgte die Berufung als ordentlicher Professor für Architektur nach Braunschweig. Doch in Folge des Kriegsdienstes – der Erste Weltkrieg war gerade ausgebrochen – begann er mit der Lehrtätigkeit erst im Sommersemester 1918. Mühlenpfordt brachte eine grundlegende Reform der Hochschule. Unterstützt durch die Braunschweiger Wirtschaft in den Jahren 1927 bis 1929 erfolgte der Hochschulausbau durch Errichtung der von ihm selbst entworfenen vier elektrotechnischen Institute. 1932 wurde Mühlenpfordt Prorektor.

Eine Reihe von bedeutenden Bauwerken verdanken wir Carl Mühlenpfordt, so zum Beispiel den 1929 bis 1931 entstandenen Neubau der Allgemeinen Ortskrankenkasse (AOK). Mühlenpfordt widersetzte sich 1932 erfolgreich dem vom Ministerpräsident Klagges verfolgten Plan, Adolf Hitler mit Hilfe einer TH-Professur einzubürgern. Das gelang dann aber trotzdem, wenn auch über einen anderen Weg. In den Jahren 1931/32 geriet Mühlenpfordt in ernste Konflikte mit dem NS-Studentenbund. 1933 wurde er schließlich „beurlaubt", 1934 aus dem Hochschuldienst entlassen. Zuletzt beschäftigte er sich mit dem Wiederaufbau Lübecks. Dort starb er auch am 19. Januar 1944.

Im Jahre 1946 wurde der südliche Teil der Hamburger Straße zwischen Rebenring und Am Wendentor nach Mühlenpfordt benannt. Hermann Flesche schrieb in einem Aufsatz über diesen bedeutenden Mann: „Es ist schwer, einem Mann wie Carl Mühlenpfordt gerecht zu werden. Denn der Maßstab, der für die Vielen recht und billig ist, könnte auf ihn angewandt Ungerechtigkeit bedeuten. Und dieser ist er im Leben oft begegnet."
Als Mühlenpfordt den Lehrstuhl für Entwerfen und Gebäudekunde übernahm – gleichzeitig die Geschichte der mittelalterlichen Baukunst –, hatte er in Lübeck eine stolze Reihe von Bauten errichtet, die in einer sehr sicheren und großzügigen Art die Hanseatische Tradition fortsetzte, ohne ihrem Zweckbedürfnis irgendwelche Gewalt anzutun. Seine stolzen Backsteinbauten erscheinen städtebaulich mit großem Takt eingefordert und architektonisch bis in jede Einzelheit so ausgewogen, daß sie – und dies war des Baumeisters Mühlenpfordt Ziel – als ganz zu Lübeck angehörig sich erweisen, ebenso selbstverständlich wie die hohen Leistungen früherer Epochen.
Hermann Flesche berichtet weiter: „Erst nach dem Ersten Weltkrieg konnte Mühlenpfordt seine Professur antreten. Er, der als Verpflegungsoffizier, später beim Divisionsstab tätig, in die Regimentsgeschichte einging, nahm sich nun der jungen Kameraden an, die dem Krieg entkommen waren und das Studium der Architektur wählten. Er fühlte die neue Verantwortung Menschen gegenüber, die innerlich nicht mehr jung waren. Der rauhe Ton des Krieges hatte sie verändert. Mühlenpfordt betrachtete seine Zeit wie man sein Leben betrachten sollte: vergänglich und unwiederbringlich und deshalb der Verewigung bedürftig, nämlich in dem zukünftigen Wirken seiner Schüler."

Die Methode seiner Unterrichtung umfaßte viele Register: Strenge Zucht dem Phantasten gegenüber, dem Realisten Aufblick und Schwung, dem Faulen harter Anstoß und dem auf sein Werk Eitlen lehrte er bescheiden zu sein. „So im Ernsten belehrt", schrieb Flesche weiter in seinem Aufsatz, „so aufgerüttelt mit manchem harten Wort, so geführt mit dem feinsten Verstehen für Nöte und Zweifel junger Menschen entließ er Unzählige in ein Leben der Praxis, das voll mahnender Erinnerungen bleiben würde an ihren Lehrer, diesen einzigartigen niedersächsischen Mann. Nur hierin sah er seines Lebens Aufgabe. Sein Trieb war nicht auf individuelle Höchstleistungen in eigenen Werken gerichtet, sondern auf die Hervorbringung von Werten und Erkenntnissen, die einzig einem künftigen Ganzen dienen sollten, einer Architektur der Wahrheit und Ehrlichkeit, die er ahnend voraussah." Unter diesem Prinzip stand auch Mühlenpfordts langjähriges Rektorat. Neue Lehrstühle, neue Institute waren die Merkmale seiner unermüdlichen Sorge für eine zukünftige starke Hochschule, die zu erreichen, er kleinliche und hindernde Gedanken gar nicht aufkommen ließ.

Was heute die Carolo-Wilhelmina bedeutet, verdankt sie zu einem großen Teil Carl Mühlenpfordt. Und die Architektur-Abteilung wird rückblickend auf ihre vielen Lehrer seine große, aufrechte Erscheinung nie vergessen. 1976 baute die Technische Universität an der Mühlenpfordtstraße ein Mehrzweckgebäude, ein Instituts-, Hörsaal- und Zeichensaalgebäude als Verfügungsgebäude für Teile der Architekturabteilung und der geisteswissenschaftlichen Abteilungen. Die Architekten waren: Pysall-Jensen-Stahrenberg.

Die Mühlenpfordtstraße im Jahre 1996.

Münstedter Straße

Zwischen Haeckelstraße und Neustadtring verläuft die Münstedter Straße, die an eine ehemalige Dorfstätte aus dem 12. Jahrhundert erinnert.

Es gab früher eine Reihe von Dörfern, die irgendwann, vielfach im Dreißigjährigen Krieg, wüst geworden sind. Eines dieser Dörfer war Münstedt, nachdem die Münstedter Straße ihren Namen hat. Wir dürfen die Wannen (Flurstücke) vom ehemaligen Wolfskamp (südlich vom Westbahnhof) bis zum Schwarzen Kamp (zwischen Weinberg und Madamenweg), die durch einen Wiesenstreifen und den Anger Altfeld von dem östlichen und nordöstlich gelegenen Teil der Flur geschieden werden, als die des Dorfes Münstedt ansehen, dessen Name in der Münstedter Brücke im Zuge der Broitzemer Straße noch lange erhalten war.

Die Brücke befand sich in der Nähe des Jödebrunnens und überspannte den Abfluß dieses Brunnens. Als der einzige Wasserlauf dieser Gegend, dessen Überbrückung in Frage kommen kann, wäre eben der vom Jödebrunnen zur Scholke führende Graben. Man kann sich die „Monstederbrugke" etwa dort vorstellen, wo die ehemalige Ringbahn die Broitzemer Straße durchschnitt.

Das Dorf kann dann am Quekenberg oder bei der Pippel gelegen haben. Im Jahre 1187 gehörten etwa 540 Morgen zu dem Dorf; zehntpflichtig war es dem Kloster Steterburg. Dieses Munstede, dessen Lage hier vermutet wird, wurde wohl 1187 erstmals erwähnt. Der Bischof von Hildesheim belehnte 1235 den Küster zu St. Blasien auf Lebenszeit und den Zehnten des bei Munstede gelegenen Neulands. Ein Brief „superr mansis Munstede", den Herzog Albrecht ausgestellt hat, wird in die Zeit um 1300 gesetzt. Wir wissen, daß das Blasiusstift im Jahre 1304 vom Herzog 6 Hufen nebst einem Allod (der Besitzer eines Allods war frei von Lehnspflichten) auf der Münstedter Flur erhielt. 1340 und 1345 ist davon die Rede, daß Hannes Stapel einen Morgen Land bei der Monstedebrugke (Brücke bei Münstedt) verkauft hat. 1391 wird abermals die Patrizierfamilie Stapel, die diese Hufen offenbar als Erbenzinsgut vom Stift besaß, erwähnt. Bei dieser Gelegenheit werden die Hufen bezeichnet als „bi dem stapel, alseme to

Münstedter Straße, Blick auf den Neustadtring (Eisenvater). Viele Häuser sind nach dem Krieg wieder aufgebaut worden. Foto von 1996.

dem jogetborne (Jödebrunnen) geit". Das Kloster Steterburg besaß im Braunschweigischen eine Reihe von Ländereien. Eine frühe Beschreibung aus dem Jahre 938 bezeugt bereits die „Stedieraburg", die vorher an Stelle des Klosters dort gestanden hat.

Widukind von Corvey bestätigte das in seiner „Sachsengeschichte". Später gründeten die Töchter des Grafen Altmann von Ölsburg auf dem ererbten Besitz ein Kanonissenstift, das 1007 von König Heinrich II. bestätigt wurde. Obwohl die Hildesheimer Bischöfe und die braunschweigischen Herzöge großen Einfluß nahmen, entwickelte sich das Kloster beachtlich.

Vor allem Propst Gerhard II. – er wirkte von 1163 bis 1209 – gelang eine erhebliche Vermehrung des Grundbesitzes.

In den schweren Auseinandersetzungen der protestantischen Stadt Braunschweig mit ihrem katholischen Landesherrn, Herzog Heinrich dem Jüngeren, wurde das Kloster als herzoglicher Stützpunkt 1542 schwer verwüstet.

1626 zerstörten die Dänen alle Klostergebäude, dann verheerten die Kaiserlichen die Waldungen und Klostergärten. Der zeitweise auf vier Personen reduzierte Konvent mußte in Braunschweig Zuflucht suchen, wo das Kloster in der Echternstraße ein Haus besaß.

Nachdem die Gebäude in Steterburg wieder notdürftig hergestellt waren, brannten die Schweden das Kloster abermals ab und ließen bei ihrem Abzug 1641 nur Ruinen zurück.

Die noch heute sehenswerten Baulichkeiten des Stifts bestehen aus der Kirche und den Wohnungen der Äbtissin und der Stiftsdamen. Die um 1750 errichtete Stiftskirche, die im Äußeren eher einem Barockschloß als einem Gotteshaus gleicht, zeigt an beiden Schauseiten je einen mit Giebeln geschmückten Risalit, der den Bau in zwei gleiche Teile mit drei Fenstern teilt.

Die Geschichte von Steterburg, will man der Sage glauben, ist viel älter. Da wird berichtet, daß bei der alten Stedieraburg um 450 die Hunnen unter Attila bis zur Vernichtung geschlagen und der König selbst nur mit sieben Mann davongekommen sei. Doch Belege gibt es für diese Aussage nicht.

Da bleibt es bei der schon erwähnten Jahreszahl von 938, dem Jahr, in welchem die Ungarn hier von der Besatzung der Burg eine entscheidende Niederlage erlitten.

Die Stadt Braunschweig hat an der Münstedter Straße für Kinder und Jugendliche diesen Bolzplatz anlegen lassen.

Neustadtring

Eine wesentliche Veränderung im Straßengrundriß ist auf dem Meßtischblatt von Braunschweig und Umgebung festzustellen, das 1899 erstellt worden ist.

Im Bereich der Außenstadt wurde vor allem der Ausbau des Neustadt- und des Wendenrings sowie der Rebenstraße (heute Rebenring) vorangetrieben, um für den Groß- und Durchgangsverkehr eine Ost-West-Verbindung zu schaffen. Im Westen war das Siedlungsgebiet aufgrund der fortgeschrittenen Industrialisierung zu diesem Zeitpunkt nur wenig erweitert worden.

Der Neustadtring beginnt an der Okerbrücke und verläuft bis zum Rudolfplatz.

So ist die Kreuzstraße über die Landeseisenbahn hinausgeführt worden, die Weststraße, die Juliusstraße und die neu angelegte Bugenhagenstraße bildeten die Siedlungsgrenze im Westen der Stadt, die dann nördlich des Madamenwegs durch die Goslarsche Straße, die Hildesheimer Straße und den Neustadtring fortgesetzt wurde. Der Neustadtring verläuft von der Okerbrücke an der Grenze zum Wendenring bis zum Rudolfplatz.

Sieht man sich den Stadtplan von 1906 an, scheint sich nördlich des Neustadtrings noch Brachland ausgebreitet zu haben. Doch auch Karten können täuschen. Zwischen der Celler Straße und der Oker gab es bereits die Jutespinnerei (Spinnerstraße), und an der parallel zum Neustadtring verlaufenden Eichtalstraße stand eine Zuckerfabrik. Der Neustadtring reichte allerdings nur bis zur Celler Straße, dann begann die Hildesheimer Straße, rechts das Gasthaus „Weißes Ross" und die abzweigende Ross-Straße. Die Hildesheimer Straße führte nördlich des damals bescheidenen Rudolfplatzes vorbei. Die sich heute anschließenden Teilstücke des Rings, Sackring, Altstadtring und Cyriaksring waren zu diesem Zeitpunkt erst projektiert.

Die Neustadt, eine der fünf Weichbilde der Stadt (Altstadt, Hagen, Neustadt, Altewiek, Sack) lag im Norden der Stadt. Wenn sie auch nicht bis an den Neustadtring herangereicht hat, soll der Straßenname doch an sie erinnern. Das Gebiet der Neustadt lag nördlich der Altstadt und westlich des Hagens (Hagenring). Die Neustadt wurde um 1200 planmäßig angelegt, 1231 wird sie als „nova civitate" erwähnt. Ob Heinrich der Löwe noch die Planung vorangetrieben hat, ist ungewiß. Aber angesichts des städtebaulichen Zusammenhangs von Altstadt, Hagen und Neustadt ist das sicher möglich. Der Radeklint war Ausgangspunkt.

Von hier aus führten drei Straßenzüge nach Osten. Die Lange Straße verband die Neustadt mit dem Hagenmarkt, die Weberstraße und Beckenwerkerstraße mündeten in den seit 1828 sogenannten Wollmarkt (früher unter anderem auch Ziegenmarkt genannt). Die Bekkenwerkerstraße setzte sich in der Kaiserstraße fort und stellte die Verbindung mit dem Hafen am Werder, der Schiffslände der Neustadt und des Hagen, her.

Der Neustadtring, rechts die Spinnerstraße. Fotos von 1996.

Der Ursprung der Stadt Braunschweig durch Bruno, einem Edlen im Lande, wird gewöhnlich in das Jahr 861 verlegt, obwohl neuere Forschungen zu anderen Ergebnissen gekommen sind. Der Anfang muß aber recht bescheiden gewesen sein, denn erst im Jahre 1031 wird die älteste Kirche der Stadt, die St. Magnuskapelle, errichtet und geweiht. Die St. Jacobi-Kirche, unfern des alten Handelsplatzes Kohlmarkt, soll allerdings schon 861 erbaut worden sein. Kaiser Heinrich der Städtebauer baute bereits 919 die Neustadt nahe der Altstadt und umgab sie mit einer Mauer. Er stiftete auch die Patriziergeschlechter, die den Adel der Stadt ausmachten.

Die fünf Weichbilde besaßen auch eigene Wappen, die noch heute als Traditionswappen im Stadtbild zu sehen sind, beispielsweise am Portal des neugotischen Rathauses und am Heinrichbrunnen. Das Wort Weichbild ist ein Rechtswort, das wohl aus dem lateinischen vicus (= Ort oder Siedlung) und dem niederdeutschen Wort wik (= weichen) sowie dem urgermanischen bilida (= Recht) gebildet wurde. Ende des 12. Jahrhunderts scheint das Wort in Westfalen entstanden zu sein. Man bezeichnete als Weichbild zunächst das einem bestimmten Areal (Hof, Dorf) verliehene Recht und schließlich den Ort selbst.

Im Weichbild Neustadt gibt es eine Reihe von bedeutenden Bauwerken. Auf dem Wollmarkt entstand um 1225 die Pfarrkirche St. Andreas, die von verkrüppelten Kaufleuten (Kröppelstraße) erbaut worden sein soll, schon 1401 wurde neben der Kirche eine Waage erwähnt, 1412 die Lieberei in Auftrag gegeben. Die Alte Waage, wie sie kürzlich wieder aufgebaut worden ist, wurde 1534 errichtet und 1944 durch Bomben zerstört. Zwischen dem Rathaus und der Oker lag möglicherweise der ursprüngliche Markt der Neustadt, der dann vom Wollmarkt abgelöst wurde. Im Jahre 1328 werden auch die beiden Neustadtmühlen erwähnt. Die Bewohner der Neustadt waren vorwiegend Wollweber und Beckenwerker sowie einige Kaufleute.

Der Wollmarkt und die Beckenwerkerstraße, die Kupfertwete und die Weberstraße erinnern noch heute an die hier ansässigen Handwerker.

Obergstraße

Zwischen der Wolfenbütteler Straße und der Hennebergstraße befindet sich die Obergstraße. Sie wurde benannt nach Hilmar Ludwig Wilhelm Ernst Graf von Oberg (1776-1861). Oberg war Herzoglich Braunschweiger Oberkammerherr.

Gartenansicht eines der Gebäude der öffentlichen Versicherung an der Obergstraße. Foto von 1986.

Bevor die Obergstraße ausgebaut wurde, wohl um 1870 herum, befand sich hier ein schmaler Weg zwischen den Gartengrundstücken. Er war an beiden Seiten mit Bohnenstangen besteckt und so breit, daß er nur von einem kleinen Wagen befahren werden konnte. An der Wolfenbütteler Straße lag in einem weiten Garten das Haus ass. 2947, später Obergstraße 5. Das gehörte dem Oberkammerherrn von Oberg, der der Letzte dieser Familie war. Der Weg führte weiter zu der sogenannten Bleiche, auf der die Hausfrauen aus der näheren Umgebung, die keinen eigenen Hof oder Garten besaßen, ihre Wäsche trocknen und bleichen konnten. Es gab eine Reihe solcher Bleichen in unserer Stadt, denn das Bleichen durch Sonnenlicht war die einzige Möglichkeit, weiße Wäsche zu bekommen. Waschmittel, wie wir sie heute kennen, gab es nicht. Man wusch mit Kernseife. Der Besitzer dieser Bleiche an der Obergstraße – das waren die dort liegenden Okerwiesen – wohnte in einem einstöckigen, gelb angestrichenen Haus mit grünen Fensterläden und lang herabreichendem Dach, das von einer mächtigen Kastanie beschirmt wurde. Das Haus verschwand, als man die Peter-Joseph-Krahe-Straße anlegte.

Obergstraße 4 befand sich später die Brandversicherungsanstalt. Sie war zuvor in den Gebäuden der Öffentlichen Lebensversicherungsanstalt Wolfenbütteler Straße 86 untergebracht. Die Ausweitung der Geschäfte hatte bald eine Raumnot zur Folge. 1958 bot sich die Gelegenheit, das angrenzende Grundstück an der Obergstraße zu erwerben; hier errichtete man ein eigenes Verwaltungsgebäude, das im Dezember 1961 bezogen werden konnte. Damit hatte die Landes-Brandversicherungsanstalt erstmals in ihrer Geschichte ihre Büros im eigenen Haus.

Das Verwaltungsgebäude der Braunschweigischen Landes-Brandversicherungsanstalt an der Obergstraße wurde 1961 gebaut, Architekt war Hannes Westermann.

Dieses Gebäude ist Teil eines umfangreichen Komplexes von Bürogebäuden der Öffentlichen Versicherung, die im Bereich der Obergstraße in den Jahren 1967 bis 1982 verschiedene Verwaltungsbauten entstehen ließ. Der zweigeschossige Flachbau, Obergstraße 4, wird geprägt durch seine außergewöhnlich schlanken, weißen Kunststeinfertigteilstützen und die aus demselben Material gefertigten Verkleidungen der Decken- und Traufbalken.

Das Verwaltungsgebäude der Öffentlichen Versicherung wurde von den Architekten Laskowski-Schneidewind gebaut. Der erste Bauabschnitt ist aufgrund der beengten Platzverhältnisse mit Hubdecken ausgeführt worden, die sich als vorgespannte Decken zwischen zwei Treppentürmen auf Stahlstützen im Innenbereich abtragen. Großraumbüros je Geschoß, Teilklimatisierung, Umgänge und außenliegender Sonnenschutz bietet das Gebäude. Rechenzentrum und Wirtschaftsgebäude sowie zentrale Verwaltung und Direktion kamen später hinzu.

In der Zwischenzeit ist die „Öffentliche" in neue Gebäude an der Theodor-Heuss-Straße umgezogen und hat die Braunschweigische Landes-Brandversicherungsanstalt mitgenommen.

Die Brandversicherungsanstalt hat eine lange Geschichte. Herzog Carl I. von Braunschweig und Wolfenbüttel (1713-1780) gründete am 1. Juli 1754 die „Brandversicherungs-Gesellschaft". Zu viel war in Braunschweig schon geschehen, zu viel Armut entstanden, weil Großbrände Teile der Stadt vernichtet hatten. Der große Brand in der Altewiek war zunächst ein Anstoß für die verbesserte Feuerordnung von 1647. Im Jahre 1748 wurde dieser Stadtteil abermals heimgesucht.

Der Gedanke des Herzogs war, Menschen, die durch Feuersbrunst Schaden erleiden, Hilfe zu gewähren. In einer entsprechenden Verordnung, am 18. Juli 1753 erlassen, heißt es unter anderem: „...eine Brand-Versicherungs-Gesellschaft zu dem Ende zu errichten, daß denen, welche in solche eintreten, und durch Feuersbrunst in Schaden gesetzt werden, zu Hilfe gekommen, und nach einer deshalb fest zu setzenden Proportion der erlittene Schade von der Gesellschaft vergütet werde."

Die niedergeschriebene Satzung blieb, von geringen Zusätzen abgesehen, bis 1873 in Kraft. Ab 18. August 1753 konnten sich die Braunschweiger Bürger einschreiben lassen. Als verbindlichen Tag des Anfangs bestimmte der Herzog den 1. Juli 1754 – ein Datum, mit dem die Geschichte der Braunschweigischen Landes-Brandversicherungsanstalt ihren vielversprechenden Auftakt nahm.

Der Entschluß zu dieser Brandversicherungs-Gesellschaft fügt sich in das Mosaik wirtschaftspolitischer Maßnahmen, die Carls Regierungszeit charakterisieren. Der Grund für seine manigfachen Initiativen ist nicht zuletzt in der sich ständig verschlechternden Finanzlage seines Landes zu suchen.

Vorn links das Verwaltungsgebäude der Braunschweigischen Landes-Brandversicherungsanstalt. Foto von 1986.

Odastraße

Kein Wunder, daß die Odastraße ganz nahe der Ekbertstraße verläuft, Oda war nämlich die Gemahlin Ekberts II. Die Odastraße zweigt von der Kramerstraße ab und trifft, nachdem sie einen Knick nach Süden gemacht hat, auf die Ekbertstraße.

Blick von der Kramerstraße in die Odastraße. Rechts ist das Stammhaus der Bäckerei und Konditorei Milkau. ***Fotos 1996.***

Übrigens sind beide Ekberts verwandt, der I. und der II., es sind Vater und Sohn. Über Oda wissen wir nur, daß sie die Frau des Grafen war. Über die beiden Ekberts und ihre Zeit hingegen ist viel überliefert worden.

Ekbert I., Graf zu Braunschweig, war auch Graf von Meißen. Er war der Sohn des Grafen Liudolf (+ 1038) und ein Enkel der Kaiserin Gisela aus ihrer ersten Ehe mit dem Grafen Bruno von Braunschweig. Ekbert I. unterstützte nach Kaiser Heinrichs III. Tod zunächst dessen Witwe Agnes und schlug den Halbbruder des verstorbenen Markgrafen Wilhelm von Meißen, der gegen Merseburg anrückte, wohin die Kaiserin die sächsischen Großen geladen hatte, an die Selke zurück.

Anschließend trat er zur Gegenpartei über, wahrscheinlich deshalb, weil er sich als Gemahl Irmengards von Susa, der Witwe Ottos von Schweinfurt (+ 1057) vergeblich auf dessen Herzogtum Schwaben Hoffnungen gemacht hatte. Ekbert erwarb 1051 die Grafschaft Friesland und wurde für seine Grafschaft in Ostfalen dem Bischof von Hildesheim lehnsabhängig. Er war verwandtschaftlich eng mit dem salischen Königshaus verbunden. Im Jahre 1062 beteiligte er sich neben Anno von Köln und Otto von Nordheim an der Entführung des unmündigen Heinrich IV. von der Rheininsel Swibertswerth, erhielt 1067 nach Ottos Tod die Mark Meißen und stand eben im Begriff, sich von seiner Gemahlin scheiden zu lassen und seines Vorgängers Witwe, Adela von Löwen, zu heiraten. Er wollte dessen thüringische Lehen erwerben, als ihn im Januar 1068 der Tod ereilte.

Ekbert II., sein unmündiger Sohn, trat das Erbe an. Wegen seiner Unmündigkeit verwaltete Markgraf Dedo von der Ostmark zunächst die Mark Meißen. Trotz seiner Jugend nahm Ekbert II. 1073 an der Verschwörung der Sachsen gegen Heinrich IV., seinen nahen Verwandten, teil, der, obgleich Ekbert sich ihm bald wieder unterwarf, mit einem böhmischen Heer in die Mark Meißen einbrach und sie dem Herzog Wratislaw von Böhmen übertrug und Ekbert mehrere seiner Burgen und Besitzungen an Ulrich von Godesheim abzutreten zwang. Doch schon bald bemächtigte sich Ekbert der Mark Meißen wieder und wurde von Heinrich, da er noch vor der Schlacht bei Flarchheim von der Partei des Gegenkönigs Rudolf von Schwaben zurücktrat, in dessen Besitz bestätigt. Wratislaw durch die Mark Österreich entschädigt.

Leidenschaftlichkeit, Untreue und Ehrgeiz führten Ekbert II. bald auf die eine, bald auf die andere Seite. Auf der Synode zu Quedlinburg im April 1085 erschien er unter Anhängern des Gegenkönigs Hermann von Salm. Als der Kaiser sein Heer nach Sachsen führte, erlangte er durch heuchlerische Unterwürfigkeit Verzeihung, stand aber schon im September an der Spitze einer neuen aufrührerischen Gruppe, die jenen zur schnellen Flucht aus Sachsen nötigte. Nun wurde er durch ein Fürstengericht in Weimar im Februar 1086 geächtet, die von ihm besessenen Grafschaften des Ost- und Westgaus in Friesland erhielt der Bischof von Utrecht.

Dennoch erlangte Ekbert, als er sich in Hersfeld seinem kaiserlichen Vetter zu Füßen warf und seinen Beistand gegen die Thüringer und Sachsen versprach, seine Mark zurück, ließ sich jedoch schon einen Tag später von den dem Kaiser feindlichen Geistlichen zu neuem Abfall verlocken, söhnte sich aber, sobald er sich von ihnen getäuscht sah, nochmals mit Heinrich aus. Er verwüstete nun das Gebiet des Bischofs Burchard von Halberstadt. Wegen erneuter Abtrünnigkeit traf ihn auf dem Fürstengericht zu Quedlinburg 1088 zum zweiten Mal die Acht. Als aber der Kaiser seine Burg Gleichen belagerte, wurde er von ihm zurückgeschlagen. Hierauf erklärte ihn der Kaiser in Regensburg am 1. Februar 1089 aller seiner Güter für verlustig. Damit erlosch Ekberts Macht.

In wilden Fehden mit seinen Nachbarn, dem Bischof Udo von Hildesheim, und seinem Schwager Heinrich von der Ostmark sich herumtreibend, wurde Ekbert II. 1090 in einer Mühle an der Selke, wahrscheinlich von Leuten des Kaisers – andere Historiker meinen von seinen eigenen Mannen – erschlagen. Mit ihm erlosch der Mannesstamm des brunonischen Hauses, einer Nebenlinie des sächsischen Königshauses.

Die großen Erbgüter, besonders Braunschweig und Wolfenbüttel, kamen durch seine Schwester Gertrud an Heinrich den Fetten, Ottos von Nordheim Sohn, Ekberts thüringische Lehen an den Orlamünder Ulrich, den Sohn Ulrichs von Krain, die Mark Meißen an seinenSchwager Heinrich von Eilenburg.

Die Odastraße ist eine ruhige Wohnstraße. Foto von 1996.

Ottmerstraße

Dem Namen Carl Theodor Ottmer begegnet man in Braunschweig nahezu täglich. Er war einer der großen Architekten, die das Bild unserer Stadt entschieden geprägt haben. Nach ihm wurde die Ottmerstraße benannt, die heute die Kurt-Schumacher-Straße mit dem Leonhardplatz verbindet, früher schon gleich an der Oker begann. Die eiserne Brücke, die vom Löwenwall in die Außenstadt führte, war die Ottmerbrücke.

Doch seit man den neuen Hauptbahnhof und damit die breite Straße dorthin, die Kurt-Schumacher-Straße, gebaut hat, ist alles verändert. Die herrlichen Häuser an der Ottmerstraße, das nebenstehende Foto zeigt die Situation, sind alle verschwunden.

Carl Theodor Ottmer wurde am 10. Januar 1800 als Sohn eines Arztes in Braunschweig geboren und starb am 22. August 1843 in Berlin. In den Jahren 1816 bis 1819 besuchte er in seiner Heimatstadt das Collegium Carolinum, ab 1817 hatte sich P. J. Krahe seiner angenommen, 1822 bis 1823 besuchte er die Bauakademie in Berlin, und schon 1824 wurde Ottmer Baurat in Braunschweig. Ein Italienaufenthalt von 1827 bis 1828 schärfte seinen Blick für das Wesentliche am Bau; diese Erfahrungen konnte er gut nutzen, als er 1841 die Stelle als Hofbaurat antrat. Seit 1841 hielt er auch Vorlesungen am Collegium Carolinum.

Ottmer baute nicht nur in Braunschweig, doch mit diesen Gebäuden wollen wir uns beschäftigen. Das Residenzschloß gehört wohl zu seinen bekanntesten. Unter Herzog Wilhelm wurde dieser Nachfolgebau der im Volksaufstand von 1830 niedergebrannten barocken Residenz, dem „Grauen Hof", geschaffen. Das neue Schloß entstand in Anlehnung an das Grund- und Aufrißschema der Schlösser des französischen und preußischen Hochbarocks als dreiflügeliger Bau auf U-förmigem Grundriß. Bereits 1833 erfolgte die Grundsteinlegung, 1837 war der Nordflügel fertiggestellt. Hier befanden sich die herzoglichen Privatgemächer.

Blick über die Oker auf die ersten Häuser der Ottmerstraße. Links ist das Haus von Friedrich Gerstäcker zu sehen, das heute noch an der Kurt-Schumacher Straße/Ecke Adolfstraße steht. Das Foto wurde um die Jahrhundertwende herum gemacht.

Die den Mitteltrakt krönende Quadriga, die Stadtgöttin Brunonia als Lenkerin eines Viergespanns, wurde nach Rietschels Entwurf erstmals 1864, nach dem Brand erneut 1868 aufgestellt.

Nach Abdankung des Herzogs Ernst August 1918 wurde das Schloß verschiedentlich neu genutzt, bis die Kriegszerstörungen 1944/1945 eine Nutzung unmöglich machte.

Auch der alte Hauptbahnhof wurde von Carl Theodor Ottmer erbaut (1843-1845). Noch heute sind eine Reihe von seinen Bauwerken erhalten: Museumsstraße 8 (1823), Steintorwall 1 (um 1835, heute stark verändert), die Villen von Bülow an der Celler Straße 3 (1839), Wendentorwall 17 (um 1839), Wilhelmitorwall 29 (1841), Am Hohen Tore (etwa 1839), die Kirche St. Petri in Ölper (1840).

Viele Braunschweiger erinnern sich noch an die Zeit, als man vom Löwenwall über die eiserne Brücke zur Ottmerstraße gelangte. Die Brücke wurde 1884 geplant. Damals war in der Tageszeitung vom 27. Juni 1884 zu lesen: „Neue Brücke. Vorbehaltlich der Genehmigung der Herren Stadtverordneten wird die von Herrn Professor Häfeler entworfene Brücke zwischen Monumentplatz (Löwenwall) und Ottmerstraße von einer heimischen Firma, der Dampfkessel- und Gasometerfabrik, gebaut werden. Letztere ist übrigens erfreulicherweise reich mit Aufträgen versehen, insbesonders für neue Zuckerfabriken."

An die Volksschule Ottmerstraße, von der heute nur noch die Turnhalle steht, erinnern sich sicher noch viele. Als 4. mittlere Bürgerschule war sie 1873 gegründet worden und zunächst Gast in anderen Gebäuden gewesen. 1875/1876 wurde das Schulgebäude – damals inmitten von Gärten und Getreidefeldern – errichtet und als erste städtische Schule mit Zentralheizung versehen. Weil die Schülerzahl ständig wuchs, wurden die Mädchen 1889 in die Schule am Schulweg „umgesiedelt", so daß von da an in der Schule Ottmerstraße nur Jungen unterrichtet wurden. 1886 gab es bereits 18 Klassen. Im Zweiten Weltkrieg blieb diese Schule unzerstört, und so konnte sie 1945 auch die Kinder der Schule Wolfenbütteler Straße bei sich aufnehmen, solange deren Schulgebäude noch nicht wieder bezogen werden konnte. Jetzt gab es auch wieder „gemischte" Klassen.

Im Zuge des Umbaus und der neu gestalteten Kurt-Schumacher-Straße wurde die Schule Ottmerstraße 1960 abgebrochen. Die neu errichtete Schule Streitberg nahm die Schüler auf.

Carl Theodor Ottmer

Otto-von-Guericke-Straße

Die Otto-von-Guericke-Straße ist keine Wohnstraße, sondern eine Ansammlung von Großmärkten und Geschäftshäusern. Ihren Namen hat sie erhalten nach dem Magdeburger Bürgermeister Otto von Guericke, der allgemein als Erfinder der Luftpumpe genannt wird.

Doch Guericke steht in der ersten Reihe der großen deutschen Naturforscher, die den experimentellen Wissenschaften zum Durchbruch verholfen und Beobachtungen und Versuche an die Stelle von Autorität und Spekulation gesetzt haben. Die im Süden der Stadt liegende Otto-von-Guericke-Straße zweigt von der Theodor-Heuss-Straße ab und endet auf den großen Parkplätzen der Großmärkte.

Versuche mit den Magdeburger Halbkugeln in Regensburg.
Das berühmt gewordene Experiment des Magdeburgers Guericke.

Guerickes größter Verdienst ist die Erforschung des „leeren Raumes". Seit Guericke weiß die Menschheit, daß die Luft ein Gewicht hat, daß kein Leben ohne Luft bestehen kann und daß die Erde von einer Lufthülle umgeben ist. „Wenn man im Meer versinken würde, tiefer und tiefer, sicherlich würde der menschliche Körper zerdrückt", sinierte der Naturforscher. „Dennoch gibt es wahrscheinlich Tiefseefische, die diesen Druck gar nicht bemerken. Wie ist es nun mit der Lufthülle, die unsere Erde umgibt, dem Luftmeer, in dessen unteren Regionen wir Menschen leben? Möglich, daß auch die gasförmige Atmosphäre tonnenschwer auf uns lastet, ohne daß wir etwas davon spüren."

Diese Gedanken führten Guericke zu seinen großen Versuchen.

Um 1660 hat Guericke, damals Regierender Bürgermeister der Hansestadt Magdeburg, den Großversuch mit den berühmten „Magdeburger Halbkugeln" vorgenommen, dessen Gelingen vor Zeitgenossen wie Zauber und Hexerei erschien.

Zwei kupferne Halbkugeln, durch einen abgedichteten Lederring verbunden, wurden mit einer von Guericke erfundenen Luftpumpe luftleer gepumpt.

An jede der beiden Halbkugeln wurden acht Pferde gespannt und angetrieben. Ihre Kraft reichte nicht aus, den Widerstand des Luftdrucks zu überwinden. Die

Kugel blieb ganz. Da war der Beweis erbracht. Mit gewaltigem Druck lastet die Atmosphäre auf unserem Erdball. Unsere Physik, diese damals noch so junge Wissenschaft, war um eine wertvolle Erkenntnis reicher geworden.

Guerickes Experimente erregten bei seinen Zeitgenossen ungeheures Aufsehen, besonders nachdem er die Experimente auf dem Reichstag zu Regensburg öffentlich dem Kaiser und den versammelten Reichsfürsten vorgeführt hatte.

Die Otto-von-Guericke-Straße ist keine Wohnstraße, sondern eine Ansammlung von Großmärkten und Geschäftshäusern, Foto 1989.

Guerickes Leben ging durch Höhen und Tiefen. Geboren wurde er am 20. November des Jahres 1602. Als Ratsbaumeister erlebte der reiche Sohn einer alten Patrizierfamilie den Untergang Magdeburgs im Dreißigjährigen Krieg. Gefangen, bettelarm, verdiente er danach den Lebensunterhalt für sich und seine Familie als Uhrmacher im Soldatenlager, später als Festungsbaumeister.

Auf den Trümmern Magdeburgs aber begann er unverzagt die Wiederaufbauarbeiten. Als geachteter Ratsherr und Bürgermeister entfaltete er eine erfolgreiche diplomatische Tätigkeit im Interesse seiner Heimatstadt, für die er allerdings wenig Dank erntete. Otto von Guericke starb nach einem erfüllten Leben am 11. Mai 1686 in Hamburg, im Hause seines Sohnes, „in seinem höchsten Alter bei gutem Verstande, Gedächtnis, Gesicht, Gehör, gutem Appetit, Essen und Trinken geblieben ..."

Der Mathematiker Kaspar Schott beschrieb die Guericke'sche Luftpumpe und die damit angestellten Versuche sehr ausführlich. Dadurch wurden sie auch dem englischen Physiker Robert Boyle bekannt, der sich so eifrig mit der Wiederholung der Experimente beschäftigte und für die weitere Ausbreitung so viel getan hat, daß ihm die Engländer die ganze Ehre der Erfindung zugeschrieben haben. Sie nannten den luftleeren Raum die Boyle'sche Leere (Vaccum Boylianum). Andere Physiker griffen die Sache gleichfalls auf, und wenn man die Berichte aus der damaligen Zeit liest, so scheint es fast, als ob auch das große Publikum für die wissenschaftlichen Entdeckungen sehr großes Interesse zeigte.

In der Zeit, da Otto von Guericke seine Versuche staunendem Publikum vorführte und die Wissenschaft verblüffte, befanden sich dort, wo sich heute die nach ihm benannte Straße befindet, die Flurstücke Bergfeld, nach dem die Bergfeldstraße ihren Namen hat, Mühlenkamp und Ihlenpfuhlskamp. Hier befanden sich die Weiden der Braunschweiger.

Später, etwa vor 150 Jahren, verliefen ganz in der Nähe die Gleise der ersten deutschen Staatseisenbahn, die bekanntlich von Braunschweig nach Wolfenbüttel, später über Vienenburg nach Harzburg führte.

Parkstraße

Der ehemalige Herzogliche Küchengarten wurde ab 1889 bebaut. Ein Jahr zuvor wurde er in Parzellen geteilt und verkauft. Ein Teil dieses Gartens blieb Herzoglicher Park, der heutige Museumspark. Diesem Park gegenüber – auf der anderen Seite der Oker – entstand die Parkstraße. Sie verbindet die Helmstedter Straße und die Kasernenstraße. Über 200 Jahre ist der Herzogliche Park alt.

Das Grünflächenamt ist im Augenblick dabei, dem Park das ursprüngliche Aussehen zurückzugeben.

Dabei ist es erforderlich, Bäume zu fällen, was vielen Braunschweigern mißfällt. Doch die Roteichen, Robinen, Erlen und Ahorne sind morsch, Baumstämme aufgerissen, vermodert, zerklüftet. Tests haben ergeben, daß Stämme vom Moder durchdrungen sind, starke Äste sind bereits angeknickt und würden demnächst brechen. So schildert der Leiter der Pflegeabteilung beim Grünflächenamt, Michael Loose, Ende 1995 die Situation.

Blick vom Museumspark auf die Häuser der Parkstraße. Rechts das „Café Okerterrassen". Foto 1996.

Das Wort Park wird abgeleitet vom spätlateinischen parcus, was so viel wie umzäunter Ort heißt, ein in sich abgeschlossener oder abgesonderter Raum.

Auch der Herzogliche Park war rundum eingezäunt und anfangs auch nicht für jedermann zugänglich. Die ursprüngliche Bedeutung dieses Wortes ging zunächst auf den Tiergarten (Wildpark) und, da viele Tiergärten in England bei der Einführung der neuen Gartenkunst in Landschaftsgärten verwandelt wurden, auf Parks über.

Ein Park ist heute soviel wie ein Landschaftsgarten, der nur den Charakter der freien Natur und Landschaft haben soll. Der Park ist eine idealisierte Natur und sucht die schönsten nachbildungsfähigen landschaftlichen Bilder auf einen begrenzten Raum zu vereinen. Früher waren Blumenbeete im Park ausgeschlossen; aber Blumen sollten mehr als in der freien Natur Wälder, Gebüsche, Wiesen und

Wasser schmücken, jedoch so unauffällig, daß die künstliche Anpflanzung kaum bemerkt wird. Der Park ist also ein großer Garten im natürlichen Stil, aber nicht alle Gärten dieses Stils können Park genannt werden.

An der Parkstraße befindet sich ein bekanntes Café. Viele ältere Braunschweiger erinnern sich gern an die Zeit, als das Fernsehen aufkam, man sich aber selber noch kein Gerät leisten konnte. Da ging man in das „Café Okerterrassen" und schaute dort die Unterhaltungssendungen wie beispielsweise „Das ideale Brautpaar", präsentiert von Just Scheu. Viele Erinnerungen verbinden sich mit dem Café. Da waren die überfüllten Räume bei Fernsehübertragungen der Fußball-Weltmeisterschaft und der Olympiade, die Bierwetten der Gäste um ein Bad in der Oker, das Motorschiff „Brunonia", das Gäste vom alten Bahnhof hierher brachte und – eine 1978 im Café gedrehte Szene in dem Tatort-Krimi „Alles umsonst", in der Gerda Schönebaum eine Bedienung spielte. Auch heute noch wird dieses gemütliche Café gern besucht. Das Haus Parkstraße 11 wurde im Jahre 1873 als Wohnhaus des Finanzrats Gravenhorst erbaut. Schon 1906 wurde in dieser Villa ein Café eingerichtet. Der Konditormeister Kummer aus Broitzem eröffnete ein Wiener-Kaffee, damals Braunschweigs einziges Terrassencafé. Gleich in den ersten Jahren wurde das Café mit einem Terrassengarten zum Treffpunkt junger Braunschweiger. Und schon hatte es seinen Spitznamen weg: Café Knutsch.

Am 26. Februar 1938 wurde das Café durch Otto Schönebaum übernommen, dessen Nachkommen das Café noch heute bewirtschaften. Gerda Schönebaum und ihr Sohn Otto, der die 3. Generation darstellt, betreiben das Geschäft. Die Einrichtung und das Mobiliar sind bis heute weitestgehend so geblieben, wie 1938 bei der Übernahme. Im Sommer sind die Terrassen am Wasser noch immer ein beliebtes Ziel. Wenn auch die „Brunonia" keine Gäste mehr bringt, so sind es heute die Paddel- und Ruderboote, die hier festmachen. Und „Jazz auf der Oker", eine Veranstaltung für einen guten Zweck, gehört seit Jahren zum Programm der Okerterrassen. Und im Winterhalbjahr: Lesungen und kleine Ausstellungen locken immer wieder Besucher an.

Die Klinik Parkstraße gibt es nicht mehr, die hat die Arbeiterwohlfahrt (Awo) in ein Altersheim umgewandelt. Die Gründung der Awo fällt in die Jahre 1919/1920 durch die Braunschweiger Sozialdemokraten. Die Awo sieht ihre Aufgabe in der Mitwirkung am staatlichen Wohlfahrtswesen, der Schulung qualifizierter Mitarbeiter und eigenen Aktivitäten wie Winterhilfe, Weihnachtsbescherung, Schulentlassungshilfe, Kindererholungsfürsorge, Kinderheim im Bebelhof und eben Altenarbeit. Die Awo finanziert sich aus Eigenmitteln, die sie aus der Weihnachtslotterie sowie aus Sammlungen bezieht und der staatlichen Unterstützung. Im Sommer 1933 wurde die Awo durch die Nationalsozialisten aufgelöst, 1946 wieder neu gegründet. Heute gehören dem Bezirksverband Braunschweig neun Kreisverbände und 108 Ortsvereine mit knapp 15 000 Mitgliedern an.

Sie unterhält zur Zeit Altenzentren, Kindertagesstätten und Kindergärten, Einrichtungen für körperlich und seelisch Behinderte, Beratungsstellen für ausländische Arbeiter und Aussiedler sowie ein Arbeitslosenzentrum.

Parkstraße. Rechts das ehemalige Krankenhaus, heute Altenzentrum der AWO. Foto 1996.

Pestalozzistraße

Der Pädagoge Pestalozzi inmitten seiner Schützlinge.

Auf dem Plan der Stadt Braunschweig von 1916, der vom Städtischen Tiefbauamt, Vermessungsabteilung, erstellt worden ist, finden wir erstmals die Pestalozzistraße eingezeichnet.

Sie soll an den großen Pädagogen erinnern. Die Straße verläuft parallel zur Oker, vom Wendenring abzweigend bis zur Wendenmaschstraße. Die ersten Häuser entstanden um die Jahrhundertwende.

Johann Heinrich Pestalozzi war der einflußreichste Pädagoge seiner Zeit. Er wurde am 25. Januar 1746 in Zürich geboren und starb am 17. Februar 1827 in Brugg im Aargau.

Schon 1751 verlor er seinen Vater, der Chirurg war, und wuchs als „Weiber- und Mutterkind" auf. Sein reizbares Gefühl und seine lebhafte Phantasie prägten den Jungen, während es ihm an nachhaltiger Aufmerksamkeit und Umsicht fehlte.

Das Vorbild des Großvaters, Pfarrer zu Höngg, förderte die Neigung zum seelsorgerischen Beruf und eine Verbundenheit zu den einfachen Menschen.

Begeistert durch Rousseaus „Emilie" (1762) beschloß Pestalozzi, ein Reformator der Volkserziehung zu werden.

Das theologische Studium vertauschte er bald mit dem der Rechte. Nach seiner Verlobung mit der sieben Jahre älteren Anna Schultheß, Tochter eines wohlhabenden Kaufmanns in Zürich (1767), wandte er sich unter dem Einfluß Rousseauscher Ideen dem Landbau zu, den er bei dem unternehmenden Landwirt Tschiffelie in Kirchberg bei Bern erlernte.

Um praktisch zu zeigen, wie man durch Verbindung der Landwirtschaft mit Fabrikation und häuslicher Erziehung den Nachteilen einer verkünstelten Kultur entgegenzuwirken und das Volk „aus physischem und sittlichem Elend zu Wohlstand und Sittlichkeit zu erheben vermöchte", kaufte er 100 Morgen Ödland im Aargau und errichtete darauf das Landgut Neuhof (1767).

Hierher führte er 1769 seine Verlobte heim. Doch das Unternehmen schlug fehl. Pestalozzi verband nun mit seiner Wirtschaft eine Erziehungsanstalt für arme Kinder, die er 1775 mit 50 Zöglingen eröffnete. Auch dieses Unternehmen scheiterte an seinem praktischen Ungeschick.

1813/14 stand die Erneuerung des gesamten Staatswesens an. So baute Humboldt das staatliche Schulwesen von Grund auf neu.

Die Volksschule wurde eingerichtet nach dem Vorbild des großen Schweizer Pädagogen Pestalozzi. Dessen Schriften, Persönlichkeit und Musterschule in Ifferten kannte der Gehilfe Humboldts, Nicolovius, persönlich genau.

Es sollte sich nach der Vorstellung Pestalozzis nicht mehr einfach nur um die Übermittlung von Kenntnissen handeln, sondern um die Selbstentfaltung des ganzen Menschen, um die Entwicklung der kindlichen Seele.

Pestalozzis Methode wurde schließlich in vielen Ländern eingeführt.

Die Pestalozzistraße verläuft parallel zum Wendenring. (Foto 1993)

Peter-Joseph-Krahe-Straße

In Braunschweig wurde als Architekturpreis der Peter-Joseph-Krahe-Preis geschaffen, der für architektonische Leistungen, die durch ihren künstlerischen Wert unter Beachtung konstruktiver Werkgerechtigkeit und städtebaulicher Ordnung hervorgegangen und beispielgebend sind, dem Künstler und Auftraggeber verliehen wird. Der Preis besteht in einer Plakette, die am Bauwerk angebracht wird. Es soll dazu anregen, zu jeder Zeit für das Bauwesen dem künstlerischen Schaffen, dem guten, funktionell einwandfreien und künstlerisch wertvollen Bau, gleich ob es sich um Wohnungen, Büro- und Geschäftshäuser, Fabriken, Kirchen usw. handelt, mehr Geltung zu verschaffen.

An den Oberbaurat Krahe erinnert auch die Peter-Joseph-Krahe-Straße, die in der Verlängerung der Obergstraße bis an die Oker im Bürgerpark führt. Peter Joseph Krahe, dem die Braunschweiger viele Bauwerke und die Parkanlagen auf den ehemaligen Wallanlagen zu verdanken haben, wurde am 8. April des Jahres 1758 in Mannheim geboren. Sein Vater, der Historienmaler Lambert Krahe, war Direktor der Gallerie und Akademie der Schönen Künste und Hofkammerrat zu Düsseldorf. Seit 1775 besuchte Peter Joseph Krahe die von seinem Vater gegründete Düsseldorfer Akademie, um Maler zu werden. 1778/79 gewann er mit Bild- und Architekturentwürfen mehrere Preise und wurde 1780 mit zweiundzwanzig Jahren zum Professor an der Akademie ernannt. 1782 erhielt er von Kurfürst Karl Theodor von Pfalz-Bayern ein Stipendium für eine Studienreise. Der junge Krahe wandte sich nun in Italien dem Studium der Baukünste zu und wurde 1786 zum Ehrenprofessor an der Akademie der Künste zu Florenz und Bologna ernannt. Im Jahre 1790 wurde auch der junge Krahe Hofkammerrat und Baudirektor im Kurtrierschen Dienst in Koblenz. Nur knapp fünf Jahre war er hier tätig, ehe die Bauverwaltung nach der Besetzung der Stadt durch die Franzosen aufgelöst wurde. Aufträge von der Revolutionsarmee kamen nur spärlich und konnten ihn nicht befriedigen.

Peter Joseph Krahe.
Herzog Karl Wilhelm Ferdinand holte ihn 1803 nach Braunschweig.

Seine Lage in Koblenz war nahezu aussichtslos. Der Aufforderung, sich als Erster Architekt bei der kurfürstlichen Hofkammer in Hannover zu bewerben, folgte er sofort und gern.

Doch die Bewerbung um das Amt eines hannoverschen Baurats wurde infolge des Einmarsches französischer Truppen in das Kurfürstentum gegenstandslos. Durch ein eigenhändiges Schreiben des Herzogs Karl Wilhelm Ferdinand wurde er 1803 nach Braunschweig berufen und als Kammer- und Klosterrat zur Leitung des Landes-Bauwesens angestellt. Der Verleger Vieweg hatte hier wohl vermittelt. Krahe nahm am 21. November 1803 seine Arbeit auf. Sein Gehalt betrug 1500 Reichstaler jährlich.

Bereits kurz nach seinem Eintreffen in Braunschweig übernahm Krahe die Leitung der Kommission, die die Umgestaltung der veralteten Wallanlagen plante. Mit diesem Projekt bringt man den Namen Krahe zunächst in Verbindung. Das Resultat dieser Umgestaltung können wir noch heute überall in Braunschweig sehen, in dem Ring von Grünanlagen, bestehend aus Gärten und Parks. Die Umwandlung der alten Befestigungsanlagen wurde mit vielen Unterbrechungen einige Jahre lang beharrlich verfolgt und zum Teil finanziert durch den Verkauf dieser neugeschaffenen Grundstücke an wohlhabende Bürger der Stadt.

Die innerhalb des Grüns angelegten Promenaden ermöglichten eine Erschließung der Stadt über diesen ersten Stadtring. Begonnen hatte Krahe mit dem südlichen Bereich des Walls, der an der Straße nach Wolfenbüttel liegt: mit den Augusttoranlagen. Ein Landhaus für den Braunschweiger Kaufmann D. W. Krause errichtete er von 1805 an.

Es ist das Haus „Salve Hospes", in dem heute der Kunstverein untergebracht ist. Und weil Krahe hier mit seinen ersten Arbeiten begonnen hat, wurde wohl auch eine Straße in dieser Gegend nach ihm benannt. Da Karl Wilhelm Ferdinand die Universität Helmstedt nach Braunschweig verlegen wollte, erhielt Krahe den Auftrag, für Karl Friedrich Gauß auf dem alten Pulverturm hinter St. Aegidien ein Observatorium zu errichten und das Herzogliche Naturalienkabinett mit Teilen der Gemäldesammlung aus dem Schloß Salzdahlum zu einem Museum im Pauliner Kloster am Bohlweg zu vereinen.

Ein Palais für den Kammerrat von Veltheim-Destedt, dessen Standort neben dem Viewegschen Verlagshaus am Burgplatz vorgesehen war, wurde von Krahe entworfen und vom Herzog gefördert. Karl Wilhelm Ferdinand befahl ferner, für seinen Sohn Friedrich Wilhelm am Magnitor ein Palais zu errichten. Damit Krahe diesen Bau unmittelbar betreuen konnte, wurde ihm das Schlößchen des Grafen Dehn zur Dienstwohnung eingeräumt.

Eine Reihe von bedeutenden Bauwerken stammen von Krahe. Nach dem Schloßbrand von 1830 legte Krahe einen Entwurf für einen Neubau vor, doch der Auftrag ging an seinen Schüler Karl Theodor Ottmer. Als Krahe im 83. Lebensjahr am 7. Oktober 1840 starb, waren längst jüngere Kräfte darangegangen , ihre städtischen Vorstellungen zu verwirklichen. Begraben liegt Krahe auf dem katholischen Friedhof am Giersberg.

Die Peter-Joseph-Krahe-Straße, Foto von 1986.

Petristraße

Wenn man einst zum Petrifriedhof gehen wollte, nahm man den Weg vorbei an dem 1503 im gotischen Stil errichteten Petritor (1707 geschlossen und 1791 abgebrochen), überquerte die Oker, ging durch die Wallanlagen über den Rennelberg und bog in den Weg ein, der später zur Petristraße ausgebaut wurde.

Diese Straße verbindet heute die Celler Straße und die Goslarsche Straße. Der Martini- und der Petri-Friedhof an der Goslarschen Straße wurden 1712 und 1757 angelegt. Sämtliche Friedhöfe in der Innenstadt wurden nach und nach geschlossen, zum einen aus hygienischen Gründen, zum anderen, weil sie längst überfüllt waren.

Die Petristraße in Richtung Celler Straße.

Die Petrikirche ist die vierte Pfarrkirche der Altstadt, sie soll nach dem Schichtbuch von Heinrich dem Löwen für die alte Petri-Paulskapelle erbaut worden sein, als er an deren Stelle 1173 den Dom aufführen ließ.

Der Neubau war wiederum den beiden Aposteln gewidmet, deren Köpfe man nun auch an der Außenseite des mittleren Chorfensters erblicken konnte. Eine Statue des heiligen Petrus mit eigentümlich gehaltener Bekleidung stellte man neben der südlichen Eingangstür auf.

Um die Mitte des 13. Jahrhunderts wurde die Kirche bei einem Brand zerstört, nur einige Fragmente des Turmunterbaus blieben von dem alten romanischen Bau erhalten.

Der im gotischen Stil ausgeführte Neubau war 1256 soweit vollendet, daß der Liebfrauenaltar in der Mitte der Kirche geweiht werden konnte. Für die Vollendung des Baus spendeten bis 1267 mehrere Bischöfe Ablaß. Bei dem Brand, der im Juli 1290 einen großen Teil der Stadt in Asche legte, scheint auch die Petrikirche beschädigt worden zu sein, wie ein Ablaß andeutet, den verschiedene Kirchenfürsten 1292 für Beihilfe zur Reparatur des Gotteshauses zusagten.

Als Kirche und Hochaltar 1358 neu geweiht wurden, erhielt sie die heilige Eufemia zur Mitpatronin. Um 1400 wurde neben dem südlichen Seitenschiff eine Kapelle angebaut, die mit der Kirche durch einen offenen Bogen verbunden war. Sie wird 1408 als Annenkapelle, 1411 als Levinuskapelle urkundlich erwähnt. Seit 1871 diente sie als Sakristei.

Die Kirche hat im Inneren eine Länge von 41 m und eine Breite von 17 m, von welcher das Mittelschiff und 4,5 m auf jedes Seitenschiff kommen. Statt durch äußere Strebpfeiler sind die Umfangsmauern im Inneren durch Wandpfeiler verstärkt.

Wie die Kirche, so hat auch ihr Turm starke Beschädigungen erlitten: In den Jahren 1610, 1630 und 1656 durch heftige Sturmwinde, 1758, 1774 und 1811 durch Blitz. 1898 brannte der Helm bis auf das Mauerwerk nieder. Jetzt erhielt der Turm anstatt des früher schlanken Helmdaches eine Kuppel mit der in einer Spitze auslaufenden Laterne. Seine Höhe betrug 57 m. Nach den Zerstörungen im Zweiten Weltkrieg hat der Turm abermals ein neues Gesicht bekommen.

Der St. Thomaehof (links) reicht bis an die Petristraße heran. *Fotos von 1996.*

In der Kirche befand sich einst eine Veronika, das heißt ein in einem Schweißtuch abgedrucktes Bild vom Antlitz Christi. Wer davor an gewissen Tagen kniend ein Vaterunser oder ein Ave Maria betete, erwarb 40tägigen Ablaß. Hohe Verehrung genoß auch ein Marienbild.

Allen die in Andacht ihr Gebet davor verrichteten und Gaben opferten, verhieß Bischof Albrecht von Halberstadt 1332 reichlich Ablaß.

Das Patronatsrecht stand dem Stift St. Cyriaci zu. Neben dem Pfarrer waren 1339 weitere zwei Priester tätig. 1385 werden außer dem Pfarrer noch ein Prediger und zwei Kaplane genannt, später waren es gar drei. An Altären besaß die Kirche zum Ende des Mittelalters vier, von denen nach der Reformation nur der Hochaltar erhalten blieb.

In den folgenden Jahrhunderten hat das Innere der Kirche zahlreiche Veränderungen erfahren bis hin zu der völligen Wiederherstellung nach dem letzten Krieg. Mutmaßlich zu Ende des 16. Jahrhunderts erhielten Wände und Gewölbe eine reiche Vermalung, die bei späteren Restaurationen wieder übergetüncht wurde. 1624 ließ der Kämmerer Hartwig an der Westseite der Kirche eine Empore auf seine Kosten einbauen. Zwei Jahre später schenkte er eine neue Kanzel im Renaissancestil, die mit den Statuetten der zwölf Apostel geschmückt und von einer lebensgroßen Statue des Petrus getragen wurde.

Die das ganze südliche Seitenschiff bedeckende Empore war ein Geschenk von Hartwigs Schwiegersohn, des Senators Ehlers (1681). Den Hochaltar schenkte 1649 die Witwe des Provisors Drösemann.

In den Jahren 1888 bis 1891 ist das Innere vom Stadtbaumeister Osterloh in umfassender Weise restauriert worden. An Stelle des nüchternen Tünchüberzuges haben Wände, Pfeiler und Gewölbe durch den Hofdekorationsmaler Quensen eine Vermalung im spätgotischen Stil erhalten.

Doch all das wurde in den letzten Kriegstagen des Zweiten Weltkrieges weitestgehend zerstört.

Pockelsstraße

Bei der Pockelsstraße denkt man sofort an die Technische Universität, die nicht nur zu den ältesten gehört, sondern auch zu den bedeutenden in Deutschland. Vor 100 Jahren war in der Zeitung zu lesen: „Es freut uns, mittheilen zu können, daß die Frequenz der Technischen Hochschule in diesem Winterhalbjahre widerum größer geworden ist. Dem Vernehmen nach beträgt die Zahl der Studierenden jetzt etwa 190". Wie sich die Zeiten ändern...

Wer aber war nun der Namensgeber der Pockelsstraße? Lesen wir dazu einen Auszug aus einem Nachruf zum Tode Wilhelm Pockels im Braunschweigischen Magazin Nr. 3 vom März 1904: „In den gemeinschaftlichen Sitzungen des Magistrats und der Stadtverordneten der Stadt Braunschweig vom 21. März 1879 wurde der damalige Polizeidirektor Wilhelm Pockels zu Braunschweig zum Vorsitzenden des Stadtmagistrats daselbst gewählt, und er nahm dieses Amt, zu dem er sich so sehr berufen fühlte, wie er dazu befähigt war, nach einer offenen Erklärung mit Freuden an." Pockels war also Polizeidirektor und Oberbürgermeister unserer Stadt.

Wilhelm Johann Baptist Pockels wurde am 19. Juli 1832 in Wolfenbüttel als Sohn des dortigen Stadtrates mit gleichem Vornamen und dessen Frau, Wilhelmine Henriette Louise, eine geborene Wiegmann, geboren. Der Vater stammt aus Northeim, kam aber schon als 17jähriger in die Freiheitskriege und focht bei Waterloo.

Als der Sohn geboren wurde, stand er an der Spitze der Stadtverwaltung in Wolfenbüttel und wurde 1833 als Kreisdirektor nach Holzminden versetzt. In Folge dieser Versetzung seines Vaters besuchte Wilhelm Pockels

Wilhelm Pockels, ehemaliger Oberbürgermeister der Stadt Braunschweig.

von seinem 5. Lebensjahr an bis 1840 die Bürgerschule und das Gymnasium dort. Im Jahre 1850 bestand er nach vollendetem 18. Lebensjahr die Maturitätsprüfung und erhielt das Zeugnis der „völligen Reife". Pokkels besuchte dann die Universität Göttingen und widmete sich der Rechtswissenschaft. Am 1. Oktober 1853 trat er in Braunschweig als Einjährig-Freiwilliger bei der 1. Kompanie des ersten Linien-Bataillons ein. Er bestand Anfang 1854 das Vize-Unteroffizier-, am 25. September 1854 das Landwehr-Offiziers-Examen und wurde zum Vize-Unteroffizier ernannt. Während seines Dienstjahres fand Pockels aber auch noch die Zeit, sein erstes juristisches Staatsexamen zu machen und wurde als Rechtskandidat zur Beschäftigung bei dem Herzoglichen Stadtgericht zugelassen.

Pockels zog es nach Holzminden, zu seinem Elternhaus. Seiner Karriere stand nichts im Wege. Mit viel Fleiß arbeitete er als „Auditor" bis er zur zweiten Staatsprüfung zugelassen wurde. In der Zwischenzeit wurde der Posten des Bürgermeisters der Stadt Seesen frei. Man dachte gleich an Pockels, obwohl er seine zweite Staatsprüfung noch nicht abgelegt hatte. Am 26. Januar 1858 wurde er dennoch einstimmig zum Vorsitzenden des Stadtmagistrates zu Seesen gewählt.

Am 2. Dezember 1863 wurde der strebsame Pockels zum Amtsgerichts-Sekretär ernannt und unter Verleihung des Titels „Polizei-Assessor" mit den Geschäften eines Polizei-Kommissars in Braunschweig beauftragt. Am 12. Februar 1864 wurde er in die Bürgerrolle eingetragen. Am 11. Januar 1870 heiratete Pockels Susanne Weinkauff aus Hamburg. Aus der Ehe gingen sieben Kinder hervor.

Bevor dieser strebsame Mann Oberbürgermeister wurde, ernannte man ihn am 1. März 1872 als zweiten „Hülfsarbeiter der Herzoglichen Kreisdirektion" und am 27. Mai 1873 zum Direktor der Gefangenen-Anstalten in Wolfenbüttel. Hier hatte man gerade das neue Zellengefängnis gebaut. Für seine Verdienste um seine Tätigkeit auf dem Gebiet des Gefängniswesens (heute Strafvollzug) wurde ihm am 6. Juli 1876 das Ritterkreuz des Ordens Albrechts des Bären verliehen.

Steil ging es weiter auf Pockels Erfolgsleiter. Am 20. Februar 1878 wurde er zum Polizeidirektor ernannt. Zugleich wurden ihm die Geschäfte des Herzoglichen Intelligenz-Direktoriums, das Kommissariat bei der Direktion des Waisenhauses B.M.V. und andere Ämter übertragen.

Etwa ein Jahr später mußte das Amt des Oberbürgermeisters der Stadt Braunschweig neu besetzt werden. Am 21. März 1879 wurde Pockels zum Vorsitzenden des Stadtmagistrats gewählt und durch Reskript vom 31. März seine Wahl bestätigt. Vieles hat Pockels für Braunschweig getan, bevor er 1904 verstarb.

Über seine letzte Amtshandlung kann man folgendes nachlesen: „Am 13. Januar dieses Jahres hatte der Verstorbene noch in voller Rüstigkeit und altgewohnter edler Haltung den Landtag eröffnet und am Nachmittage sich zu einem Galadiner, zu welchen S.K.H. der Regent der Landtagsabgeordneten nach dem Schlosse entboten hatte, begeben, als ihn ein plötzliches Unwohlsein zwang, den Saal zu verlassen, dessen Ausgang er nicht mehr lebend erreichen sollte." Ein Schlaganfall machte unerwartet diesem Leben ein Ende.

Am 17. Januar wurde Wilhelm Pockels zu Grabe getragen. Unbegrenzt war die Teilnahme, unendlich die Ehrenbezeugungen und die Kranzspenden.

Die heutige Universität, die ehemalige Technische Hochschule, ist hervorgegangen aus dem Collegium Carolinum.

Ratsbleiche

Die Straße Ratsbleiche befindet sich zwischen der Pestalozzistraße und der Reichenbergstraße. Hier befand sich im Mittelalter die städtische Ratsbleiche, gleich nebenan die Cattun-Bleiche. Die Hausfrauen nutzten diese Grasflächen zum Bleichen ihrer Wäsche. Ein großer Teil der Bebauung dieses Gebietes erfolgte in den 20er Jahren. Am 6. März 1925 erfolgte die Grundsteinlegung für den „Stahlhelmhäuserblock" Wendenring/Ratsbleiche.

Das Wort (C)Kattun kommt vom arabischen katon und bedeutet „Baumwolle". Es handelt sich um ein glattes, leinwandartig gewebtes, ziemlich dichtes Baumwollzeug. Schon früh war der Kattun auch auf Braunschweiger Märkten zu erwerben. Weißer Kattun, zum Bedrucken bestimmt, bildet den Rohkattun, dazu gehören auch das sogenannte Kammertuch. Einfarbige, gestreifte und geglättete Kattune nannte man Sarsenets und Futterleinwand. Bedruckte Kattune – in England meist Kalikos, in Frankreich Indiennes genannt – bildeten einen der wichtigsten Artikel der Web- und Druckindustrie in England, Deutschland, Frankreich und der Schweiz. Sie kamen ursprünglich aus Indien nach Europa, doch die Maschinenproduktion war hier zu einer solchen Entwicklung gelangt, daß weit vor der Jahrhundertwende europäischer Kattun in Indien die dortige Handarbeit verdrängt hatte.

Die ersten Hinweise der Fertigung von Baumwollzeug finden sich nach Heradot bei den Völkern in der Gegend des Kaspischen Meeres, dann bei den Ägyptern, von denen die Kunst zu den Indern überging. Die trieben schon 138 vor Christi mit gedrucktem und bemalten baumwollenen Zeug Handel nach China. Bis zum Ende des 18. Jahrhunderts zeichneten sich die ostindischen Kattune vor allen anderen durch Lebhaftigkeit und Festigkeit der Farben aus, Vorzüge, die die Inder durch sorgfältige Zubereitung der Farben und Vorbereitung des Kattuns zur Annahme der Farbe bewirkten. Bei den Indern wurde Kattun auch häufig bemalt, indem man den Umriß des Musters vorher mit durchlöcherten Papierschablonen und Kohlenstaub auftrug. Gegen Ende des 17. Jahrhunderts fingen die Holländer an, die ostindischen weißen Gewebe zu bedrucken. Bald folgten Hamburg, Augsburg und auch Braunschweig.

Später webte man die Kattune selbst. Zuerst gelangte die Kattunindustrie in England eine kolossale Entwicklung. Während der Napoleonischen Kriege gründete und verfeinerte dann auch Frankreich, besonders das Elsaß, seine Kattundruckereien. Die deutsche Kattunindustrie war um die Jahrhundertwende besonders hoch entwickelt.

Stadtnah und doch ruhig: die Ratsbleiche.

Der Kattun wurde vor der Weiterverarbeitung gebleicht, damit die Farben besser wirkten. Das älteste Bleichverfahren ist die Rasenbleiche, wie man sie überall am Rande der Städte antraf.

Das Gewebe wurde auf dem Rasen ausgebreitet, durch Regen und Tau oder auch sonst mit Wasser benetzt, und der Luft und dem direkten Sonnenlicht ausgesetzt. Licht und Sauerstoff wirken hierbei gleichzeitig, die färbenden Substanzen werden zerstört.

Sehr viel schneller als eine Rasenbleiche wirkt die Chlorbleiche, bei der man schwache Lösungen von Chlorkalk, unterchlorigsaurem Natron oder andere Unterchlorsäuresalze anwendete und nach dem Chlorbad in ein schwaches Säurebad gab.

Diese unterchlorige Säure zerfällt in das Gewebe bleichenden Sauerstoff und Salzsäure, die von neuem unterchlorige Säure frei macht. Das Vorurteil, daß die Chlorbleiche Gewebe stark angreife, traf bei den damaligen Geweben nicht zu.

Man bleichte aber auch Leinen und Hanf. Hier war eine sehr viel größere Menge an verunreinigenden Substanzen fortzuschaffen als bei Baumwolle. Man mußte daher zahlreiche Bäder anwenden, wechselte zwischen Bädern und Rasenbleiche, und fand als besonders vorteilhaft die Kombination von Rasenbleiche mit Chlorbleiche.

Wenn gebrauchte Wäsche vergilbt war und nach dem gewöhnlichen Waschverfahren nicht hinreichend weiß wurde, konnte man sie mit Chlorkalk bleichen.

Wolle und Seide wurde so nicht gebleicht; sie vertragen die Einwirkung alkalischer Laugen und des Chlors nicht und wurden früher mit Seife, Soda und Amoniak gereinigt und mit schwefeliger Säure gebleicht. Man hing sie feucht auf Gerüsten in einer Kammer auf, in der Schwefel verbrannt wurde, ließ das Gas 24 Stunden einwirken und gab sie dann in ein Säurebad. Wolle und Seide wurden auch mit übermangansaurem Natron gebleicht. Man brachte das gereinigte Gewebe in eine Lösung von mangansaurem Natron und setzte schwefelsaures Magnesium oder Chlormagnesium zu.

Wie gut – oder auch nicht? –, daß die Hausfrau es heute leichter hat. Das Waschmittel ist einfacher geworden, und der weite Weg zu den Bleichen vor den Toren der Stadt entfällt.

Fassade des Hauses Ratsbleiche 6. Foto von 1996.

Rebenring

Der Rebenring, der, als der Stadtring noch nicht geschlossen war, Rebenstraße hieß, hat seinen Namen von den Rebengärten. Auch in Braunschweig wurde einst Wein angebaut, unter anderem an der Rebenstraße, am Weinbergweg, an der Weinbergstraße und an den Hängen des Thieder Lindenberges. Doch daran erinnert sich kaum jemand, eher an das Bier, das an der Rebenstraße gebraut wurde.

Die von Carl Friedrich Jürgens 1838 auf der Wendenstraße gegründete Brauerei bezog im November 1872 einen Neubau an der Rebenstraße. Jetzt nannte sich die Firma „National Actien Bierbrauerei". Jürgens schied bald wieder aus dem Unternehmen aus und gründete an der Hamburger Straße die „Jürgens Brauerei", mit der er allerdings keinen großen Erfolg hatte. 1920 verkaufte er sie an die „National Brauerei" und fortan hieß die Brauerei „National-Jürgens Brauerei".

Das Grundstück Rebenstraße am Kleinen Exerzierplatz hatte einen Gesamtflächenraum von 28700 qm. Einer Selbstdarstellung von 1928 entnehmen wir, daß die Produktionsfähigkeit über 250000 Hektoliter betrug.

Ferner ist dort zu lesen: „Die Betriebseinrichtung ist mit den modernsten Maschinen und Apparaten versehen, wobei besonders zu erwähnen sind: zwei Dampfmaschinen mit 280 Pferdestärken, drei Dampfkessel mit automatischer Kohlenbeschickungs-Anlage, Kälte erzeugende Maschinen zur Kellerkühlung und Fabrikation von Kunsteis (1000 Zentner täglich!), ferner Wohlfahrtsräume mit Brausen und Wannenbädern für die im Betriebe beschäftigten Beamten und Arbeiter."

Im Jahre 1927 wurden großbauliche Erweiterungen und hochmoderne betriebstechnische Erneuerungen vorgenommen, beispielsweise die Anlage oberirdischer Gärkeller mit Aluminiumbottichen, Emaille-Stahltanks für die Lagerkeller sowie ein neuzeitlich eingerichtetes Laboratorium, das allen Anforderungen eines großen Betriebes entsprach und besonders auch für die biologische Betriebskontrolle diente.

Schon 1910 hatte der aus Kulmbach stam-

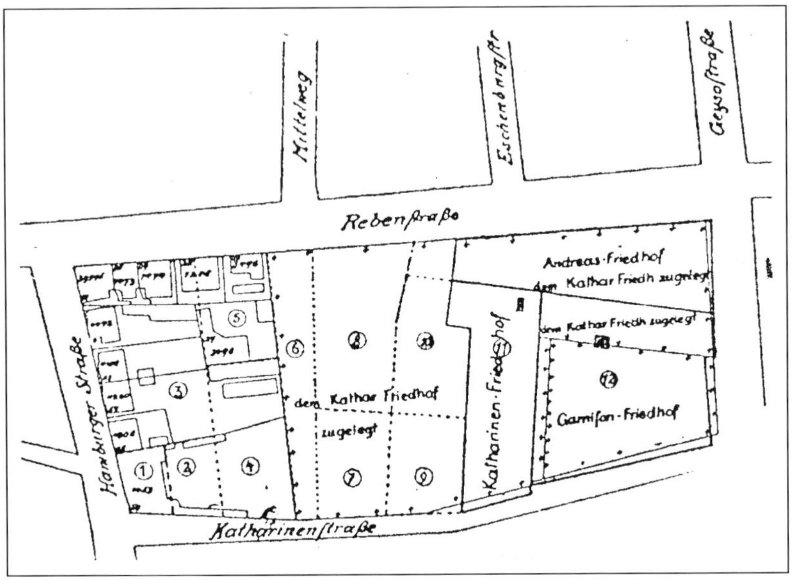

Im letzten Jahrhundert, als der Stadtring noch nicht geschlossen war, hieß der Rebenring noch Rebenstraße.

mende Fritz Schuberth die Leitung der „National Actien-Bierbrauerei" übernommen. In den zwanziger Jahren begann Schuberth mit dem Ankauf von Feldschlößchen-Aktien und legte schon zu dieser Zeit den Grundstein für die spätere Fusion mit Feldschlößchen. Das ehemalige Firmengelände am Rebenring wurde umgebaut und von der Helmfabrik Schuberth bezogen. So war wieder eine Brauerei verschwunden – mehr als 30 hatte Braunschweig einmal besessen.

Heute ist der Rebenring Teil einer vierspurigen Innenstadtumgehung. Links sind Bäume des ehemaligen Friedhofs zu sehen. Foto 1991.

Hier noch eine Meldung, die vor mehr als hundert Jahren durch die Presse ging: „Der National-Aktien-Brauerei am kleinen Exerzierplatz, welche man wohl als die älteste Brauerei am hiesigen Platz bezeichnen darf (da sie im Jahre 1790 als Privatbrauerei gegründet, 1840 als Lagerbierbrauerei eingerichtet und 1872 in eine Aktiengesellschaft umgewandelt wurde), empfiehlt in einem heutigen größeren Inserat ihre Biere. Den Bierliebhabern ist ja hier in Braunschweig Gelegenheit geboten, das Produkt der genannten Brauerei einer Probe zu unterwerfen, und sie werden finden, daß dasselbe ein wohl bekömmlicher und angenehm schmeckender Stoff ist. Den Bemühungen der neuen Direktion, das Absatzfeld zu erweitern, wünschen wir besten Erfolg."

Ecke Rebenstraße/Pockelsstraße befand sich früher der Andreaskirchhof, der später Teil des Katharinenkirchhofes wurde. Nachdem im Jahre 1705 verfügt worden war, daß der Kirchhof der Andreaskirche vor dem Neustadttor stillgelegt werden sollte, mußte sich auch die Andreasgemeinde einen neuen Kirchhof verschaffen. Vor dem Neustadttor fand man kein geeignetes Grundstück. Man war gezwungen, sich vor dem Wendentore anzusiedeln. So entstand dieser Kirchhof, der seit 1721 benutzt wurde, aus einem Teil der Weide der Gemeinde Hagen. Zweimal wurde der Kirchhof nach 1753 erweitert. Neben dem Andreaskirchhof, an der Pockelsstraße gelegen, befand sich noch ein Garnisonsfriedhof. Zwischen 1753 und 1832 wurde ein Teil des Grundstücks an die Andreaskirche abgegeben.

Nachdem 1862 der Kirchhof gänzlich an die Katharinengemeinde abgetreten war, befinden sich zwangsläufig Mitglieder der Andreasgemeinde auch auf dem Katharinenkirchhof, beispielsweise Pastor Johann Karl Berkhan, der 1782 zu St. Andreas begraben wurde. Das war seinerzeit Gesprächstoff in der Stadt! Auf dem ehemaligen Exerzierplatz befindet sich heute die ehemalige Pädagogische Hochschule. Das Land Braunschweig ließ dieses Gebäude in den Jahren 1934 bis 1937 erbauen; der Architekt war Emil Herzig.

Reichenbergstraße

Die Reichenbergstraße verläuft zwischen dem Wendenring und der Wendenmaschstraße. Gegen Ende des letzten Jahrhunderts wurde diese Straße bebaut. Es war eine „finstere Gegend", denn Straßenlaternen gab es hier noch lange nicht. Einer Notiz in der Tageszeitung vom 2. September 1891 ist folgendes zu entnehmen: „Mehr Licht! Man sollte es kaum für möglich halten, daß in einer Stadt von über 100 000 Einwohnern in bezug auf Straßenbeleuchtung noch so arge Mißstände vorhanden sein können, wie sie thatsächlich in Braunschweig bestehen. Schon seit Monaten entbehren die Anwohner der mit einer Reihe stattlicher Häuser besetzten Reichenbergstraße sowie der Wendenmaschstraße, namentlich aber der neuen Okerbrücke jeglicher Beleuchtung.

Die Reichenbergstraße, vom Wendenring aus gesehen.

Eine Beleuchtung des namentlich von der Reichenbergstraße aus höchst gefahrvollen Brückenzuganges hält man indessen bei der Behörde für durchaus überflüssig, und so muß sich denn der Passant abends tatsächlich durch Tasten den Zugang zur Brücke suchen."

Die einfachste Entstehungsweise einer Ortschaft war, wenn sich um ein größeres landwirtschaftliches Gehöft, beispielsweise eine Meierei, die Hütten der Drescher, Knechte und andere anschlossen. Erst wo eine Anzahl selbständiger, gleichberechtigter Grundbesitzer ihre Gehöfte in engen, geschlossenen Gruppen bauen und sich zu einer politischen oder kirchlichen Gemeinde vereinten, bekamen die Niederlassungen den Namen Dorf. Das war aber bei dem Hof „Richenberge" nicht der Fall. Dieser Hof, der der Reichenbergstraße den Namen gab, hat nach Urkunden von 1220 und 1250 vor dem Wendentore nahe der Oker gelegen. Die genaue Lage kennt man nicht, vermutlich befand er sich aber zwischen der Oker und dem Galggraben. Auf frühen Karten ist zwar der Hof nicht eingetragen, aber Gartenland auf dem „Galg Camp" wird immer wieder erwähnt.

In die Zeit der Entstehung des Hofes Richenberg fallen eine Reihe wichtiger Ereignisse. Kurz nach 1200 wurde durch Otto IV. die Altewiek mit Mauern und Gräben befestigt. Zur gleichen Zeit, nämlich im Jahre 1204 verlieh er den Braunschweiger Bürgern das Recht der Pfarrerwahl für die Marktkirche St. Martini. 1220 ist auch die Zeit von Friedrich II., den man zum Kaiser krönte. Sein Sohn Heinrich wurde zum deutschen König gewählt und erhielt später von seinem Vater die Regierung im Deutschen Reich. 1224 nahm Pfalzgraf Heinrich das Johannishospital unter seinen Schutz. Dieses Hospital befand sich auf dem Hof der Johanniter-Kommende in Braunschweig.

Die Reichenbergstraße in Richtung Wendenring. *Fotos von 1996.*

Es war das älteste Hospital der Stadt mit Hilfe von Almosen. Bis in das frühe 16. Jahrhundert wurden hier Kranke gepflegt, am Anfang war es auch eine Herberge für Pilger. Auch sogenannte siechen Personen und Pfründerinnen diente das Hospital als Dauerwohnung. Seit dem frühen 16. Jahrhundert wurde das Hospital in ein Beginenhaus umgewandelt. 1564 kauften private Eigentümer den Komplex. Seit 1779 war der Standort für den nun kombinierten Konvent am Eiermarkt. 1784 wurden Hospital und Kirche abgebrochen. Die Auflösung des Konvents erfolgte erst 1957.

In Deutschland entstanden die unmittelbar dem Kaiser unterstellten Reichsstände. Um 1227 bestätigte Otto das Kind der Altstadt ihr Stadtrecht, ebenso dem Hagen. Ein Jahr später ist vom 5. Kreuzzug unter Kaiser Friedrich II. zu berichten. Friedrich wurde vom Papst Gregor IX. dazu gedrängt. 1229 wurde Friedrich auch König von Jerusalem.

Als Heinrich 1227 starb, trat Otto die Alleinregierung an. Wie C. G. H. Lentz in seinem Buch „Geschichte des Landes Braunschweig und Hannover", 1840 erschienen, schreibt, wurden auf einmal viele Schwerter gezückt, die Heinrich in der Scheide gehalten hatte. An die Besitzungen des jungen Fürsten stellte mancher Nachbar Ansprüche. Selbst Kaiser Friedrich II. hatte es auf Braunschweig abgesehen, und sich durch Überrumpelung in den Besitz der Stadt gesetzt. Otto geriet in die Gefangenschaft des Grafen von Schwerin und Holstein, da er den König von Dänemark unterstützte. Und so schien es der günstigste Zeitpunkt für den Kaiser zu sein, sich des ganzen Landes zu bemächtigen. Der Kaiser hatte nämlich von den Töchtern des Pfalzgrafen Heinrich die an den Herzog von Bayern und den Pfalzgrafen von Baden verheiratet waren, die Ansprüche auf ihre väterliche Erbschaft erkauft und suchte seine vermeintlichen Rechte jetzt mit Waffen geltend zu machen.

Otto hatte sich aber nach damaliger Kriegssitte durch ein Lösegeld aus der Gefangenschaft befreit, und mit Hilfe der Bürger, die ihm den Eingang in das Fallersleber Tor ermöglichten, gelang es ihm, die Kaiserlichen bald wieder aus Braunschweig zu vertreiben. Die Bürger hielten nun besser Wacht und neue Angriffe auf die Stadt scheiterten an der Standhaftigkeit der mutigen Verteidiger.

Diesen Wirren sind eine Reihe von Gehöften vor den Toren der Stadt Braunschweig zum Opfer gefallen, vermutlich auch die Hofstelle „Richenberg".

Rennelbergstraße

Der Rennelberg ist bereits auf sehr alten Karten zu finden. Auf einem Plan, den Wilhelm Sander 1930 für das Stadtarchiv zeichnete und der Braunschweig um 1400 zeigt, ist der 76 Meter hohe Berg mit „mons cursorum" bezeichnet, das bedeutet etwa „Berg der Rennen und Läufe". Es gibt mehrere Versionen über die Deutung dieses Berges, von denen die, daß hier einst Pferdemarkt abgehalten wurde, Pferde also rannten und liefen, am wahrscheinlichsten ist.

Sicher ist es auch möglich, daß hier einmal ein Turnier stattgefunden hat, wie es vielerorts vor den Toren besonders zu Ostern, Johannis oder Michaelis abgehalten wurde. Doch das ist nirgends belegt – wohl aber der Pferdemarkt. Vielleicht ist auch das Gasthaus „Weißes Roß", das in früher Zeit am Rennelberg stand, ein weiterer Hinweis auf den Pferdemarkt.

Verließ man die Stadt Braunschweig in Richtung Celle, ging man durch das Petri-Tor, vorbei an dem Thomae-Spital und dem Pilgerhaus. Dann sah man bereits das Kloster Convent St. Crucis auf dem Rennelberg liegen.

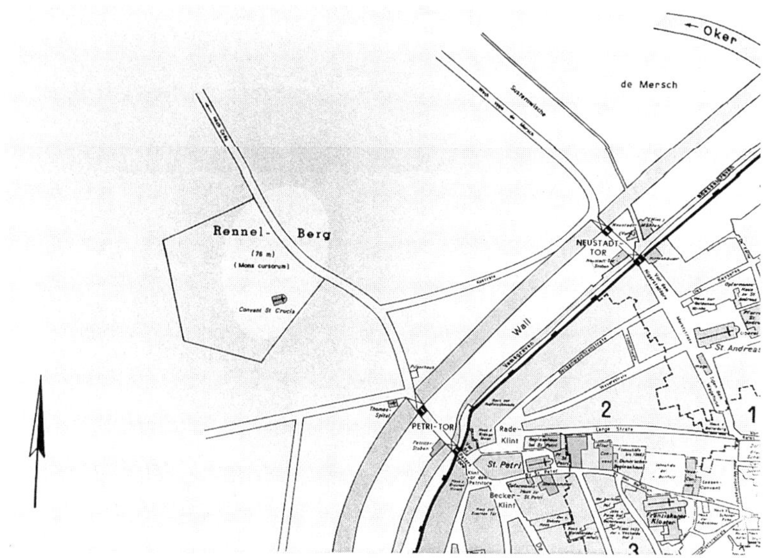

Ausschnitt aus einer alten Stadtkarte mit dem Gebiet des Rennelberges um 1400. Sie wurde 1930 von Wilhelm Sander für das Stadtarchiv gezeichnet.

Der geographisch-statistischen Beschreibung der Fürstentümer Wolfenbüttel und Blankenburg von 1802 ist folgende Beschreibung zu entnehmen: „Das Kreuzkloster ist im 13ten Jahrhundert von einem gewissen Balduin von Campen gestiftet, und die Kirche 1230 geweihet. Vorher soll auf dem Rennelberge, dem Orte, wo nachher das Kloster angeleget ist, eine kleine Klause gestanden haben, worin sich drei Jungfrauen aufgehalten. Balduin besetzte das Kloster mit Cisterziensernonnen, die sich zur Regel des hl. Bernhards bekannten, einer sehr strengen Disziplin unterworfen waren, und 1 Priorin, zu Zeiten auch 1 Abtissin und 1 Propst zu Vorstehern hatten. Bei der Reformation wurde das Kloster in einen Jungfrauenkonvent verwandelt, der durch das Reglement von 1705 festgesetzte Vorschriften erhalten hatte."

Der Konvent bestand um 1800 aus einer Domina, einem Propst und 14 Konventualinnen. Die Jungfrauen mußten, so wollte es auch der Landesfürst, kanonische Stunden halten. Das Kloster hatte beträchtliche Einkünfte, Grundstücke, Maiergefälle und Zehnten, die von der Klosterratsstube verpachtet waren. Die beiden Ökonomien auf dem Kreuzkloster, dessen Vorwerke und dem Evesser Klosterhof waren bedeutend. Der Propst besetzte die kombinierte Pfarre zu Lehndorf und dem Kreuzkloster.

Unter der Gerichtsbarkeit des Kreuzklosters standen neben dem Kloster selbst, dessen Bezirke die Kirche und die weitläufigen Kloster- und ökonomischen Gebäude standen, die einschließlich der beiden Vorwerke und des Raffturmes von 84 Menschen bewohnt wurden, noch der Ziegelhof, ein bei Querum gelegenes Vorwerk, und der Steinhof. Dieser Hof, ein weiteres Vorwerk des Klosters, an der Oker gelegen, gehörte zu dem Amte Eich. Hinzu kam der Raffturm, ein an der hannoverschen Heerstraße gelegenes Wirtshaus mit eigener Schäferei.

Seit dem Bestehen des Klosters kann von einer Bebauung des Rennelberggebietes gesprochen werden. Viele Leute, die vor dem Petritor Land besaßen, begannen hier auch zu siedeln. Vermutlich waren es zunächst Handwerker, die sich durch das Kloster auch ein gutes Geschäft versprachen: Bäcker, Schmied, Radmacher (Stellmacher), Krämer und andere. Allmählich entstand eine kleine Vorstadtsiedlung. Im Jahre 1388 sollen hier 37 Personen gewohnt haben, um 1400 etwa 70. Zum Schutze dieser Bewohner wurde der „Bergfried bei dem Heiligen Kreuze" erbaut.

Als Herzog Karl Wilhelm Ferdinand unter der Leitung Peter Josef Krahes die überflüssig gewordenen Festungswerke beseitigen ließ, ging diese einstige Vorstadtsiedlung in die Stadt Braunschweig auf. Kommen wir aber noch einmal zurück auf den Pferdemarkt und das „Weiße Roß". Dieses Gasthaus war eines der ältesten in Deutschland. Schon im Jahre 1330 taucht der Name in Chroniken auf. Ein weiteres Gasthaus („Zur Weißen Rose") stand kurz vor dem Petritor. Ihren Besitzern war schon 1594 das Privileg erteilt worden, daß außer ihnen kein Wirtshaus vor dem Petritore angelegt werden durfte. Am Ende der Rennelbergstraße liegt das 1885 neuerbaute Kreisgefängnis, heute Untersuchungshaftanstalt. Die Braunschweiger nennen die Rennelbergstraße spaßhalber die längste Straße unserer Stadt: Wer einmal hineingeht, braucht oft viele Jahre, um wieder herauszukommen.

Das Gasthaus „Weißes Roß" ist auch heute noch nicht ganz verschwunden. In einem Stadtführer aus den 20er Jahren steht: Beim „Weißen Roß" zweigt die Hildesheimer Straße nach dem Dorfe Lehndorf (und weiter nach Hildesheim und Hannover) ab. Rechts führt die Roßstraße zur Landesbaumschule. Dem „Weißen Roß" gegenüber liegt der Amalienplatz. Wie sich im Laufe der Zeit doch alles ändert. Die Rennelbergstraße ist heute, abgesehen von der Untersuchungshaftanstalt, eine Wohnstraße geworden. An die große Vergangenheit des Rennelberges erinnert heute kaum noch etwas.

An der Rennelbergstraße befindet sich die Erste Kirche Christlicher Wissenschafter. First Church of Christ.

Riedestraße

Die Riedestraße wird 1890 das erste Mal im Braunschweiger Adreßbuch erwähnt. Sie erinnert an einen kleinen Nebenfluß der Oker, der aber so klein gewesen sein muß, daß er weder auf den offiziellen Karten, noch in historischen Beschreibungen eine große Rolle gespielt hat.

Der Bach, mehr war es sicher nicht, muß in der Nähe des Lämmchenteiches entsprungen oder gar von ihm gespeist worden sein. Der Lämmchenteich befindet sich, heute längst zugewachsen, in der Nähe der Borsigstraße.

Dr. Wilhelm Bornstedt, der ehemalige Stadtheimatpfleger, fertigte 1982 die hier als Ausschnitt wiedergegebene Karte an, in der er diese Riede eingezeichnet hat. Es ist der Wasserlauf, der um den Zuckerberg herum nach Westen verläuft und bei Eisenbüttel in die Oker mündet.

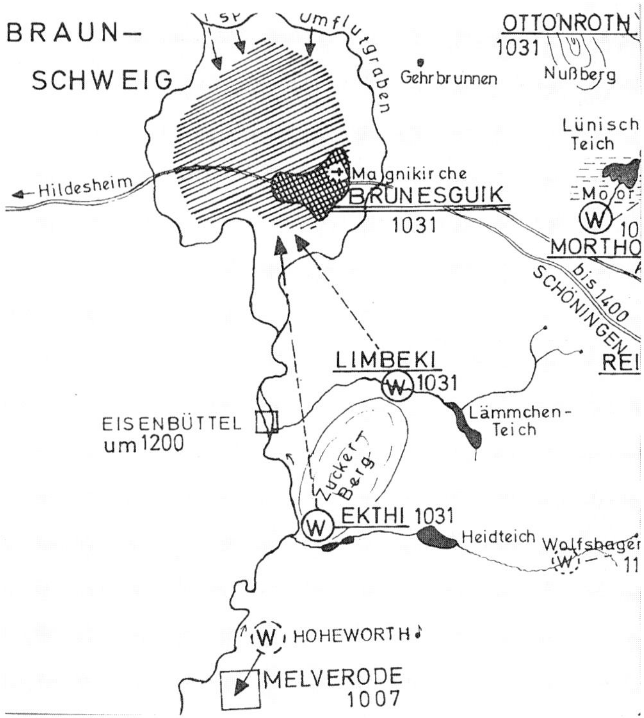

Der frühere Stadtheimatpfleger Dr. Wilhelm Bornstedt fertigte 1982 diesen Plan an, auf dem die Riede gut zu erkennen ist.

Das Dorf Limbeki, das sich dort befand, bedeutet so viel wie am Lehmbach. Die Limbecker Straße soll heute noch an das alte Dorf erinnern. Der früher einmal wasserreiche Bach und der längliche Teich, den der Lehmbach offensichtlich gebildet hat, sind längst verschwunden. Reste waren Anfang des 19. Jahrhunderts noch zu sehen, den Lämmchenteich, aus dem Lehmbachteich abgeleitet, ist noch heute zu erahnen.

Über das Dorf ist nicht viel überliefert worden. 1179 erhielt das Aegidienkloster hier Besitz bestätigt. 1220 bekundet der Pfalzgraf Heinrich, daß der edle Bernhard von Dorstadt dem Aegidienkloster für 89 Mark 9 Hufen, das sind rund 270 Morgen, zu Limbeck verkauft hat. 1674 hat das Kloster auf der Wüstungsflur Gärten und Ländereien besessen. Das Dorf bestand also nicht mehr, es war wüst.

Die Lage des Dorfes läßt sich heute nicht mehr genau bestimmen, doch scheint sie in der Karte richtig eingezeichnet zu sein. Es muß ein kleines Dorf gewesen sein. Dr. Bornstedt vermutet, daß hier ein bis zwei Ackerhöfe und etwa vier bis acht Kothöfe gestanden haben könnten.

Als Siedlungsperiode schätzt der frühere Stadtheimatpfleger die Zeit um 500 n. Chr.

Blick in die Riedestraße, um 1992.

Die Riede, was nichts anderes als kleiner Flußlauf bedeutet, mündete also in die Oker, die im Mittelalter auch schiffbar war. Im Jahre 1371 gestattete Herzog Magnus II. den braunschweigischen Bürgern, die Oker bis nach Celle hin für die Schiffahrt zu nutzen.

Am Anfang des 15. Jahrhunderts war der Stadt Braunschweig die freie Wasserfahrt auf der Oker, Aller und Weser nach Bremen durch die Städte Magdeburg und Lüneburg fast ganz entzogen. Durch einen Vertrag vom 25. Mai 1459 kam Braunschweig wieder in den Besitz der Rechte, doch mußten sich die Bürger verpflichten, auf Verlangen der lüneburgischen Herzöge oder der Stadt Lüneburg den dritten Teil des stromabwärts beförderten Korns in Celle, Rethen oder Ahlden für den in Braunschweig gewöhnlichen Marktpreis auszuladen und an die Einwohner jener kornarmen Gegenden zu verkaufen. Auch Hopfen aus braunschweigischem Anbau wurde auf der Oker transportiert.

Zur Verbesserung des Fahrwassers ließ der Rat in den Jahren 1459 bis 1462 mancherlei Anlagen machen. Auch oberhalb Braunschweigs wurde die Oker mit Kähnen befahren, die die im Ösel gebrochenen Steine nach Braunschweig brachten.

Für das Schiffsgut hatte Herzog Bernhard 1425 den Bürgern die Zollfreiheit zugesichert, nur mußte jedes beladene Schiff in Wolfenbüttel einen Zentner Steine ausladen. So kamen die Wolfenbütteler Bürger günstig an Baumaterial heran. Die Zeit der völligen Einstellung der Schiffahrt ist nicht bekannt. Spätere Versuche der Herzöge Julius (1574) und Karl (1753) zur Wiederherstellung des Verkehrs auf der Oker blieben erfolglos.

Nur die um 1550 eingeführte Flößerei auf der oberen Strecke der Oker, um das im Harz gewonnene Bau- und Brennholz nach Braunschweig und Wolfenbüttel zu transportieren, bestand bis zur Anlage der Eisenbahn von Braunschweig nach Harzburg. Die übernahm dann den Transport.

Einen befahrbaren Kanal ließ Herzog Karl I. im Jahre 1757 anlegen, den Neuen oder Fuhsekanal zwischen Aue (Grs. Gleidingen) und der Oker (Richmond vor Braunschweigs Toren) sowie den Flößerkanal zwischen der Schunter und der Oker. Er verlief etwa dort, wo sich heute die Karlstraße befindet, und mündete am Fallerslebertor in die Oker.

Rosental

Dieses Gebiet vor den Toren der Stadt gehörte einst zu den Befestigungsanlagen mit dem Kaiser- und Elisabeth-Bollwerk. Die Aufgabe dieser Anlagen bestand im Schutze des Tores und der vor der Spitze des Kaiserbollwerkes errichteten Wehrschleuse „Großer Bär", die den westlichen äußeren Umflutgraben aufstaute. Die Fläche liegt heute 5-6 m über der Oker, der Rosenberg als Rest des Oberwalles des Kaiserbollwerkes erhebt sich 8 m über der Oker oberhalb und 10,7 m über der Oker unterhalb des Wehres. Dieser Rosenberg hieß noch um 1840 Pläsierberg.

Die Brücke zum Rosental hat sich bis heute kaum verändert. Das Foto stammt aus dem Jahre 1931. Entworfen wurde sie vom Architekten Barth.

Aus dem Kaiserbollwerk entstanden 1803 vier Gärten. Sie gehörten den Familien Opitz, Friedrichs, Achilles und Günther. Den Opitzschen Garten kaufte 1829 Oberstleutnant Ewald, 1831 gab er die Hälfte an die Stadt ab, die das Grundstück der Frau des Landdrosten von Cramm, einer geborenen Freiin von Marenholtz für 10 000 Taler verkaufte. Diesen Teil kaufte noch im gleichen Jahr der Kanonikus Gelhud und 1859 der Medizinalrat Dr. Krukenberg. Im Friedrichschen Garten war von 1825 bis 1839 der „Klub zum schiefen Ständer" ansässig.

Über die Gründung des Großen Klubs im Jahre 1780 und des Kunstklubs im Jahre 1836 hat Hänselmann später berichtet. Seine Mitglieder, die sich nach den Satzungen von 1781 aus Herren vom Hofe, vom Militär und Kaufleuten, nach 1813 aus dem Adel Militär, Civilstand und Kaufmannschaft zusammensetzten, sind zum Teil überliefert.

Es gab aber auch eine Gegenbewegung. Zu denen gehörten beispielsweise zwei Brüder Ribbentrop, der Polizeikommissär Wolff und der Stadtgerichtsassessor Geitel, der noch zum dreiunddreißigsten Stiftungstag ein begeistertes Jubellied gedichtet hatte, und dessen Schlußvers lautet: „Unser Schutzgeist Ferdinand/ Schwebt vom Himmel nieder/ Alte deutsche Tapferkeit/ Bringt die alte, goldene Zeit,/ Seine Zeit uns wieder." Diese Männer trafen sich in der Weinstube von Rittmeyer am Hagenmarkt. Aus dieser Zusammenkunft hat sich dann der „Klub zum schiefen Ständer" entwikkelt.

Den Vorschlag machte Wilhelm Ribbentrop, dessen Persönlichkeit den Braunschweigern bekannt war.

Er war Mitglied der Kommission zur Wiedererlangung der von den Franzosen geraubten Kunstschätze.

Wie diese Gründung sich vollzogen hat, erfahren wir aus einem Lied, das zwei Jahre später beim Stiftungsfest gesungen wurde: „In Rittmeyers trauten Hallen/ Kennt man die Grillen nicht!/ Dahin des Abends wallen,/ War längst uns süße Pflicht,/ Da schlürften wir den alten Wein/ Zwar mäßig, doch genußreich ein!" Man suchte nach einem geeigneten Vereinshaus und fand das in einem Gartenhaus des Herrn Wilhelm am Wendentorwall zwischen den Grundstükken Wendentorwall 21 und 16/17.

Die Straße Rosental im Jahre 1988. Im Hintergrund rechts ist die Brücke zu erkennen.

Das auf diesem Garten liegende Gartenhaus lag schräg zur Flucht. Von diesem Grundriß leitete man den Namen „Der schiefe Ständer" ab.

Den Achilles'schen Garten am Rosental kaufte 1836 der Kaufmann Witting und erbaute dort das Haus mit der Inschrift „Hoc erat in votis". Den Güntherschen Garten besaß 1848 der Stückgießer Wicke.

Das Ravelin im Rosental besaß zuerst die Familie Markwort. Von ihr kaufte es nebst der abgebrannten Cichorienfabrik ein Herr Denike für 1035 Taler. 1838 kaufte es die Witwe Deneike, geborene Löbbecke und 1843 die Witwe des Oberforstmeisters Wilhelmi. Danach entstanden 18 Grundstücke: Rosental 1 bis 16 und Maschstraße 37-41.

Das ganze Luisenbollwerk mit den angrenzenden Ravelinen von „28 5/8 Morgen nebst zwei Inseln von der Bammelsburger Brücke bis zum Einlauf der Oker bei der Neustadtmühle" kaufte 1804 der Kaufmann Julius Georg Bierbaum. 1849 wurde dieser Besitz so beschrieben: „17 Morgen mit dem Hause Nr. 2940 und die Bleiche zu 9 Morgen, die Insel mit Teich und Tempel, ferner 4 Morgen gegenüber dem Anatomieberg (Gaußberg). 1855 war Pagenhard Besitzer. Dann sind 7 Grundstücke entstanden: Inselwall 11-17".

Das Ravelin lag exakt an der Stelle des heutigen Rosentales und ist mit samt dem ihm vorgelagerten Umflutgraben zu einem Gelände aufgeschüttet worden, das seit etwa 1890 bebaut wurde. Auf einem Plan von 1842 ist sein Umriß in Rasenflächen noch sehr genau erkennbar.

Der Oberwall hebt sich auch jetzt noch als Anschwellung an der Straße Rosental ab, von welcher das Gelände in den nördlich gelegenen Grundstücken zum Niederwall absinkt. Fälschlicherweise wird hier ein alter Okerarm vermutet. Das dort vorbeiziehende Stück des Umflutgrabens ist aber zugeschüttet und besteht aus einem nordwärts nach der Maschstraße hin ansteigendes Gelände.

Rudolfplatz

Der Rudolfplatz, wie auch die Rudolfstraße, hat seinen Namen nach dem Braunschweiger Maler Rudolf Henneberg. In den Jahren 1927/28 wurden hier wesentliche Bauvorhaben durchgeführt. Der Gemeinnützige Siedlungsverein Braunschweig GmbH (Sandweg 18) schuf in dieser Zeit 54 Wohnungen und vier Läden am Rudolfplatz. Architekt war Dipl. Ing. H. Brüning.

Wohnungsbau am Rudolfplatz um 1927/28. Der Architekt war Dipl.-Ing. H. Brüning.

Aus der großen Zahl von Malern, die um die Mitte des 19. Jahrhunderts lebten, hebt sich die Begabung Rudolf Hennebergs heraus.

Das nebenstehende Foto zeigt den Maler Rudolf Henneberg nach einem Gemälde von Ernst Ewald (1836-1904). Rudolf Friedrich August Henneberg, ein Enkel des in napoleonischer Zeit hochverdienten Präfekten Friedrich Henneberg, wurde am 13. September 1825 in Braunschweig geboren. (Das geht aus einem eigenhändigen Brief vom 2.7.1869 an die kgl. Akademie der Künste in Berlin hervor.

Somit stimmt das Jahr 1826, das in der Literatur stets genannt wird, nicht.) Seine Eltern waren der Jurist Carl Georg Henneberg und Julie, geborene Wilmerding, die Tochter eines bekannten Kaufmanns aus Braunschweig. Getauft wurde Rudolf am 21. Oktober 1825 in der St. Martini-Kirche. Zwei weitere Geschwister verstarben bereits im ersten Lebensjahr, mit seiner dritten Schwester, die ein Jahr älter war, verband ihn sein Leben lang ein besonderes inniges Verhältnis. Es war Wilhelmine Henriette Luise Auguste, genannt Minna, nach der die Hennebergstraße am Bürgerpark benannt worden ist.

Marianne Thom arbeitete 1988 ausführlich an dem Thema „Der Braunschweiger Maler Rudolf Henneberg 1825-1876".

Ihre Inagural-Dissertation zur Erlangung der Doktorwürde befindet sich in der Universitätsbibliothek in Berlin (verfilmt in der Stadtbibliothek Braunschweig). Frau Dr. Thom beschreibt Hennebergs Leben sehr ausführlich: „Die Familie bewohnte das Stammhaus der Hennebergs in der Gördelinger Straße 44, das sich seit 1710 im Familienbesitz befand." In den Sommermonaten lebten die Kinder in dem Gartenhaus an der Wolfenbütteler Straße, zu dem ein ausgedehnter Park gehörte.

Heute verläuft dort die Hennebergstraße, die aber nach seiner Schwester benannt worden ist. Hierher kehrte Rudolf später alljährlich zu kurzen Aufenthalten zurück, hier verbrachte er auch seine letzten

Lebenswochen. Nach seinem Tod vermachte Henneberg das Gartengrundstück der Stadt Braunschweig.

Rudolf Henneberg entstammt einer alten, sehr angesehenen Braunschweiger Familie. Die Vorfahren des Malers waren seit etwa 1670 in der Stadt ansässig. Der herzoglich braunschweigische Postkammerschreiber Georg Henneberg war 1709 königlich spanischer Agent, 1713 fürstlicher Postmeister und 1717 gar kaiserlicher Agent zu Braunschweig. Er gründete 1706 die Postlinie Braunschweig-Hamburg und Blankenburg. Seinem Sohn August Jakob Ulrich Henneberg, Agent der kur- und fürstlich braunschweigischen Commission-Post, wird das Familienwappen verliehen worden sein. Dessen ältester Sohn, der Großvater des Malers, war der bereits erwähnte Präfekt Friedrich Ludwig Christian Henneberg. Der dritte Sohn des Präfekten war schließlich der Vater des Malers. In französischer Tradition nannte er sich Charles. Als Unterpräfekt stand er im Dienst des Königs von Westfalen, unter Herzog Friedrich Wilhelm von Braunschweig war er 1814 mitverantwortlich für die Rückführung des geraubten Braunschweiger Kunstbesitzes aus Paris. Er wurde Staatsrat und zum Schluß Obersteuerrat unter Herzog Wilhelm von Braunschweig. Rudolf Henneberg starb nach einem kurzen, aber arbeitsreichen Leben am 14. September 1876.

Eine große Zahl von Gemälden hat uns Henneberg hinterlassen. Marianne Thom hat in ihrer Dissertation 136 aufgeführt und ausführlich beschrieben: „Ständiges Drängen des Vaters aus Braunschweig", schreibt Marianne Thom, „die Befähigung zum Künstler durch sichtbare, wenn möglich glänzende Ergebnisse seines Schaffens unter Beweis zu stellen, veranlaßten Henneberg, sein erstes größeres Ölgemälde nach eigenen Ideen zu malen. Er vollendete es 1853. Das Bild hat den Titel: Die Vandalen. Im Gedenken an die heitere Studienzeit schildert er eine Kahnpartie auf dem Neckar. Im Ruderboot, das unter Ufergebüsch im Schilf dahingleitet, stehen oder lagern Studenten, die mit ihren Trinkhörnern hantieren. Einige sind halb oder ganz entkleidet und im Begriff, sich im Wasser zu erfrischen. In diesem ersten Gemälde finden sich freilich noch schülerische Schwächen, doch sein Können ist klar erkennbar."

Henneberg war eine überaus sensible Künstlernatur. Der bedeutende Inhalt seiner Werke, denen er literarische Stoffe oder Gedanken aus dem Bereich der Metaphysik zugrunde legte, mußte durch eine saubere Ausführung und eine ausgewogene Komposition getragen werden. Hennebergs Werke befinden sich hauptsächlich in der Berliner Nationalgalerie, im Landesmuseum Darmstadt, in der Kunsthalle Kiel, in der Schack-Galerie in München, im Städtischen Museum Halle, im Schlesischen Museum in Breslau, im Rudolphinum in Prag, und natürlich im Städtischen Museum Braunschweig sowie im Herzog-Anton-Ulrich-Museum.

Der Maler Rudolf Henneberg nach einem Ölgemälde von Ernst Ewald (1826 bis 1876), im Besitz des Rudolfstiftes.

Rudolfstraße

Der Maler Rudolf Henneberg, nach dem die Rudolfstraße und der Rudolfplatz benannt worden sind, ist am 13. September 1825 in Braunschweig geboren und starb am 14. September 1876. Über ihn ist in dem Beitrag Rudolfplatz und Hennebergstraße, die nach seiner Schwester Wilhelmine Henneberg ihren Namen hat, ausführlich berichtet worden.

Das Rudolfstift, das sich hier an der Rudolfstraße befindet, ist eine Stiftung seiner Schwester Wilhelmine. Es ist am 7. März 1887 durch Verfügung des Braunschweigischen Staatsministeriums genehmigt und mit den Rechten milder Stiftungen ausgestattet worden. Propst Klaus Jürgens schrieb in der zum 100jährigen Bestehen erschienenen Festschrift über diese Einrichtung: „Eine vom Evangelium Jesu Christi geprägte Gesinnung der Nächstenliebe und Fürsorge für Arme und Sozialschwache ließ vor 100 Jahren Minna Henneberg eine Stiftung ins Leben rufen. Waren es hier bis zur Zerstörung der Gebäude im letzten Krieg junge Mädchen, denen durch das Rudolfstift geholfen wurde, so sind es seit gut 30 Jahren ältere Menschen, denen ein sorgenfreier Lebensabend ermöglicht werden soll. Auch diese Neuorientierung geschah aus dem gleichen Geist des christlichen Evangeliums heraus."

Blick in den Flur des Rudolfstifts. Das Gemälde zeigt Wilhelmine Henneberg, die Schwester des Malers Rudolf Henneberg, die das „Rudolfstift" stiftete.

Damit ist schon viel über die Geschichte des Rudolfstiftes gesagt worden. „Das am 6. Mai 1886 verstorbene Fräulein Minna Henneberg", heißt es in der Festschrift von 1987, „hatte zuvor durch Testament 1884 als 60jährige die Stadt Braunschweig als Erbe ihres Vermögens mit der Auflage eingesetzt, eine Stiftung zu errichten, die unbemittelten Kindern, evangelischen Bekenntnisses und weiblichen Geschlechtes, im christlichen Geiste unentgeltlich Unterhalt, Erziehung und Ausbildung zu gewähren, und zwar in erster Linie, um sie für den dienenden Stand heranzubilden und denjenigen Pfleglingen, welche sich dauernd gut betragen, auch nach der Entlassung aus dem Stift, das Elternhaus zu ersetzen."

Der Name des Stiftes ist von der Stifterin zum Gedächtnis an ihren 1876 verstorbenen jüngeren Bruder, dem Kunstmaler Rudolf Henneberg, festgelegt. Die Stifterin selbst ist am 8. Mai 1886 gestorben. Die Gräber der Geschwister befinden sich in der Nähe des Rudolfstiftes auf dem St. Martini Friedhof. Nach dem Willen der Stiftsleitung sollen die Steine auf das Grundstück des Rudolfstiftes geholt werden, um sie vor ständigen Farbschmierereien zu schützen. Der Findling auf dem Grabe der Stifterin trägt die Aufschrift „Begründerin des Rudolfstifts von der dankbaren Stadt Braunschweig".

Das Stiftungsvermögen bestand ursprünglich aus dem Grundstück Wolfenbütteler Straße 54 und 160 000 Mark. Zur Erinnerung hat die Querstraße zur Wolfenbütteler Straße den Namen Hennebergstraße erhalten. Am 16. Juli 1888 wurde das Heim an der Wolfenbütteler Straße eröffnet, im Jahre 1893 auf das jetzige Stiftungsgrundstück nach Ankauf verlegt.

Nach dem Ersten Weltkrieg wurde die erste Stiftung durch die Geldinflation so schwer getroffen, daß der kostenlose Heimbetrieb nicht aufrecht erhalten werden konnte. Das Grundstück wurde gewerblich verpachtet. Nach der Stabilisierung der Währung wurde der Heimbetrieb von dem evangelischen Verein für Innere Mission aufgrund eines Pachtvertrages wiedereröffnet, bis 1934 die Stiftung den Heimbetrieb selbst übernahm.

Im Zweiten Weltkrieg diente das Heim als Unterkunft für Arbeiter fremder Nationen. Als das Gebäude 1944 von Brandbomben getroffen wurde, leisteten die ausländischen Arbeiter wertvolle Löschhilfe und verhinderten die restlose Vernichtung des Gebäudes. Ein Heimbetrieb war aber trotzdem nicht möglich. Man richtete ein Mädchenheim auf dem Trockenboden notdürftig ein. Schon 1948 begann man mit Überlegungen für den Wiederaufbau. 1950 kamen die ersten Gelder vom Niedersächsischen Finanzminister und durch den Paritätischen Wohlfahrtsverband aus amerikanischer Quelle ein weiterer Zuschuß für die Inventarbeschaffung. Ein neuer Stiftungsvorstand wurde berufen, dessen neue Stiftungssatzung am 24. Dezember 1954 vom Präsidenten des Niedersächsischen Verwaltungsbezirks Braunschweig genehmigt wurde. Zweck der neuen Stiftung ist nunmehr bis heute die soziale, fürsorgliche Betreuung von minderbemittelten oder hilfsbedürftigen, heimatlosen oder alleinstehenden Personen, insbesondere Frauen, vornehmlich aus dem Gebiet der Stadt Braunschweig. Die Betreuung erfolgt durch Gewährung von Wohnung, Verpflegung und, falls erforderlich, Pflege in dem von der Stiftung betriebenen Altersheim gegen Zahlung eines entsprechenden Entgelts. In dem Heim sollen, nach der Satzung, christliche Gesinnung und Kameradschaft herrschen.

Am 14. Oktober 1954 konnte das neue Heim dem Vorstand übergeben werden. Der Betrieb wurde Ende 1954 mit 39 Heimbewohnern aufgenommen. Doch schon ein Jahr später plante man den Erweiterungsbau. Dieser zweite Bauabschnitt war dann im Juli 1957 abgeschlossen. Mit dem dritten Bauabschnitt wurde am 1. April 1958 begonnen und bereits im August des gleichen Jahres beendet. Doch gebaut wurde auch später noch: 1982 begannen weitere Baumaßnahmen.

Das Rudolfstift an der Rudolfstraße, Foto von 1996.

Sackring

Der Sackring ist ein Teil des äußeren Ringes und verläuft zwischen der Kreuzstraße und dem Rudolfplatz.- Die Verlängerung nach Norden ist der Neustadtring, nach Süden der Altstadtring. Auch der Sackring hat seinen Namen nach einem Weichbild der Stadt erhalten, dem Sack.

Der Sackring in Richtung Rudolfplatz, links das Sackringbad. Foto von 1996.

Zwischen den Weichbilden Altstadt und Neustadt sowie dem Burgbezirk entstand nach 1250 als jüngstes und kleinstes Weichbild der Sack, der urkundlich erstmals 1282 erwähnt wird. Der Name geht auf den beutelförmigen Grundriß zurück. Die Hauptstraße des Sacks, gleichzeitig die Verbindung zwischen Schild, Neue Straße und Schuhstraße wird in frühen Steuerakten, die seit 1401 vorhanden sind, ebenfalls „de sack", teilweise auch „de zack" genannt. Seit 1544 heißt die Straße „de sackstrate", auf dem Stadtplan von 1671 „im Sacke", 1758 gar „Sackmarkt".

Blicken wir einmal in die frühe Siedlungsgeschichte der Stadt. Neben dem Herrendorf Brunos – der späteren Altewiek – am östlichen Ufer der Oker werden auch frühzeitig Ansiedlungen am Westufer der Oker – die spätere Altstadt – erwähnt, die möglicherweise schon vor der Zeit bestanden hat, als Dankward die kleine waldbedeckte Anhöhe neben der Oker lichtete, um dort die alte Stammburg der Grafen von Braunschweig zu erbauen. Die erste urkundliche Erwähnung Braunschweigs stammt allerdings erst aus dem Jahre 1031.

Begünstigt durch seine Lage am Kreuzungspunkt uralter Handelsstraßen entwickelte sich der Ort allmählich aus bescheidenen Anfängen zu einem lebhaften Handelsplatz. Ein eigentliches städtisches Leben begann wohl erst unter Heinrich dem Löwen, der Braunschweig zu seiner Residenz erkor.

Durch Anlage zweier neuer Stadtteile, des Hagen und der Neustadt, wurde die Stadt erheblich vergrößert und gleichzeitig mit einer Ringmauer gegen feindliche Angriffe geschützt. Unter den Söhnen des Löwenherzogs wurde auch die Altewiek, die am längsten ihre dörfliche Beschaffenheit bewahrt hat, in die Ringmauer eingeschlossen, es entstand ferner, unmittelbar unter den Mauern der fürstlichen Hofburg, das letzte der städtischen Weichbilde, der Sack.

In den Kämpfen der Welfen mit den Hohenstaufen dankte Braunschweig seinem Herrscherhaus durch unerschütterliche Treue. An dem tapferen Widerstand der Bürgerschaft in den Jahren 1181, 1189, 1200 und 1217 scheiterten alle Versuche der Kaiserlichen, die Stadt Braunschweig zu erobern und die Macht des Welfenhauses für immer zu Boden zu werfen.

Dieses Einvernehmen lockerte sich allmählich, als bei den späteren Landesteilungen die einzelnen fürstlichen Linien sich den gemeinsamen Besitz an Braunschweig vorbehielten. Gesteigert wurde der Gegensatz der Interessen durch den Eintritt Braunschweigs in den Hansebund 1247 und durch die Verlegung der herzoglichen Residenz nach Wolfenbüttel im Jahre 1308. Bei der ersten Finanznot des Landesfürsten gelang es der Bürgerschaft im Laufe der folgenden Zeit, nicht nur die Hoheitsrechte über die Stadt käuflich zu erwerben, sondern sich zeitweilig auch in den Pfandbesitz der für die Sicherheit des Handelsverkehrs wichtigen Schlösser Asseburg, Hessen, Neubrück, Vechelde und andere zu setzen. Im 14. Jahrhundert hatte Braunschweig fast die Stellung einer freien Reichsstadt erlangt. Eigentümlich war die Verfassung der Stadt. Jedes der städtischen Weichbilde besaß einen eigenen Rat; sie waren anfänglich wohl nur durch das gleiche Stadtrecht und durch die Ringmauer zu gemeinsamer Verantwortung verbunden. Auch als man sich 1269 dahin geeinigt hatte, Angelegenheiten, die die ganze Stadt betrafen, gemeinsam zu beraten und Schoß und Gülten zur Bestreitung gemeinnütziger Angelegenheiten zu verwenden, blieben die inneren Angelegenheiten jedem der fünf Weichbilde vorbehalten, daher wird die Stadt in älteren Chroniken als die „Stadt der fünf Städte" bezeichnet. Die Zusammensetzung des Rates aus den Mitgliedern der herrschenden Stadtgeschlechter (Patrizier) war Grund zu wiederholten Aufständen, von denen namentlich die der Gilden in den Jahren 1292 und 1374 die Stadt in große Bedrängnis brachte.

Kommen wir wieder in die Jetztzeit zurück und zum Sackring. Seit längerer Zeit ist ein Kampf um das Sackringbad entbrannt, das nun geschlossen werden soll. Im Februar 1973 wurde mit großem Aufwand das von Professor Grünberger konzipierte Europabad als sogenanntes Billigbad mit sehr geringen Betriebskosten eröffnet. Noch nicht einmal 25 Jahre alt wird das Bad werden, weil die Ratsmitglieder der Stadt das so beschlossen haben. Mit einem Aufwand von rund 3,5 Millionen Mark soll eine Aula aus dem Hallenbad werden. Das Bäderkonzept, insbesondere der umstrittene Antrag auf Schließung des Sackringbades, ist von der Verwaltung in keiner Sitzung des Bezirksrates Westliches Ringgebiet bis Ende Januar 1996 vorgelegt worden. Daß das alles zu Protesten in der Bevölkerung führt, liegt auf der Hand. Inzwischen steht fest, daß das Bad geschlossen wird.

Das Sackringbad in den 70er Jahren.

Schleinitzstraße

Im Jahre 1880 gehörten zur Klasse der „Kommunalwege", die von der Stadt unterhalten wurden, unter anderem auch die Schleinitzstraße, die an den Braunschweigischen Staatsminister Wilhelm Freiherr von Schleinitz erinnern soll. Das braunschweigische Staatsgebiet erfuhr 1882 durch die Eingliederung des Hagenbruchs eine nicht unwesentliche Erweiterung.

Bis zum Jahre 1887 war dieses Gelände allerdings durch den vorgelagerten Küchengarten von der Innenstadt getrennt und wurde daher nur zögernd bebaut. Die Schleinitzstraße verläuft parallel zur Katharinenstraße und verbindet die Mühlenpfordtstraße mit der Pockelsstraße.

Die Schleinitzstraße um 1987.

Wilhelm von Schleinitz, sein Bruder war der berühmte preußische Staatsminister Alexander, wurde am 4. Juni 1794 in Blankenburg am Harz geboren und starb am 3. November 1856 in Braunschweig. Nach einem Jurastudium wurde er 1823 Hofrat am Landgericht Wolfenbüttel, 1830 Ministerialrat am Herzoglichen Staatsministerium in Braunschweig, 1831 Geheimrat, und von 1843 bis 1856 schließlich Staatsminister. Er war Mitarbeiter an der Neuen Landschaftsordnung von 1832, arbeitete am Ablösungsgesetz von 1834 sowie an der Justizreform von 1849 mit. Wilhelm Freiherr von Schleinitz unterstützte die nationalen Einheitsbemühungen von 1848 und wurde in diesem Jahr alleiniger Staatsminister in Braunschweig.

Damit war er der einzige Vormärzminister in Deutschland, der über die Revolution von 1848 hinaus im Amt blieb.

Im Jahre 1856, seinem Sterbejahr, konnte Schleinitz sein 25jähriges Ministerjubiläum feiern.

Sein Bruder trat in die gleichen Fußstapfen, ging allerdings in den preußischen Staatsdienst. Alexander von Schleinitz wurde am 29. Dezember ebenfalls in Blankenburg geboren. Er studierte in Göttingen und trat bereits mit 21 Jahren in preußische Dienste.

1835 wurde er Gesandtschaftsattaché, 1841 vortragender Rat im Ministerium des Auswärtigen, im Juli 1848 trat er an der Stelle Heinrich von Arnims als Minister des Auswärtigen in das Ministerium Camphausens, gab aber diese Stellung schon nach wenigen Tagen wieder auf und vertrat Preußen am hannoverschen Hof. Im Mai 1849 verhandelte von Schleinitz den Frieden mit Dänemark, übernahm im Juli 1849 im Ministerium Brandenburg wieder das Portefeuille des Auswärtigen, zog sich aber, da seine deutsch-patriotische Gesinnung mit dem Gang der preußischen Politik nicht übereinstimmten, am 26. September 1850 aus dem Staatsdienst zurück und lebte seitdem in Koblenz. Eine rege Verbindung mit dem Prinzen von Preußen verband ihn über viele Jahre.

Nach dem Regierungsantritt des Prinz-Regenten übernahm er in dem von diesem im November 1858 berufenen Ministerium wieder das Departement des Auswärtigen.

Seine Politik war korrekt, aber schwächlich. Die Schwierigkeiten des liberalen Ministeriums im Innern bewogen ihn, im Oktober 1861 aus dem Dienst auszuscheiden und das Ministerium des königlichen Hauses zu übernehmen, das er bis zu seinem Tod verwaltete. 1879 wurde er in den Grafenstand erhoben, am 19. Februar 1885 starb er.

In früher Zeit, um 1844 herum, befand sich in der Schleinitzstraße die Wachstuchfabrik der Gebrüder Hellft. Typisch für die Zeit der späteren Bebauung der Schleinitzstraße sind die Häuser 9 bis 17.

Der Bauantrag für diese Wohnzeile wurde 1876 gestellt; Architekten waren Orth & Knoblauch. Der Bauherr ist heute leider nicht mehr zu ermitteln, jedoch das Baugeschäft: Der Maurermeister Philipp Baumkauff baute fast sämtliche Häuser an der Schleinitzstraße. Baumkauff gehörte zu den Maurermeistern, die viele bedeutende Bauwerke in Braunschweig schufen. Einige Beispiele: Villa Rimpau, Villa Löbbecke, Rathaus, Hauptpost, Deutsches Haus, Marienstift, Jutespinnerei, Löbbeckes Bankhaus und viele mehr. Wie das TH-Gebäude selbst nutzt auch die erwähnte Stadthauszeile die spätestens seit Sempers Bauten in Dresden allgemein verbreiteten Formen der italienischen Hochrenaissance.

Es entsteht bei diesen Häusern ein durch lange Gesims- und Traufhorizontalen geeintes, durch schmale Vorgärten von der Straße abgerücktes Kontinuum. Das Elektrotechnische Institut Ecke Mühlenpfordtstraße/Schleinitzstraße wurde in den Jahren von 1927 bis 1929 vom Land Braunschweig gebaut.

Die Wohnzeile Schleinitzstraße 9-17 wurde 1876 gebaut. Die Architekten waren Orth & Knoblauch. Foto von 1996.

Klinkerarchitektur, unterschiedliche Verbände und eng gereihte Pfeilerstreben im Oberbau lassen bei diesem wohl wichtigsten Bau Mühlenpfordts in Braunschweig zunächst an Vorbilder des niederdeutschen Backsteinexpressionismus denken.

Schöttlerstraße

Die Schöttlerstraße ist Teil des ehemaligen Flurstückes „Bergfeld" und führt von der Kramerstraße zum Cyriaksring. Benannt wurde sie nach dem Kommerzienrat Friedrich Wilhelm Schöttler, der für Braunschweig nicht nur als Stadtverordneter und Mitglied des Reichstages viel getan hat, sondern auch aus dem Wirtschaftsleben nicht fortzudenken ist.

Geboren wurde Friedrich Wilhelm Schöttler am 8. April 1823 im sogenannten „Rothen Haus", das etwa eine Viertelstunde östlich von Osterode am Harz lag. Sein Vater war ein fleißiger Mann und alles, was er anfaßte, gelang ihm auch. Er beschäftigte sich mit dem Mühlenbau, lernte nebenbei noch Tuchmacher, baute eine Maschinenfabrik und eine Zuckerfabrik auf.

Im Sommer 1852 zog die Familie Schöttler nach Braunschweig. Ein Jahr später gründete der alte Schöttler hier die Maschinenfabrik Friedrich Seele & Comp. Er kaufte vor dem Wilhelmi-Tore neben dem Eisenbahngüterbahnhof ein drei Morgen großes Grundstück. Teilhaber in dieser Fabrik waren neben dem Vater, Friedrich Lorenz Schöttler, der herzogliche Eisenfaktor und Stadtrat Seele, der frühere Werkstätten-Kontrolleur am herzoglichen Bahnhof Hasenbalg und der frühere Huf- und Waffenschmiedemeister Pommer.

Das Geschäft lief gut an. Etwa 150 Arbeiter fanden hier bald eine Anstellung. Die meisten Aufträge kamen von der herzoglichen Eisenbahndirektion. Der alte Schöttler selbst übernahm zunächst die Aufsicht über die Bauten und die Organisation, später die generelle Leitung des Betriebes. Seele übernahm den kaufmännischen Teil. Als Betriebsleiter sollten Hasenbalg und Pommer verantwortlich zeichnen.

Kommerzienrat Friedrich Wilhelm Schöttler (sitzend), mit seinem Sohn, Professor Rudolf Schöttler, und Enkel Fritz Schöttler, dem späteren Wissenschaftlichen Oberrat.

Genau so wie der Vater war auch der Sohn. Friedrich Wilhelm trat in Ilsenburg in eine Kunstgießerei als Lehrling ein, kam später in eine große Gießerei in Oderfeld und ging, als die Eltern nach Magdeburg übersiedelten, dorthin mit, um seine unterbrochene Laufbahn als Maschinenbauer fortzusetzen.

Schließlich beschäftigte er sich ausführlich mit dem Mühlenbau. Eine Reihe von Wirkungsstätten könnte man noch aufführen, doch machen wir einen Sprung in das Jahr 1846: Am 29. August verlobte er sich mit der schönen Ernestine Sudenburg, die er am 13. Dezember des gleichen Jahres noch heiratete. Sein Vater schied aus gesundheitlichen Gründen 1856 aus der Firma F. Seele & Comp. aus. Nachdem Seele am 6. Juli 1859 verstorben ist, übernahm der junge Schöttler seinen Anteil.

In der Fabrik hatte man großen Bedarf an Gummiwaren, Dichtungen und Platten für Verteilerkappen, Lederriemen und Puffer für Zentrifugen und vieles mehr. Da es aber weit und breit kein Unternehmen gab, das sich mit solchen Dingen beschäftigte, überredete man von Dolffs, der Compagnon des Steinau'schen Geschäftes am Hutfiltern war, einen Gummihandel aufzumachen. Das geschah dann auch 1865.

Daraus entstand später die bekannte Firma für Industrie- und Fabrikbedarf von Dolffs & Helle. Ernst Helle hatte davor einen Dreschmaschinenhandel.

1870 verkaufte Schöttler seine Firma an eine Aktiengesellschaft, und er ging die Verpflichtung ein, die ersten drei Jahre dem neuen Unternehmen als Direktor zur Verfügung zu stehen. Diese neue Aktiengesellschaft ist die noch heute aktive BMA, die Braunschweigische Maschinenbau-Anstalt.

Der erste Aufsichtsrat der AG bestand aus den Herren: Baurat Scheffler, Bankier A. Oppenheimer, Bankier J. L. Elzbacher, Obergerichtsanwalt Dr. Aronheim und dem Bankier G. Seeliger. Schöttler schrieb über die Herren in seinen Lebensaufzeichnungen: „Ich kann hier gleich hinzufügen, daß der Aufsichtsrat während meiner ganzen Betriebsführung nichts weiter zu tun hatte, als meine Anordnungen gut zu heißen."

Auch an der Metallwarenfabrik Zikkerick in Wolfenbüttel war Schöttler beteiligt. Heinrich Kricheldorff war dort Direktor. Die Familie Kricheldorff übernahm später in Braunschweig die Firma Klinghammer.

Schöttler wurde 1863 zum Stadtverordneten der Stadt Braunschweig gewählt, 1877 nahm er die Stelle des Vorsitzenden ein, und 1879 wurde er zum unbesoldeten Magistratsmitglied gewählt und zum Stadtrat ernannt. Oberbürgermeister war seiner Zeit Caspari, nach dem die Casparistraße benannt worden ist. Schöttler trat unter anderem dafür ein, daß die nach seiner Meinung ungerechte Steuerverteilung neu geregelt wurde. Er meinte, daß die reichen Leute die Trottoirs (Fußwege) sowie die Straßenbeleuchtung nicht mehr wie die weniger gut situierte Menschheit benutze. Damit löste er heiße Diskussionen aus.

Der Kommerzienrat Friedrich Wilhelm Schöttler war nach seiner Zeit als Stadtrat und Stadtverordneter von Braunschweig Mitglied der Landesversammlung (Landtag) und Mitglied des Reichstages während der zweiten Legislaturperiode. Seine Frau Ernestine starb am 3. Dezember 1893. Ein schwerer Schlag für ihn. Er folgte ihr im Jahre 1895.

Ein Blick in die Schöttlerstraße vom Ring aus gesehen. Foto 1989.

Sidonienstraße

Wenn man vom Hohetorwall über die Sidonienbrücke geht, kommt man auf die Sidonienstraße, die bis zur Goslarschen Straße führt. Bei diesem Straßennamen spielt der Vorname Sidonie eine Rolle. In der Familie des Stadtrats Götte kam dieser Vorname recht häufig vor. Wie es genau zu dem Straßennamen kam, wissen wir nicht. Ein Beschluß vom 5. November 1879 legte ihn so fest. Dr. Mack, der frühere Direktor des Stadtarchivs und der Stadtbibliothek Braunschweig hat im Dezember 1925 versucht, Licht in das Dunkel so mancher Straße zu bringen, es gelang ihm aber nicht.

Blick von den Wallanlagen über die Sidonienbrücke in die Sidonienstraße. Foto 1986.

Er schrieb unter dem 31. Dezember 1925 (Rat der Stadt Braunschweig, Straßennamen, Band 7, Jahrgang 1925-1927 – Inv. DIV. 5064,7) folgendes: „... Was die übrigen...Namen...anbelangt, so macht es sich da besonders unangenehm bemerkbar, daß die Akten der bezeichneten Periode keinerlei mit Gründen versehene Vorschläge für neue Straßennamen enthalten. Man ist deshalb für die hier in Frage kommenden Straßen, soweit nicht die mündliche Überlieferung, die aber keineswegs Gemeingut ist, sichere Belehrung gewährt –, bestenfalls auf ganz unsichere Vermutungen angewiesen. – Die alten Braunschweiger erzählen sich, daß der Stadtrat Bammel bei der Benennung dieser Straßen in erster Linie die in seiner Familie, besonders die von seinen zahlreichen Töchtern geführten Vornamen verwendet hat. Ganz fest steht aber nur, daß die Adolfstraße nach ihm selbst heißt, während von seinen sieben Töchtern nur eine als Patin einer Straße, nämlich der Helenenstraße, aber keineswegs mit voller Bestimmtheit in Anspruch genommen werden kann. Auch auf die verstorbene Freifrau von Bernewitz geb. Wrede als einzige Haupterbin des beträchtlichen Wredeschen Grundbesitzes der dortigen Gegend wird dieser Name zurückgeführt, und da es noch unsicher ist, ob etwa die Sophien- und Charlottenstraße nach Bammels beiden Frauen benannt sind. Sicher ist dagegen wieder, daß die Sidonienstraße deshalb so benannt wurde, weil der Name Sidonie in der Familie des Stadtrats Götte heimisch war, der zur Zeit des Ausbaus der Straße (1879) dort ein Grundstück besaß; vermutlich wollte Bammel dem Kollegen damit eine Ehrung bereiten."

Der Stadt- und Kommerzienrat Karl Friedrich Wilhelm Götte wurde am 8. Mai 1831 in Pabstorf als Sohn des dortigen Kaufmanns Friedrich Götte geboren. Im Melderegister steht fälschlicherweise, er sei in Braunschweig geboren. Erst 1852 kam er hierher, nachdem er vorher in Goslar als Kaufmann tätig gewesen war. Hier trat er bei der Firma Johann Heinrich Schade, der eine Seidenwarenhandlung hatte, in Stellung, in der er bis zum Jahre 1859 blieb.

Dann ging Götte nach Leipzig und kehrte von dort 1861 nach Braunschweig zurück. Am 16. Oktober 1862 heiratete Götte ein Fräulein Reusing aus Osnabrück. Am 1. Mai 1864 übernahm er zunächst mit einem Sozius das Schadesche Geschäft von dem damaligen Inhaber Eduard Schade, 1866 wurde er alleiniger Inhaber der Firma. Das Unternehmen war Ende des 17. Jahrhunderts von Johann Heinrich Schade gegründet worden.

Die Sidonienstraße mit der Bürgerschule, die von 1875 bis 1877 erbaut worden ist. Foto 1986.

Am 22. März 1870 wurde Götte von der 2. Wählerklasse in das Stadtverordneten-Kollegium gewählt, und am 10. Dezember 1874 wurde ihm vom Herzog Wilhelm der Titel Stadtrat verliehen. Im Jahre 1880 kaufte Götte das alte Postgebäude (Poststraße/Brabandtstraße) an, um zu ermöglichen, daß der Durchgang vom Altstadtmarkt bis zum Bankplatz hergestellt und die heutige Brabandtstraße angelegt werden konnte.

Im Jahre 1891 erhielt der Herr Stadtrat für seine Verdienste das Ritterkreuz 2. Klasse des Ordens Heinrich des Löwen und 1900 das Ritterkreuz 1. Klasse verliehen.

Längere Zeit bekleidete Götte auch den Posten eines Handelsrichters. Unter seiner Leitung entwickelte sich die ehemalige Schadesche Seidenwarenhandlung zu einer bedeutenden Größe. Anfänglich befand sich das Geschäft auf der Gördelingerstraße, in der ersten Hälfte der 70er Jahre des vorigen Jahrhunderts wurde das große Haus am Altstadtmarkt und 1901 das vorteilhaft und elegant eingerichtete Haus im Langenhofe (Langer Hof) bezogen.

Götte ist eigentlich selten in die breite Öffentlichkeit getreten, desto intensiver wirkte er im Stillen für das Wohl der Stadt, um deren Finanzwirtschaft er sich verdient gemacht hat. Vom früheren Oberbürgermeister Pockels wurde er sehr geschätzt, da er den klaren Blick eines praktischen Geschäftsmannes besaß.

Wilhelm Götte starb Anfang Juni 1904, vermutlich am 4. Ein Nachruf steht in den Braunschweiger „Neueste Nachrichten" am 5. Juni, ohne jedoch ein Datum zu nennen. Welche Familienmitglieder nun Sidonie hießen, nach denen die Sidonienstraße wohl ihren Namen hat, wissen wir auch nicht. Ein Stammbaum scheint nicht zu existieren.

Sophienstraße

Zwischen dem Wilhelmi- und Hohen Tore wurden das Eugenius- und Ferdinand-Bollwerk mit dem dazwischen liegenden Ravelin zu elf Grundstücken aufgeteilt. Das Eugenius-Bollwerk und das Ravelin kaufte Thies für 4700 Taler. Er machte 21 Grundstücke daraus und verkaufte sie: am Wilhelmitorwall (23 bis 28), am Wilhelmitore, auf der Ferdinandstraße und auf der Sophienstraße. Die auf dem früheren Eugeniusbollwerk angelegte Straße hat irrtümlich den Namen Ferdinandstraße erhalten. Sie sollte ursprünglich Eugeniusstraße heißen. Der Name Ferdinandstraße gebührt eigentlich der auf dem Ferdinandbollwerk entstandenen Pawelstraße.

Sophienstraße. Einfahrt zum Betriebsgelände der ehemaligen Maschinenfabrik Selwig & Lange. Foto von 1987.

Einen langen Streifen Land von zwei dreivierteln Morgen vor dem ehemaligen Mauergraben zwischen Wilhelmi- und Hohen Tore kaufte 1811 Stobwasser. Einen Teil davon am Prinzenwinkel (heute Prinzenweg) kaufte ihm 1826 der Hofjägermeister Graf von Veltheim ab und verkaufte das Land 1848 an den Stadtdirektor Bode, dessen Erben es noch nach dem Ersten Weltkrieg besaßen.

Am Hohen Tore hinter dem Umflutgraben befand sich ebenfalls ein großer Garten. Ihn kaufte 1824 der Notar Sonnenberg für 9000 Taler von Herrn von Herzeele, 1843 der Stabsauditeur von Oeynhausen, 1850 die Frau Amtsrätin Dorette von Pawel, geborene Lüderßen. Nach dem Tod ihres Sohnes, des Kammerpräsidenten Gustav von Pawel, ist das Grundstück wieder verkauft und aufgeteilt worden. Es entstanden neun Grundstücke Pawelstraße 4 bis 10 und Am Hohen Tore 2 b und 3.

Die Wohnbebauung in dem gesamten Gebiet begann bald nach 1870. Auch die Industrie und Handwerksbetriebe kauften im Westen der Stadt größere Grundstükke auf. In der Braunschweiger Industrie hatte von Anfang an der Maschinenbau eine große Bedeutung. Etwa

Mitte des 19. Jahrhunderts profitierte sie von der damals noch günstigen Versorgung mit Harzer Roheisen. Als diese Quelle versiegte, bekam Braunschweigs Industrie durch die Zuwanderung erfahrener Handwerker und Arbeiter aus dieser niedergehenden Branche einen positiven Impuls.

Mit dem Bau von Zuckerfabriken in der Umgebung Braunschweigs wurde es für die metallverarbeitenden Betriebe der Stadt interessant, sich hier neu zu orientieren.

Im Jahre 1877 wurde von Johannes Selwig und Bruno Lange die Firma Selwig und Lange gegründet. Die Maschinenfabrik an der Sophienstraße fertigte vorwiegend Maschinen und Apparate für die Zuckerindustrie, die Ende des vorigen Jahrhunderts einen gewaltigen Auftrieb nahm.

Die Sophienstraße im Jahre 1994. Die Schule (rechts im Bild) wurde 1890/91 gebaut.

Man fertigte vor allem Zentrifugen, aber auch Schnitzelpressen, Rübenwaschanlagen und komplette Einrichtungen für Roh- und Weißzucker. Ab 1895 exportierte man im Werk produzierte Anlagen für Pulver- und Sprengstoff-Fabriken. 1902 beschäftigte das Werk 85 Mitarbeiter.

Im Jahre 1931 wurde die Maschinenfabrik während der Wirtschaftskrise vorübergehend stillgelegt, doch schon 1933 erfolgte der Produktivitätsaufschwung. Nach der totalen Zerstörung im letzten Krieg erfolgte zunächst wieder die Stillegung, doch schon bald der Wiederaufbau und die technische Neuausrüstung der Werkstätten. Im Frühjahr 1946 begann man wieder mit der Produktion.

Geführt wurde die Firma in ununterbrochener Generationsfolge seit 1907 allein durch die Familie Lange. Diese Tradition wurde später von Siegfried Matusch fortgesetzt. 1977 beschäftigte das Unternehmen noch 50 Mitarbeiter.

„Braunschweig ist ein guter Standort für unsere Firma", hatte im September 1985 Siegfried Matusch, der alleingeschäftsführende Gesellschafter noch gesagt. Und er nannte gute Gründe: „Etwa die Zusammenarbeit mit der Technischen Universität Braunschweig, die gerade im Bereich Zuckerindustrie durch das ,Institut für landwirtschaftliche Technologie und Zuckerindustrie' einen hervorragenden Ruf hat.

1984 machte man noch einen Umsatz von acht Millionen und schätzte für 1985 elf Millionen. Doch drei Jahre später, im Jahre 1988, verkaufte die Familie das Unternehmen an die Braunschweigische Maschinenbauanstalt; der Betrieb an der Sophienstraße wurde 1989 eingestellt.

Spielmannstraße

Dort, wo heute die Kanthochschule steht und die Konstantin-Uhde-Straße verläuft, befand sich neben dem Garnisonsfriedhof an der Katharinenstraße und dem Beginenfriedhof der Kleine Exerzierplatz. Hierhin zogen Anfang des 19. Jahrhunderts die Spielleute des Infanterie-Regiments, um zu üben. Denn ohne Militärmusik ging es nun einmal nicht.

Spielleute gab es zu allen Zeiten. Schon der Marsch der Landsknechte wurde durch Trommel und Querpfeife begleitet.

Um 1700 finden sich zusätzlich hölzerne Schalmeien, die auch mehrstimmig geblasen werden konnten. Der kreischende Ton dieser Instrumente wurde im 18. Jahrhundert durch Oboen abgelöst. Daneben kamen Fagott und Klarinette neben einem Trompeter und Waldhornbläser hinzu. Die daneben in einem Regiment vorhandenen acht Musiker nannte man nach der Oboe Hautboisten.

Die Spielleute, Aquarell von Otto Gerlach.

Entscheidend wurde die starke Hinzunahme von Blechinstrumenten zu Beginn des 19. Jahrhunderts, die der Militärmusik ihren eigentümlichen Klang gab. Schellenbaum, große Trommel und Becken rundeten das Bild zur „Janitscharenmusik". Damit war die Musik entstanden, die schon unseren Voreltern das sonntägliche Platzkonzert zum Ereignis werden ließ.

Schlaginstrumente aller Art hatten schon in den Heeren der Antike zur unentbehrlichen Signalgebung des Marschtritts geschlossener Fußkrieger-Formationen gedient. Als im späten Mittelalter die Infanterie entstand, traten mit ihr die Spielleute auf. Zu jedem Fähnlein der deutschen Landsknechte gehörten planmäßig zwei sogenannte „Feldspiele", jeweils ein Trommler und ein Pfeifer. In der Gefechtsordnung des Gewalthaufens standen sie bei den Fahnen als Mittel der akustischen Befehlsübermittlung neben der optischen. Zum Marschieren schlugen die hölzernen Trommeln den Takt, während die Pfeifer eine Melodie intonierten und die Krieger dazu ihre Lieder sangen.

Solche Musik erklang auch beim lockenden Werbegeschäft und im Feldlager. Die große Zeit der Spielleute kam mit der Errichtung der stehenden Heere nach dem Dreißigjährigen Krieg. Ihre vermehrte Anzahl (bei den

Preußen 15 Tambours und 3 Pfeifer pro Bataillon) und ihre Aufgaben (Signalgebung, Befehlsübermittlung, Taktieren des jetzt exerziermäßig ausgeführten Gleichschritts im unterschiedlichen Zeitmaß) waren Kennzeichen der Lineartaktik unter den Bedingungen eines hochgradigen Gefechtsdrills. Aus den Anfängen dieser Zeit datiert die erste echte Marschmusik, die besonders beim Einzug in eroberte Städte gespielt wurde oder bei der Rückkehr in die Garnison, wenn die Spielleute der Truppe voranschritten. Als im Gefolge der Französischen Revolution auch der taktische Wandel zum aufgelösten Schützenkampf unter Hinzunahme der Gefechtsentfernungen sich vollzog, wurden bei der Infanterie die Pfeiffer durch Signalhornisten ersetzt. Nun galten auch für die Fußtruppen ähnliche Verhältnisse wie schon immer bei der Reiterei. Das ursprünglich halbkreisförmige Messinginstrument änderte sich später zur geraden Trompetenform, behielt aber zur Unterscheidung von der Kavallerietrompete die Bezeichnung Signalhorn bei. Die Bläser gehörten zu den Spielleuten, die in jeder Kompanie vier Mann zählten: zwei Trommler und zwei Hornisten.

Kommen wir noch auf die schon erwähnten Friedhöfe zu sprechen, die sich zwischen dem Kleinen Exerzierplatz und der Spielmannstraße erstreckten und im Westen an die Pockels- und Schleinitzstraße stießen. Vom 1678 und 1689 erwähnten Beginenfriedhof wissen wir nur, daß er hier gelegen hat und zwar nördlich von den Flurstücken Nr. 23 und Nr. 25. Größe und genaue Bestimmung kennen wir nicht. Er gehörte zur Katharinengemeinde. Der weit größere Garnisonsfriedhof an der Katharinenstraße ist in dem Kirchenbuch der Garnisonskirche beschrieben. Die ersten Eintragungen stammen aus dem Jahr 1713. Damals war für die Garnison die Johanniskirche bestimmt, deren Verwaltung seit 1671 dem Arear oblag, da der Johanniterorden sie 1543 an die Stadt abgegeben hatte. Im Jahre 1717 wies Herzog August Wilhelm die Garnison an die Aegidienkirche, deren Kirchenbücher übrigens seit 1671 den Anschein erwecken, als ob sie schon damals Garnisonskirche gewesen wäre. Aus dem Kirchenbuch geht hervor, daß die Garnison schon 1713 zwei Kirchhöfe vor den Toren der Stadt hatte, nämlich diesen für die Nordhälfte und einen vor dem Augusttore (Windmühlenberg) für die Südhälfte der Stadt. Die Zahl der Beerdigungen war sehr groß, weil die Frauen und Kinder der Soldaten bis 1806 ausschließlich auf den Garnisonsfriedhöfen begraben wurden. Von 1713 bis 1806 mögen etwa 9000 Beerdigungen vorgenommen worden sein. Von angesehenen Persönlichkeiten, die hier ihre Ruhestätte gefunden haben, sind zu erwähnen: 1779 die Gemahlin des Herrn von Kalm, 1783 die Frau des berühmten Malers Pascha Weitsch, 1785 die Frau des Regiments-Chirurgen Johann Karl Bause und die des Husaren-Rittmeister Karl von Jordan.

Blick in die Spielmannstraße im Jahre 1988.

Steinbrecherstraße

Die Steinbrecherstraße hat ihren Namen erst nach dem Zweiten Weltkrieg erhalten, davor war es die Hagenstraße. Sie verbindet die Humboldtstraße mit der Jasperallee. Erinnern soll die Straße an den sozialdemokratischen Politiker Gustav Steinbrecher, der von 1927 bis 1930 Braunschweiger Minister und von 1918 bis 1933 Braunschweigischer Landtagsabgeordneter war. Geboren wurde Gustav Steinbrecher am 3. Februar 1876 in Groß-Beckern im Kreis Liegnitz. Nach seinem Schulabschluß erlernte er den Beruf des Schriftsetzers. Von 1919 bis 1924 war er als Arbeitersekretär in Braunschweig tätig.

Im Jahre 1933 mußte Steinbrecher emigrieren – er ging nach Dänemark. 1935 kehrte er zurück, wurde 1936 verhaftet und in das Konzentrationslager Dachau eingeliefert. Seit 1939 war er dann im KZ Mauthausen, wo er am 30. Januar 1940 an Erfrierungen starb.

Über die Geschichte der SPD ist nicht viel geschrieben worden. Eine sehr ausführliche und gründliche Arbeit legte Dr. Bernd Rother (Jahrgang 1954) mit seinem Buch „Die Sozialdemokratie im Lande Braunschweig 1913 bis 1933" vor, das im Dietz Verlag 1990 herausgegeben worden ist. In dem Buch wurde erstmals die Geschichte der Braunschweiger Arbeiterbewegung zwischen Kaiserreich und nationalsozialistischer Diktatur untersucht. Ein anderes Werk stammt von Rudolf G. A. Fricke. Er hat in seinem Buch „Die Arbeiterbewegung in unserem Land", erschienen im Elm-Verlag, die Geschichte der Sozialdemokratie in Wolfenbüttel und Braunschweig von den Anfängen bis 1870/1871 aufgezeichnet und einen Ausblick in die Neuzeit gegeben. Das einsetzende Industriezeitalter brachte tiefgreifende Veränderungen in der Arbeitswelt und der gesellschaftlichen Ordnung mit sich. Schamlos wurde oft die Arbeitskraft einer ganzen Klasse von Menschen ausgebeutet. Das konnte auf Dauer nicht gut gehen.

Gustav Steinbrecher

Die Betroffenen begannen schließlich damit, sich in Selbsthilfegruppen undArbeitervereinen zu organisieren, um in solidarischer Gemeinschaft um Verbesserungen in den Arbeits- und Lebensbedingungen zu kämpfen und um einen anerkannten Platz in der Gesellschaft zu erwirken.

Mit dem Allgemeinen Deutschen Arbeiterverein, ADAV, entstand 1863 in Deutschland die erste in diesem Sinn politisch bedeutende Arbeitervereinigung.

Wolfenbüttel und Braunschweig waren mit überregionaler Bedeutung in das Geschehen der deutschen Arbeiterbewegung eingebunden. „So waren zum Beispiel Wolfenbütteler Arbeiterführer 1869 maßgeblich an der Abspaltung der marxistisch orientierten SDA vom ADAV beteiligt", führt Fricke in seinem Buch aus. Und er meint weiter, daß Wolfenbüttel mit Braunschweig Sitz des Vorstandes des SDAP und Wolfenbüttel Schauplatz des ersten großen Prozesses gegen Sozialdemokraten wurde.

Die große Zeit von Gustav Steinbrecher war von 1918 bis 1933, wo er Landtagsabgeordneter war. Bernd Rother beschreibt die Ereignisse von 1918 sehr ausführlich. „In allen deutschen Staaten verschwand die Monarchie, ohne daß sich irgendwo eine Hand zu ihrer Verteidigung gerührt hätte.

Das alte Regime wurde nicht durch eine planmäßig vorbereitete Volkserhebung gestützt. Es brach in sich zusammen, als die Matrosen meuterten und ihre Revolte in dem kriegsmüden Lande auf die Garnisonen des Heimatheeres und auf die Arbeiterschaft übersprang." Auch auf Braunschweig traf das zu. In der

Steinbrecherstraße, Foto von 1996.

Nacht vom 7. auf den 8. November ging die Initiative von den Soldaten auf die Arbeiter über. Die folgenden Wochen zeigten, daß sich bis auf Emil Schütze in den Reihen der Soldaten keine politischen Köpfe befanden. Auf Seiten der Arbeiterschaft hatte am 7. und 8. November die Spartakusgruppe das Heft in der Hand.

Die bisherige Führung von USPD und Freien Gewerkschaften schien auf Anweisung aus Berlin gewartet zu haben, wurde durch die Initiative von Soldaten und Arbeiterjugend überrascht und mischte sich erst am 9. November in die Geschehnisse ein.

In der letzten sozialdemokratisch geführten Landesregierung vor der Machtergreifung der Nationalsozialisten vom 14. Dezember 1927 bis zum 1. Oktober 1930 war Gustav Steinbrecher vertreten. SPD: Dr. Heinrich Jasper (Vorsitz, Finanzen), Gustav Steinbrecher (Inneres), Hans Sievers (Volksbildung, Justiz).

Theodor-Heuss-Straße

Im Jahre 1978 wurde die Theodor-Heuss-Straße für den Verkehr freigegeben. Vorausgegangen war die Neuerschließung des Geländes südlich des alten Bahnhofs. 1978 wurden auch der Gieseler-Knoten und die Konrad-Adenauer-Straße, Teil der südlichen Kerntangente, freigegeben. Die Einweihung des Europaplatzes erfolgte dann ein Jahr später. Mit der Straßenbenennung wollte man an den ersten Bundespräsidenten der Bundesrepublik Deutschland, Theodor Heuss, erinnern. Der joviale, im besten Sinn „menschenfreundliche" Herr, war der Bundespräsident einer jungen Demokratie. Geboren wurde der Politiker und Schriftsteller am 31. Januar 1884 im schwäbischen Brackenheim (Kreis Heilbronn). Daß er eine besondere Empfänglichkeit für Witz, Laune und Humor besaß, hatte er schon mit seinem ersten journalistischen Aufsatz, einer Würdigung Wilhelm Buschs zu dessen 70. Geburtstag, bewiesen, den er als Achtzehnjähriger verfaßt hatte.

Papa Heuss, wie Theodor Heuss, der erste Bundespräsident der Bundesrepublik Deutschland genannt wurde.

Heuss schloß sich dem Kreis um F. Naumann an und leitete von 1905 bis 1912 die Zeitschrift „Hilfe".

Später war er Chefredakteur der Heilbronner „Neckar-Zeitung". Auch seine schriftstellerischen Fähigkeiten nutzte er. 1902 wurde Heuss Mitglied der Freisinnigen Vereinigung (1910 der Fortschrittlichen Volkspartei), 1918 der Deutschen Demokratischen Partei (1930 der deutschen Staatspartei). Von 1920 bis 1933 war Theodor Heuss Dozent an der Hochschule für Politik in Berlin und zeitweise Geschäftsführer des Deutschen Werkbundes.

In der Zeit des Nationalsozialismus war Heuss politisch ausgeschaltet, betätigte sich aber unter persönlichen Schwierigkeiten publizistisch. Nach dem Zusammenbruch der nationalsozialistischen Diktatur beteiligte er sich – zunächst innerhalb der amerikanischen Besatzungszone – am politischen Wiederaufbau Deutschlands. Er war zunächst Kultusminister von Württemberg–Baden, Vorsitzender der Demokratischen Volkspartei, und lehrte von 1946 bis 1947 als Professor für Geschichte an der TH Stuttgart. Im Parlament wirkte er führend an der Formulierung des Grundgesetzes mit und war von 1948 bis 1949 Vorsitzender der FDP.

Viele seiner Fähigkeiten kamen ihm im Bundespräsidentenamt zugute, das bei Heuss Amtsantritt 1949 noch nicht durch Vorgänger geformt und daher erst zu eigenem Leben gestaltet werden konnte. Heuss stellte seine beiden Amtszeiten

(1949-1959) unter das Motto der „Entkrampfung". Darunter verstand er die schwierige Aufgabe, die zu Beginn seiner Amtszeit noch so kontrovers politischen Lager miteinander ins Gespräch zu bringen, scheinbare Unversönlichkeiten abzubauen, insgesamt für ein politisch entspannendes Element zu sorgen.

1959 erhielt Heuss für sein Schaffen den Friedenspreis des deutschen Buchhandels.

Heuss Reden, an humanistischen Ideen orientiert, von großer Geschichts- und Literaturkenntnis geprägt, wurden bald berühmt. Und dann die unzähligen Anekdoten. „Nun siegt mal schön!" lauteten seine vielzitierten Abschiedsworte an die Truppe.

Am 12. Dezember 1963 verstarb Theodor Heuss in Stuttgart. Für beispielhafte demokratische Gesinnung wurde 1964 der Theodor-Heuss-Preis gestiftet und seit 1965 jährlich verliehen.

Dort, wo einst die Gleise zum alten Bahnhof verliefen, flutet heute der Verkehr auf der Theodor-Heuss-Straße stadtauswärts oder in das Gewerbegebiet an der Otto-von-Guericke-Straße.

Aber auch an der Westseite der Theodor-Heuss-Straße haben eine Reihe bedeutender Braunschweiger Firmen ihren Sitz. Zwischen dem Voets-Autozentrum und dem Neubau der Öffentlichen Versicherung, einem „kühlen Klassiker im Südwesten der Innenstadt", wie die Presse im Juni 1994 schrieb, befinden sich unter anderem der bekannte Verkehrsverlag „Rot-Gelb-Grün" mit dem Verlagsgebäude und der angeschlossenen Druckerei und der Neubau des wohl bedeutendsten Briefmarken-Versenders in Europa, Richard Borek. Der schon erwähnte Neubau der Öffentlichen Versicherung ist eine elegante städtebauliche Inszenierung, vielleicht ein bischen zu „bombastisch" für Braunschweig.

Die Architektengruppe KSP (Kraemer, Sieverts & Partner) gewannen den Wettbewerb, den die Versicherung

Die Theodor-Heuss-Straße wurde auf dem Gelände des alten Bahnhofs angelegt. Foto von 1996.

ausgeschrieben hatte. Clou dieser Architektur ist die Rotunde, in der zwei gläserne Aufzüge die Verbindung zu den Chefbüros im sechsten Obergeschoß herstellen. 550 Mitarbeiter fanden in den neuen Räumen einen interessanten Arbeitsplatz.

Dieses Haus bündelt nun alle bis dahin verstreut liegenden Bereiche der „Öffentlichen". Die Gesamtkosten inclusive der Außenanlagen und des Mobiliars beliefen sich auf rund 120 Millionen Mark.

Thomaestraße

Zwischen der Chemnitzstraße und der Petristraße liegt die nach dem gleichnamigen Stift benannte Thomaestraße. Die Stadt Braunschweig war in jenen Zeiten, wo man sich durch verschiedene Möglichkeiten den Weg zum Himmel zu bahnen glaubte, mit einer Reihe von geistlichen Stiftungen aller Art reich gesegnet.

Viele haben den Genius ihrer Zeit nicht überlebt und sind eingegangen. Einige aber, so der Thomaehof, sind noch vorhanden, wenngleich sich die Ziele geändert haben.

Das „Mutterhaus" an der Thomaestraße vor dem Umbau 1980/81. Foto: Stiftung St. Thomaehof.

Durch die Stiftung einer Kapelle, so hat Anette Boldt-Stülzebach im Band 69 der Braunschweiger Werkstücke geschrieben, im Jahre 1331 vor dem alten Petritor durch Bürger der Altstadt hat wohl alles begonnen. Es handelte sich um den Ausbau der dort seit dem ausgehenden 13. Jahrhundert bestehenden Pilgerherberge zu einem Hospital mit dem Patronat des Hl. Thomas. Hier wurden Pilger aufgenommen, mittellosen alten und kranken Personen, Kindern und Geisteskranken eine Heimstatt gewährt, seit der ersten Hälfte des 14. Jahrhunderts auch Pfründnern.

In frühen Schriften ist die Rede von „curia domus hospitum peregrinorum et exulum", von der „herberge der pelegrimen unde der elenden", von „deme nygen spetale", von dem Gasthaus, das Aachenpilger aufzunehmen bestimmt ist.

„Mit großer Wahrscheinlichkeit", schreibt Anette Boldt-Stülzebach in einem Aufsatz, „dürfen wir demzufolge festhalten, daß uns als Früh- resp. Vorform der späteren Stiftung St. Thomaehof bereits am Ausgang des 13. Jahrhunderts schemenhaft eine jener Pilgerherbergen entgegentritt, die zusammengefaßt zu einem in ganz Europa umspannenden Netz von Versorgungsstellen am Rande der bedeutenden Pilgerstraßen, den zahlreichen Wallfahrern Unterkunft, Versorgung und gegebenenfalls Pflege zu garantieren imstande waren."

1545 wurde das Hospital infolge der Belagerung der Stadt durch Heinrich den Jüngeren abgebrochen, und bis 1575 erfolgte die Eingliederung in das Hospital BMV. Im Jahre 1575 erfolgte auch der Wiederaufbau vor dem Hohen Tore; 1705 wurden die Gebäude erneut abgebrochen. Von 1705 bis 1887 hatte die Stiftung ihren Sitz in der Heydenstraße.

1891 erfolgte dann der Umzug in die Thomaestraße. Im Gegensatz zu vielen anderen wohltätigen Einrichtungen besteht das Stift noch heute.

Im vorigen Jahrhundert wurden jährlich „Übersichten der Verwaltung der städtischen Angelegenheiten zu Braunschweig" in dem Braunschweigischen Magazin abgedruckt. Dem lag eine Bestimmung der Städteordnung vom 19. März 1850 zugrunde.

In diesen Übersichten wurde neben den Stiftungen über alle wichtigen Angelegenheiten berichtet. Da ging es beispielsweise um die Erlassung von Statuten, um die Feststellung des Umfangs des Stadtgebietes und die Einteilung der Stadtbezirke, von dem Stadt-Magister und dessen Hilfsbeamten wurde berichtet, vom Vermögen der Stadt, von der Verwaltung der Stadt Braunschweig, vom städtischen Bauwesen, von der Unterhaltung der städtischen Polizei-Anstalten, von der Armen-Verwaltung, von den Gemeindeschulen, von den städtischen Kirchen und Kirchengemeinden, von anderen religiösen Genossenschaften und eben von milden Stiftungen.

Im Jahre 1862 heißt es dort unter § 18 unter anderem: „Auch die Rechnungen über die Verwaltung der Hospitäler und Beguinenhäuser, der Stipendien und übrigen frommen Stiftungen, über welche der Stadtmagistrat die Aufsicht führt oder deren Verwaltung er selbst besorgt, sind vom Jahre 1860 sämmtliche abgenommen, haben aber zu Erinnerungen keine Veranlassung gegeben. – Die umsichtige und redliche Verwaltung der Provisoren und Administratoren haben wir dankbar anzuerkennen.

Veränderungen in dem Grundbesitze der Stiftungen haben nicht weitere stattgefunden, als daß für das Hospital St. Thomae 3 Morgen Acker im hintern Weinberge vor dem Augustthore für 650 Taler angekauft sind."

Und dann werden die Stifter aufgezählt, die im verflossenen Jahr die Stiftungen unterstützt haben. Da wird zum Beispiel Prof. Dr. med. Wilhelm Ludolph Lachmann erwähnt, der „am 23. Juni v. J. zu Wiesbaden gestorben ist, hat in einer letztwilligen Disposition vom 18. April 1860 von seinem Vermögen die Summe von 20 000 Talern ausgesetzt, von deren Zinsen nach dem Tod seiner Witwe, die den lebenslänglichen Nießbrauch hat, hülfsbedürftige Blinde aus dem Herzogthume Braunschweig, welche einen ordentlichen, sittlichen Lebenswandel führen, unterstützt werden sollen..."

Heute ist die Stiftung St. Thomaehof eine Stiftung bürgerlichen Rechts. Sie bietet älteren Bürgerinnen und Bürgern, insbesondere aus dem Stadtgebiet ein Zuhause. In zahlreichen auf die Stadt verteilten stationären Einrichtungen, zu denen Seniorenwohnungen, Seniorenheim- und pflegeplätze gehören, werden vielgestaltige Dienstleistungen erbracht, die in einer privaten Wohnung nicht möglich sind.

Die Thomaestraße mit dem Thomaestift, nach dem Apostel Thomas benannt. Foto von 1996.

In den Einrichtungen der Stiftung wohnen insgesamt 550 ältere Menschen, um deren Wohl sich 300 gut ausgebildete Fachkräfte bemühen.

Tuckermannstraße

Auch früher schon wurden Straßen nach Frauen benannt, so beispielsweise die Tuckermannstraße. Sie hat ihren Namen nach Anna Tuckermann, geborene Hildebrand erhalten, die von 1595 bis 1678 lebte. Sie war die zweite Frau des Abtes (Generalsuperintendent) Peter Tuckermann und stiftete 1678 das Waisenhaus St. Annen, das sich früher in der Schützenstraße 16 in Braunschweig befand. Dieses Waisenhaus wurde erst 1934 aufgelöst.

Der lutherische Theologe Peter Tuckermann wurde am 21. Oktober 1580 in Lennep im Bergischen geboren und starb am 27. Mai 1651 in Braunschweig. Er war von 1608 bis 1647 Hofkaplan und Oberhofprediger in Wolfenbüttel und bekleidete während des Dreißigjährigen Krieges die höchsten kirchlichen Ämter des Landes. Von 1625 bis 1651 war er Abt von Riddagshausen.

Sein Vater Jakob Tuckermann war wahrscheinlich Wollfabrikant und Bürgermeister, die Mutter Katharina war eine geborene von Marschet. Peter Tuckermann besuchte die Schule in Lennep, bis ihn sein älterer Bruder Eberhard, der 1593 Prediger in Salzwedel geworden war, mit dorthin nahm und einige Jahre unterrichten ließ. Nachdem er dann noch das Pädagogium zu Stettin besucht hatte, bezog er am 18. Oktober 1599 die Universität Helmstedt, um Theologie zu studieren. Am 17. März 1605 wurde er hier ordiniert und als Diakon an der dortigen Stadtkirche St. Stephani angestellt. Das Leben in der Universitätsstadt sagte ihm so zu, daß er 1606 eine weit günstigere Stellung in Salzwedel ausschlug. Er erfreute sich wegen seiner Gelehrsamkeit einer solchen Achtung, daß seitens der Universität im November 1606 seine Ernennung zum Professor vorgeschlagen wurde. Ging der Herzog hierauf zunächst auch nicht ein, so berief er ihn bald darauf (1608) als Kaplan an seine Schloßkapelle zu Wolfenbüttel. Hier gewann Tuckermann schnell die Gunst des Hofes und der hohen Geistlichkeit, insbesondere des damaligen Leiters der Landeskirche, Basilius Sattler. Die verwitwete Herzogin Elisabeth wollte ihn um 1618 als Hofprediger nach Schöningen holen, aber er blieb in Wolfenbüttel.

Tuckermann teilte mit Sattler die streng lutherische Gesinnung, aber er war nachgiebig und milde, und so konnte deshalb zwischen ihm und dem starren, oft schroffen Manne kein gutes Einvernehmen stattfinden.

Blick in die Tuckermannstraße 1996. Hier befinden sich auch der Bauhof sowie die Gärtnerei der Braunschweiger Baugenossenschaft eG.

Als Sattler am 9. November 1624 gestorben war, rückte Tuckermann in seine Stelle ein. Am 19. Januar 1625 wurde er als Oberhofprediger, Vorsitzender des Consistoriums und Superintendent in sein Amt eingeführt. Noch im selben Jahr wurde er in dem Kloster Riddagshausen, wo er seit 1623 Subprior war, zum Abt gewählt und vom Herzog am 20. Dezember als solcher bestätigt.

Die Universität Helmstedt hatte ihm schon am 17. Juni 1623 die Würde eines Doktors der Theologie verliehen. So waren die höchsten kirchlichen Ämter und Würden in seiner Person vereinigt.

Den humanistischen Theologen der Helmstedter Hochschule war er, ein Vertreter des strengen Luthertums, keineswegs gewachsen. Seine körperliche Schwächlichkeit, die Not der Zeit, die nach der unglücklichen Schlacht bei Lutter a. Bbg. (27. August 1626) drückend über dem Land lag und ihm die Führung seines an sich schwierigen Amtes noch außerordentlich erschwerte, kamen hinzu.

Als nach dem Erlaß des Restitutionsedikts der Bischof von Hildesheim 1629 in das von dem Herzog in Besitz genommene Stift zurückkehrte und deshalb die inzwischen eingesetzten evangelischen Geistlichen von den Kanzeln eine Danksagung verlesen sollten, überließ es Tuckermann, als er von seinen früheren Untergebenen um Rat gefragt wurde, den Gewissen der Einzelnen, wie sie sich in der Frage verhalten wollten.

Die körperliche Schwäche blieb bis zuletzt bestehen. So bat er schließlich 1647 um seine Entlassung, die ihm auch gewährt wurde. Er ist dann am 27. Mai 1651 in Braunschweig gestorben und in der Katharinenkirche beigesetzt, wo ihm ein marmornes Epitaph errichtet wurde. Ein zweites Denkmal erinnert an ihn in der Riddagshäuser Klosterkirche.

Die Tuckermannstraße 23-27, aber auch die angrenzende Marenholtzstraße präsentieren sich in einem neuen Kleid. Die Häuser wurden 1996 renoviert.

Verheiratet hat sich Tuckermann zweimal: Zuerst 1607 mit Anna Matthias, der Tochter eines Brauers und Kaufhändlers in Salzwedel, Joachim Matthias.

Sie gebar ihm vier Söhne und eine Tochter und starb am 20. Januar 1635. Von den Söhnen hat nur Julius August, der Hofgerichtsassessor und Kanonikus von St. Blasien wurde und 1673 starb, den Vater überlebt.

Am 2. Juni 1637 ging Tuckermann mit Anna Hildebrand, einer Tochter des aus Celle stammenden Kanzlers Dr. Hildebrand, eine zweite Ehe ein. Da diese Kinderlos blieb, setzte die Witwe, die ihren Mann bis zum 30. Juni 1678 überlebte und einen Bruder und eine Schwester beerbte, den größten Teil ihres ansehnlichen Vermögens für eine Stiftung zur Erziehung armer Mädchen aus.

Es entstand so das schon erwähnte Waisenhaus St. Annen, häufig auch das Tuckermannsche Waisenhaus genannt.

Viewegstraße

Die Stadt veränderte sich am stärksten nahe dem alten Kern im Gebiet zwischen dem John-F.-Kennedy-Platz und Berliner-Platz, und zwar durch die Kurt-Schumacher-Straße, die die Innenstadt mit dem neuen Hauptbahnhof verbindet. Quer durch „Viewegs Garten" und über Teile des Windmühlenberges zieht diese Straße durch ein bis dahin ruhiges Wohngebiet.

Die Viewegstraße verläuft parallel zum Viewegsgarten, heute zur Kurt-Schumacher-Straße. Schon 1894 plante man diese Straße, die dem Verleger Hans Friedrich Vieweg gewidmet ist, 1899 entstanden dort die ersten Häuser.

Wie sah es um die Jahrhundertwende hier aus? Werfen wir einen Blick in die Vergangenheit.

Bereits in den 20er Jahren prägte das Eckhaus Vieweg- und Autorstraße das Bild dieser Gegend.

An der Ecke Viewegstraße/Salzdahlumer Weg (heute Böcklerstraße) befanden sich ein großer Zimmerplatz und das Wohnhaus des Zimmermeisters Munte. Schräg gegenüber, an der Leisewitzstraße, lag die Grabbesche Gärtnerei, auf deren Gewächshäuser und Blumenbeete Wilhelm Raabe schaute.

Die Braunschweigerin A. H. Lehne, die zu der Zeit hier lebte, schildert eine Begebenheit in ihrem 1941 erschienenen Buch „Braunschweiger Bilderbogen um 1880": „Ich sehe ihn (Raabe) noch vor mir, wie er mit seinem großen Schlapphut und dem unvermeidlichen, über die Schulter gelegten, schon recht altersgrünen Plaid mit den Mitgliedern des „Feuchten Pinsels" oder der „Kleiderseller" nach dem Grünen Jäger pilgern."

Doch kommen wir zu dem großen Verleger Hans Friedrich Vieweg, der am 11. März 1761 geboren wurde. Nach seiner lateinischen Schulbildung kam er mit 17 Jahren als Lehrling in ein Handelshaus in Magdeburg.

Die Begegnung mit dem aufgeklärten Schriftsteller Nicolai führte zu seinem Entschluß, Buchhändler zu werden.

Er ging nach Hamburg, wo er durch die Vermittlung des Buchhändlers Hoffmann die Bekanntschaft mit dem Schriftsteller und Pädagogen Joachim Heinrich Campe (siehe Campestraße) machte. Bald war Vieweg Leiter einer Buchhandlung in Berlin.

1786 gründete er in Berlin den Verlag Friedrich Vieweg, der 1799 wegen der preußischen Zensur nach Braunschweig verlegt und mit der „Braunschweigischen Schulbuchhandlung" des Joachim Heinrich Campe vereinigt wurde. J. H. Campe wurde schließlich sein Schwiegervater und einer der wichtigsten Autoren seines Verlages, in dem auch Werke von Goethe, Herder, Wilhelm von Humboldt und anderen erschienen.

Das Eckhaus Viewegstraße (rechts) und Georg-Wolters-Straße. Foto 1987.

Insgesamt hat der Vieweg-Verlag seit seiner Gründung etwa 8000 Titel verlegt. Weit über 1000 sind seit 1974 erschienen, etwa 1000 Titel heute noch lieferbar.

Seit 1786 war Joachim Heinrich Campe (1746 bis 1818) in Braunschweig für den Herzog mit der Verbesserung des Schulwesens befaßt und hatte im Wolfenbütteler Schloß die Schloßbuchhandlung gegründet. Mit Campe war Vieweg seit seiner Hamburger Zeit befreundet. Die Verbindung wurde noch enger, als Vieweg 1795 Campes Tochter Charlotte heiratete. Campe soll unter der räumlichen Trennung von seinem einzigen Kind sehr gelitten haben. Er hatte also Anlaß genug, die Umsiedlung zu fördern, und er hat den Herzog eines Tages mit Vieweg zusammengebracht.

Der Herzog bot bald daraufhin ein großes, noch bebautes Grundstück auf der Westseite des Burgplatzes an, und Vieweg versprach, dort nach Plänen der ersten berlinischen Architekten zu bauen. Allgemein wird das Vieweghaus David Gilly zugeschrieben, obwohl es keine konkreten Belege gibt.

Johann Goldfriedrich schildert in dem Buch „Geschichte des Deutschen Buchhandels", wie man damals einen Verlag betrieb. Wie fand man Autoren? Vielleicht ist das Wort „Autorenjagd" angebracht. „Sie erfordert im erhöhten Maße guten Blick, eine sichere Hand, aber auch eine offene Hand; Aufmerksamkeit und Rührigkeit, unter Umständen aber auch eine gewisse Skrupellosigkeit, Unverfrorenheit, Andringlichkeit..."

Im Jahre 1825 nahm Friedrich Vieweg seinen 28jährigen Sohn Eduard als Teilhaber in das Geschäft. Dieser konnte sich auf ein solides Fundament und einen angesehenen Firmennamen stützen. Während der Vater noch in hohem Maße durch die weltanschauliche Unrast seiner Jahrzehnte angetrieben worden war, folgte der Sohn als Mann des 19. Jahrhunderts ganz der Fortschrittsidee seiner Zeit. Eduard begründete die Schwerpunkte des Verlagsprogramms in den Bereichen Naturwissenschaft, Mathematik und Technik, die seitdem das Profil des Verlages bestimmen. Vater Friedrich starb am 25. Dezember 1835 in Braunschweig.

Die Familientradition endet 1966, als die Verlagsgesellschaft von dem britischen Wissenschaftsverleger Robert Maxwell gekauft wurde. 1974 kam der Verlag zur Bertelsmann-Gruppe. Das Vieweghaus am Burgplatz ist schon lange kein Verlagsgebäude mehr. Inzwischen hat das Landesmuseum Besitz von dem Gebäude genommen.

Villierstraße

Im Verlaufe der Auseinandersetzungen zwischen der Stadt Braunschweig und den in Wolfenbüttel regierenden Herzögen kam es immer wieder zu schweren Kämpfen. Thomas Villier war zu dieser Zeit Hauptmann der städtischen Söldner. Nach ihm wurde die Verbindungsstraße zwischen Adolfstraße und Bertramstraße benannt. Thomas Villier, in den Kirchenbüchern wird er Fillier und Füller geschrieben, wurde 1584 in Limburg geboren.

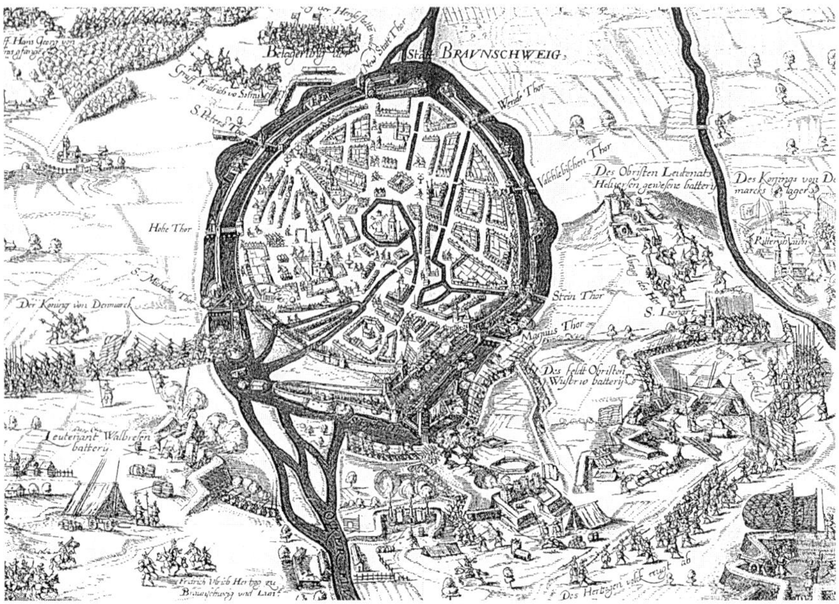

Die Belagerung Braunschweigs im Jahre 1615. Villier war zu dieser Zeit Hauptmann der städtischen Söldner.

Bei der Belagerung der Stadt Braunschweig durch Herzog Friedrich Ulrich im Jahre 1615 hatte er zunächst als Hauptmann den herzoglichen Truppen besonders schwere Schäden zugefügt.

Trotzdem begrüßte ihn der Herzog bei der Huldigung in Braunschweig am 5. Februar 1616 persönlich, und zwar nach dem Steterburger Vertrag vom 25. Dezember 1615. Im Jahre 1631 wurde Villier zum Major befördert. Er starb 1665. In seinem Testament begründete er eine Stiftung, die fälschlicherweise „Villersche Stiftung" heißt. In der Andreaskirche zu Braunschweig befindet sich ein Holzepitaph für Thomas Villier.

Die schon erwähnte Belagerung Braunschweigs im Jahre 1615 hat auf beiden Seiten viele Opfer gefordert. Besonders bedrohlich wurde die Belagerung durch Herzog Ulrich (1591-1634), der erst zweiundzwanzigjährig nach dem plötzlichen Tod seines Vaters die Regierung übernommen hatte, aber stark vom Einfluß seiner Räte abhängig war. Vor allem der Statthalter zu Wolfenbüttel, Oberst Michael Viktor von Wustrow, war es, der trotz der Nachgiebigkeit und Opferbereitschaft der Stadt auf den Krieg mit Braunschweig drängte.

Der ehemalige Direktor des Braunschweigischen Landesmuseums, Dr. Rolf Hagen, hat in einem Aufsatz die Situation genau geschildert: „Am 22. Juli 1615 wurden die Feindseligkeiten durch gewaltsame Vertreibung von Bürgern, die zwischen Braunschweig und Riddagshausen mit Feldarbeit beschäftigt waren, von den Herzoglichen eröffnet. Die anrückenden Truppen begannen, zwischen Rüningen und Melverode eine Brücke über die Oker zu schlagen und am 23. Juli bei Melverode eine Schanze zu errichten."

Auch bei St. Leonhard, wie aus dem Plan der Belagerung zu erkennen ist, auf dem Giersberg, bei Riddagshausen und in Ölper wurden Schanzen gebaut, um sich von dort in Laufgräben an die Stadt heranzuarbeiten.

Dr. Hagen schreibt weiter: „Trotz der einsetzenden schweren Beschießung der Stadt unternahmen die Belagerten häufig Ausfälle, wobei sie den Herzoglichen empfindliche Verluste beibringen konnten. So wurde der Fähnrich Wolf Christoph von Rauchhaupt schwer verwundet gefangen genommen und nach seinem Tode auf dem Martinikirchhof begraben. Bei einem Ausfall gegen Ölper gelang es sogar den verhaßten Statthalter Oberst von Wustrow zu töten und seine Leiche in die Stadt zu entführen."

Die Verluste unter der Bevölkerung Braunschweigs waren ebenfalls groß. Besonders die nächtlichen Beschießungen mit glühenden Kugeln zerstörten Gebäude und Befestigungsanlagen und brachten auch schwere Verluste an Personen. Auch Chor und Apsis des Domes mußten mindestens zwei Treffer hinnehmen. Daran erinnert bis heute eine in der Apsis sichtbar eingemauerte Kanonenkugel mit der Unterschrift „20. August 1615". Vor allem nahm man die hölzernen Tore unter Beschuß, doch die hielten weitestgehend stand. Am 19. September, so weiß Dr. Hagen zu berichten, wurde auch ein Turm der Magnikirche, auf dem ein leichtes Geschütz in Stellung gebracht worden war, durch einen Beschuß zum Einsturz gebracht.

Die Hilfe für die Eingeschlossenen kam mit einem Entsatzheer, das man gerufen hatte. Es waren hansische Hilfstruppen, die man unter Beteiligung der Generalstaaten der Niederlande angeworben hatte. Nach einem siegreichen Gefecht bei Lehndorf traten unter Führung des Generaloberst Graf Friedrich von Solms am 21. Oktober weitere acht Kompanien zu Fuß und ebenso viele Reiter in der Stadt ein, nachdem sie sich den Weg durch das Petritor freigekämpft hatten.

„Jetzt setzte sich beim Herzog und seinen Beratern die Einsicht durch", schrieb Dr. Hagen, „daß eine Einnahme der Stadt unmöglich sein würde. Der König von Dänemark betätigte sich ebenso wie einige kaiserliche Kommissare als Vermittler, und am 1. und 2. November zogen die Belagerer aus ihren Stellungen ab. Am 21. Dezember wurde im Kloster Steterburg der Friede geschlossen, der für die Stadt günstige Bedingungen erhielt und ihr noch einmal für einige Jahrzehnte die Unabhängigkeit sicherte."

Die Bebauung der Villierstraße erfolgte vor mehr als 100 Jahren. Das Haus Villierstraße 2 feierte 1986 das 100jährige Jubiläum. 1886 baute der Architekt Robert Zinkeisen dieses Haus. Über Zinkeisen wissen wir nicht viel. Ihm gelang dieser gediegene, wehrhaft wirkende Bau im damals modischen Renaissance-Stil. Er verkaufte das Haus bereits kurz vor der Fertigstellung an den Maurermeister Heinrich Müller aus Börßum. Von nun an wechselten die Besitzer sehr häufig.

Die Villierstraße, von der Adolfstraße aus gesehen, im Jahre 1987.

Virchowstraße

Die Virchowstraße liegt ein wenig versteckt zwischen der Broitzemer Straße und der Kalandstraße, parallel zum Cyriaksring. Sie entstand etwa zwischen 1900 und 1915 zusammen mit einer Vielzahl neuer Wohngebiete.

Im Übersichtsplan von 1915/1916, erstellt vom Städtischen Tiefbauamt im Maßstab 1:10000, ist die Virchowstraße das erste Mal aufgeführt. Bei dieser Bebauung handelt es sich um eine Verdichtung des Straßennetzes in einem bereits zuvor bebauten Gebiet.

Die Virchowstraße um 1920. Häuser der Braunschweiger Baugenossenschaft. Architekt: Friedrich Rambow.

Diese Straße ist nach dem Mediziner, Sozialhygieniker und Politiker (in einer frühen Schrift heißt es: der weltbekannt pathologische Anatom und Anthropologe) Rudolf Virchow benannt.

Virchow wurde am 13. Oktober 1821 im pommerschen Schivelbein geboren. Nach dem Studium am Medizinisch-chirurgischen Friedrich-Wilhelm-Institut, der Pépinière, arbeitete er von 1843 an in der Charité, wohin er als Militärarzt berufen wurde. 1847 habilitierte er sich. Seine entschiedene Stellungnahme während der Märzereignisse 1848 brachte ihm die Enthebung aus seinem Staatsamt ein, die jedoch kurz darauf rückgängig gemacht wurde.

1849 folgte er einem Ruf an die Universität Würzburg, wo er bis 1856 lehrte, dann aber auf Betreiben seines Lehrers, des Physiologen Johannes Müller, als ordentlicher Professor nach Berlin zurückkehrte. Als Lehrstätte wurde das Pathologische Institut auf dem Gelände der Charité für ihn errichtet und im Wintersemester 1856/1857 eröffnet.

Seine Arbeiten zur Zellularpathologie, die 1858 erschienen, waren bahnbrechend und festigten seinen Ruf auf wissenschaftlichem Gebiet. Mit seiner Wahl zum Stadtverordneten 1859 setzte er sein politisches Engagement auf kommunaler Ebene ein. Zwar sind vor allem seine Auseinandersetzungen mit Otto von Bismarck im Preußischen Abgeordnetenhaus und später im Deutschen Reichstag berühmt geworden, von größerer Wirksamkeit war allerdings seine Tätigkeit für Berlin. Virchow war seit 1861

Abgeordneter der Fortschrittspartei. Das erste städtische Krankenhaus, das 1868 bis 1874 im Pavillonstil erbaute Krankenhaus in Friedrichshain, verdankt seine Entstehung Virchows Tätigkeit als Stadtverordneter.

So sieht die Virchowstraße heute aus. (Foto von 1994)

Noch während der Bauzeit war es 1871 zu einer Pockenepidemie gekommen, zu deren Bekämpfung in Moabit ein Barackenlazarett errichtet wurde.

Da die Epidemie bei Fertigstellung der Fachwerkbaracken praktisch vorüber war, konnte auf Vorschlag Virchows 1872 in den Bauten ein Krankenhaus eingerichtet werden, das 1875 seinen dauernden Betrieb aufnahm.

Virchows Veröffentlichungen über Epidemien, vor allem über die in Oberschlesien ausgebrochene Hungertyphus-Epidemie, enthalten außer dem wissenschaftlichen Teil eine freimütige Darlegung der Unterlassungsgründe der Regierung und machen Vorschläge für notwendige sozialpolitische Reformen.

Bis zu seinem Tod am 5. September 1902 war er als Professor der pathologischen Anatomie und als Direktor des pathologischen Instituts der Charité tätig. 46 Jahre lang bekleidete er dieses Amt.

Der Nachlaß des Mediziners, Sozialhygienikers und Politikers Rudolf Virchow soll nun umfassend ausgewertet und zur Veröffentlichung vorbereitet werden.

Der Virchow-Nachlaß im Zentralen Akademie-Bereich umfaßt, so heißt es offiziell, nach archivwissenschaftlicher Mengenberechnung 10,30 laufende Meter. Sein Inhalt besteht aus Manuskripten von Virchows Werken, Notizbüchern, aus Fotodokumenten zu Ausgrabungen und Reisen, einer Zeitungsausschnittsammlung und mehr als 6000 Briefen an Virchow und 200 von ihm an verschiedene Empfänger.

Zwar ist der Nachlaß, der 1918 von den Erben Virchows der damaligen Literaturarchiv-Gesellschaft geschenkt wurde, als Informationsquelle vielfach schon benutzt worden. Umfassende, historisch-kritische Quellenpublikationen sind jedoch bisher kaum zustande gekommen.

Und so wird uns der Pathologe und Begründer der modernen Medizin auch noch Jahrzehnte nach seinem Tod viele interessante Hinweise zur Medizin geben können.

Wehrstraße

Zwischen Inselwall und Maschstraße befindet sich die Wehrstraße, an der gerade zwei Häuser stehen – kurz vor der Jahrhundertwende gebaut. Zum Inselwall führt die Wehrbrücke hinüber. Fünf Wehre dieser Art gibt es im Stadtgebiet von Braunschweig.

Ein Wehr oder Stauwerk ist ein quer durch ein fließendes Gewässer gelegter Bau, der durch eine dauernde oder zeitweilige Verengung des Durchflußprofils eine entsprechende Erhöhung des oberen Wasserspiegels hervorbringt, aber auch zu einer zeitweiligen gänzlichen Aufhebung der Strömung in künstlichen Wasserläufen benutzt wird. Wehre in künstlichen Wasserläufen werden auch Schleusen genannt. Früher spielten Wehre und Stauschleusen bei Ent- und Bewässerungen für die Landwirtschaft eine große Rolle, auch bei industriellen Anlagen, wo sie den größten Teil des Gefälles natürlicher Wasserläufe an bestimmten Stellen konzentrierten, um es hier auf Wasserräder überzuführen. Die Stauwerke für landwirtschaftliche Zwecke sind seit Jahrtausenden und solche für industrielle Anlagen seit vielen Jahrhunderten bekannt. In einfacher Weise waren sie aus Holz oder Stein und wohl ausschließlich als feste oder als sogenannte Schützenwehre mit meist kleinen Öffnungen konstruiert.

Die Wehrbrücke in den 20er Jahren.

Der Franzose Pirée konstruierte 1835 die ersten sogenannten Nadelwehre mit zum Umlegen eingerichteten, eisernen Wehrböcken, eine Konstruktion, die die Herstellung beliebig weiter Stauwerksöffnungen ermöglicht. Hiernach folgten als Vervollkommnung die bereits 1818 bekannten Klappenwehre, die mittels Wasserdrucks getriebenen Klappen- oder Trommelwehre von Desfontaines sowie die Schützenwehre mit beweglichen Böcken von Boulé (1875).

Die Okerwehre hatten aber auch eine schützende Wirkung für die Stadt. Bei dem erheblichen Fall (141 m) der Oker noch in ihrem mittleren Lauf durch das dem Harz vorliegende Hügelland braucht das Wasser durchschnittlich 14 Stunden, bis es in der Stadt Braunschweig ankommt. In früheren Zeiten verursachte dieser bedeutende Wasserdrang, besonders wenn er im Frühjahr mit Eisgang begleitet war, in den Ebenen der nördlichen Landesteile, in denen das Gefälle bedeutend geringer ist, zuweilen verheerende Überschwemmungen.

Blick über das Wehr in die Wehrstraße, Foto von 1986.

Bei einer solchen im April 1808 erreichte das Wasser in Braunschweig eine Höhe von 85cm über dem Straßenpflaster. Die um 1880 gebauten Wehre haben diese Überflutungen weitestgehend gestoppt.

Als ein Teil der Wehre während des Zweiten Weltkrieges zerstört wurde, ließ sich das Wasser in Braunschweig nicht mehr regulieren. Und so kam es am 9. und 10. Februar 1946 zu einem furchtbaren Hochwasser in unserer Stadt.

Das Wasser der Oker drang weit in die Stadt hinein. Günter K. P. Starke beschreibt die Folgen in seinem Buch „Das Inferno von Braunschweig" sehr eindrucksvoll: „Die plötzlich eintretende Schneeschmelze mit starken Regengüssen in den vergangenen Tagen, hatte das Wasser über die Ufer treten lassen und sich unaufhaltsam in die Stadt gedrückt. Feuerwehr, Polizei und zahlreiche Hilfskräfte waren damit befaßt, Häuser zu räumen und die bedrohten Menschen in Schulen und in anderen Notquartieren unterzubringen."

An anderer Stelle berichtet Starke, wie die Polizei die Bewohner aus zwei Gartenhäusern im Kennelgebiet gerettet hat. Die völlig durchnäßten Menschen hatten sich auf die Dächer ihrer Behausung geflüchtet. „Ständig waren die Helfer und die Feuerwehr mit Schlauchbooten unterwegs, um dort zu helfen, wo Hilfe notwendig war", schrieb Starke weiter. Das Fernsprech- und Telegraphennetz mußte ausgeschaltet werden, um einen Kurzschluß zu vermeiden. Die Zeitung wurde während des Hochwassers in Goslar gedruckt, die Briefträger kamen zum Teil in Paddelbooten, und die Polizeibeamten wateten in Gummistiefeln durch die Straßen. Glücklicherweise blieb das Wasser „nur" zwei Tage.

In der Nacht zum 11. Februar ebbte es wieder ab. Zurückzuführen war dieses Hochwasser eben auf Wehre und Schleusen, die durch den Bombenkrieg zerstört und noch nicht wieder repariert worden waren. Im Bereich Ölper war ein Stau entstanden und die das Wasser auffangende Okertalsperre im Harz gab es noch nicht.

Wendenmaschstraße

Bis zum Jahre 1908 wurde die Wendenmaschstraße angelegt. Ihren Namen hat sie zum einen – wie alle mit „Wenden" beginnenden Straßen – von dem Volksstamm der Wenden, zum anderen von dem Feuchtgebiet = Masch oder Marsch erhalten. Vom Hagenmarkt verläuft in Richtung Norden, die schon 1268 erwähnte „platea Slavorum", die Straße der Slaven, also der Wenden. Obwohl die Straße, die durch das Wendentor führt, in Richtung des Dorfes Wenden verläuft, hat der Ortsname nichts mit dem Volksstamm der Wenden zu tun. Ein Dienstmannengeschlecht derer von Wenden wurde schon im 12. Jahrhundert erwähnt und steht wohl als Namensgeber für das Dorf Wenden, das man im Jahre 1974 voll eingemeindet hat.

Wendenmaschstraße mit Blick in Richtung Am Wendenwehr.

Die Wendenmaschstraße wurde über das Gelände der ehemaligen Frankeschen Zichorienfabrik geführt. Und blicken wir noch weiter in der Geschichte zurück, dann erblicken wir an diesem Ort die Ausläufer des gewaltigen Rudolphbollwerks, Teil der mittelalterlichen Befestigungsanlagen unserer Stadt.

Es gab in Braunschweig eine Reihe von Zichorienfabriken, und eigentlich ist der Zichorienkaffee auch eine Braunschweiger Erfindung. Von Braunschweig aus hat sich die geröstete Zichorie als Kaffee-Ersatzmittel durchgesetzt, obwohl im deutschen Sprachgebiet die ersten Fabrikationsversuche um 1750 in Arnstadt/Thüringen gemacht wurden. Gestützt auf Exklusivrechte für das Herzogtum Braunschweig und Preußen gründete Major G. J. von Heine und sein Partner Chr. G. Förster 1769 in Braunschweig eine Zichorienfabrik und organisierte den Großvertrieb. Sie entwikkelten eine spezielle Verpackung und benutzten eine geschützte Firmenmarke. Bereits 1772 scheiterte diese Firma. Mit der Gründung der bis 1909 bestehenden Firma Ludwig Otto Bleibtreu im Jahre 1781 begann der Aufstieg der Braunschweiger Zichorienindustrie. Um 1800 bestanden 24 bedeutende Firmen, darunter Johann Heinrich Grassau, Johann Gottlieb Hauswaldt und die erwähnte Frankesche Zichorienfabrik an der Wendenmaschstraße. In der ersten Hälfte des 19. Jahrhunderts verlegten einige größere Firmen ihren Sitz in preußisches Gebiet. Auch in anderen Regionen wurden Zichorien angebaut und verarbeitet. 1877 waren in Braunschweig noch acht Fabriken vorhanden. Ende des 19. Jahrhunderts wurde die

Braunschweiger Zichorienkaffee-Fabrikation weitestgehend eingestellt, da das Trinken von Bohnenkaffee nun für nahezu jedermann erschwinglich war.

Die Zichorie (cichorium) gehört zur Gattung der Kompositen. In größeren Mengen kultivierte man sie einst im Magdeburgischen, im Braunschweigischen, Hannöverschen, in Thüringen, im Breisgau, in Schlesien, Böhmen, Mähren, Österreich, Ungarn, Belgien, Holland und Frankreich. Die Zichorie verlangt einen tiefen, möglichst thonhaltigen, kalkreichen, in guter Dungkraft stehenden Boden und sonnige Lage. Im April und Mai wurde gesät.

Die Ernte erfolgte im Oktober, doch ließ man die Wurzeln häufig auch den Winter über in der Erde, da sie frostunempfindlich sind. Von einem Hektar erntete man etwa 20000 bis 30000 kg Wurzeln und 80 kg grüne Blätter, die verfüttert wurden. Die Wurzel enthält außer einem Bitterstoff und Spuren von Gerbstoff 3 bis 4 Prozent Zucker, 16 bis 23 Prozent stickstoffreie, 2 bis 4 Prozent stickstoffhaltige organische Substanzen, 2 bis 5 Prozent Holzfaser und Mineralstoffe und 70 bis 80 Prozent Wasser.

Zur Verarbeitung des Kaffeesurrogats, das man „Deutschen Kaffee" nannte, wurden die Wurzeln in rotierenden Trommeln gewaschen, auf Maschinen zerschnitten, auf Darren getrocknet, dann in zylindrischen oder kugelförmigen eisernen Trommeln geröstet und auf Kollergängen oder in Scheibenmühlen gemahlen.

Zur Herstellung besserer Ware versetzte man die Wurzeln beim Rösten mit Sesam- oder Erdnußöl, das den Geruch und Geschmack verbesserte. Das Mehl wurde in Pakete verpackt und in feuchten Räumen aufbewahrt, in die man Wasserdampf leitete. Das Mehl war braun bis braunschwarz und wurde mit Wasser aufgegossen. Der „Kaffee" hatte einen ein wenig bitteren, zugleich aber süßlichen Geschmack. Von den wirksamen Bestandteilen des echten Kaffees enthält die Zichorie nichts, und nur das brenzlige, durch das Rösten entwickelte Öl ist allenfalls entfernt mit dem Aroma des Kaffees zu vergleichen. Der Zichorienkaffee soll sich aber bei anhaltendem Verbrauch auf die Verdauung nachteilig auswirken. Der Zichorienkaffee war vielfach Fälschungen unterworfen. Geschäftemacher rösteten häufig Runkelrübenrückstände mit. Nicht selten enthielt Zichorienkaffee 20 bis 40 Prozent erdige Beimengungen, wie Ziegelstaub oder Reste aus der Zuckergewinnung.

Zichorienwurzeln wurden im Braunschweiger Land seit Mitte des 18. Jahrhunderts zunächst in Haushaltungen geröstet. Um 1763 lenkten Förster und Major von Heine die Aufmerksamkeit auf dieses Produkt, und nach 1790 begannen Braunschweiger und Magdeburger Kaufleute Zichorienkaffee für den Handel herzustellen. Zu Anfang des 19. Jahrhunderts wurde die erste Fabrik errichtet, die besonders während der Kontinentalsperre ihr Fabrikat bei der ärmeren Bevölkerung bekanntzumachen vermochte.

Ein Blick auf den Hinterhof: Hier befand sich einst die Asphaltfabrik Spindler & Co.

Wendenring

Der Wendenring ist die Verbindungsstraße zwischen der Hamburger Straße und dem Neustadtring, der an der Okerbrücke beginnt. Der Wendenring, der an den Volksstamm der Wenden erinnern soll, deutet auch darauf hin, daß das Weichbild Hagen in Bauernschaften geteilt war, deren nördlichste die Wendentorbauernschaft gewesen ist, deren Ländereien noch über den Wendenring hinausgingen.

Blick in den Wendenring, rechts hinter der Mauer befinden sich die ehemaligen Friedhöfe. Foto von 1996.

Die Wenden versuchten zur Zeit Heinrich des Löwen immer wieder, im Braunschweigischen Fuß zu fassen. Es gelang dem Welfenherzog jedoch, sie immer wieder zurückzudrängen.

Sie drangen aber in breiter Front von Osten vor und siedelten von Dannenbüttel bei Gifhorn entlang der Aller bis hin nach Fallersleben, dann weiter südlich bis Heiligendorf, Glentorf, Boimstorf, Scheppau und Königslutter. Die Germanisierung der Wenden in diesem Gebiet erfolgte schon früh, Jahrhunderte vor jener im hannoverschen Wendland.

Die deutschen Stämme, die im Osten der Elbe bis zur Oder und Weichsel gewohnt hatten, verließen in den Stürmen der Völkerwanderung ihre alten Wohnsitze, um nach Westen und Süden abzuziehen.

Man nimmt an, das von ihnen verlassene Land sei frei gewesen und in die aufgegebenen Landschaften seien nachdrängend die von Osten kommenden Slaven eingerückt, deren Westgrenze zur Zeit Karls des Großen längs des Böhmerwaldes, der Saale und Elbe bis zur Kieler Bucht verlief.

Die Slaven, von den Deutschen als „Wenden" bezeichnet, griffen noch über die Elbe und Saale auf deren linke Ufer über und setzten sich im Lüneburgischen, in der Altmark und in Teilen Thüringens fest. Doch schon mit Karl dem Großen beginnt die mit der Christianisierung verbundene Rückströmung der Deutschen. In einer Reihe blutiger Kämpfe, die bis in das 12. Jahrhundert reichen, erliegt das Slaventum zwischen Elbe und Oder wieder und in unablässiger Kolonisationsarbeit, unter dem Zuzug deutscher Adliger, Bürger und Bauern, wurde der Osten wieder „deutsch".

Nur mit ihren Ausläufern hat die slavische Flut des Mittelalters auch, wie schon erwähnt, das Braunschweiger Land berührt und von diesen wendischen Vorposten schreibt Richard Andree in seinem Buch „Braunschweiger Volkskunde" sehr ausführlich. Danach sind die Wenden politisch nie hervorgetreten und von großen Kämpfen gegen die Deutschen ist kaum etwas überliefert worden. Das hat vielleicht seinen Grund darin, daß sie sehr bald das Christentum angenommen und sich dadurch vor der deutschen Verfolgung befreit haben.

„Stahlhelm-Häuser", am Wendenring, Rückansicht Ratsbleiche 4a - 5. Foto von 1996.

Am Wendenring/Ecke Hamburger Straße befinden sich eine Reihe von frühen Friedhöfen. Im Mittelalter wurden die Mitglieder der einzelnen Kirchengemeinden in den Pfarrkirchen und auf den in unmittelbarer Nähe der Kirche gelegenen Friedhöfen (Kirchhöfen) bestattet.

Darüber hinaus unterhielten die einzelnen Kirchengemeinden vor den Toren der Stadt für Arme und Nichtbürger bestimmte Friedhöfe, von denen allerdings keiner mehr erhalten ist. Die Überfüllung der Innenstadt-Friedhöfe und andere Gründe, beispielsweise die Sensibilisierung der Öffentlichkeit für die von Friedhöfen inmitten dicht besiedelter Innenstadtquartiere ausgehenden gesundheitlichen Gefahren sowie verkehrstechnische Gründe führten dazu, daß Herzog Karl I. im Jahre 1764 Begräbnisse in den Kirchen untersagte, und zum Teil die Friedhöfe neben den Kirchen eingeebnet und mit Bäumen, vorwiegend Linden, bepflanzt wurden. Die Kirchengemeinden legten im 18. Jahrhundert in den Außenbereichen neue, zumeist bis 1887 benutzte, teilweise noch heute gut erhaltene Friedhöfe an. So finden wir am Wendenring den Katharinen-Friedhof (seit 1802), der davor (1706) an der Katharinenkirche lag und bald wegen Überfüllung geschlossen werden mußte. Ferner befindet sich am Wendenring seit 1841 der Andreas-Friedhof (Vorgänger Rebenring seit 1721).

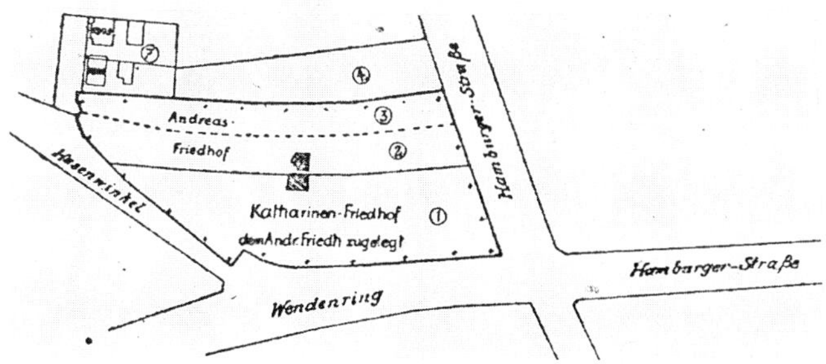

Eine Skizze aus der Zeit der Jahrhundertwende mit genauen Angaben der am Wendenring liegenden Friedhöfe.

Der Bevölkerungsanstieg nach 1865 führte 1887 schließlich zur Eröffnung des 42 ha großen Hauptfriedhofs an der Helmstedter Straße, auf dem nun alle Bestattungen vorgenommen werden mußten. 1901 schlossen sich in unmittelbarer Nähe der katholische Friedhof und 1910 der jüdische Friedhof an.

Das Institut für Denkmalpflege hat 1985 ein umfassendes Arbeitsheft herausgegeben, das sich der Architektur der 20er Jahre widmet. Der Band dokumentiert die schönsten Bauzeugnisse dieser Zeit in Niedersachsen und ist ein heftiges Plädoyer dafür, mit diesem Erbe sorgsam umzugehen. Beschrieben werden unter anderem auch Häuser am Wendenring.

Typisch ist beispielsweise die Anlage zwischen Wendenring, Ratsbleiche und Huttenstraße, der frühere „Stahlhelm-Block". Bauherr war von 1925 bis 1927 die gemeinnützige Stahlhelm-Wohnungsbaugesellschaft.

Werkstättenweg

Der Verbindungsweg zwischen dem alten Hauptbahnhofsgelände und der Eisenbütteler Straße ist der Werkstättenweg. Er führt entlang des Bürgerparks, zwischen Grünanlagen und Schrebergärten hindurch. Wie der Name schon sagt: hier befanden sich einst die Werkstätten der Braunschweigischen Eisenbahn.

Die für einen regelmäßigen und gesicherten Betrieb der Eisenbahn notwendigen Gebäude wurden sämtlich südlich des Okerarms untergebracht. Da stand zunächst das Maschinenhaus. Es hatte einen Grundriß von 95x25 m mit zwei an den Enden angebauten Flügeln von 25x15 m, so daß ein u-förmiger Grundriß entstand. Die Lage des Gebäudes, ziemlich nahe an der Bahnstrecke nach Wolfenbüttel, stellte sich aber im Laufe der Zeit als ungünstig heraus.

Blick auf das Gelände des ehemaligen Hauptbahnhofes. Vorn links begannen die Werkstätten, die dem Werkstättenweg den Namen gaben.

Das wurde auch in der Beschreibung von 1846 erkannt, wo es heißt: „Das Stabwerk der großen Bogenfenster ist in Eisen gegossen. Die unteren Räume sind zu Werkstätten benutzt, das zweite Stockwerk zu Magazinen und einer Dienstwohnung für den Maschinisten... Während alle anderen Nebengebäude aus Fachwerk bestehen, bildet das Maschinenhaus einen Rohbau aus Barnsteinen... Zweifelsohne würde sichs noch vorteilhafter präsentieren, wenn die anderen Nebenbauten nach einem mehr symmetrischen Plane beigeordnet worden wären, wie denn auch alle diese Gebäude, weil sie vor dem Eingange der Halle liegen, bei zweckmäßiger Stellung zur Bahn einen günstigen Gesamteindruck gemacht haben müßten."

In der Tat mußten alle damaligen Gebäude bis auf das Maschinenhaus späteren Einrichtungen weichen.

Der Maschineningenieur Blenkinsop wollte Lokomotiven in Braunschweig bauen lassen. Das wurde beim Ausbau berücksichtigt und die Wagenschuppen – dem Maschinengebäude gegenüber – auf der westlichen Seite des Streckengleises nach Wolfenbüttel errichtet.

Es wurden bald nach der Eröffnung des Bahnhofs alle von Amerika und England gelieferten Lokomotiven selbst zusammengebaut und für die vierte, aus England beschaffte, sogar der Tender vollkommen selbständig entworfen und gebaut. Gewissermaßen als „Einzugsgeschenk" in das neue Maschinenhaus baute

Blenkinsop auch eine Lokomotive, der er den Namen „Braunschweig" gab. Die Erfahrungen damit müssen aber nicht ermutigend gewesen sein, denn es blieb bei dem Einzelstück. Blenkinsop verlegte sich dann auf die planmäßige, vorbeugende Unterhaltung der Lokomotiven, anstatt – wie damals allgemein üblich – Reparaturen nur dann vorzunehmen, wenn eine Lokomotive ausgefallen war. Darin leistete er Vorbildliches.

Die Methode, sich auf eine kontinuierlich ablaufende Ausbesserung von Lokomotiven in größerem Stil umzustellen, die die planmäßige, vorbeugende Wartung zur Voraussetzung hatte, erforderte allerdings mehr Platz. Der benötigte Raum wurde durch Erweiterung des Areals nach Süden – in die Flur Eisenbüttel hinein – und nach Osten geschaffen.

Der Werkstättenweg mit seinen Schrebergärten im Jahre 1996.

Beim Ausbessern nach der Methode des Ersetzens defekter Teile, wäre man mit weniger Raum ausgekommen, weil man wußte, was defekt war, konnte man gezielt demontieren und wieder zusammenbauen.

Bei der planmäßigen, vorbeugenden Unterhaltung dagegen müssen die Lokomotiven und alle Baugruppen vollkommen auseinander genommen werden, damit man in der Lage ist, alle Teile auf eventuell auftauchende Schwachstellen untersuchen zu können. Dies erfordert deshalb die Untersuchung einer weit größeren Anzahl von Teilen mit entsprechend größerem Platzbedarf.

Da die Lokomotiven in den vorhandenen Längsschuppen hintereinander aufgestellt waren, ergab sich bei dieser Methode die Schwierigkeit, daß alle instandgesetzten Maschinen immer solange warten mußten, bis die letzte fertig war. Blenkinsop ließ daher vermehrt Schiebebühnen einbauen. Seine erst heftig bekämpfte Methode führte auf diese Weise zu einer solchen Verbesserung der Arbeitsbedingungen der Werkstatt, daß sie später lange Jahre als Ausbesserungswerk genutzt werden konnte und erst 1927 in die neuen Gebäude an der Schwarzkopff Straße umziehen mußten.

Es wurden im Westen weiterhin zwei „Coaks-Schuppen" und etwas weiter entfernt „auf dem herzoglichen Holzhofe" ein Güterschuppen gebaut, der einen getrennten, noch heute vorhandenen Okerübergang erhielt. Zur Vervollständigung sei noch gesagt, daß später östlich des Hauptgebäudes, nahe der Okerbiegung, ein „Directionsgebäude" mitten in einem kleinen Park errichtet wurde. Die Einweihung fand 1853 statt. Von all diesen Gebäuden existiert heute nichts mehr.

Woran sich viele Braunschweiger erinnern können, ist die 1854 als Militärbadeanstalt eröffnete und später als Badeanstalt für Eisenbahner, die spätere „Bahnbade". Sie war bis 1951 im Betrieb. Zuständig war mit der Übernahme durch die Staatsbahn das „Kuratorium für die Verwaltung der Bahnhofs-Fluss-Badeanstalt". Margot Ruhlender beschreibt diese Flußbadeanstalt in ihrem Buch „Büketubben" sehr ausführlich.

Wiesenstraße

Im Hagenbruch, dort, wo sich heute die Wiesenstraße befindet, sprudelte einst der „Hagenborn", eine sehr ergiebige Quelle, deren klares Wasser durch hölzerne Röhren (Pipen) in die Stadt geleitet wurde. Diese Quelle war eine der beiden sogenannten Jogetborne oder Jödebrunnen, die jahrhundertelang die Stadt Braunschweig mit frischem Trinkwasser versorgten.

Der andere Jödebrunnen befindet sich vor dem Hohen Tore an der Broitzemer Straße. Die alte Bezeichnung Jogetborn oder auch Görborn bedeutet soviel wie Jugendbrunnen. Im Volksmund hieß es früher: „Ut den gerborne komet de lütjen Bronswieker". Darin liegt sicherlich eine versteckte mythologische Andeutung. Die Jödebrunnen waren „hillige (heilige) borne", vielleicht sogar altgermanische Kultstätten.

Der Jödebrunnen des Hagenbruchs könnte auch heute noch Quellwasser spenden. Er befindet sich auf dem Grundstück der früheren „Braunschweiger Molkerei" an der Wiesenstraße.

Eine Anzeige der Braunschweiger Molkerei E.G., die in den 30erJahren erschienen ist.

Woher die Straße ihren Namen hat war lange Zeit rätselhaft. Wo heute die Straße verläuft, befand sich seit Jahrhunderten eine Wiese, oder besser gesagt Weideland.

Der Eindruck der weiten Wiesenlandschaft in dieser Gegend mit dem Fernblick auf den Nußberg und die Höhen des Elms im Hintergrund muß sehr reizvoll gewesen sein, denn 1844 eröffnete der Hofapotheker Mackensen an der Wiesenstraße einen großen Kurpark, wo viele Erholung suchende Braunschweiger eine Brunnenkur machten und mit Mineralwässern gestärkt wurden.

Der Kurpark umfaßte mit seinen Spazierwegen das Gelände zwischen der heutigen Kasernenstraße und dem Hagenring.

In den ersten Jahrzehnten des 19. Jahrhunderts verlor der Hagenbruch immer mehr seine Bedeutung als Gemeindewiese. Infolge der veränderten gewerblichen Verhältnisse konnten nur wenige Hausbesitzer Vieh halten und Schafe oder Schweine auf die Weide schicken. Große Teile der Bruchlandschaft wurden urbar gemacht.

Seit 1864 entnahm man dem Brunnen kein Wasser mehr. In den Jahren 1881 bis 1934 hatte die Braunschweiger Molkerei, die dieses Grundstück bebaut hatte, zwei Brunnen wieder ausgemauert und genutzt, dann wurden sie mit Schlacke, Asche und Bauschutt endgültig zugeschüttet.

Die Braunschweiger Molkerei E.G. die auf der Hagenstraße 13 ihren Sitz hatte, wurde im Jahre 1880 gegründet und war eine der ersten Molkereien Norddeutschlands.

Das Gebäude der ehemaligen Braunschweiger Molkerei E.G. an der Wiesenstraße von der Steinbrecherstraße aus 1993 aufgenommen.

Sie nannte sich Milchsterilisier-Anstalt und produzierte neben Flaschenmilch keimfreie Kindermilch sowie Prof. Gaertner'sche Säuglingsmilch von „unbeschränkter Haltbarkeit". Im Jahre 1905 verkaufte man über 200000 Flaschen Milch, „selbst nach den entferntesten Plätzen". Ferner fertigte man dieverse Sorten Käse und natürlich Butter. Die Zentrifuge für die Butterproduktion war eine Erfindung des Braunschweiger Ingenieurs Wilhelm Lefeldt, der sein Patent 1874 anmeldete.

Im Jahre 1938 wurde an der Frankfurter Straße ein Molkerei-Neubau bezogen. Die alte Produktionsstätte war zu klein geworden und veraltet. 1944 wurde die Molkerei zerstört. Die meisten Luftangriffe galten der Industrieanhäufung an der Frankfurter Straße. Aber schon 1949 wurde wieder produziert. 1988 wurde der Betrieb ein Opfer der Fusionswelle. Man schloß die Molkerei und riß sie kürzlich ab, um einen Heimwerkermarkt an seiner Stelle zu bauen.

Wilmerdingstraße

Der Namensgeber dieser Straße war Johann Heinrich Wilmerding, der von 1749 bis 1828 lebte. Er war Bürgermeister und Stadtdirektor von Braunschweig, Sohn des Bürgermeisters Johann Heinrich Wilmerding, der von 1705 bis 1782 lebte. Beide haben also an der Spitze der städtischen Verwaltung gestanden. Der Vater hat Stiftungen begründet, der Sohn wertvolle Aufzeichnungen hinterlassen. Die Straße, die ihren Namen trägt, zweigt von der Sophienstraße ab.

Johann Heinrich Wilmerding

Der Sohn, nach dem die Straße eigentlich ihren Namen erhalten hat, wurde am 8. April 1749 in Braunschweig geboren, besuchte das Martineum seiner Vaterstadt und studierte später Rechtswissenschaften in Leipzig und Göttingen. Er arbeitete dann zunächst als Advokat in Braunschweig, danach als Sekretär beim Obergericht des Braunschweiger Magistrats. Der nächste Schritt: Er wurde Direktor des Untersuchungsgerichts, 1782 schließlich Bürgermeister und Syndikus des Obergerichts. Er folgte damit seinem Vater im Amt des Bürgermeisters. Nebenbei übte er die Funktion des Präsidenten des Fürstlichen Ober-Sanitäts-Kollegiums aus. Da Wilmerding aus einer vermögenden Familie kam, zog er sich 1805 bei der Einrichtung des Königreichs Westfalen von seinen Ämtern zurück und lebte als Privatmann. Lediglich als Deputierter des Departements der Oker nahm er 1808 und 1810 an den Sitzungen des westfälischen Reichstages teil.

F. C. von Strombeck sagte einmal über Wilmerding: „Sein Charakter war ein althanseatischer, sein Sinn republikanisch. Recht und Gerechtigkeit und bürgerliche Freiheit gingen ihm über alles." Hatte die herzogliche Regierung die Urkunden und Akten des städtischen Archivs ängstlich den Blicken der Bürger Braunschweigs entzogen, so bot die westfälische Zeit Wilmerding die Möglichkeit, das Stadtarchiv für den Nachweis der Berechtigungen und Besitzungen der Stadt in der Zeit vor 1671 ungestört zu durchforschen, die Beweise für ihre künftige Geltendmachung zu sammeln und dort die im Laufe eines Jahrhunderts verdunkelten Kenntnisse vom einstigen Stadtvermögen wieder zu erhellen. Das durch die Freiheitskriege stark liberale und demokratische Gedankengut, dem sich ja auch Regierungen nicht ganz verschließen konnten und wollten, ließ die Möglichkeit ahnen, in nicht allzu ferner Zeit die alten Rechte der Selbstverwaltung wieder zur Geltung zu bringen.

In den Jahren vor 1807 und von 1819 bis 1825 war Wilmerding Mitglied des Braunschweigischen Landtages und von 1803 bis 1813, wie schon erwähnt, der Reichsstände des Königreichs Westfalen.

Nach der Wiederherstellung der Braunschweigischen Landesherrschaft seit 1814 war er als „Stadtdirektor" Vorsitzender des völlig unter herzoglichem Einfluß stehenden Stadtgerichts, dem nur zum Teil städtische Verwaltungsangelegenheiten oblagen. Die von Wilmerding betriebene, 1823 gesetzlich verankerte Selbstverwaltung der Stadt Braunschweig führte am 1. Oktober 1825 zur Bildung des Stadtmagistrats als kollegialer Verwaltungsbehörde, an deren Spitze auf Wilmerdings Drängen Magistratsdirektor W. Bode trat.

Am 13. September 1825 berichtete die Kammer dem Staatsministerium über das Ergebnis der unter Vorsitz des Bürgermeisters Wilmerding durchgeführten Wahl. Es wurden der Landesregierung drei Anwärter präsentiert, nämlich der Justizamtmann Bode, der Kammerrat Mahnersen und der Stadtrat Rabert. Doch baten die Stadtdeputierten, unter den drei Anwärtern Bode auszuwählen, auf den sämtliche Stimmen gefallen waren, und beantragten, ihm die Dienstbezeichnung eines Oberbürgermeisters beizulegen.

Als Wilhelm Bode am 1. Oktober 1825 sein Amt als Magistratsdirektor antrat, übergab ihm der greise Bürgermeister Wilmerding die Schlüssel zum städtischen Archiv mit den Worten: „Gern sehe ich mein Amt auf Sie übertragen. Sie kommen aber leider in eine schlechte Zeit, Ihr schöner Beruf wird Ihnen empfindlich verleidet werden." Wilmerding war ein kluger Beobachter der Zeitläufe, und seine Voraussage wurde bald bittere Wahrheit.

Denn vom März 1826 ab beteiligte sich der Herzog rege an allen Regierungsarbeiten. Von vornherein war das Verhältnis zwischen dem jungen Fürsten und seinen Räten sehr gespannt, weil der Herzog die Rechtmäßigkeit aller seit seinem 18. Geburtstag ergangenen Gesetze, also auch die der erneuerten Landschaftsordnung, bestritt, überdies die Regierungsmitglieder für die Verzögerung seiner Mündigkeitserklärung verantwortlich machte.

Johann Heinrich Wilmerding trat am 30. September des Jahres 1825 in den Ruhestand. Ihm verblieben keine drei Jahre mehr. Am 14. April 1828 verstarb er in Braunschweig.

Die Wilmerdingstraße in den 20er Jahren.

Etwa der gleiche Blick 1994.

Wolfenbütteler Straße

Über die Wolfenbütteler Straße kann man Bücher schreiben, so viel gibt es darüber zu berichten. Also schränken wir uns ein und konzentrieren uns auf das Wichtigste. Verlassen wir den ehemaligen Augusttorplatz (heute Kennedy-Platz) und kommen über die Okerbrücke, liegt gleich linker Hand die frühere Rimpausche Villa in „Rimpaus Garten", in der heute der Sitz des Sozialgerichtes Braunschweig ist.

Ein Gruß vom „Hofjäger", einem beliebten Lokal an der Wolfenbütteler Straße.

Gebaut hat das Haus ein berühmter Bürger unserer Stadt: Kommerzienrat Peter Wilhelm Friedrich Ritter von Voigtländer. Im Jahre 1852 erwarb er das Grundstück und errichtete etwa 1865 die große Villa. Das Haus wurde zu einem Mittelpunkt gesellschaftlichen Lebens in Braunschweig. Nach seinem Tode im Jahre 1878 führte sein Sohn, Friedrich Wilhelm Ritter von Voigtländer, Verkaufsverhandlungen mit dem Landwirt und Kaufmann Rimpau, der 1881 das Grundstück nebst der Villa übernahm. Theodor Hermann Rimpau wurde am 12. Januar 1822 in Braunschweig geboren.

Rimpau mußte seine Villa 1933 verkaufen, vermutlich, weil er wegen der schlechten wirtschaftlichen Lage nicht mehr in der Lage war, das Anwesen zu halten. Zunächst übernahm die Braunschweigische Lebensversicherungsbank das Gebäude, im August 1933 „kaufte" es die NSDAP. So wechselten die Besitzer und Benutzer weiter: Die Deutsche Arbeiterfront (DAF), der Allgemeine Gewerkschaftsbund (ADGB), der ja ab Mai 1933 von den Nazis aufgelöst war, dann der Freie Deutsche Gewerkschaftsbund, ab 1950 der Deutsche Gewerkschaftsbund (DGB) und schließlich seit 1955 das Sozialgericht.

Das nächste interessante Gebäude stand auf der Wolfenbütteler Straße Nr. 21 (an der Riedestraße): Der Hofjäger. Alten Braunschweigern braucht man darüber nichts zu erzählen – sie kennen ihn. Was wurde dort nicht alles gefeiert! Von der Familienfeier bis hin zu den großen Büttenabenden der Braunschweiger Karneval-Gesellschaft. Aber auch der große Kaffeegarten war ein gern besuchter Ort. Große Bäume spendeten Schatten, und die ganze Atmosphäre machte hier einen lauen Sommerabend zum Erlebnis.

In unmittelbarer Nähe befand sich das Taubstummeninstitut Braunschweig. Das Gebäude, gleich neben den Werksanlagen von Büssing, wurde am 2. Februar 1892 bezogen. Seit dem 6. September 1882 befindet sich dieses Institut, das heute unter dem Namen „Niedersächsische Landesgehörlosenschule" arbeitet, auf der Charlottenhöhe.

Ein weiteres beliebtes Lokal war Holst's Garten, Wolfenbütteler Straße 48. Das war an der heutigen Badetwete. Holst's Garten war aber mehr als ein Lokal – es war einfach alles. Das Sommertheater Holst's Garten war von Mitte Mai bis September geöffnet und bevorzugte vor allem die Posse und Operette, brachte aber auch Schauspiel und Lustspiel.

Beliebt waren auch die Sommerkonzerte, ausgeführt von hiesigen und fremden Militär- und Zivil-Kapellen. Und wenn die Damenkapelle aufspielte, war Braunschweigs Männerwelt in Holst's Garten anzutreffen.

Wilhelm Raabe (1831-1910) war häufig Gast in diesem Hause. Er schrieb am 19. Dezember 1870 an Heinrich Raabe: „Neuigkeiten gibt es vor dem Augustthore nicht. Ich bin in den Klub der „Kleiderseller" eingetreten und neulich zum ersten Male als Gast im Klub der Krähenfelder Bauern gewesen. Die letzte Gesellschaft besteht aus der Nachbarschaft und hält ihre Sitzungen in Holst's Garten. Sie ist auf das Prinzip der größtmöglichen Grobheiten und der saftigsten Geschichten gegründet und zählt einige höchst drollige Gesellen zu ihren Mitgliedern."

Die Wolfenbütteler Straße führt dann weiter vorbei am Bürgerpark, der Charlottenhöhe und Schloß Richmond in Richtung Wolfenbüttel. Doch die Schnellstraße wollen wir verlassen und den Weg einschlagen, den man früher nehmen mußte. Es ist die sogenannte Barock-Straße, über die der Ehrenheimatpfleger der Stadt Braunschweig, Dr. Bornstedt, 1984 eine sehr interessante Arbeit vorgelegt hat.

So kommen wir zunächst nach Melverode, wo wir die Kaufmanns- und Wallfahrtskirche sowie den alten Ortskern ansehen sollten.

Die Straße hier draußen heißt zwar schon längst nicht mehr Wolfenbütteler Straße, sondern Leipziger Straße, aber wir gehen diesen Weg trotzdem zu Ende.

In Stöckheim treffen wir auf das Große Weghaus, ein herrlicher Barockbau aus dem Ende des 17. Jahrhunderts. Eine Tafel an der Nordseite erinnert an die häufigen Besuche von G. Lessing und Wilhelm Raabe und deren Freunde. Der Schriftsassenhof und der letzte Rokoko-Pavillon in der Stadt Braunschweig ist gleich hinter dem Weghaus zu sehen.

Durch das Lechlumer Holz, vorbei an dem ehemaligen Gasthaus „Sternhaus", das übrigens schon 1687 erwähnt wird, erreichen wir Wolfenbüttel.

Und wer mit offenen Augen die Wolfenbütteler Straße entlangwandert oder -fährt, wird noch manche Schönheit entdecken.

Die Wolfenbütteler Straße im Jahre 1987.
Links ist die Rimpausche Villa zu erkennen, die C. Uhde 1865 erbaute.

Zeppelinstraße

Ferdinand Graf von Zeppelin, der von 1838 bis 1917 lebte, wurde die Zeppelinstraße gewidmet. Der Graf, der Ehrenmitglied der Braunschweiger Karneval-Gesellschaft war, gehört zu den großen Pionieren der Luftfahrt. Die Zeppelinstraße verläuft von der Kasernenstraße bis zur Steinbrecherstraße, die früher einmal Hagenstraße hieß. Kurz nach der Jahrhundertwende begann man mit der Bebauung dieser Straße, die auf dem Stadtplan von 1906 noch fehlt.

Ferdinand Graf Zeppelin.

Fliegen zu können, sich gleich einem Vogel in die Lüfte zu erheben, auf die winzigen Häuser und Straßen herabzusehen, das war der Traum der Menschen seit Anbeginn. Der rastlose, wagemutige Pionier der Fliegerei, Otto Lilienthal, unternahm 1891 die ersten Gleitflüge. Gasgefüllte Ballone waren vor ihm aufgestiegen, um nach längerer Flugzeit, abgetrieben vom Winde, wieder irgendwann zu landen.

Doch all dies genügte dem württembergischen Offizier Ferdinand Graf von Zeppelin nicht. Er wollte Luftschiffe bauen, die gleich dem Schwingenflugzeug Lilienthals lenkbar waren und wie die Ballone lange Zeit in der Luft bleiben konnten. Sein ganzes Vermögen setzte er für diese Lebensaufgabe ein. Schon 1874 unternahm er erste Versuche mit dem Bau eines Luftschiffes, doch erst 1891, nach seinem Abschied vom Militär, widmete sich Zeppelin unter Mitwirkung des Ingenieurs Kober der Verwirklichung seiner Träume: ein lenkbares, von Motoren angetriebenes starres Luftschiff mit einem Gerippe aus Ringen und Längsträgern zu bauen.

Sein Leben war ein dauernder Kampf für eine Idee. Dr. Hugo Eckener, der später das Luftschiff des Grafen zu stolzen Triumphen führte, sagte einmal: „daß das Leben des Grafen Zeppelin in unserer nüchternen Zeit anmute wie ein Roman, daß er das Schicksal, das ihn durch dunkelste Tiefen bis zu den sonnigsten Glückshöhen menschlichen Erlebens führte, wie ein Held trug und bezwang."

Die Elite der deutschen Ingenieure damals bezeichneten den Grafen als Narren, selbst der Kaiser wollte zunächst von ihm und seinen Ideen nichts wissen. Doch mit unbeugsamen Willen setzte sich der schon greise

Erfinder endlich durch und erlebte schließlich den Siegeszug seiner Luftschiffe. Innerhalb von 25 Jahren verließen 126 Schiffe unterschiedlicher Größe die Werft bei Friedrichshafen. Der Grund der plötzlichen finanziellen Unterstützung durch den Kaiser lag wohl vor allen Dingen darin begründet, daß man eine militärische Verwendbarkeit von Luftschiffen ins Auge faßte.

Den Höhepunkt des Erfolges erlebte der Graf nicht mehr, daß auf Grund des Friedensvertrages die Zeppelinwerft den „L.Z.126" und „Z.R.III", das spätere Luftschiff „Los Angeles", für Amerika bauen und auf dem Luftwege in die „Neue Welt" hinüberfahren ließ.

Die Luftschiffe wurden immer größer und komfortabler. In den 20er Jahren ließ die englische Regierung das Luftschiff „R100" erbauen, das einen Inhalt von etwa 142000 Kubikmeter hatte und in dem 100 Personen Platz fanden. Die Höchstgeschwindigkeit betrug 120 km/st. Die Luftschiffe beginnend mit „L.Z.127", sollten einen Aktionsradius von 10000 km haben, die Nutzlast 15 Tonnen betragen. Zunächst wurden Probefahrten unternommen, mit den Erfahrungen ging man an den Bau weiterer Schiffe, deren Rauminhalt 135000 Kubikmeter betrug.

Zu einem großen Geschäft schien die Luftschifflinie Frankfurt – Lakehurst zu werden. Doch kaum ein Jahr im Betrieb, schlug die Schicksalsstunde für die Luftfahrt mit Zeppelinen. Es geschah am 7. Mai 1937, 1.30 Uhr MEZ: Das Luftschiff „Hindenburg" ging bei der Landung auf dem Luftschiffhafen Lakehurst bei New York in Flammen auf. Der gerade so hoffnungsvoll gestartete Zeppelin-Verkehr über den Nordatlantik war beendet. In der Flammenhölle kamen elf der 36 Fahrgäste und 22 Mann der 60köpfigen Besatzung sowie ein Mitglied der Bodenmannschaft ums Leben.

Die Unfallursache konnte nie genau geklärt werden. Drei Untersuchungskommissionen machten sich an die Arbeit, um die Ursachen für diese Katastrophe zu ermitteln. Selbst aus Deutschland reisten Spezialisten an. Zu ihnen gehörte Hugo Eckener, Chef der Deutschen Zeppelin-Reederei in Ludwigshafen, und der Chefkonstrukteur Dürr.

Die amerikanische Marine und das Handelsministerium bildeten weitere Untersuchungsstäbe. Die Reste der „Hindenburg" wurden schließlich nach Ludwigshafen geholt und einer gründlichen Analyse unterzogen. Man kam zu keinem überzeugenden Schluß.

Und wie kam es zu der Ehrenmitgliedschaft des Grafen bei den Karnevalisten? Als die Welt Zeppelin einen Narren nannte und Zeppelin kein Geld mehr für seine Aufgabe hatte, da spendeten die Braunschweiger Karnevalisten einen namhaften Betrag. Der Graf bedankte sich mit den Worten: „Die Welt hat mich einen Narren genannt, doch in Braunschweig wurde ich anerkannt." Daraufhin wurde er Ehrenmitglied der BKG von 1872 e.V.

An den Braunschweiger Schriftsteller Robert Jordan soll noch erinnert werden. Er wohnte Zeppelinstraße 2. Jordan wurde am 11. September 1885 in Holzminden geboren und starb am 4. Juli 1970 in Braunschweig.

Die Zeppelinstraße ist eine ruhige Wohnstraße. Foto von 1987.

Ziethenstraße

Die Ziethenstraße liegt versteckt hinter der Howaldtstraße am Fuße des Giersberges. Sie verbindet die Giersbergstraße mit der Kastanienallee, wobei das letzte Stück, Howaldtstraße-Kastanienallee, für die Durchfahrt gesperrt ist. An der anderen Seite, an der Giersbergstraße, endet die Ziethenstraße an dem Kasernengrundstück. Benannt wurde diese Straße nach dem legenderen preußischen Reitergeneral Hans Joachim von Ziethen.

Die Husaren, besonders das Husarenregiment 2 unter Ziethen, spielten im Siebenjährigen Krieg eine große Rolle. Schon mit 15 Jahren trat der junge Ziethen als Freikorporal zunächst in das Infanterie-Regiment Schwerin (Nr. 24), wie es sich für einen jungen Junker seiner Zeit gehörte. Wegen seiner kleinen unscheinbaren Gestalt wurde er vom Soldatenkönig bei Beförderungen mehrfach übergangen. So bat Ziethen den König schließlich um die Versetzung in ein anderes Regiment.

Der preußische Reitergeneral Hans Joachim von Ziethen hier direkt vor dem König Friedrich II. Das Bild „Ansprache von Leuten" stammt von dem Maler R. Knötel.

Doch daraus wurde nichts – er wurde verabschiedet. Sein Regimentschef, der spätere General-Feldmarschall Schwerin, hatte ihm zu allem Übel auch noch fürs Kommandieren eine zu schwache Stimme bescheinigt.

Lange bemühte sich Ziethen um die Wiedereinstellung. Im Jahre 1726 klappte es – er wurde beim Dragoner-Regiment 6 als Sekondeleutnant bestellt.

Doch hier gab es regelmäßig Streit mit seinem Rittmeister, und so wurde Ziethen 1729 in Arrest gesteckt. Auf eine Anfrage des Generals von Kosel, seines Regimentschefs, schrieb der König: „Der Leutnant von Ziethen solle seine Zeit im Arrest aushalten, denn er ein liederlicher Offizier ist und nichts Nutze als Zänkerei und Hadeln machen."

Aus dem Arrest kam Ziethen am 8. Oktober 1730 in das Berliner Husarenkorps auf Verwendung des Generals von Buddenbrok als Stabsrittmeister.

1734/35 zeigte Ziethen im Feldzug am Rhein mit seinen Husaren, wie gut er mit den Franzosen „Zänkerei und Händel zu machen" verstand. Als er aus dem Reichskrieg zurückkehrte, wurde er mit der Beförderung zum Major ausgezeichnet.

Im Ersten Schlesischen Krieg versahen die Husaren unter Ziethen Aufklärungsdienst und führten einen „Kleinen Krieg" so zur Zufriedenheit des Königs, daß der die Truppe vermehrte. Ziethen kehrte als Oberst mit der besonderen Genugtuung zurück, daß in dem Gefecht bei Rothschloß (1741) sein Lehrmeister, der General Baronay, sich nur noch zu Fuß der Gefangennahme hatte entziehen können. Als das dritte Mal der Krieg ausbrach, fand man Ziethen immer bei der Avantgarde. Bei Prag rettete er den Sieg mit 50 Schwadronen auf dem linken Flügel. Bei Kolin konnte er zunächst den zahlenmäßig überlegenen Nadasdy nicht aus dem Felde jagen, deckte dafür aber mustergültig den Rückzug. Von einer Kartätschenkugel getroffen sank er vom Pferd, aber der Cornet Berge half ihm wieder auf und bewahrte ihn vor der Gefangennahme. Als Ziethen am Abend vor dem König Friedrich II. stand, war die Wunde schon verbunden, die Uniform verbarg sie vor den Augen des Königs.

Das Regiment blieb stets „die Leibhusaren" auch ohne den Titel offiziell zu führen. Neben einer Reihe von Besonderheiten der Uniform bestätigte die auffallende Revue-Ausstattung der Eskadronchefs diesen Vorrang in der Waffe. Aus kleinwüchsigen, aber offenbar sehr munteren Berlinern und Freiwilligen, meist mit guter Vorbildung, entstand eine Truppe, die sich im Krieg bestens bewährte. Bei Prag 1757 betranken sie sich zwar im erbeuteten österreichischen Lager allzu früh, so daß der geschlagene Feind entkommen konnte. Dafür berichtete der Musketier Dominicus, daß sich gefangene Husaren selbst aus dem fernen Kärnten zu ranzionieren wußten, und bei Torgau sammelten einfache Husaren versprengte Kavalleriegruppen, um sie wieder vorzuführen: Das Regiment war eben ein Einfalltor für gebildete junge Leute, die durch Leistung Offizier werden wollten.

Das Husaren-Regiment 2, das bis 1. März 1786 von dem Generalleutnant Hans Joachim von Ziethen geführt wurde, nahm an vielen Schlachten teil. Neben Prag und Kolin kämpfte man in Breslau, Leuten und Zorndorf, bei Hochkirch, im Kay, Kunersdorf, Liegnitz und Torgau. In der Schlacht von Torgau führte Ziethen die Kolonne, die den Feind umgehen und im Rücken fassen sollte. Er wurde von Lascy zunächst gebunden, und so war der Erfolg des Tages erst von Ziethen zu erringen, als Friedrich II. (der Große) die Schlacht schon verloren glaubte.

Als es galt, die bayerische Eigenständigkeit im Interesse des Reiches gegen Österreich zu verteidigen, befreite der König Ziethen wegen seines Alters von der Feldzugteilnahme. Im Herbst 1785 hatte Ziethen noch mit dem König an der schlesischen Revue teilgenommen, die für beide die letzte war. „Unser alter Ziethen hat auch bei seinem Tode noch sich als General gezeigt. Im Kriege kommandierte er immer die Avantgarde, auch mit dem Tode hat er den Anfang gemacht. Ich führte die Hauptarmee, ich werde ihm folgen." Am 30. Januar 1786 verstarb der Generalleutnant Hans Joachim von Ziethen.

Blick in die Ziethenstraße, 1996. Sie endet am Grundstück der Altewiek-Kaserne.

Zimmerstraße

Die Zimmerstraße verbindet den Bültenweg mit dem Langen Kamp und wird vom Hagenring durchschnitten. Kurz vor der Jahrhundertwende wurde das Gebiet bebaut, 1890 die Fabrik von Grotrian-Steinweg an der Zimmerstraße 24 erbaut. Heute stehen an dieser Stelle Gebäude der Technischen Universität Braunschweig (Zimmerstraße 22 - 27). Im Adreßbuch von 1870 wird die Zimmerstraße zum ersten Mal erwähnt. Auch in Broitzem und Wenden gab es eine Zimmerstraße, die in Broitzem heißt heute Nachtweide, die in Wenden Brühlkamp.

Weltberühmt sind die Klaviere und Konzertflügel von Grotrian-Steinweg, deren Fabrikanlagen sich in der Zimmerstraße befanden. Während des Zweiten Weltkrieges mußten die Inhaber und deren Mitarbeiter erleben, wie nahezu die gesamte Fabrikanlage und das ehrwürdige Stammhaus am Bohlweg den Bombenangriffen zum Opfer fielen. Erst 1948 konnte die Fertigung wieder aufgenommen werden, wurde der Anschluß an die große Tradition wiedergefunden.

Dieses Unternehmen wurde von dem 1803 in Schöningen geborenen Georg Friedrich Karl Grotrian begründet. 1830 eröffnete er in Moskau eine erfolgreiche Musikalienhandlung, baute und verkaufte auch Klaviere. Nachdem er in Braunschweig eine Erbschaft angetreten hatte, die es zu verwalten gab, kehrte Grotrian 1855 wieder aus Moskau zurück. Er lernte Theodor Steinweg kennen und trat bald darauf in dessen bereits seit 1835

Das alte Fabrikgrundstück von Grotrian-Steinweg – Zimmerstraße 24 (1890-1974).

bestehende kleine Manufaktur als Teilhaber ein. Die junge Firma wechselte bald von Wolfenbüttel nach Braunschweig über und bezog ein altes Patrizierhaus am Bohlweg. 1865 verkaufte Theodor Steinweg seine Geschäftsanteile an die Familie Grotrian, die sich ab 1919 Grotrian-Steinweg nennen durfte.

Blick in die Fertigungswerkstatt der Firma Kühler-Heydecke, die ihren Sitz Zimmerstraße 14a hatte. Das Foto entstand um 1950.

Auf Grund des hohen Qualitätsniveaus ernannten damals viele Königs- und Fürstenhäuser das Haus Grotrian-Steinweg zu ihren Hoflieferanten. Die erhaltenen Gästebücher der Familie, in denen eine große Zahl bedeutender Künstler, Pianisten und Komponisten immer wieder ihre Verbundenheit zur Familie und deren so hoch geschätzte Instrumente bekundete, sind noch heute ein überzeugender Beleg dafür. So schrieb beispielsweise Franz Liszt: „Ich fand, daß sich diese Instrumente sowohl durch großen, schönen Ton, angenehme Spielart, als auch durch Preiswürdigkeit empfehlen." Und Guiseppe Verdi meinte; „Danke für das Piano, dessen Ton so süß, zart und ausgezeichnet in jeder Beziehung ist." Nach dem Krieg, im Jahre 1948, konnte die Fertigung wieder aufgenommen werden. Bald hatte man den Anschluß an die große Tradition wiedergefunden. 1974 bezog man die neue Produktionsstätte in der Grotrian-Steinweg-Straße, vor den Toren der Stadt. Damit ist zugleich eine der modernsten Klavierfabriken der Welt entstanden. Das Unternehmen – bereits in der 6. Generation im Besitz der Familie – verbindet somit technischen Fortschritt mit einer über 150jährigen Erfahrung handwerklicher Klavierbaukunst in beispielhafter Weise.

Schon Ende 1968 hatten die ersten Planungsgespräche für die neue Fabrikanlage mit den Architekten Professor Dr.Ing. Henn und Dipl. Ing. Petersen stattgefunden. 1969 war der erste Plan fertig. Doch die Verhandlungen bezüglich des Verkaufs des Grundstücks an der Zimmerstraße an die Technische Universität verzögerte die Baupläne. Erst ein zweiter Anlauf führte zum Ziel. Im September 1973 kam es zum Abschluß der Verträge für den Verkauf des alten Grundstücks an die Niedersächsische Hochschulbaugesellschaft, den Ankauf des Grundstücks für den Neubau und den Generalunternehmerauftrag an die Firma Philipp Holzmann. Und so konnte schon am 14. Dezember 1973 das Richtfest im Kreise der Leute vom Bau gefeiert werden. Am 15. August 1974 wurde die neue Fabrik schlüsselfertig und funktionsfähig übergeben. Am 31. August fand die feierliche Einweihung statt. Zu den Ehrengästen gehörten unter anderem der Ministerpräsident Alfred Kubel und der damalige Oberbürgermeister der Stadt Braunschweig, Günter Jaenicke. Er überreichte Knut Grotrian-Steinweg das neue Straßenschild: Grotrian-Steinweg-Straße.

Die Zimmerstraße verbindet den Bültenweg und Langer Kamp. Foto von 1988.

Inhaltsverzeichnis

Quellenverzeichnis

Heinrich Meier:
Die Straßennamen der Stadt Braunschweig, 1904

Hassel/Berge:
Geographisch-statistische Beschreibung der Fürstenthümer Wolfenbüttel und Blankenburg, 1802

Ph. Chr. Ribbentrop:
Beschreibung der Stadt Braunschweig, 1789

Braunschweigisches Magazin, etwa 70 Jahrgänge, ab 1790

Knoll/Bode:
Das Herzogtum Braunschweig, 1891

Görges/Spehr/Fuhse:
Land Braunschweig, 1925

Braunschweigische Heimat, div. Jahrgänge

Andree:
Braunschweiger Volkskunde, Ausgabe 1901

G. Spies:
Braunschweig – Das Bild einer Stadt im 18. Jahrhundert, 1976

Stadt im Wandel
Ausstellungskataloge zu: Stadt im Wandel 1985

Das Herzogthum Braunschweig,
Dr. Venturini, 1826 und 1847

Geschichtsbücher der Stadt Braunschweig, Carl Friedrich von Vechelde, 1832

sowie das über 30 Jahre aufgebaute Pressearchiv des Autors, Firmenschriften, frühe Stadtführer etc.

Fotovermerk

Trotz intensiver Recherche ist es nicht gelungen, sämtliche Fotografen ausfindig zu machen.

Wenn unter den Abbildungen kein Fotograf genannt wird, stammen die Bildvorlagen aus dem Archiv des Autors.

Das gute Buch aus dem ELM-VERLAG

Seit 1968 gibt es kurze Texte von Armin Kraft, Propst der evangelischen Propstei in Braunschweig. Diese Texte sind als „Kraft Worte" zu einem Begriff geworden.
In diesem Buch sind die wichtigsten Kraft Worte zusammengefaßt worden.

242 Seite, kart.

ISBN 3-927060-09-7 DM 16,50

Hier ist der Band 2 plattdeutscher Geschichten aus unserem Land. Neben einer Reihe Braunschweiger Autoren kommen auch solche zu Wort, die im Harz und in der Heide lebten. Der Band wurde von Jürgen Hodemacher zusammengestellt.
Ca. 150 Seiten, 15 Zeichnungen von Günther Bendt, farbiger Umschlag, gebunden.

ISBN 3-9800219-9-8 DM 19,80

Bisher fehlte ein leicht faßlicher Überblick über das Braunschweigische Militär. Im Geleitwort schreibt Professor Knopp: „Die Geschichte des Braunschweigischen Militärs aus der sachkundigen Feder von G. Ortenburg schließt eine oft empfundene Lücke."
116 Seiten, acht Farbtafeln und mehr als 60 Abbildungen, farbiger Umschlag, gebunden.

ISBN 3-9800219-6-3 DM 42,-

Die erste deutsche Staatseisenbahn
Philipp August v. Amsberg war der Erbauer dieser Bahn. Ihm widmete der Autor W. M. Wunderlich sein Buch.

104 Seiten Großformat, eine Farbtafel, 70 Abbildungen, farbiger Umschlag, gebunden.

ISBN 3-9800219-7-1 DM 34,-

Der 3. Band in dieser plattdeutschen Buchreihe bringt Predigten aus unserer niedersächsischen Heimat. Die Autoren gehören zur Arbeitsgemeinschaft plattdeutscher Pastoren. Das Geleitwort schrieb Dr. theol. Adolf Quast.
144 Seiten, 4 Kupferstiche, farbiger Umschlag, gebunden.

ISBN 3-927-060-05-4 DM 19,80

Endlich ist es da: Ein Wörterbuch für ostfälisches Platt. Das Interesse an unserer Muttersprache ist in letzter Zeit stark gestiegen. Dieses Buch soll „Anfängern" und „Fortgeschrittenen" helfen, sich leichter in das ostfälische Platt einzulesen.
Eine Einführung bringt etwas über die Sprachgebiete. 76 Seiten, brosch.

ISBN 3-9800219-8-X DM 14,80

Wilhelm Görges gab von 1842 bis 1853 den „Deutschen Post-Almanach" heraus. Eine Auswahl interessanter Beiträge sowie 24 kolorierte Stiche von Postillionuniformen wurden für dieses Buch ausgewählt.

176 Seiten, 24 farb. Abbildungen, farbiger Umschlag, gebunden.

ISBN 3-927060-02-X DM 34,-

Die interessante Geschichte der Arbeiterbewegung im Raum Wolfenbüttel und Braunschweig wurde von R. Fricke von Beginn an bis 1870/71 geschrieben. Er gibt auch einen Ausblick bis in die Neuzeit.

Etwa 100 Seiten, div. Abbildungen, farbiger Umschlag.

ISBN 3-927060-03-8 DM 16,80